Handbuch des Devisenrechtes

nebst Sammlung
der wichtigsten geltenden devisenrechtlichen Gesetze und Verordnungen und sonstigen einschlägigen Vorschriften, Runderlasse, Bekanntmachungen usw.

für den Gerichts- und Notariatsgebrauch

Text-Teil

Von

Dr. J. von Edlinger

Notariatsassessor in Augsburg

1937

J. Schweitzer Verlag (Arthur Sellier)
München, Berlin und Leipzig

Druck von Dr. F. P. Datterer & Cie., Freising-München.

Inhaltsverzeichnis.

III. Teil.

A. Gesetze und Verordnungen.

Verzeichnis der Abkürzungen.

BGB.	=	Bürgerliches Gesetzbuch
Bayr. StA.	=	Bayrischer Staatsanzeiger
DevArch.	=	Devisenarchiv, Zeitschrift für das gesamte Devisenrecht
DevG.	=	Gesetz über die Devisenbewirtschaftung vom 4. Februar 1935 (RGBl. I S. 106)
DevVO. von 1931	=	Verordnung über die Devisenbewirtschaftung vom 1. August 1931 (RGBl. I S. 421)
DevVO. von 1932	=	Verordnung über die Devisenbewirtschaftung vom 23. Mai 1932 (RGBl. I S. 231)
DJ.	=	Deutsche Justiz
DNotZ.	=	Deutsche Notarzeitschrift
DGWR.	=	Deutsches Gemein- und Wirtschaftsrecht
DRAnz.	=	Deutscher Reichs- und Preußischer Staatsanzeiger
DSt.	=	Devisenstelle
DurchfVO.	=	Durchführungsverordnung zum Gesetz über die Devisenbewirtschaftung vom 4. Februar 1935 (RGBl. I S. 114)
Etscheid-Böhmer	=	Etscheid-Böhmer, Handbuch für das deutsche Devisenrecht, Berlin 1936
Flad-Berghold	=	Flad-Berghold-Fabricius, „Das neue Devisenrecht", Berlin, nach dem Stande vom März 1937
Frank	=	Reinhard Frank, Das Strafgesetzbuch für das Deutsche Reich, 17. Auflage, Tübingen 1926
GBO.	=	Grundbuchordnung
Hartenstein	=	Hartenstein, Devisennotrecht, Berlin 1936
HGB.	=	Handelsgesetzbuch
HRR.	=	Höchstrichterliche Rechtsprechung
JW.	=	Juristische Wochenschrift
KG.	=	Kammergericht
KO.	=	Konkursordnung
Lengemann	=	Schriftenreihe zum Devisenarchiv, Heft III: Dr. Lengemann, „Kaufvertrag und Devisenrecht"
Lion-Hartenstein	=	Lion-Hartenstein, Steuer- und Devisennotrecht, Berlin 1932
MorG.	=	Gesetz über die Zahlungsverbindlichkeiten gegenüber dem Ausland vom 9. Juni 1933 (RGBl. I S. 349)
RAO.	=	Reichsabgabenordnung
RE., Rderl.	=	Runderlaß, und zwar immer die für die DSt. bestimmten Runderlasse
RG.	=	Reichsgericht
RGBl.	=	Reichsgesetzblatt
RGSt.	=	Entscheidungen des Reichsgerichts in Strafsachen
RGZ.	=	Entscheidungen des Reichsgerichts in Zivilsachen
Ri.	=	Richtlinien für die Devisenbewirtschaftung vom 19. Dezember 1936 (RGBl. I S. 1021)
RiVO.	=	Richtlinienverordnung zur DevVO. von 1932
RiÄndVO.	=	Richtlinienänderungsverordnung zu der Richtlinienverordnung vom 4. Februar 1935 (RGBl. I S. 119)
RStBl.	=	Reichssteuerblatt
RStDB.	=	Reichsstelle für Devisenbewirtschaftung

SaarVO.	=	Verordnung über die Einführung der Gesetzgebung über die Devisenbewirtschaftung und den Zahlungsverkehr mit dem Ausland im Saarland vom 23. Februar 1935 (RGBl. I S. 278)
StAnpG.	=	Steueranpassungsgesetz vom 16. Oktober 1934 (RGBl. I S. 925)
Stein-Jonas	=	Stein-Jonas, Kommentar zur Zivilprozeßordnung
Steiner	=	Steiner, „Zwangsversteigerung und Zwangsverwaltung", München, 5. Auflage 1935
StGB.	=	Strafgesetzbuch
StPO.	=	Strafprozeßordnung
StrSen.	=	Strafsenat
ÜSt.	=	Überwachungsstelle
Urbanek	=	Urbanek, „Das deutsche Devisenrecht", Berlin 1936
VO.	=	Verordnung
VVG.	=	Volksverratsgesetz vom 12. Juni 1933, RGBl. I S. 360, in der Fassung des Abschnittes III des Steueranpassungsgesetzes vom 16. Oktober 1934 (RGBl. I S. 925)
VZollG.	=	Vereinszollgesetz
Werner	=	Schriftenreihe zum Devisenarchiv, Heft I: Otto Werner, „Aus der Praxis der Devisenprüfungen bei Industrie und Handelsfirmen"
Wilmanns	=	Schriftenreihe zum Devisenarchiv, Heft IV: Dr. Wilmanns, „Devisenwirtschaft — Warum und Wie?"
ZPO.	=	Zivilprozeßordnung
ZVG.	=	Zwangsversteigerungsgesetz.

III. Teil.

A. Gesetze und Verordnungen.

Bekanntmachung des Gesetzes über die Devisenbewirtschaftung und der Durchführungsverordnung zum Gesetz über die Devisenbewirtschaftung.

Vom 4. Februar 1935 (RGBl. I S. 105).

Auf Grund von Artikel II des Gesetzes zur Änderung der Verordnung über die Devisenbewirtschaftung vom 16. Februar 1934 (Reichsgesetzbl. I S. 92) werden nachstehend als Gesetz über die Devisenbewirtschaftung und als Durchführungsverordnung hierzu neu bekanntgemacht:

die Verordnung über die Devisenbewirtschaftung vom 23. Mai 1932 (Reichsgesetzbl. I S. 231),
die Durchführungsverordnung zur Verordnung über die Devisenbewirtschaftung vom 23. Mai 1932 (Reichsgesetzbl. I S. 238),
die Vierte Durchführungsverordnung zur Verordnung über die Devisenbewirtschaftung vom 9. Mai 1933 (Reichsgesetzbl. I S. 278),
§ 6 des Gesetzes über Zahlungsverbindlichkeiten gegenüber dem Ausland vom 9. Juni 1933 (Reichsgesetzbl. I S. 349),
die Fünfte Durchführungsverordnung zur Verordnung über die Devisenbewirtschaftung vom 20. Juli 1933 (Reichsgesetzbl. I S. 531),
die Sechste Durchführungsverordnung zur Verordnung über die Devisenbewirtschaftung vom 19. September 1933 (Reichsgesetzbl. I S. 678),
das Gesetz über die Schaffung einer Reichsstelle für Devisenbewirtschaftung vom 18. Dezember 1933 (Reichsgesetzbl. I S. 1079),
die Verordnung über die Schaffung einer Reichsstelle für Devisenbewirtschaftung vom 19. Dezember 1933 (Reichsgesetzbl. I S. 1088),
die Siebente Durchführungsverordnung zur Verordnung über die Devisenbewirtschaftung vom 22. Dezember 1933 (Reichsgesetzbl. I S. 1112),
das Gesetz zur Änderung der Verordnung über die Devisenbewirtschaftung vom 16. Februar 1934 (Reichsgesetzbl. I S. 92),
die Achte Durchführungsverordnung zur Verordnung über die Devisenbewirtschaftung vom 17. April 1934 (Reichsgesetzbl. I S. 313),
die Neunte Durchführungsverordnung zur Verordnung über die Devisenbewirtschaftung vom 15. Juni 1934 (Reichsgesetzbl. I S. 510),
die Verordnungen zur Änderung der Devisenverordnung vom 11. September 1934 (Reichsgesetzbl. I S. 829) und vom 29. September 1934 (Reichsgesetzbl. I S. 864),
Abschnitt III § 27 des Steueranpassungsgesetzes vom 16. Oktober 1934 (Reichsgesetzbl. I S. 925),
die Zehnte Durchführungsverordnung zur Verordnung über die Devisenbewirtschaftung vom 22. Dezember 1934 (Reichsgesetzbl. I S. 1290).

1. Gesetz über die Devisenbewirtschaftung[1] [2].

Vom 4. Februar 1935 (RGBl. I S. 105).

In der Fassung der Verordnung über die Einführung der Gesetzgebung über die Devisenbewirtschaftung und den Zahlungsverkehr mit dem Ausland im Saarland vom 23. Februar 1935 — RGBl. I S. 278 — und des Gesetzes zur Änderung des Gesetzes über die Devisenbewirtschaftung vom 1. Dezember 1936 — RGBl. I S. 1000.

I. Abschnitt.

Devisenbehörden, Begriffsbestimmungen.

§ 1.

(1) Die Aufgaben und Befugnisse des Reichswirtschaftsministers auf dem Gebiet der Devisenbewirtschaftung werden durch eine Reichsstelle für Devisenbewirtschaftung ausgeübt.

(2) Der Reichswirtschaftsminister regelt die Rechtsverhältnisse der Reichsstelle im Einvernehmen mit den dafür zuständigen Reichsministern und ernennt den Leiter der Reichsstelle.

(3) Die Reichsstelle übt außer den Befugnissen und Aufgaben, die ihr nach diesem Gesetz und den zu seiner Durchführung erlassenen Verordnungen übertragen sind, auch die dem Reichswirtschaftsminister nach dem Gesetz über Zahlungsverbindlichkeiten gegenüber dem Ausland vom 9. Juni 1933 (Reichsgesetzbl. I S. 349) zustehenden Befugnisse aus.

(4) Die Reichsstelle kann im Einvernehmen mit dem Reichsbankdirektorium einzelne Personen ganz oder teilweise von den Beschränkungen und Verboten dieses Gesetzes und der Durchführungsverordnungen freistellen.

1. Frühere Vorschriften: Gesetz über die Schaffung einer RStDB. vom 18. 12. 1933; VO. über die Schaffung einer RStDB. vom 19. 12. 1933; § 5 der 10. DurchfVO. vom 22. 12. 1934.

2. Vgl. die hier einschlägigen Ausführungen in den Kapiteln 2; 9 unter I; 10 unter A I.

---

[1] Die einschlägigen Erläuterungen zu den hier abgedruckten Bestimmungen finden sich grundsätzlich in Teil I und II. Die hier angefügten Anmerkungen beschränken sich auf Hinweise auf die früher geltenden Vorschriften, die ergänzenden, jeweils einschlägigen sonstigen Normen, insbes. die Ausnahmebestimmungen und die zugehörigen Darlegungen in den Teilen I und II. Ferner finden hier seit der Fertigstellung des Druckes von Teil I und II bisher ergangene und noch ergehende Neuerungen ihre Behandlung; soweit durch diese Neuerungen die Ausführungen in Teil I und II überholt sind, wird darauf noch ausdrücklich hingewiesen.

[2] Soweit auf früher geltende Bestimmungen verwiesen ist, lassen sich diese auf Grund der unter C dieses Teiles erfolgten zeitlich geordneten Zusammenstellung aller bisher geltenden einschlägigen Bestimmungen im Reichsgesetzblatt (bezw. in einigen Fällen, wo nur der Abdruck im Reichsanzeiger erfolgte, dort) leicht auffinden.

§ 2.

(1) Die Durchführung der Devisenbewirtschaftung obliegt den Devisenstellen. Devisenstellen sind die Landesfinanzämter.

(2) Die Devisenstellen treffen ihre Maßnahmen und Entscheidungen nach Richtlinien, welche die Reichsstelle für Devisenbewirtschaftung im Einvernehmen mit dem Reichswirtschaftsminister, dem Reichsminister der Finanzen und dem Reichsminister für Ernährung und Landwirtschaft aufstellt. In diesen Richtlinien können Ausnahmen von den Vorschriften dieses Gesetzes vorgesehen und kann den Devisenstellen das Recht verliehen werden, solche Ausnahmen zuzulassen.

(3) Zuständig ist jeweils die Devisenstelle, in deren Bezirk derjenige, der eine Entscheidung nachsucht, seinen Wohnsitz, gewöhnlichen Aufenthalt, Sitz oder Ort der Leitung hat. Ergibt sich hiernach nicht die Zuständigkeit einer Stelle, so ist das Landesfinanzamt Berlin zuständig. Die Reichsstelle für Devisenbewirtschaftung kann im Einvernehmen mit dem Reichsminister der Finanzen die örtliche Zuständigkeit der Devisenstellen abweichend regeln.

1. Frühere Vorschriften: § 17 DevVO. von 1931; § 2 der 12. DurchfVO. vom 20. 5. 1932; § 35 DevVO. von 1932.
2. Siehe auch Ri. I/11 ff., bes. Ri. I/14.
3. Vgl. die hier einschlägigen Ausführungen in den einschlägigen Kapiteln, insbesondere 1 unter IV; 2; 11 unter Fußnote 5.

§ 3.

Für die Aufgaben der Devisenbewirtschaftung, soweit sie den Warenverkehr betreffen, sind nach näherer Anordnung der Reichsstelle für Devisenbewirtschaftung auch die Überwachungsstellen zuständig, die auf Grund der Verordnung über den Warenverkehr vom 4. September 1934 (Reichsgesetzbl. I S. 816) und den zu ihrer Durchführung erlassenen Verordnungen tätig werden. § 2 Abs. 2 gilt entsprechend.

1. Frühere Vorschriften: Ziff. 3 der VO. zur Änderung der DevVO. vom 11. 9. 1934.
2. Siehe auch Ri. I/12 ff.
3. Vgl. die hier einschlägigen Ausführungen im Kapitel 2.
4. S. auch die VO. zur Ergänzung der VO. über den Warenverkehr vom 28. 6. 1937, RGBl. I, S. 761 f., abgedruckt unter A Ziff. 30 a dieses Teiles.

§ 4.

(1) Die Durchführung von Vereinbarungen, die von Gruppen ausländischer Gläubiger und inländischer Schuldner mit Zustimmung der Reichsbank über die Behandlung der zwischen den Mitgliedern dieser Gruppen bestehenden Verbindlichkeiten getroffen werden, wird von der Reichsbank oder von Stellen, die sie bestimmt, überwacht. Soweit im Zusammenhang mit einer solchen Vereinbarung eine Handlung erforderlich ist, die nach diesem Gesetz oder einer zu seiner Durchführung erlassenen Verordnung einer Genehmigung bedarf, ist für die Erteilung der Genehmigung statt der Devisenstelle die Reichsbank zuständig.

(2) Die Vorschriften des Abs. 1 gelten entsprechend

1. für solche Rechtsbeziehungen zwischen inländischen Banken und ihren inländischen Schuldnern, die mit Verbindlichkeiten im Zusammenhang stehen, die den Gegenstand eines Abkommens der in Abs. 1 genannten Art bilden;

2. für solche Rechtsbeziehungen zwischen ausländischen Gläubigern und inländischen Schuldnern, die den Gegenstand eines Abkommens der in Abs. 1 genannten Art bilden, wenn und solange der beteiligte ausländische Gläubiger seine Zustimmung zu dem Abkommen nicht erklärt hat.

1. Frühere Vorschriften: § 1 Abs. 2 DevVO. von 1931; § 1 der 5. DurchfVO. vom 24. 9. 1931; Art. I RPräsVO. vom 17. 11. 1931; § 1 Abs. 2 und 3 DevVO. von 1932; § 6 der 4. DurchfVO. vom 9. 5. 1933.

2. Siehe auch Ri. I/11 und § 4 der 2. DurchfVO. vom 24. 7. 1935.

3. Vgl. die hier einschlägigen Ausführungen in den Kapiteln 2 und im Anhang zu Kap. 5.

§ 5.

Die Gültigkeit einer Entscheidung wird nicht dadurch berührt, daß eine Devisenstelle sie getroffen hat, obwohl eine Überwachungsstelle oder die Reichsbank dafür zuständig gewesen wäre; entsprechendes gilt für Entscheidungen einer Überwachungsstelle oder der Reichsbank.

1. Frühere Vorschriften: § 6 der 4. DurchfVO. vom 9. 5. 1933; Ziff. 3 der VO. zur Änderung der DevVO. vom 11. 9. 1934.

2. Vgl. auch die hier einschlägigen Ausführungen im Kapitel 11 unter Fußnote 5.

§ 6.

(1) Zahlungsmittel im Sinne dieses Gesetzes sind Geldsorten (Münzgeld, Papiergeld, Banknoten und dgl.), Auszahlungen, Anweisungen, Schecks und Wechsel; Reichsmarknoten im Sinne dieses Gesetzes sind Reichsbanknoten, Rentenbankscheine und Privatbanknoten.

(2) Forderungen in ausländischer Währung im Sinne dieses Gesetzes sind Forderungen, bei denen der Gläubiger Anspruch auf Zahlung in effektiver ausländischer Währung hat. Als Forderungen in ausländischer Währung gelten nicht in ausländischen Wertpapieren verkörperte Forderungen.

(3) Ausländische Wertpapiere im Sinne dieses Gesetzes sind Wertpapiere, die von einem Ausländer (Abs. 6) ausgestellt sind. Anteilscheine (Zertifikate, Notes), die von ausländischen Treuhändern auf Grund von inländischen Schuldscheinen oder Schuldverschreibungen ausgestellt worden sind, gelten als inländische Wertpapiere; Anteilscheine, die von ausländischen Treuhändern über einen Anteil an einem gemischten Wertpapierdepot ausgestellt worden sind (z. B. fixed trust certificates), gelten als ausländische Wertpapiere.

(4) Gold im Sinne dieses Gesetzes sind außer Kurs gesetzte Goldmünzen, Feingold und legiertes Gold, roh oder als Halbfabrikat.

(5) Edelmetalle im Sinne dieses Gesetzes sind Silber, Platin und Platinmetalle in den im Handel mit solchen Metallen üblichen Formen.

(6) Ausländer im Sinne dieses Gesetzes sind Personen, die im Ausland, Inländer sind Personen, die im Inland ihren Wohnsitz oder gewöhnlichen Aufenthalt, Sitz oder Ort der Leitung haben. Auswanderer im Sinne dieses Gesetzes sind natürliche Personen, die nach dem 3. August 1931 Ausländer geworden sind. Die Reichsstelle für Devisenbewirtschaftung und die Devisenstellen können mit bindender Wirkung feststellen, ob eine Person Inländer oder Ausländer ist.

(7) Wertpapierhändler im Sinne dieses Gesetzes sind Personen, die gewerbsmäßig Wertpapiere verwahren, oder den Handel mit Wertpapieren betreiben oder vermitteln.

(8) Devisenbanken im Sinne dieses Gesetzes sind Kreditinstitute, denen die Reichsbank die in § 29 Abs. 2 bezeichneten Rechte verliehen hat.

1. Frühere Vorschriften: § 8 DevVO. von 1931; § 1 der 6. DurchfVO. vom 2. 10. 1932; § 2 der 9. DurchfVO. vom 7. 12. 1931; § 9 der 12. DurchfVO. vom 20. 5. 1932; § 2 DevVO. von 1932; § 7 der 4. DurchfVO. vom 9. 5. 1933; Ziff. 3 der 3. RiVO. vom 7. 12. 1933; §§ 2 und 10 der 8. DurchfVO. vom 17. 4. 1934; § 2 SaarVO.

2. Siehe auch Ri. I/1 ff.; §§ 6 ff. der 3. DurchfVO. vom 1. 12. 1935; die 4. DurchfVO. vom 23. 12. 1935 und §§ 5 ff. der 5. DurchfVO. vom 25. 5. 1936.

3. Vgl. auch die hier einschlägigen Vorschriften in dem Kapitel 3; 4 unter A; 5 unter I; 6 unter A; 7 unter A I.

§ 7

(1) Als Erwerb im Sinne dieses Gesetzes gilt auch der Erwerb im Wege der Zwangsvollstreckung. Als Verfügung im Sinne dieses Gesetzes gilt auch die Verfügung im Wege der Zwangsvollstreckung oder der Arrestvollziehung.

(2) Als Erwerb von Wertpapieren im Sinne dieses Gesetzes gilt auch der Erwerb eines Anspruchs auf Übereignung von Wertpapieren, insbesondere durch Gutschrift auf Stückekonto. Als Verfügung über Wertpapiere gilt auch die Einräumung eines Anspruchs auf Übereignung von Wertpapieren, insbesondere durch Gutschrift auf Stückekonto.

1. Frühere Vorschriften: § 2 DevVO. von 1931; § 12 der 6. DurchfVO. vom 2. 10. 1931; § 5 der 7. DurchfVO. vom 10. 11. 1931; §§ 9 und 26 DevVO. von 1932; § 1 der 10. DurchfVO. vom 22. 12. 1934.

2. Vgl. die hier einschlägigen Ausführungen in dem Kapitel 3 unter B II.

§ 8.

(1) In den folgenden Vorschriften dieses Gesetzes und in den Durchführungsverordnungen ist, soweit sich aus Wortlaut oder Inhalt einer Vorschrift nichts anderes ergibt, unter Genehmigung eine schriftliche Genehmigung einer Devisenstelle zu verstehen.

(2) Soweit ein Schuldner seine Leistung nach den Vorschriften dieses Gesetzes oder einer Durchführungsverordnung nicht ohne Genehmigung bewirken darf, ist auch der Gläubiger berechtigt, die Erteilung der zur Leistung des Schuldners erforderlichen Genehmigung zu beantragen.

1. Frühere Vorschriften: § 7 der 7. DurchfVO. vom 10. 11. 1931; §§ 2 Abs. 7, 22 DevVO. 1932, Ziff. 1 der VO. zur Änderung der DevVO. vom 11. 9. 1934.

2. Siehe auch Ri. I/8 und 9 und I/22 ff.

3. Vgl. auch die hier einschlägigen Ausführungen in dem Kapitel 11, besonders unter Fußnoten 9 ff.

II. Abschnitt.

Genehmigungsbedürftige Handlungen.

§ 9.

(1) Ausländische Zahlungsmittel und Forderungen in ausländischer Währung dürfen gegen inländische Zahlungsmittel nur mit Genehmigung erworben werden.

(2) Über ausländische Zahlungsmittel oder Forderungen in ausländischer Währung, die anders als nach Abs. 1 erworben worden sind, darf nur mit Genehmigung verfügt werden, es sei denn, daß die Werte an die Reichsbank oder eine Devisenbank veräußert werden.

1. Frühere Vorschriften: §§ 2 und 3 DevVO. von 1931; §§ 3 und 4 DevVO. von 1932.
2. Siehe auch §§ 29 ff. DevG.; §§ 1 ff. DurchfVO.; Ri. II/1 ff. und II/18 ff.
3. Beachte die Ausnahmebestimmungen
a) in Ri. II/8 Abs. 2, IV/54 und 58 Abs. 2, soweit sie Befreiung von deren nötigen Genehmigung zum Erwerb von Devisen vorsehen;
b) in Ri. II/1, 2, 3, 4 Abs. 2; 5 Abs. 1, 6, 8, 9, 11, 18, 19, 20, 21, 37 und IV/38, soweit sie Befreiung von der nötigen Genehmigung zur Verfügung über Devisen vorsehen.
4. Vgl. auch die hier einschlägigen Ausführungen in den Kapiteln 3 unter B II a und b; 4 unter B und C; 5 unter III; 17 unter B; 19; 20; 27 unter A I.

§ 10.

Der Erwerb von Gold und die Verfügung über Gold bedürfen der Genehmigung.

1. Frühere Vorschriften: § 10 der 6. DurchfVO. vom 2. 10. 1931; § 10 DevVO. von 1932.
2. Siehe auch §§ 11 Abs. 2, 13, 30 Abs. 2 DevG.; §§ 1 ff. der DurchfVO. und § 4 der 5. DurchfVO. vom 25. 5. 1936.
3. Vgl. auch die hier einschlägigen Ausführungen in den Kapiteln 3 unter B II a und b; 7; 27 unter A I.

§ 11.

(1) Nur mit Genehmigung darf ein Inländer inländische Zahlungsmittel oder Gold einem Ausländer oder zugunsten eines solchen einem Inländer im Inland aushändigen.

(2) Nur mit Genehmigung darf über Forderungen, die auf Reichsmark oder Goldmark lauten, zugunsten eines Ausländers verfügt werden.

1. Frühere Vorschriften: § 6 Nr. 2 DevVO. von 1931; § 10 der 6. DurchfVO. vom 2. 10. 1931; § 3 Nr. 2 der 10. DurchfVO. vom 18. 2. 1932; § 3 Abs. 1 der 12. DurchfVO. vom 20. 5. 1932; § 13 Abs. 2 und § 14 Abs. 1 DevVO. von 1932.
2. Siehe auch §§ 1 ff. der 3. DurchfVO. vom 1. 12. 1935 und §§ 1 und 2 der 5. DurchfVO. vom 25. 5. 1936; Ri. II/12 ff.
3. Beachte die Ausnahmebestimmungen in Ri. II/12, 13, 14, 14 A, 14 B, 16, 17, 18, 19, 20, 21, 37; III/8, 9, 10; IV/24, 38 und 51.
4. Vgl. auch die einschlägigen Ausführungen in den Kapiteln 3 unter B II b; 4 unter B, D; 5 unter IV; 17 unter A; 27 unter A I.

§ 12.

Nur mit Genehmigung dürfen auf einem bei einem inländischen Kreditinstitut geführten Konto eines Ausländers Reichsmarkbeträge gutgeschrieben werden, die aus Bareinzahlungen, Überweisungen oder sonstigen Vergütungen eines Inländers stammen. Als Kreditinstitute im Sinne dieser Vorschrift gelten auch die Postscheckämter.

1. Frühere Vorschriften: § 2 der 1. DurchfVO. vom 12. 8. 1931; § 11 der 6. DurchfVO. vom 2. 10. 1931; § 3 der 12. DurchfVO. vom 20. 5. 1932; § 14 Abs. 2 DevVO. 1932.
2. Siehe auch Ri. II/22 ff.
3. Beachte auch die Ausnahmebestimmungen in Ri. II/22, 24, 25, 47 Abs. 3 und 4; III/8, 10; IV/47 Abs. 1 und 3.
4. Vgl. auch die einschlägigen Ausführungen in den Kapiteln 3 unter B II b; 4 unter D III; 5 unter II b; 27 unter A I.

§ 13.

(1) Zahlungsmittel, Wertpapiere, Gold und Edelmetalle dürfen nur mit Genehmigung ins Ausland oder aus dem Inland in die badischen Zollausschlußgebiete versandt oder überbracht werden.

(2) Zuwiderhandlungen gegen die Vorschriften des Abs. 1 gelten als Bannbruch im Sinne des Vereinszollgesetzes, und zwar auch dann, wenn die Handlung fahrlässig begangen worden ist.

(3) Geldsorten, Gold und Edelmetalle dürfen nicht in Postsendungen irgendwelcher Art ins Ausland oder aus dem Inland in die badischen Zollausschlußgebiete versandt werden.

(4) Die Vorschrift des Abs. 3 findet, unbeschadet der Vorschrift des Abs. 1, keine Anwendung auf

1. versiegelte Postsendungen mit Wertangabe;
2. Einschreibsendungen, die nach zollamtlicher Nachschau mit dem Dienstsiegel einer Zollstelle postfertig verschlossen sind;
3. Einschreibsendungen von Devisenbanken.

1. Frühere Vorschriften: § 7 DevVO. von 1931; § 3 der 1. DurchfVO. vom 12. 8. 1931; § 10 der 6. DurchfVO. vom 2. 10. 1931; § 11 der 12. DurchfVO. vom 20. 5. 1932; § 12 DevVO. 1932; § 1 der 5. DurchfVO. vom 20. 7. 1933; Art. I Ziff. 1 des Ges. vom 16. 2. 1934.

2. Siehe auch §§ 21 ff. DurchfVO.; § 4 der 5. DurchfVO. vom 25. 5. 1936; Ri. II/26 ff.

3. Beachte die Ausnahmebestimmungen in Ri. II/1, 28 und IV/58.

4. Vgl. die einschlägigen Ausführungen in den Kapiteln 3 unter B II e; 4 unter B; 6 unter B III; 7; 27 unter A I.

§ 14.

(1) Kredite dürfen Ausländern nur mit Genehmigung eingeräumt werden.

(2) Einer Krediteinräumung steht gleich die Bestellung von Sicherheiten, insbesondere von Hypotheken und Grundschulden, für einen ausländischen Gläubiger.

(3) Einer Krediteinräumung steht ferner gleich die Gewährung eines Anspruchs auf die Lieferung oder Entgegennahme von Wertpapieren oder Waren gegen Zahlung einer Prämie (Vor- und Rückprämien, Stellagen, Nochgeschäfte).

1. Frühere Vorschriften: § 6 Nr. 1 DevVO. von 1931; § 13 Abs. 1 DevVO. von 1932; § 8 der 4. DurchfVO. vom 9. 5. 1933; § 2 der 10. DurchfVO. vom 22. 12. 1934.

2. Siehe auch Ri. II/31 ff.

3. Beachte die Ausnahmebestimmungen in Ri. II/32a—c, 33, 35, 37.

4. Vgl. die einschlägigen Ausführungen in den Kapiteln 3 unter B II b; 5 unter II a; 16; dem Anhang zu 16; 27 unter A I.

5. Vgl. auch die einschlägigen Abdrucke B II a und b dieses Teiles.

§ 15.

Die Verfügung über eine auf Reichsmark oder Goldmark lautende Forderung, die zugunsten eines Ausländers vor dem 16. Juli 1931 entstanden ist, bedarf der Genehmigung. Dasselbe gilt für eine auf Reichsmark oder Goldmark lautende Forderung eines Auswanderers, die vor seiner Auswanderung entstanden ist.

1. Frühere Vorschriften: § 6 Nr. 3 DevVO. von 1931; § 1 der 1. DurchfVO. vom 12. 8. 1931; § 3 Nr. 2 der 10. DurchfVO. vom 18. 2. 1932; § 13 Abs. 3 DevVO. von 1932.

2. Siehe auch II/39 ff. und II/52 ff.

3. Beachte die Ausnahmebestimmungen in Ri. II/40, 56, 57.

4. Vgl. die hier einschlägigen Ausführungen in den Kapiteln 3 unter B II b; 5; dem Anhang zu Kapitel 5; 17; 27 unter A I.

5. Vgl. auch die in DevArch. 1937 Nr. 28—30, Sp. 829 ff., 865 ff. und 893 ff. erschienene Abhandlung von Wilmanns betr. „Übersicht über das Recht der Sperrguthaben und Sperrforderungen". S. ferner Fußnote 5 zu § 14 DevG.

§ 16.

Die Verfügung über eine auf Reichsmark oder Goldmark lautende Forderung gegen ein inländisches Kreditinstitut, die zugunsten eines Ausländers

a) infolge der Einreichung inländischer Zahlungsmittel durch einen Ausländer im Inland oder

b) infolge der Einsendung von Reichsmarknoten oder inländischen Scheidemünzen aus dem Ausland

entstanden ist, bedarf der Genehmigung. Als Kreditinstitute im Sinne dieser Vorschrift gelten auch die Postscheckämter.

1. Frühere Vorschriften: § 2 der 10. DurchfVO. vom 18. 2. 1932; § 3 der 6. DurchfVO. vom 25. 7. 1933; § 2 der 9. DurchfVO. vom 15. 6. 1934.

2. Siehe auch § 56 DevG.; Ri. II/42 f. und II/52 ff.

3. Beachte die Ausnahmebestimmungen in Ri. II/42, 56 und 57.

4. Vgl. auch die hier einschlägigen Ausführungen in den Kapiteln 3 unter B II b; 5; dem Anhang zu 5; 27 unter A I.

5. S. auch Fußnote 5 zu § 15 DevG.

§ 17.

(1) Die Verfügung über eine auf Reichsmark oder Goldmark lautende Forderung, die zugunsten eines Ausländers durch die Veräußerung von inländischen Vermögensanlagen, insbesondere von Grundstücken, oder von Gegenständen, die zu einer Erbschaft gehören, entstanden ist, bedarf der Genehmigung.

(2) Das gleiche gilt für Zahlungsmittel, die einem Ausländer durch Erbschaft anfallen.

1. Frühere Vorschriften: § 1 der 10. DurchfVO. vom 18. 2. 1932; § 19 DevVO. von 1932.

2. Siehe auch § 56 DevG.; Ri. II/52 ff.

3. Beachte die Ausnahmebestimmungen in Ri. II/49, 56 und 57.

4. Vgl. die hier einschlägigen Ausführungen in den Kapiteln 3 unter B II b; 5; dem Anhang zu 5; 24 unter A I; 27 unter A I.

5. S. auch Fußnote 5 zu § 15 DevG.

§ 18.

(1) Die Verfügung über eine auf Reichsmark oder Goldmark lautende Forderung, die zugunsten eines Ausländers nach dem 3. August 1931 entstanden ist, bedarf der Genehmigung, wenn sich die Devisenstelle oder die Reichsbank bei der Entstehung der Forderung eine solche Genehmigung vorbehalten hat (Sperrguthaben).

(2) Ist ein Grundstück aus Mitteln erworben worden, über die nur mit Genehmigung verfügt werden durfte, so bedarf auch die Verfügung

über das Grundstück der Genehmigung, wenn sich die Devisenstelle oder die Reichsbank bei der ersten Genehmigung eine solche Genehmigung vorbehalten hat.

(3) Die Verfügungsbeschränkungen nach Abs. 1 und 2 sind von der Eintragung im Grundbuch ausgeschlossen. Soweit die Eintragung bereits erfolgt ist, behält es dabei sein Bewenden.

1. Frühere Vorschriften: § 1 der 10. DurchfVO. vom 18. 2. 1932; § 20 DevVO. von 1932; § 4 der 4. DurchfVO. vom 9. 5. 1933.

2. Siehe auch Ri. II/44 und 52 ff.

3. Vgl. die hier einschlägigen Ausführungen in den Kapiteln 3 unter B IIb; 5; dem Anhang zu 5, 24 unter A I und D I, und 27 unter A I.

4. S. auch Fußnote 5 zu § 15 DevG.

§ 19.

(1) Die Verfügung über Forderungen eines Ausländers, die von § 1 des Gesetzes über Zahlungsverbindlichkeiten gegenüber dem Ausland vom 9. Juni 1933 (Reichsgesetzbl. I S. 349) betroffen werden, bedarf der Genehmigung.

(2) Die Einlösung von Zinsscheinen und Gewinnanteilsscheinen zugunsten eines Ausländers bedarf der Genehmigung.

1. Frühere Vorschriften: § 2 Abs. 2 der 5. DurchfVO. vom 24. 9. 1931; § 2b der 9. DurchfVO. vom 7. 12. 1931; § 9 der 10. DurchfVO. vom 18. 2. 1932; § 15 Abs. 2 DevVO. 1932; § 6 Ziff. 4 MorG.; § 3 der 9. DurchfVO. vom 15. 6. 1934.

2. Siehe auch Ri. II/45 ff. und II/52 ff. und IV/46 ff.

3. Beachte die Ausnahmebestimmungen in Ri. II/47 Abs. 2, 3, 4, 48 und 49.

4. Vgl. auch die hier einschlägigen Ausführungen in den Kapiteln 3 unter B IIb; 5; dem Anhang zu 5; 18 und 27 unter A I.

5. S. auch Fußnote 5 zu § 15 DevG.

§ 20.

(1) Die Verfügung über eine auf Reichsmark oder Goldmark lautende Forderung, die zugunsten eines Ausländers durch die Veräußerung von Wertpapieren oder dadurch entstanden ist, daß Wertpapiere rückzahlbar geworden sind, bedarf der Genehmigung.

(2) Für die Vorschrift des Abs. 1 stehen Reichsschuldbuchforderungen Wertpapieren gleich.

1. Frühere Vorschriften: § 1 der 7. DurchfVO. vom 10. 11. 1931; §§ 2 und 3 der 9. DurchfVO. vom 7. 12. 1931; § 10 der 10. DurchfVO. vom 18. 2. 1932; § 6 der 12. DurchfVO. vom 20. 5. 1932; § 18 Abs. 1 und 3 DevVO. von 1932; § 10 der 4. DurchfVO. vom 9. 5. 1933.

2. Siehe auch §§ 21 ff. DevG.; § 56 DevG.; Ri. II/50 ff.

3. Beachte die Ausnahmebestimmungen in Ri. II/50, 56 und 57.

4. Vgl. auch die einschlägigen Ausführungen in den Kapiteln 3 unter B IIb; 5; dem Anhang zu 5; 27 unter A I.

5. S. auch Fußnote 5 zu § 15 DevG.

§ 21.

(1) Der entgeltliche Erwerb ausländischer Wertpapiere, die nicht an einer deutschen Börse zum Handel zugelassen sind, bedarf der Genehmigung. Die Verfügung über solche Wertpapiere bedarf der Genehmigung, es sei denn, daß sie an die Reichsbank oder eine Devisenbank veräußert werden.

(2) Ein Inländer darf ausländische Wertpapiere, die an einer deutschen Börse zum Handel zugelassen sind, nur mit Genehmigung entgeltlich von einem Ausländer erwerben. Dies gilt auch dann, wenn mehrere Personen, von denen ein Teil Ausländer, ein Teil Inländer sind, solche Wertpapiere für gemeinsame Rechnung erwerben (Meta-, Konsortial- und ähnliche Geschäfte).

(3) Den an einer deutschen Börse zum Handel zugelassenen Wertpapieren stehen die Wertpapiere gleich, die in den Tätigkeitsbereich eines Ausschusses der Ständigen Kommission für Angelegenheiten des Handels in amtlich nicht notierten Werten bei der Wirtschaftsgruppe Privates Bankgewerbe — Zentralverband des Deutschen Bank- und Bankiergewerbes — einbezogen sind.

1. Frühere Vorschriften: § 4 DevVO. von 1931; §§ 3 und 4 der 7. DurchfVO. vom 10. 11. 1931; § 4 der 9. DurchfVO. vom 7. 12. 1931; §§ 5, 7 und 8 DevVO. von 1932.

2. Siehe auch §§ 1 ff. der DurchfVO.; § 2 der 7. DurchfVO. vom 19. 11. 1936 und die 8. DurchfVO. vom 17. 2. 1937 und die Bekanntmachung der RStDB. über den Handel mit ausländischen Wertpapieren vom 27. 2. 1937; ferner Ri. II/59 ff.

3. Beachte die Ausnahmebestimmungen in Ri. II/1, 59 Abs. 1, 61 und 62.

4. Vgl. auch die einschlägigen Ausführungen in den Kapiteln 6; 27 unter A I.

§ 22.

(1) Der entgeltliche Erwerb inländischer Wertpapiere, die ausschließlich oder wahlweise auf eine ausländische Währung lauten und nicht an einer deutschen Börse zum Handel zugelassen sind, bedarf der Genehmigung. Die Verfügung über solche Wertpapiere bedarf der Genehmigung, es sei denn, daß sie an die Reichsbank oder an eine Devisenbank veräußert werden.

(2) Ein Inländer darf auf Reichsmark oder Goldmark lautende inländische Schuldverschreibungen, die ausschließlich für den Absatz und Handel im Ausland bestimmt waren, nur mit Genehmigung entgeltlich von einem Ausländer erwerben. Welche Schuldverschreibungen der Bestimmung des Satz 1 unterliegen, bestimmt die Reichsstelle für Devisenbewirtschaftung mit bindender Wirkung durch Bekanntmachung im Deutschen Reichsanzeiger. § 21 Abs. 2 Satz 2 gilt entsprechend.

1. Frühere Vorschriften: § 2 der 7. DurchfVO. vom 10. 11. 1931; § 7 der 12. DurchfVO. vom 20. 5. 1932; § 6 DevVO. von 1932; § 1 der 4. DurchfVO. vom 9. 5. 1933; § 6 Ziff. 3 MorG.

2. Siehe auch §§ 1 ff. der DurchfVO. und Ri. II/59 ff.

3. Beachte die Ausnahmebestimmungen in Ri. II/59 Abs. 1, 61 und 64.

4. Vgl. auch die hier einschlägigen Ausführungen in den Kapiteln 6; 27 unter A I.

§ 23.

Der entgeltliche Erwerb von unverzinslichen Schuldscheinen (Scrips) und von verzinslichen Schuldverschreibungen (Fundierungsbonds), welche die Konversionskasse für deutsche Auslandsschulden auf Grund ihrer Satzung ausgibt, sowie von Guthaben bei dieser Kasse, bedarf der Genehmigung. Die Verfügung über solche Schuldscheine, Schuldverschreibungen und Guthaben bedarf der Genehmigung.

1. Frühere Vorschriften: § 1 der 6. DurchfVO. vom 19. 9. 1933; § 4 der 9. DurchfVO. vom 15. 6. 1934.

2. Siehe auch §§ 1 ff. der DurchfVO. und Ri. II/59 ff.
3. Beachte die Ausnahmebestimmung in Ri. II/59 Abs. 2 und 3.
4. Vgl. auch die hier einschlägigen Ausführungen in dem Anhang zu Kapitel 5; den Kapiteln 6; 18; 27 unter A I.

§ 24.

Der entgeltliche Erwerb von Anteilsrechten an ausländischen Gesellschaften oder Körperschaften bedarf der Genehmigung. Die Verfügung über Anteilsrechte an Gesellschaften oder Körperschaften zugunsten von Ausländern bedarf der Genehmigung. Soweit Anteilsrechte an Gesellschaften oder Körperschaften in Wertpapieren verkörpert sind, verbleibt es bei den hiefür geltenden Vorschriften.

1. Frühere Vorschriften: § 3 der 4. DurchfVO. vom 9. 5. 1933.
2. Siehe auch Ri. II, 65, welche vom Genehmigungszwang nach § 24 S. 2 DevG. freistellt.
3. Vgl. auch die hier einschlägigen Ausführungen in dem Anhang zu Kapitel 6; Kapitel 27 unter A I.

§ 25.

(1) Ein Inländer, der nicht Devisenbank ist, darf Wertpapiere nur mit Genehmigung entgeltlich von einem Ausländer erwerben oder für Rechnung eines Ausländers im Inland veräußern. Der Erwerb bedarf keiner Genehmigung, wenn eine Devisenbank den Erwerb als Kommissionär vermittelt.

(2) Die Bestellung eines Pfandrechts oder von Sicherungseigentum an Wertpapieren durch einen Ausländer zugunsten eines Inländers bedarf der Genehmigung.

(3) Die weitergehenden Vorschriften der §§ 21 bis 23 bleiben unberührt.

(4) Ein Inländer darf Wertpapiere nur mit Genehmigung von einem Ausländer in Zahlung nehmen.

(5) Für die Vorschriften der Abs. 1, 2 und 4 stehen Reichsschuldbuchforderungen Wertpapieren gleich.

1. Frühere Vorschriften: § 6 der 12. DurchfVO. vom 20. 5. 1932; § 18 Abs. 2 und 3 DevVO. von 1932; § 2 der 4. DurchfVO. vom 9. 5. 1933; § 8 der 8. DurchfVO. vom 17. 4. 1934; § 10 der 10. DurchfVO. vom 22. 12. 1934.
2. Siehe auch §§ 1 ff. der DurchfVO.
3. Vgl. auch die hier einschlägigen Ausführungen in den Kapiteln 6; 27 unter Ziff. A I.

§ 26.

(1) Ein Inländer darf Wertpapiere nur mit Genehmigung in das Depot eines Ausländers bei einem Wertpapierhändler einlegen.

(2) Ein Inländer darf Wertpapiere, die zu seinen Gunsten oder zugunsten eines anderen Inländers oder eines Auswanderers in einem Depot im Ausland ruhen, nur mit Genehmigung im Ausland aushändigen oder in ein anderes Depot umlegen lassen.

(3) Ein Wertpapierhändler darf Wertpapiere nur mit Genehmigung aus dem Depot eines Ausländers im Inland aushändigen oder in das Depot eines Inländers umlegen oder aus dem Ausland eingehende oder eingebrachte Wertpapiere in das Depot eines Inländers einlegen.

(4) Der Einlegung oder Umlegung von Wertpapieren in ein Depot stehen gleich die Umschreibung eines Depots auf einen anderen Namen, die Übertragung eines Sammeldepotanteils und die Gutschrift auf Stückekonto.

1. Frühere Vorschriften: § 2 der 5. DurchfVO. vom 24. 9. 1931; § 1 der 11. DurchfVO. vom 14. 4. 1932; § 10 der 12. DurchfVO. vom 20. 5. 1932; §§ 15 und 16 DevVO. von 1932; § 9 der 4. DurchfVO. vom 9. 5. 1933; § 5 der 8. DurchfVO. vom 17. 4. 1934; § 3 der 10. DurchfVO. vom 22. 12. 1934.

2. S. auch Ri. II/66 ff.

3. Beachte die Ausnahmebestimmungen in Ri. II/66, 67 und 68.

4. Vgl. auch die hier einschlägigen Ausführungen in den Kapiteln 6; 27 unter A I.

§ 27.

(1) Liefert eine Person, die nicht Wertpapierhändler ist oder die als Wertpapierhändler vom Börsenbesuch ausgeschlossen ist, Wertpapiere im Inland bei einem Wertpapierhändler an, so bedarf die Aushändigung oder Umlegung der Wertpapiere sowie eine im Zusammenhang mit der Anlieferung der Wertpapiere erfolgende Leistung der Genehmigung. Das Erfordernis der Genehmigung entfällt, wenn die Reichsbank auf Grund einer nach Abs. 2 erstatteten Anzeige eine Unbedenklichkeitserklärung abgegeben hat.

(2) Wertpapierhändler sind verpflichtet, nach Abs. 1 angelieferte Wertpapiere unter Angabe der Nummern der Stücke, des Namens und der Anschrift des Anlieferers spätestens binnen einer Woche der Reichsbank oder der örtlich zuständigen Devisenstelle schriftlich anzuzeigen. Sie haben sich die Gewißheit der Richtigkeit der die Person des Anlieferers betreffenden Angaben zu verschaffen.

(3) Die nach Abs. 1 und 2 für Wertpapierhändler geltenden Beschränkungen und Verpflichtungen gelten auch für Personen, welche Inhaberschuldverschreibungen oder Aktien ausgegeben haben, hinsichtlich dieser Inhaberschuldverschreibungen oder Aktien und ihrer Zins- oder Gewinnanteilscheine.

1. Frühere Vorschriften: Art. II VO. des RPräs. vom 15. 4. 1932; § 31 DevVO. von 1932; §§ 6 und 7 der 8. DurchfVO. vom 17. 4. 1934; § 1 der 9. DurchfVO. vom 15. 5. 1934.

2. Siehe auch Ri. II/71 und 72, welche Ausnahmebestimmungen von § 27 DevG. enthalten.

3. Vgl. auch die hier einschlägigen Ausführungen in den Kapiteln 6; 27 unter A I.

§ 28.

(1) Die Beschränkungen der §§ 9, 11, 12, 13 Abs. 1, 14 gelten nicht für Zahlungsmittel, Forderungen, Wertpapiere oder Kredite, die im Einzelfall dem Werte nach nicht den Betrag von zehn Reichsmark übersteigen (Freigrenze). Gleichartige Tatbestände, die sich innerhalb eines Kalendermonats in Ansehung einer Person ergeben, die den Beschränkungen unterworfen ist, gelten dabei als ein Einzelfall.

(2) Die Freigrenze gilt nicht

1. für die Versendung oder Überbringung von Reichsmarknoten oder inländischen Goldmünzen ins Ausland oder aus dem Inland in die badischen Zollausschlußgebiete;
2. für Verfügungen über solche Forderungen eines Ausländers, die vor dem 16. Juli 1931 entstanden sind;
3. für Leistungen der Versicherungsnehmer aus Versicherungsverträgen in fremder Währung;

4. für die Leistungen von Zahlungen an Ausländer oder zugunsten von solchen an Inländer für den Erwerb von Wertpapieren.

(3) Die Reichsstelle für Devisenbewirtschaftung kann allgemein zulassen, daß im Reiseverkehr natürliche Personen, die ausschließlich im Inland ihren Wohnsitz oder gewöhnlichen Aufenthalt haben, über die Freigrenze hinaus inländische Scheidemünzen bis zu fünfzig Reichsmark oder deren Gegenwert in ausländischen Geldsorten ohne Genehmigung ins Ausland überbringen, wenn die Dringlichkeit der Reise durch eine Bescheinigung der zuständigen Ortspolizeibehörde bestätigt ist. Sie kann die Erteilung der Dringlichkeitsbescheinigungen auch anderen Stellen übertragen und Ausnahmen von dem Erfordernis der Dringlichkeitsbescheinigung zulassen.

(4) Die Reichsstelle für Devisenbewirtschaftung kann anordnen, daß die Inanspruchnahme der Freigrenze von einer Eintragung im Reisepaß oder in einem anderen Ausweispapier abhängig gemacht wird.

(5) Für den Verkehr in Grenzgebieten kann die Reichsstelle für Devisenbewirtschaftung erleichternde Bestimmungen erlassen.

1. Frühere Vorschriften: §§ 11 DevVO. von 1931; § 2 Abs. 2 der 1. DurchfVO. vom 12. 8. 1931; § 10 der 3. DurchfVO. vom 29. 8. 1931; § 2 Abs. 3 der 5. Durchf.-VO. vom 24. 9. 1931; § 9 der 6. DurchfVO. vom 2. 10. 1931; § 6 der 7. Durchf.-VO. vom 16. 11. 1931; §§ 4 und 12 der 10. DurchfVO. vom 18. 2. 1932; § 2 der 11. DurchfVO. vom 14. 4. 1932; § 21 DevVO. von 1932; § 1 der 2. DurchfVO. vom 17. 3. 1933; 3. DurchfVO. vom 12. 4. 1933; § 6 Ziff. 5 MorG.; § 3 der 5. DurchfVO. vom 20. 7. 1933; §§ 1—3 der 8. DurchfVO. vom 17. 4. 1934; Ziff. 2 der VO. zur Änderung der DevVO. von 11. 9. 34; VO. zur Änderung der DevVO. vom 29. 9. 1934; §§ 4 und 12 Abs. 1 der 10. DurchfVO. vom 22. 12. 1934; Ziff. 9, 10 und 11 der 5. RiÄndVO. vom 26. 5. 1936.

2. Siehe auch § 3 der 5. DurchfVO. vom 25. 5. 1936; Ri. II/73 ff.

3. Beachte die Ausnahmebestimmungen in Ri. II/73, 79, 81 A.

4. Vgl. auch die hierhergehörigen Ausführungen in den Kapiteln 10 unter B; 22 unter IIb; 23 unter IId; 26 unter Vb.

3. Abschnitt.

Sonstige Verpflichtungen und Verbote.

§ 29.

(1) Ausländische Zahlungsmittel und Forderungen in ausländischer Währung dürfen gegen inländische Zahlungsmittel nur von der Reichsbank oder durch ihre Vermittlung erworben und nur an die Reichsbank oder durch ihre Vermittlung veräußert werden.

(2) Die Reichsbank kann anderen Kreditinstituten das Recht verleihen, ausländische Zahlungsmittel oder Forderungen in ausländischer Währung für Rechnung der Reichsbank oder für eigene Rechnung zu erwerben oder zu veräußern (Devisenbanken). § 9 Abs. 1 gilt entsprechend, wenn bei einer Devisenbank oder durch Vermittlung einer solchen erworben wird, es sei denn, daß der Erwerber eine Devisenbank ist und innerhalb des ihm von der Reichsbank verliehenen Rechts handelt.

(3) Die Reichsbank kann von der Vorschrift des Abs. 1 Ausnahmen zulassen.

1. Frühere Vorschriften: § 2 DevVO. von 1931; § 9 der 3. DurchfVO. vom 29. 8. 1931; § 3 DevVO. von 1932.

2. Siehe auch Note 2 bei § 9 DevG.

3. Vgl. auch die einschlägigen Ausführungen in den Kapiteln 4 unter C IV; 5 unter Fußnote 7; 27 unter A I.

§ 30.

(1) Termingeschäfte über ausländische Zahlungsmittel oder Forderungen in ausländischer Währung gegen inländische Zahlungsmittel sind verboten, es sei denn, daß sie durch Vermittlung der Reichsbank oder einer von ihr bestimmten Stelle oder mit Genehmigung der Devisenstelle mit der Reichsbank oder einer Devisenbank abgeschlossen werden.

(2) Termingeschäfte über Gold oder Edelmetalle gegen inländische Zahlungsmittel sind verboten.

1. Frühere Vorschriften: § 5 DevVO. von 1931; § 1 der 2. DurchfVO. vom 20. 8. 1931; § 1 der 9. DurchfVO. vom 7. 12. 1931; § 11 DevVO. von 1932.
2. Siehe auch Ri. III/1.
3. Vgl. auch Fußnote 3 zu § 29.

§ 31.

(1) Ausländische Zahlungsmittel und Forderungen in ausländischer Währung, für die eine amtliche Notierung an der Berliner Börse erfolgt, dürfen gegen inländische Zahlungsmittel zu keinem höheren als dem letztbekannten, amtlich an der Berliner Börse notierten Briefkurs erworben oder veräußert werden.

(2) Der Kurs für Auszahlungen ist auch für Geschäfte in Geldsorten maßgebend, wenn für die Geldsorten kein besonderer amtlicher Kurs notiert wird. Wird ein besonderer Kurs notiert, so gilt er nur für Geschäfte in Geldsorten.

(3) Die Devisenstellen können Ausnahmen von den Vorschriften des Abs. 1 und 2 zulassen.

1. Frühere Vorschriften: § 9 DevVO. von 1931; § 27 DevVO. von 1932; § 11 der 4. DurchfVO. vom 9. 5. 1933.
2. Siehe auch Fußnote 3 zu § 29.

§ 32.

(1) Ausländische Zahlungsmittel und Forderungen in ausländischer Währung, für die eine amtliche Notierung an der Berliner Börse nicht erfolgt, dürfen gegen inländische Zahlungsmittel zu keinem höheren als dem letztbekannten, von einem Ausschuß der Berliner Bedingungsgemeinschaft für den Wertpapierverkehr als Briefkurs ermittelten und in der Presse veröffentlichten Preise erworben oder veräußert werden.

(2) Ausländische Zahlungsmittel und Forderungen in ausländischer Währung, für die weder eine amtliche Notierung an der Berliner Börse erfolgt noch gemäß Abs. 1 Preise ermittelt und veröffentlicht werden, dürfen gegen inländische Zahlungsmittel zu keinem höheren als einem Preise erworben oder veräußert werden, der auf der Grundlage einerseits eines letztbekannten ausländischen Briefkurses dieses Zahlungsmittels und andererseits des letztbekannten, amtlich an der Berliner Börse notierten oder gemäß Abs. 1 ermittelten Briefkurses der Währung des ausländischen Börsenplatzes errechnet ist. Als im Sinne dieser Bestimmung errechnete Kurse gelten von der Reichsbank festgesetzte Kurse.

(3) Die Devisenstellen können Ausnahmen von den Vorschriften der Abs. 1 und 2 zulassen.

1. Frühere Vorschriften: § 10 DevVO. von 1931; § 28 DevVO. von 1932; § 11 der 4. DurchfVO. vom 9. 5. 1933; § 6 Ziff. 6 MorG.
2. Siehe auch Fußnote 3 zu § 29.

§ 33.

Als inländische Kurse ausländischer Zahlungsmittel dürfen nur die amtlichen Notierungen der Berliner Börse oder ihnen gleichgestellte Preise (§ 32 Abs. 1) veröffentlicht werden.

1. Frühere Vorschriften: § 13 DevVO. von 1931; § 30 DevVO. von 1932.
2. Vgl. auch Fußnote 3 zu § 29.

§ 34.

(1) Der Reichswirtschaftsminister, die Reichsstelle für Devisenbewirtschaftung, die Devisenstellen und die Reichsbank können von jedermann Auskünfte verlangen, die sich auf Geschäfte oder Handlungen beziehen, die nach diesem Gesetz oder einer Durchführungsverordnung verboten, oder Beschränkungen unterworfen sind. Dabei kann auch die Vorlage der Bücher und sonstigen Belege verlangt werden.

(2) Der Reichswirtschaftsminister, die Reichsstelle für Devisenbewirtschaftung und die Devisenstellen können verlangen, daß ihnen gegenüber, das Reichsbankdirektorium kann verlangen, daß ihm und den Reichsbankanstalten gegenüber die Richtigkeit einer Auskunft nach Abs. 1 eidesstattlich versichert wird.

(3) Die Verordnung über Auskunftspflicht vom 13. Juli 1923 (Reichsgesetzbl. I S. 723) bleibt unberührt.

1. Frühere Vorschriften: § 14 DevVO. von 1931; § 11 der 3. DurchfVO. vom 29. 8. 1931; § 32 DevVO. von 1932; VO. über die Schaffung einer RStDB. vom 19. 12. 1933.
2. Siehe auch Ri. III/1A.
3. Vgl. auch die hier einschlägigen Ausführungen in den Kapiteln 10 unter C; 27 unter B I.
4. S. auch die VO. zur Ergänzung der VO. über den Warenverkehr vom 28. 6. 1937, abgedruckt unter A Ziff. 30 a dieses Teiles.

§ 35.

(1) Die Reichsregierung kann anordnen, daß bestimmte Werte innerhalb einer von ihr zu bestimmenden Frist angemeldet oder der Reichsbank zu deren Geschäftsbedingungen angeboten und auf Verlangen verkauft und übertragen werden. § 29 Abs. 2 Satz 1 gilt entsprechend.

(2) Die Reichsregierung kann bei der Anordnung den Kreis der hiervon Betroffenen nach ihrem Ermessen bestimmen. Pflichten, die dem Eigentümer eines anzumeldenden oder anzubietenden Gegenstandes obliegen, sind in gleicher Weise von dem zu erfüllen, der den Gegenstand als ihm gehörig besitzt oder der durch einen Treuhänder, durch eine Erwerbsgesellschaft oder in sonstiger Weise die Verfügungsmacht über den Gegenstand ausübt. Wer nach den Vorschriften der Reichsabgabenordnung, besonders nach den §§ 103 ff., die Pflichten eines Steuerpflichtigen zu erfüllen hat, ist auch verpflichtet, die Pflichten des Steuerpflichtigen zu erfüllen, die sich aus der Anordnung der Reichsregierung ergeben. Die Reichsregierung kann im übrigen die von der Anordnung betroffenen Werte nach Währungen, Mindestwert des Einzelbesitzes oder anderen ihr zweckmäßig erscheinenden Merkmalen kennzeichnen.

1. Frühere Vorschriften: § 15 DevVO. von 1931; § 33 DevVO. von 1932.
2. Siehe auch §§ 1 ff. der DurchfVO.; Ri. III/2.
3. Vgl. auch die hier einschlägigen Ausführungen in den Kapiteln 9; 27 unter A I.

§ 36.

Hat die Reichsregierung angeordnet, daß Werte der Reichsbank anzubieten seien (§ 35), so kann ein Pflichtiger, welcher der Werte zu volkswirtschaftlich gerechtfertigten Zwecken bedarf, innerhalb der Anbietungsfrist unter schriftlicher Darlegung seiner Gründe die Entscheidung der Reichsbank anrufen. Soweit diese die Zwecke als volkswirtschaftlich gerechtfertigt anerkennt, entfällt die Pflicht zur Anbietung; andernfalls sind die Werte unverzüglich anzubieten.

1. Frühere Vorschriften: §§ 16 und 21 DevVO. von 1931; § 5 der 1. Durchf.-VO. vom 12. 8. 1931; § 3 der 3. DurchfVO. vom 29. 8. 1931; § 5 der 6. DurchfVO. vom 2. 10. 1931; § 34 DevVO. von 1932.

2. Siehe auch §§ 1 ff. DurchfVO.

3. Vgl. die hier einschlägigen Ausführungen in den Kapiteln 9 unter IV; 27 unter A I.

§ 37.

Ein Inländer, dem von einer Devisenstelle oder Überwachungsstelle schriftlich mitgeteilt worden ist, daß ihm für ein bestimmtes Geschäft oder für bestimmte Arten von Geschäften devisenrechtliche Genehmigungen nicht erteilt werden können, oder dem eine allgemeine Genehmigung zur Leistung von Zahlungen oder zur Vornahme sonstiger genehmigungsbedürftiger Handlungen für bestimmte Arten von Geschäften entzogen worden ist, darf für dieses Geschäft oder für solche Arten von Geschäften Verpflichtungen, deren Erfüllung einer devisenrechtlichen Genehmigung bedarf, nicht eingehen.

1. Frühere Vorschriften: § 11 der 8. DurchfVO. vom 17. 4. 1934.

2. Siehe Ri. III/3.

3. Vgl. auch die einschlägigen Ausführungen in den Kapiteln 5 unter II b; 10 unter C 2; 27 unter B I.

§ 37 a.

(1) Liegen Tatsachen vor, aus denen zu schließen ist, daß ein Inländer beabsichtigt, unter Verletzung oder Umgehung der bestehenden Vorschriften Vermögenswerte der Devisenbewirtschaftung zu entziehen, so können die Devisenstellen anordnen, daß der Betroffene über sein Vermögen oder über bestimmte Vermögensgegenstände nur mit Genehmigung verfügen darf. Die Anordnung soll auf bestimmte Vermögensgegenstände beschränkt werden, wenn dadurch die beabsichtigte Vermögensverschiebung verhindert werden kann. Liegen die Voraussetzungen des Satz 1 vor, so können die Devisenstellen auch sonstige sichernde Anordnungen treffen, die zur Verhinderung der beabsichtigten Vermögensverschiebung erforderlich sind.

(2) Die Anordnungen nach Abs. 1 sind von der Eintragung im Grundbuch ausgeschlossen. Sie werden mit dem Zugehen an den Betroffenen oder, wenn die Mitteilung an den Betroffenen nicht möglich ist, mit Ablauf des Tages wirksam, an dem die Anordnungen im Deutschen Reichsanzeiger und Preußischen Staatsanzeiger bekanntgegeben worden sind.

(3) Gegen Anordnungen nach Abs. 1 ist die Beschwerde an die Reichsstelle für Devisenbewirtschaftung zulässig. Diese entscheidet endgültig. Die Beschwerde hat keine aufschiebbare Wirkung.

1. Eingeführt durch § 1 Ziff. 1 des Gesetzes zur Änderung des DevG. vom 1. 12. 1936.

2. Vgl. auch die hier einschlägigen Ausführungen in den Kapiteln 8; 27 unter A I g.

3. Vgl. auch den unter B I a dieses Teiles abgedruckte RE. 171/36.

§ 37b.

Die Reichsstelle für Devisenbewirtschaftung kann auch in anderen als den in § 37a genannten Fällen die Anordnungen treffen, die zur Sicherung der Devisenbestände erforderlich sind.

1. Eingeführt durch § 1 Ziff. 1 des Gesetzes zur Änderung des DevG. vom 1. 12. 1936.

2. Vgl. auch die Fußnote 2 zu § 37a DevG.

3. Vgl. auch die Fußnote 3 zu § 37 a DevG.

4. Abschnitt.[1])

Bürgerlich-rechtliche und zivilprozessuale Vorschriften.

§ 38.

Geschäfte, die gegen eine der Vorschriften der § 9 Abs. 2, §§ 11, 12, 14 bis 26, § 27 Abs. 1 und 3, §§ 30 bis 32, 37 oder gegen eine Anordnung nach § 37a verstoßen, sind nichtig. Sie sind vom Zeitpunkt ihrer Vornahme an wirksam, wenn die erforderliche Genehmigung nachträglich erteilt wird. Die Nichtigkeit kann nicht zum Nachteil von Personen geltend gemacht werden, die

a) den die Nichtigkeit begründenden Sachverhalt beim Abschluß des Geschäfts nicht kannten oder

b) im Ausland ansässig sind, es sei denn, daß sie die Nichtigkeit des Geschäfts kannten.

1. § 38 DevG. ist abgedruckt in der Fassung des § 1 Ziff. 2 des Gesetzes zur Änderung des DevG. vom 1. 12. 1936.

2. Frühere Vorschriften: § 12 DevVO. von 1931; § 4 der 1. DurchfVO. vom 12. 8. 1931; § 2 der 2. DurchfVO. vom 20. 8. 1931; § 2 Abs. 3 der 5. DurchfVO. vom 24. 9. 1931; § 6 Abs. 1 der 7. DurchfVO. vom 10. 11. 1931; § 4 der 10. DurchfVO. vom 18. 2. 1932; § 1 Abs. 2 der 11. DurchfVO. vom 14. 4. 1932; §§ 1, 4 und 12 der 12. DurchfVO. vom 20. 5. 1932; § 29 DevVO. von 1932; § 5 Abs. 1 der 4. DurchfVO. vom 9. 5. 1933; § 2 Abs. 1 der 6. DurchfVO. vom 19. 9. 1933; § 9 Abs. 1 und 12 Abs. 1 der 8. DurchfVO. vom 17. 4. 1934; § 6 Abs. 1 der 9. DurchfVO. vom 15. 6. 1934; § 12 Abs. 1 der 10. DurchfVO. vom 22. 12. 1934.

3. Siehe auch § 36 DurchfVO.; § 4 der 3. DurchfVO. vom 1. 12. 1935; § 1 der 5. DurchfVO. vom 25. 5. 1936 i. V. mit § 4 der 3. DurchfVO. vom 1. 12. 1935.

4. Vgl. auch die hier einschlägigen Ausführungen im Kapitel 12; s. auch Kapitel 14.

§ 39.

(1) Wird auf eine genehmigungsbedürftige Leistung geklagt, so ist das Verfahren auf Antrag einer Partei auszusetzen, bis die Entscheidung der Devisenstelle oder Überwachungsstelle ergangen ist.

(2) Dasselbe gilt für die Klage auf Erlaß eines Vollstreckungsurteils im Sinne der §§ 722, 723 der Zivilprozeßordnung.

---

[1]) Vgl. auch den unter B I c dieses Teiles abgedr. RE. 79/37 nebst der im Anhang zu diesem RE. abgedr. Begründung des Gesetzes zur Regelung von Kapitalfälligkeiten gegenüber dem Ausland vom 27. Mai 1937.

(3) Der Antrag kann zu Protokoll der Geschäftsstelle gestellt werden. Die Entscheidung über die Aussetzung kann ohne vorherige mündliche Verhandlung ergehen.

1. Frühere Vorschriften: § 8 der 7. DurchfVO. vom 10. 11. 1931 und § 23 DevVO. von 1932.
2. Vgl. Ri. III/4 ff.
3. Beachte die Ausnahmebestimmungen in Ri. III/4 Abs. 4—6.
4. Siehe auch die hier einschlägigen Ausführungen in den Kapiteln 22; 23; 24; 25.
5. Vgl. auch die einschlägigen Abdrucke unter B III a, b und c dieses Teiles.

§ 40.

Ist der Schuldner auf Grund eines Schiedsspruchs oder eines vor einem Schiedsgericht abgeschlossenen Vergleichs zu einer genehmigungsbedürftigen Leistung verpflichtet, so kann der Vollstreckbarkeitsbeschluß nach den §§ 1042, 1044a der Zivilprozeßordnung erst ergehen, wenn die erforderliche Genehmigung erteilt ist.

1. Frühere Vorschriften: § 9 der 7. DurchfVO. vom 10. 11. 1931 und § 24 DevVO. von 1932.
2. Siehe auch Ri. III/4 ff.
3. Vgl. auch die Ausführungen in Kapitel 23 unter II a.

§ 41.

Ist zur Leistung des Schuldners eine Genehmigung erforderlich, so ist die Zwangsvollstreckung nur zulässig, wenn die Genehmigung erteilt ist.

1. Frühere Vorschriften: § 10 der 7. DurchfVO. vom 10. 11. 1931; § 25 DevVO. von 1932.
2. Siehe auch Ri. III/4 ff.
3. Beachte auch die Ausnahmebestimmungen in Ri. III/6.
4. Vgl. auch die hier einschlägigen Ausführungen in den Kapiteln 23 und 24.

§ 41a.

Für Maßnahmen auf Grund dieses Gesetzes und seiner Durchführungsvorschriften wird eine Entschädigung nicht gewährt.

1. § 41a ist eingeführt durch § 1 Ziff. 3 des Gesetzes zur Änderung des DevG. vom 1. 12. 1936.
2. Vgl. auch die einschlägigen Ausführungen in Kapitel 8 unter Fußnote 10.

5. Abschnitt.[1])

Strafrechtliche und strafprozessuale Vorschriften.

§ 42.

(1) Mit Gefängnis oder in besonders schweren Fällen mit Zuchthaus bis zu zehn Jahren sowie mit Geldstrafe bis zum zehnfachen des Wertes der Zahlungsmittel, der Forderungen, der Wertpapiere, des Goldes oder der Edelmetalle, auf die sich die strafbare Handlung bezieht, wird bestraft, wer vorsätzlich

1. den §§ 9 Abs. 1 oder 29 zuwider ausländische Zahlungsmittel oder Forderungen in ausländischer Währung gegen inländische Zahlungsmittel erwirbt oder veräußert;

---

[1]) Vgl. auch die unter B IV dieses Teiles erfolgten einschlägigen Abdrucke.

2. den §§ 9 Abs. 1 oder 29 zuwider den Erwerb oder die Veräußerung von ausländischen Zahlungsmitteln oder Forderungen in ausländischer Währung gegen inländische Zahlungsmittel vermittelt;
3. einer der Vorschriften der § 9 Abs. 2, §§ 10 bis 12, § 13 Abs. 1, §§ 14 bis 26, § 27 Abs. 1 und 3 zuwiderhandelt;
4. ausländische Zahlungsmittel oder Forderungen in ausländischer Währung gegen inländische Zahlungsmittel zu einem höheren als dem nach den §§ 31, 32 zugelassenen Preise veräußert oder erwirbt oder einen solchen Erwerb vermittelt;
5. Termingeschäfte über ausländische Zahlungsmittel oder Forderungen in ausländischer Währung oder über Gold oder Edelmetalle gegen inländische Zahlungsmittel der Vorschrift des § 30 zuwider abschließt oder vermittelt;
6. einer Anordnung, die von der Reichsregierung nach § 35 erlassen ist, nicht, nicht rechtzeitig oder nicht ordnungsgemäß nachkommt;
7. unrichtige oder unvollständige Angaben tatsächlicher Art macht oder benutzt, um für sich oder einen anderen eine Genehmigung zu erschleichen, die nach diesem Gesetz oder einer Durchführungsverordnung erforderlich ist;
8. einer Anordnung, die eine mit devisenwirtschaftlichen Aufgaben betraute Stelle getroffen hat, zuwiderhandelt oder nicht, nicht rechtzeitig oder nicht ordnungsmäßig nachkommt; als devisenwirtschaftlich sind auch alle Maßnahmen anzusehen, die der Forderung und Erhaltung des Devisenaufkommens dienen. Für Anordnungen der Überwachungsstellen bleibt es bei den Vorschriften der Verordnung über den Warenverkehr vom 4. September 1934 (Reichsgesetzbl. I S. 816).

(2) Der Versuch ist strafbar.

(3) Wird eine der Handlungen fahrlässig begangen, tritt nur die Geldstrafe ein. An Stelle einer Geldstrafe tritt bei Nichtbeitreibbarkeit Gefängnis.

(4) Mit der im Abs. 1 bezeichneten Strafe wird ferner bestraft, wer vorsätzlich zu einer im Abs. 1 mit Strafe bedrohten Handlung auffordert, anreizt oder sich erbietet.

1. Diese Vorschrift ist abgedruckt in der Fassung des § 1 Ziff. 4 des Gesetzes zur Änderung des DevG. vom 1. 12. 1936.

2. Frühere Vorschriften: § 18 DevVO. von 1931; Art. 1 Ziff. 2 RPräsVO. zur Abänderung der DevVO. vom 17. 11. 1931; Artikel I Ziff. 1 RPräsVO. über die Devisenbewirtschaftung vom 15. 4. 1932; § 36 DevVO. von 1932.

3. Vgl. auch die Ausführungen in den Kapiteln 26—28; s. ferner die Zusammenstellung in Kap. 27 unter A II, wo die ergänzenden Strafbestimmungen, die auf § 42 DevG. Bezug nehmen, zusammengestellt sind.

4. Vgl. auch die Bestimmungen der unter Ziff. 30 a dieses Teiles abgedr. VO. zur Ergänzung der VO. über den Warenverkehr.

§ 43.

(1) Mit Geldstrafe wird bestraft, wer vorsätzlich oder fahrlässig
1. den Vorschriften des § 13 Abs. 3 und 4 zuwiderhandelt, soweit nicht nach § 42 oder nach anderen Gesetzen eine schwerere Strafe angedroht ist;
2. Kurse ausländischer Zahlungsmittel veröffentlicht, die nach § 33 nicht veröffentlicht werden dürfen;

3. der Vorschrift des § 27 Abs. 2 und 3 zuwiderhandelt;
4. der Vorschrift des § 37 zuwiderhandelt;
5. die vom Reichswirtschaftsminister, der Reichsstelle für Devisenbewirtschaftung, einer Devisenstelle oder der Reichsbank erforderten Auskünfte nicht, nicht in der bestimmten Frist, unvollständig oder unrichtig erstattet oder die Bücher oder sonstige Belege nicht, nicht in der bestimmten Frist oder unvollständig vorlegt;
6. die von einer mit devisenwirtschaftlichen Aufgaben betrauten Stelle gemachten Auflagen oder die ihr gegenüber übernommenen Verpflichtungen nicht, nicht in der bestimmten Frist oder nicht ordnungsmäßig erfüllt;
7. den Bestimmungen der Reichsbank über die Verwendung von Reichsmarkbeträgen aus Registerguthaben im Reiseverkehr zuwiderhandelt.

(2) Mit Geldstrafe wird ferner bestraft, wer vorsätzlich unrichtige oder unvollständige Angaben tatsächlicher Art macht oder benutzt, um für sich oder einen anderen eine Bescheinigung zu erschleichen, die nach diesem Gesetz oder den zu seiner Durchführung erlassenen Vorschriften die Voraussetzung für die Freistellung von einer devisenrechtlichen Genehmigung ist oder an deren Erteilung sonst devisenwirtschaftliche Vorteile geknüpft sind.

1. Diese Vorschrift ist abgedruckt in der Fassung des § 1 Ziff. 5 des Gesetzes zur Änderung des DevG. vom 1. 12. 1936.

2. Frühere Vorschriften: § 19 DevVO. von 1931; Art. I Ziff. 4 RPräsVO. zur Abänderung der DevVO. vom 17. 11. 1931; Art. II Abs. 2 RPräsVO. über die Devisenbewirtschaftung vom 20. 4. 1932; § 37 DevVO. von 1932; § 2 der 5. DurchfVO. vom 20. 7. 1933; § 12 Abs. 2 der 8. DurchfVO. vom 17. 4. 1934; § 8 der 10. DurchfVO. vom 22. 12. 1934.

3. Vgl. auch die Ausführungen in Kap. 26—28; s. ferner besonders die Zusammenstellung in Kap. 27 unter B II, wo die ergänzenden Strafbestimmungen, die auf § 43 DevG. Bezug nehmen, zusammengestellt sind.

§ 44.

(1) Straffrei bleibt, wer in unverschuldetem Irrtum über das Bestehen oder die Anwendbarkeit devisenrechtlicher Vorschriften die Tat für erlaubt gehalten hat.

(2) Wer aus Mangel an der Sorgfalt, zu der er nach den Umständen verpflichtet und nach seinen persönlichen Verhältnissen fähig war, die Tat für erlaubt gehalten hat, wird wegen Fahrlässigkeit bestraft.

1. Frühere Vorschriften: Abschnitt III § 27 StAnpG. vom 16. 10. 1934 (§ 36a DevVO. von 1932).

2. Vgl. auch die hier einschlägigen Ausführungen in Kapitel 26 unter V a.

§ 45.

(1) In den Fällen des § 42 und des § 43 Abs. 1 Nr. 1 und 7 können neben der Strafe die Werte, auf die sich die strafbare Handlung bezieht, auch wenn sie dem Täter oder einem Teilnehmer nicht gehören, sowie die Werte, die durch die strafbare Handlung gewonnen sind, zugunsten des Reichs eingezogen werden; im Falle des § 43 Abs. 1 Nr. 7 kann die Einziehung auf alle von dem Täter nach Deutschland verbrachten oder ihm in Deutschland zur Verfügung gestellten Reiseschecks, Reisekreditbriefe und Akkreditive sowie die darauf erhobenen Reichsmarkbeträge erstreckt werden.

Ist die Einziehung eines solchen Wertes nicht ausführbar, so kann auf Einziehung eines entsprechenden Geldbetrages erkannt werden; das Gericht kann dies auch nachträglich durch Beschluß anordnen. Die Einziehung unterbleibt, wenn der von der Einziehung Betroffene nachweist, daß er von der Straftat weder Kenntnis hatte noch haben konnte, und er von der Straftat auch keinen Vorteil gehabt hat. Der Feststellung des Wertes ausländischer Zahlungsmittel und von Forderungen in ausländischer Währung ist der nach den Vorschriften dieser Verordnung errechnete mittlere Kurswert im Zeitpunkt der verbotenen Handlung zugrunde zu legen. Mit der Rechtskraft des eine Einziehung anordnenden Straferkenntnisses gehen die in Satz 1 genannten Werte auf das Reich über.

(2) Ist der Beschuldigte abwesend oder kann keine bestimmte Person verfolgt werden oder verurteilt werden, so kann auf Antrag der Staatsanwaltschaft die Einziehung selbständig durch Beschluß des Gerichts ausgesprochen werden. Gegen den Beschluß findet die sofortige Beschwerde statt. In den Fällen des § 13 erfolgt die Einziehung durch das Hauptzollamt; auf das Verfahren finden die Bestimmungen der Reichsabgabenordnung Anwendung.

(3) Zur Sicherung der Geldstrafe oder der Einziehung kann das Vermögen des Beschuldigten ganz oder teilweise beschlagnahmt werden.

(4) Im Falle einer Zuwiderhandlung gegen § 13 finden auf die Einziehung der zur Begehung der Tat benützten Beförderungsmittel die Vorschriften des Vereinszollgesetzes mit der Maßgabe Anwendung, daß die Einziehung zugunsten des Reichs erfolgt. Im übrigen bestimmen sich Strafe, Einziehung und die Haftung der Vertretenen im Sinne des § 416 der Reichsabgabenordnung ausschließlich nach den Vorschriften dieses Gesetzes.

1. Diese Bestimmung ist abgedruckt in der Fassung des § 1 Ziff. 6 des Gesetzes zur Änderung des DevG. vom 1. 12. 1936.

2. Frühere Vorschriften: § 18 Abs. 4 und 5 DevVO. von 1931; Art. I Ziff. 2 und 3 RPräsVO. über die Devisenbewirtschaftung vom 15. 4. 1932; § 36 Abs. 5 bis 7 DevVO. von 1932; Art. I Ziff. 2 bis 4 Gesetz zur Änderung der DevVO. vom 16. 2. 1934; § 6 der 10. DurchfVO. vom 22. 12. 1934.

3. Siehe auch §§ 27 ff. DurchfVO.

4. Vgl. auch die hier einschlägigen Ausführungen in den Kapiteln 26 unter II; 28 unter A 4.

§ 46.

(1) In den Fällen der §§ 42, 43 und 45 finden die Vorschriften der §§ 416, 417 der Reichsabgabenordnung mit der Maßgabe entsprechende Anwendung, daß das Gericht die Haftung aussprechen kann, wenn die Staatsanwaltschaft dies beantragt. Die Staatsanwaltschaft soll den Antrag nur im Einvernehmen mit dem Nebenkläger (§ 50) stellen.

(2) Zur Sicherung einer Geldstrafe oder einer Einziehung (§ 45 Abs. 3) kann das Vermögen des Vertretenen im Sinne des § 416 der Reichsabgabenordnung ganz oder teilweise beschlagnahmt werden.

1. Diese Bestimmung ist abgedruckt in der Fassung des § 1 Ziff. 7 des Gesetzes zur Änderung des DevG. vom 1. 12. 1936.

2. Frühere Vorschriften: § 20 DevVO. von 1931; § 38 DevVO. von 1932; Art. 1 der 7. DurchfVO. vom 22. 12. 1933.

3. Siehe auch §§ 27 ff. DurchfVO.

4. Vgl. auch die hier einschlägigen Ausführungen in den Kapiteln 26 unter II; 28 unter A 5.

§ 47.

(1) Wird im Betrieb eines Unternehmens eine nach den §§ 42, 43 strafbare Handlung begangen, so kann gegen den Inhaber oder Leiter, unbeschadet ihrer strafrechtlichen Verantwortlichkeit, eine Ordnungsstrafe bis zu 300000 Reichsmark festgesetzt werden, sofern sie nicht nachweisen, daß sie die im Verkehr erforderliche Sorgfalt zur Verhütung der strafbaren Handlung angewandt haben.

(2) Die Ordnungsstrafe wird auf Antrag einer Devisenstelle vom Reichswirtschaftsgericht festgesetzt. Die Festsetzung ist unanfechtbar.

1. Frühere Vorschriften: Art. I Nr. 3 RPräsVO. zur Abänderung der DevVO. vom 17. 11. 1931; § 39 DevVO. von 1932; Art. I Ziff. 5 Gesetz zur Änderung der DevVO. vom 16. 2. 1934.

2. Vgl. auch die hier einschlägigen Ausführungen in Kapitel 28 unter C.

§ 48.

Wegen einer Zuwiderhandlung gegen die Vorschriften dieses Gesetzes oder einer Durchführungsverordnung (Devisenzuwiderhandlung) kann ein Deutscher auch dann bestraft und verfolgt werden, wenn er die Tat im Ausland begangen hat.

1. Frühere Vorschriften: Art. I Ziff. 5 RPräsVO. über die Devisenbewirtschaftung vom 15. 4. 1932; § 40 DevVO. von 1932.

2. Vgl. auch die hier einschlägigen Ausführungen in den Kapiteln 1 unter IV b; 28 unter A 2.

§ 49.

Zur Aburteilung von Devisenzuwiderhandlungen findet das Schnellverfahren nach § 212 der Strafprozeßordnung auch dann statt, wenn der Beschuldigte sich weder freiwillig stellt noch infolge einer vorläufigen Festnahme dem Gericht vorgeführt wird.

1. Frühere Vorschriften: Art. 2 RPräsVO. zur Abänderung der DevVO. vom 17. 11. 1931; § 39 DevVO. von 1932.

2. Vgl. auch die einschlägigen Ausführungen in dem Kapitel 28 unter A 1.

§ 50.

(1) Erhebt die Staatsanwaltschaft wegen einer Devisenzuwiderhandlung die öffentliche Klage, so hat die für den Gerichtsbezirk zuständige Devisenstelle die Rechte eines Nebenklägers. Als Devisenzuwiderhandlung gilt auch eine dem Täter oder Teilnehmer gewährte Begünstigung.

(2) Das Urteil und andere Entscheidungen sind der Devisenstelle zuzustellen, auch wenn sie bei der Verkündung vertreten gewesen ist. Die Fristen für die Einlegung von Rechtsmitteln beginnen für die Devisenstelle mit der Zustellung. Für Revisionsanträge und für Erklärungen auf solche hat sie einen Monat Frist. Berufungsanträge, Revisionsanträge und Anträge auf Wiederaufnahme des Verfahrens kann sie schriftlich selbst stellen.

(3) Die Devisenstelle kann die Befugnisse, die ihr in gerichtlichen Verfahren zustehen, anderen Behörden oder bestimmten Beamten übertragen.

1. Frühere Vorschrift: Art. 1 Ziff. 6 Gesetz zur Änderung der DevVO. vom 16. 2. 1934 (§ 41a DevVO. von 1932).

2. Vgl. auch die hier einschlägigen Ausführungen in Kap. 28 unter A 2.

§ 51.

(1) Wenn der Beschuldigte eine Devisenzuwiderhandlung vorbehaltlos einräumt, kann er sich der in einer Niederschrift festzusetzenden Strafe unter Verzicht auf eine gerichtliche Entscheidung sofort unterwerfen. Die Unterwerfung steht einer rechtskräftigen Verurteilung gleich.

(2) Ein Unterwerfungsverfahren ist auch gegen Nebenbeteiligte zulässig. Nebenbeteiligter ist,

1. wem ein Recht an Gegenständen zusteht, die der Einziehung unterliegen, oder wem ein Anspruch auf solche Gegenstände zusteht;
2. wer für die Geldstrafe und für die Kosten haftet, die dem Täter oder einem Teilnehmer auferlegt werden.

1. Frühere Vorschrift: Art. I Ziff. 6 Gesetz zur Änderung der DevVO. vom 16. 2. 1934 (§ 41b DevVO. von 1932).

2. Vgl. auch die hier einschlägigen Ausführungen in Kapitel 28 unter B.

§ 52.

(1) Die Unterwerfung ist zulässig, wenn die Devisenzuwiderhandlung nur mit Geldstrafe und Einziehung oder einer dieser Strafen bedroht ist oder wenn die Voraussetzungen des § 27b des Reichsstrafgesetzbuches vorliegen. Sie ist ausgeschlossen, wenn ein und dieselbe Handlung zugleich als Devisenzuwiderhandlung und nach einem anderen Strafgesetz strafbar ist. Die Vorschrift des Satzes 2 findet in den Fällen des § 45 Abs. 4 keine Anwendung.

(2) Auf das Verfahren finden die §§ 2 bis 4 und 7 bis 9 der Verordnung über die Unterwerfung im Strafverfahren gemäß § 410 (jetzt § 445) der Reichsabgabenordnung vom 1. November 1921 (Reichsgesetzbl. S. 1328) sinngemäß Anwendung; an die Stelle des Finanzamts tritt die Devisenstelle.

(3) Die Devisenstelle kann die Behörden und Beamten der Reichsfinanzverwaltung zur Aufnahme von Unterwerfungsverhandlungen ersuchen.

(4) Bei Zuwiderhandlungen gegen § 13 oder gegen die zur Durchführung des § 13 erlassenen Vorschriften sowie im Falle des § 43 Abs. 1 Nr. 7 sind die Hauptzollämter einschließlich ihrer Hilfsstellen und ihrer nachgeordneten Beamten zur Aufnahme der Niederschrift über die Unterwerfung auch ohne Auftrag der Devisenstelle befugt. Die Genehmigung der Unterwerfung steht in diesem Falle dem Vorsteher des Hauptzollamtes, seinem Vertreter oder einem mit der Genehmigung der Straffestsetzung allgemein beauftragten Beamten zu.

1. Diese Bestimmung ist abgedruckt in der Fassung des § 1 Ziff. 8 des Gesetzes zur Änderung des DevG. vom 1. 12. 1936.

2. Frühere Vorschrift: Art. I Ziff. 6 Gesetz zur Änderung der DevVO. vom 16. 2. 1934 (§ 41c DevVO. von 1932).

3. Vgl. auch die hier einschlägigen Ausführungen in Kapitel 28 unter B.

§ 53.

(1) Geldstrafen und Gegenstände, deren Einziehung ausgesprochen wird, fallen dem Reiche zu, wenn die Bestrafung im Unterwerfungsverfahren ausgesprochen wird.

(2) Die Vorschriften der §§ 459 und 470 Reichsabgabenordnung finden sinngemäß Anwendung.

Frühere Vorschrift: Art. I Ziff. 6 Gesetz zur Änderung der DevVO. vom 16. 2. 1934 (§ 41d DevVO. von 1932).

6. Abschnitt.

Schlußvorschriften.

§ 54.

Die Beschränkungen und Verbote dieses Gesetzes gelten nicht für die Reichsbank, die Deutsche Golddiskontbank und die Konversionskasse für deutsche Auslandsschulden (§ 2 des Gesetzes über Zahlungsverbindlichkeiten gegenüber dem Ausland vom 9. Juni 1933 — Reichsgesetzbl. I S. 349).

Frühere Vorschriften: § 1 Abs. 1 DevVO. von 1931; § 1 Abs. 1 DevVO. von 1932; § 6 Ziff. 1 MorG.

§ 55.

Die Reichsregierung ist ermächtigt, die zur Durchführung dieses Gesetzes erforderlichen Rechtsverordnungen und allgemeinen Verwaltungsvorschriften zu erlassen. Sie kann, soweit sie es zur Erreichung der Zwecke dieser Verordnung für erforderlich hält, auch weitere Vorschriften über die Beschränkungen und Verbote erlassen. Sie kann ferner anordnen, daß und in welchem Umfang bei Zuwiderhandlungen gegen die von ihr erlassenen Bestimmungen die in den §§ 42 bis 47 angedrohten Strafen und sonstigen Maßnahmen Anwendung finden.

1. Frühere Vorschriften: § 22 DevVO. von 1931; § 42 DevVO. von 1932.
2. Vgl. auch Kapitel 2 unter Fußnote 5.

§ 56.

(1) Die Vorschrift des § 16 gilt nicht für Forderungen, die vor dem 20. Februar 1932 und, soweit es sich um die Einsendung von inländischen Scheidemünzen handelt, vor dem 17. Juni 1934 entstanden sind.

(2) Die Vorschrift des § 17 Abs. 1 gilt nicht für Forderungen, die vor dem 20. Februar 1932 entstanden, die Vorschrift des § 17 Abs. 2 nicht für Zahlungsmittel, die vor dem 20. Februar 1932 angefallen sind.

(3) Die Vorschrift des § 20 gilt nicht für Forderungen, die vor dem 12. November 1931 entstanden sind.

Frühere Vorschriften: §§ 17, 18, 19 DevVO. von 1932.

§ 57.

In Ansehung der sich aus dem ersten Aufruf ausländischer Zahlungsmittel usw. ergebenden Verpflichtungen bleiben die Durchführungsverordnungen zur Verordnung des Reichspräsidenten gegen die Kapital- und Steuerflucht vom 18. Juli 1931 (Reichsgesetzbl. I S. 373) unberührt.

Frühere Vorschriften: § 23 DevVO. von 1931; § 43 DevVO. von 1932.

1a. Gesetz zur Änderung des Gesetzes über die Devisenbewirtschaftung.

Vom 1. Dezember 1936 (RGBl. I S. 1000).

Die Reichsregierung hat das folgende Gesetz beschlossen, das hiermit verkündet wird:

§ 1.

Das Gesetz über die Devisenbewirtschaftung vom 4. Februar 1935 (Reichsgesetzbl. I S. 106) in der Fassung der Verordnung über die Einführung der Gesetzgebung über die Devisenbewirtschaftung und den Zahlungsverkehr mit dem Ausland im Saarland vom 23. Februar 1935 (Reichsgesetzbl. I S. 278) wird wie folgt geändert:

1. Hinter § 37 werden als § 37a und § 37b eingefügt:[1])

„§ 37a.

(1) Liegen Tatsachen vor, aus denen zu schließen ist, daß ein Inländer beabsichtigt, unter Verletzung oder Umgehung der bestehenden Vorschriften Vermögenswerte der Devisenbewirtschaftung zu entziehen, so können die Devisenstellen anordnen, daß der Betroffene über sein Vermögen oder über bestimmte Vermögensgegenstände nur mit Genehmigung verfügen darf. Die Anordnung soll auf bestimmte Vermögensgegenstände beschränkt werden, wenn dadurch die beabsichtigte Vermögensverschiebung verhindert werden kann. Liegen die Voraussetzungen des Satzes 1 vor, so können die Devisenstellen auch sonstige sichernde Anordnungen treffen, die zur Verhinderung der beabsichtigten Vermögensverschiebung erforderlich sind.

(2) Die Anordnungen nach Abs. 1 sind von der Eintragung im Grundbuch ausgeschlossen. Sie werden mit dem Zugehen an den Betroffenen oder, wenn die Mitteilung an den Betroffenen nicht möglich ist, mit Ablauf des Tages wirksam, an dem die Anordnungen im Deutschen Reichsanzeiger und Preußischen Staatsanzeiger bekanntgegeben worden sind.

(3) Gegen Anordnungen nach Abs. 1 ist die Beschwerde an die Reichsstelle für Devisenbewirtschaftung zulässig. Diese entscheidet endgültig. Die Beschwerde hat keine aufschiebende Wirkung.

§ 37b.

Die Reichsstelle für Devisenbewirtschaftung kann auch in anderen als den im § 37a genannten Fällen die Anordnungen treffen, die zur Sicherung der Devisenbestände erforderlich sind."

2. § 38 Satz 1 erhält folgende Fassung:

„Geschäfte, die gegen eine der Vorschriften der § 9 Abs. 2, §§ 11, 12, 14 bis 26, § 27 Abs. 1 und 3, §§ 30 bis 32, 37 oder gegen eine Anordnung nach § 37a verstoßen, sind nichtig."

3. Hinter § 41 wird als § 41a eingefügt:

---

[1]) Vgl. die Ausführungen in Kap. 8 und den unter B I a dieses Teiles abgedr. RE. 171/36.

§ 41a.

Für Maßnahmen auf Grund dieses Gesetzes und seiner Durchführungsvorschriften wird eine Entschädigung nicht gewährt."

4. In § 42 Abs. 1 wird als Nr. 8 eingefügt:

„8. einer Anordnung, die eine mit devisenwirtschaftlichen Aufgaben betraute Stelle getroffen hat, zuwiderhandelt oder nicht, nicht rechtzeitig oder nicht ordnungsmäßig nachkommt; als devisenwirtschaftlich sind auch alle Maßnahmen anzusehen, die der Förderung und Erhaltung des Devisenaufkommens dienen. Für Anordnungen der Überwachungsstellen bleibt es bei den Vorschriften der Verordnung über den Warenverkehr vom 4. September 1934 (Reichsgesetzbl. I S. 816)."

5. § 43 Abs. 1 wird wie folgt geändert:

Nr. 6 erhält folgende Fassung:

„6. die von einer mit devisenwirtschaftlichen Aufgaben betrauten Stelle gemachten Auflagen oder die ihr gegenüber übernommenen Verpflichtungen nicht, nicht in der bestimmten Frist oder nicht ordnungsmäßig erfüllt;".

Als Nr. 7 wird eingefügt:

„7. den Bestimmungen der Reichsbank über die Verwendung von Reichsmarkbeträgen aus Registerguthaben im Reiseverkehr zuwiderhandelt."

6. § 45 Abs. 1 Satz 1 erhält folgende Fassung:

„In den Fällen des § 42 und des § 43 Abs. 1 Nr. 1 und 7 können neben der Strafe die Werte, auf die sich die strafbare Handlung bezieht, auch wenn sie dem Täter oder einem Teilnehmer nicht gehören, sowie die Werte, die durch die strafbare Handlung gewonnen sind, zugunsten des Reichs eingezogen werden; im Falle des § 43 Abs. 1 Nr. 7 kann die Einziehung auf alle von dem Täter nach Deutschland verbrachten oder ihm in Deutschland zur Verfügung gestellten Reiseschecks, Reisekreditbriefe und Akkreditive sowie die darauf erhobenen Reichsmarkbeträge erstreckt werden."

7. § 46 Abs. 1 erhält folgende Fassung:

„(1) In den Fällen der §§ 42, 43 und 45 finden die Vorschriften der §§ 416, 417 der Reichsabgabenordnung mit der Maßgabe entsprechende Anwendung, daß das Gericht die Haftung aussprechen kann, wenn die Staatsanwaltschaft dies beantragt. Die Staatsanwaltschaft soll den Antrag nur im Einvernehmen mit dem Nebenkläger (§ 50) stellen."

8. § 52 Abs. 4 Satz 1 erhält folgende Fassung:

„Bei Zuwiderhandlungen gegen § 13 oder gegen die zur Durchführung des § 13 erlassenen Vorschriften sowie im Falle des § 43 Abs. 1 Nr. 7 sind die Hauptzollämter einschließlich ihrer Hilfsstellen und ihrer nachgeordneten Beamten zur Aufnahme der Niederschrift über die Unterwerfung auch ohne Auftrag der Devisenstelle befugt."

§ 2.

§ 5 der Zweiten Durchführungsverordnung zum Gesetz über die Devisenbewirtschaftung vom 24. Juli 1935 (Reichsgesetzbl. I S. 1046) und § 2 der Sechsten Durchführungsverordnung zum Gesetz über die Devisenbewirtschaftung vom 28. Oktober 1936 (Reichsgesetzbl. I S. 930) werden gestrichen.

2. Durchführungsverordnung zum Gesetz über die Devisenbewirtschaftung.[1]

Vom 4. Februar 1935 (RGBl. I S. 114).

In der Fassung der Verordnung über die Einführung der Gesetzgebung über die Devisenbewirtschaftung und den Zahlungsverkehr mit dem Ausland im Saarland vom 23. Februar 1935 — RGBl. I S. 278 —, der Zweiten Durchführungsverordnung zum Gesetz über die Devisenbewirtschaftung vom 24. Juli 1935 — RGBl. I S. 1046 — und der Sechsten Durchführungsverordnung zum Gesetz über die Devisenbewirtschaftung vom 28. Oktober 1936 — RGBl. I S. 930.

Art. I.

§ 1.

(1) Natürliche Personen, die im Inland einen Wohnsitz oder ihren gewöhnlichen Aufenthalt haben, ferner

1. Aktiengesellschaften, Kommanditgesellschaften auf Aktien, Kolonialgesellschaften, bergbautreibende rechtsfähige Vereinigungen und nichtrechtsfähige Berggewerkschaften, Gesellschaften mit beschränkter Haftung, Genossenschaften, Versicherungsvereine auf Gegenseitigkeit, Hypothekenbanken, Schiffsbeleihungsbanken;
2. rechtsfähige und nichtrechtsfähige Vereine, Anstalten, Stiftungen, andere Zweckvermögen und sonstige nicht unter 1 fallende Körperschaften des bürgerlichen Rechts;
3. offene Handelsgesellschaften, Kommanditgesellschaften und ähnliche Gesellschaften des Handelsrechts, bei denen die Gesellschaften als Unternehmer (Mitunternehmer) anzusehen sind;
4. Körperschaften und Anstalten des öffentlichen Rechts unter der Voraussetzung, daß der Sitz oder der Ort der Leitung im Inland liegt, haben Werte der in Abs. 2 genannten Art, die sie in anderer Weise als auf Grund einer schriftlichen Genehmigung der Devisenstelle erwerben oder bei denen die Genehmigung zum Erwerb nachträglich unwirksam geworden ist, jeweils spätestens drei Tage nach dem Erwerb oder dem sonstigen Eintritt der Verpflichtung (Abs. 2 und 3) der örtlich zuständigen Reichsbankanstalt (unmittelbar oder durch Vermittlung einer Devisenbank) anzubieten und auf Verlangen zu verkaufen und zu übertragen. Dies gilt auch dann, wenn die Werte für einen Pflichtigen insgesamt die Freigrenze (§ 28 des Gesetzes über die Devisenbewirtschaftung) nicht erreichen. Jedoch brauchen ausländische Scheidemünzen bis zum Gegenwert von insgesamt zwei Reichsmark nicht angeboten zu werden.

---

[1]) Vgl. auch Fußnote 1 (einleitende Fußnote zum Devisengesetz) auf S. 2 dieses Teiles.

(2) Die Verpflichtungen nach Abs. 1 bestehen hinsichtlich folgender Werte:

1. ausländische Zahlungsmittel und Forderungen in ausländischer Währung;
2. Forderungen in inländischer Währung gegen Ausländer sowie für solche Forderungen etwa gegebene Wechsel und Schecks;
3. solche ausländische und auf eine ausländische Währung lautende inländische Wertpapiere, die an einer deutschen Börse zum Handel nicht zugelassen sind;
4. fällige Zins- oder Gewinnteilscheine und rückzahlbar gewordene Stücke ausländischer Wertpapiere und solcher auf eine ausländische Währung lautender inländischer Wertpapiere, die nicht an einer deutschen Börse zum Handel zugelassen sind;
5. alle anderen als die in Nr. 3 genannten Wertpapiere, wenn der Pflichtige sie unentgeltlich von einem Ausländer erwirbt;
6. Gold und inländische Goldmünzen.

Bei den Werten der Nr. 4 entstehen die Verpflichtungen nach Abs. 1 in dem Zeitpunkt, in dem die Werte fällig bzw. rückzahlbar werden.

(3) Für die Werte, bei denen die Genehmigung zum Erwerb nachträglich unwirksam geworden ist, entstehen die Verpflichtungen nach Abs. 1 mit dem Eintritt der Unwirksamkeit, für die auf Grund der Bestimmungen über die Freigrenze (§ 28 des Gesetzes über die Devisenbewirtschaftung) erworbenen Werte einen Monat nach dem Erwerb, soweit der Pflichtige die Werte dann noch besitzt.

(4) Ein Pflichtiger, der sich bei Eintritt der Verpflichtungen im Ausland befindet, hat die Verpflichtungen spätestens eine Woche nach der Rückkehr in das Inland zu erfüllen.

(5) Die in Abs. 1 Nr. 1 und 3 aufgeführten Gesellschaften haben die Verpflichtungen auch dann zu erfüllen, wenn sie, wirtschaftlich betrachtet, als Zweigniederlassung eines ausländischen Unternehmens anzusehen sind.

1. Diese Bestimmung ist abgedruckt in der Fassung des § 3 Ziff. 1 und 2 der 6. DurchfVO. vom 28. 10. 1936.

2. Frühere Vorschriften: § 3 der 6. DurchfVO. vom 2. 10. 1931; § 11 der 7. DurchfVO. vom 10. 11. 1931; § 2b der 9. DurchfVO. vom 7. 12. 1931; § 5 der 10. DurchfVO. vom 18. 2. 1932; § 5 der 12. DurchfVO. vom 20. 5. 1932; § 1 der DurchfVO. vom 23. 5. 1932; § 12 der 4. DurchfVO. vom 4. 5. 1933; § 13 Ziff. 1 und 2 der 8. DurchfVO. vom 17. 4. 1934; § 9 Ziff. 1 der 10. DurchfVO. vom 20. 12. 1934.

3. Vgl. auch die hier einschlägigen Ausführungen in Kapitel 9.

§ 2.

(1) Personen, welche Inländer werden, haben ihre in diesem Zeitpunkt vorhandene Werte der in § 1 Abs. 2 Nr. 1 bis 4 und 6 genannten Art binnen 10 Tagen nach diesem Zeitpunkt der örtlich zuständigen Reichsbankanstalt (unmittelbar oder durch Vermittlung einer Devisenbank) anzubieten und auf Verlangen zu verkaufen und zu übertragen, wenn die Werte für einen Pflichtigen insgesamt die Freigrenze übersteigen. Die Anbietungspflicht besteht ferner für alle anderen als die in § 1 Abs. 2 Nr. 3 genannten Wertpapiere eines solchen Pflichtigen sowie für Forderungen gegen Inländer, über die der Pflichtige, ehe er Inländer wurde, nur mit Genehmigung verfügen durfte. Ehegatten, sowie Eltern und Kinder gelten im Sinne dieser Verpflichtung als ein Pflichtiger, soweit

sie nach den §§ 26, 27 des Einkommensteuergesetzes vom 16. Oktober 1934 (Reichsgesetzbl. I S. 1005) zusammen veranlagt werden.

(2) Die Verpflichtungen nach Abs. 1 bestehen hinsichtlich der in § 1 Abs. 2 Nr. 3 genannten Werte nur, wenn der Pflichtige die Wertpapiere nach dem 12. Juli 1931, hinsichtlich der in § 2 Abs. 1 Satz 2 genannten Werte nur, wenn der Pflichtige sie nach dem 31. Dezember 1933 erworben hat.

(3) Ein Pflichtiger, der sich bei Eintritt der Verpflichtungen im Ausland befindet, hat die Verpflichtungen spätestens einen Monat nach der Rückkehr aus dem Ausland zu erfüllen.

1. Frühere Vorschriften: § 6 der 10. DurchfVO. vom 18. 2. 1932; § 2 Durchf.-VO. vom 23. 5. 1932; § 13 Ziff. 3 der 8. DurchfVO. vom 17. 4. 1934; § 5 der 9. DurchfVO. vom 15. 6. 1934; § 9 Ziff. 2 und 3 der 10. DurchfVO. vom 22. 12. 1934.

2. Vgl. auch die hier einschlägigen Ausführungen in den Kapiteln 9 und 10 unter A I.

§ 3.

(1) Werden der Reichsbank auf Grund der §§ 1, 2 Werte angeboten, die noch nicht fällig sind, so kann sie von dem Verlangen der sofortigen Übertragung zunächst absehen und von dem Pflichtigen verlangen, daß er die Werte zu dem erstmöglichen Zeitpunkt fällig macht. Der Pflichtige hat in diesem Falle den bei Fälligkeit in ausländischer Währung eingehenden Erlös der Reichsbank anzubieten und auf Verlangen zu verkaufen und zu übertragen. Geht der Erlös in inländischer Währung ein, so ist dies der Reichsbank binnen 3 Tagen anzuzeigen, wenn nicht eine Mitteilung nach § 19 zu erstatten ist.

(2) Ist die Reichsbank oder die Devisenbank zum Ankauf von Werten, die ihr auf Grund von §§ 1, 2 angeboten werden, nicht bereit, so kann sie die Werte für Rechnung des Pflichtigen im Ausland verkaufen oder verkaufen lassen. Der Verkaufserlös tritt an die Stelle der ursprünglichen Werte. Macht die Reichsbank von diesem Recht keinen Gebrauch, so ist der Pflichtige befugt, im Rahmen der gesetzlichen Bestimmungen eine andere Verwertungsmöglichkeit für die Werte zu suchen. Nimmt er eine andere Verwertung nicht vor, so hat er die Werte so rechtzeitig, daß im gewöhnlichen Geschäftsgang mit der ordnungsmäßigen Besorgung des Einzugs gerechnet werden kann, der örtlich zuständigen Reichsbankanstalt (unmittelbar oder durch Vermittlung einer Devisenbank) zum Einzug anzubieten und auf Verlangen zu übertragen. Der Anspruch des Pflichtigen auf Auszahlung des Gegenwertes in Reichsmark bestimmt sich auch in den Fällen dieses Absatzes nach den allgemeinen Geschäftsbedingungen der Reichsbank (§ 35 des Gesetzes über die Devisenbewirtschaftung).

1. Frühere Vorschriften: § 7 der 10. DurchfVO. vom 18. 2. 1932; § 3 Durchf.-VO. vom 23. 5. 1932; § 13 der 4. DurchfVO. vom 9. 5. 1933; § 13 Ziff. 4 und 5 der 8. DurchfVO. vom 17. 4. 1934.

2. Vgl. auch die hier einschlägigen Ausführungen in Kap. 9 unter IV.

§ 4.

Von den Verpflichtungen nach § 1 Abs. 1 sind befreit

1. Personen, soweit ihnen unter Wahrung der Gegenseitigkeit nach allgemeinen völkerrechtlichen Grundsätzen ein Anspruch auf Befreiung von den persönlichen Steuern zusteht;

2. konsularische Vertreter, die Berufsbeamte sind, und die ihnen zugewiesenen Beamten, sofern sie Angehörige des Entsendestaats sind, die deutsche Staatsangehörigkeit nicht besitzen und außerhalb ihres Amtes oder Dienstes im Inland keinen Beruf, kein Gewerbe und keine andere gewinnbringende Tätigkeit ausüben.

1. Frühere Vorschriften: § 4 der 6. DurchfVO. vom 2. 10. 1931; § 4 der DurchfVO. vom 23. 5. 1932.

2. Vgl. auch die hier einschlägigen Ausführungen in Kapitel 9 unter Fußnote 9.

§ 5.

(1) Als Forderungen in ausländischer Währung im Sinne des § 1 dieser Verordnung gelten nicht Forderungen in ausländischer Währung gegen Inländer, mit Ausnahme von Ansprüchen aus Währungskonten bei inländischen Kreditinstituten.

(2) Als Forderungen im Sinne des § 1 dieser Verordnung gelten nicht Forderungen auf Versicherungs- oder Rückversicherungsprämien sowie solche anderen Forderungen aus Versicherungs- oder Rückversicherungsverträgen, die noch nicht fällig sind.

1. Frühere Vorschriften: § 7 der 6. DurchfVO. vom 2. 10. 1931; § 5 der DurchfVO. vom 23. 5. 1932.

2. Vgl. auch die hier einschlägigen Ausführungen in Kapitel 9 unter Fußnote 12.

§ 6.

(1) Die Reichsbankanstalten sollen über die Annahme der Angebote (§ 1 Abs. 1, § 2 Abs. 1) unverzüglich, über Anträge gemäß § 36 des Gesetzes über die Devisenbewirtschaftung innerhalb von 10 Tagen Entscheidung treffen.

(2) Die Reichsbank kann die in § 1 Abs. 1 und 4 und § 2 Abs. 1 und 3 bestimmten Fristen für gewisse Gruppen von Pflichtigen oder von Werten verlängern.

(3) Für die Anträge gemäß § 36 des Gesetzes über die Devisenbewirtschaftung sind Vordrucke zu verwenden, die von der Reichsbank und den Devisenbanken kostenfrei abgegeben werden.

(4) Die Vordrucke sind in doppelter Ausfertigung auszufüllen und einzureichen. Ein Stück wird dem Anzeigepflichtigen mit der Entscheidung der Reichsbank zurückgegeben.

1. Frühere Vorschriften: §§ 5 und 6 der 6. DurchfVO. vom 2. 10. 1931; § 6 DurchfVO. vom 23. 5. 1932.

§ 7.

Die in den §§ 42, 45, 46, 47 des Gesetzes über die Devisenbewirtschaftung angedrohten Strafen und sonstigen Maßnahmen finden auch Anwendung auf Zuwiderhandlungen gegen § 3 dieser Verordnung.

1. Diese Bestimmung ist abgedruckt in der Fassung des § 6 Ziff. 1 der 2. DurchfVO. vom 24. 7. 1935.

2. Frühere Vorschriften: § 8 der 10. DurchfVO. vom 18. 2. 1932; § 7 DurchfVO. vom 23. 5. 1932.

3. Vgl. auch die hier einschlägigen Ausführungen in Kapitel 27 unter A II.

§ 8.

(1) Die Reichsbank kann anordnen, daß bestimmte Arten der in § 1 Abs. 2 genannten Werte nicht angeboten zu werden brauchen. Sie kann die ihr nach § 36 des Gesetzes über die Devisenbewirtschaftung zustehenden Entscheidungen auf andere Stellen übertragen.

(2) Die Reichsbank kann von den Pflichtigen regelmäßige Aufstellungen über die Verwendung der innerhalb eines bestimmten Zeitraums erworbenen Werte der in § 1 Abs. 2 genannten Art verlangen.

1. Frühere Vorschriften: §§ 3 Abs. 4 und 8 der 6. DurchfVO. vom 2. 10. 1931; § 8 der DurchfVO. vom 23. 5. 1932.

Art. II.

§ 9.

(1) Die Waren, die aus dem deutschen Wirtschaftsgebiet ausgeführt werden, sind für die Zwecke der Devisenbewirtschaftung anzumelden.

(2) Als Ausfuhr gilt der Ausgang über die Grenzen des deutschen Wirtschaftsgebiets.

(3) Das deutsche Wirtschaftsgebiet im Sinne dieses Artikels umfaßt das Reichsgebiet ohne die badischen Zollausschlüsse und ohne die Insel Helgoland. Ferner gehören zum deutschen Wirtschaftsgebiet die österreichischen Gemeinden Jungholz und Mittelberg.

1. Frühere Vorschriften: § 1 der 8. DurchfVO. vom 17. 11. 1931; § 9 DurchfVO. vom 23. 5. 1932; § 2 Abs. 2 VO. vom 23. 2. 1935.

§ 10.

(1) Von der Anmeldung ist ausgenommen der Ausgang von Waren im Wege des Durchfuhr- und Zwischenauslandsverkehrs (§ 111 des Vereinszollgesetzes).

(2) Die Verpflichtung zur Anmeldung entfällt ferner

1. bei der Ausfuhr im Reiseverkehr, soweit nicht Handelswaren ausgeführt werden;
2. bei der Ausfuhr im kleinen Grenzverkehr;
3. bei dem Warenverkehr der grenzdurchschnittenen Grundstücke;
4. für die zur Versorgung ausgehender Schiffe dienenden Waren;
5. bei der Ausfuhr von in Briefsendungen versandten Waren mit Ausnahme von Warensendungen
   a) in Päckchen, Wertbriefen und Wertkästchen,
   b) in Einschreibbriefsendungen, die mit einem grünen Zollzettel versehen sind.

(3) Die Reichsstelle für Devisenbewirtschaftung kann weitere Ausnahmen sowie Erleichterungen in der Anmeldungsweise zulassen.

1. Diese Bestimmung ist abgedruckt in der Fassung des § 3 Ziff. 3 der 6. DurchfVO. vom 28. 10. 1936. (Vgl. auch die frühere Fassung des Abs. 2 Nr. 5 nach dem Stande des § 6 Ziff. 2 der 2. DurchfVO. vom 24. 7. 1935.)

2. Frühere Vorschriften: § 2 der 8. DurchfVO. vom 17. 11. 1931; § 10 DurchfVO. vom 23. 5. 1932.

§ 11.

(1) Die Anmeldung ist durch Übergabe einer Exportvaluta-Erklärung mit den Abschnitten A und B nach Vordruck I zu bewirken. Sie hat sich auf die in der Exportvaluta-Erklärung geforderten Angaben zu erstrecken.

(2) Die Exportvaluta-Erklärung ist von dem Ausführer der zur Ausfuhr anzumeldenden Ware auszustellen.

(3) Die Reichsbank kann den Vordruck I abändern.

1. Frühere Vorschriften: § 3 der 8. DurchfVO. vom 17. 11. 1931; § 11 DurchfVO. vom 23. 5. 1932.

§ 12.

(1) Ausführer (§ 11) ist

a) wer die Waren unmittelbar oder durch einen inländischen Vermittler an einen Ausländer verkauft hat. Der Warenverkehr zwischen inländischen und ausländischen Niederlassungen des gleichen Unternehmens ist einem Verkauf im Sinne dieser Bestimmung gleich zu achten;
b) wer die Waren für seine Rechnung einem Ausländer in Kommission (Konsignation) gibt oder zur Ansicht, zur Ausstellung, zum vorübergehenden Gebrauch oder zum Verkauf auf Messen und Märkten überläßt;
c) wer die Waren für seine Rechnung von einem Ausländer be- oder verarbeiten läßt;
d) wer die einem Ausländer gehörigen Waren für dessen Rechnung be- oder verarbeitet hat;
e) bei der Ausfuhr mit der Post der Absender.

(2) Werden die Waren aus anderem Anlaß ausgeführt als in Abs. 1 angegeben, so gilt als Ausführer derjenige, der den Vertrag über die Beförderung der Waren ins Ausland mit dem Frachtführer (Verfrachter) abgeschlossen hat. Liegt ein Frachtgeschäft nicht vor, so gilt der nach § 14 zur Anmeldung Verpflichtete als Ausführer.

(3) Ausland im Sinne dieser Verordnung ist das Gebiet außerhalb des deutschen Wirtschaftsgebietes.

1. Frühere Vorschriften: § 4 der 8. DurchfVO. vom 17. 11. 1933; § 12 DurchfVO. vom 23. 5. 1932.

§ 13.

(1) Die Anmeldung mit Abschnitt A der Exportvaluta-Erklärung (§ 11) liegt dem Ausführer (§ 12) ob. Die Erklärung ist binnen drei Tagen nach der Versendung der Ware der für den Ausführer örtlich zuständigen Reichsbankanstalt portofrei zu übersenden.

(2) Durch die Anmeldung erfüllt der Ausführer zugleich eine ihm obliegende Verpflichtung zur Anbietung der ihm aus der Ausfuhr erwachsenden Forderung (§ 1 dieser Verordnung). Werden durch die Ausfuhr anbietungspflichtige Zahlungsmittel (Geldsorten, Auszahlungen, Anweisungen, Schecks und Wechsel) erworben, so sind sie der Reichsbank besonders anzubieten.

1. Frühere Vorschriften: § 5 der DurchfVO. vom 17. 11. 1931; § 13 Durchf.-VO. vom 23. 5. 1932.

§ 14.

(1) Die Anmeldung mit Abschnitt B der Exportvaluta-Erklärung (§ 11) liegt ob

a) beim Ausgang mit der Post dem Absender;
b) bei der Ausfuhr von Waren aus den Zollausschlüssen nach See dem Versender, falls dieser am Sitze der Anmeldestelle für den Zollausschluß Wohnsitz oder Niederlassung hat. Hat zwar nicht der Versender, aber sein Spediteur dort eine Niederlassung, so liegt diesem die Anmeldung ob;
c) in anderen Fällen dem Frachtführer (Verfrachter) oder, wenn kein Frachtgeschäft vorliegt, demjenigen, der aus einem anderen Rechtsverhältnis zu der Zeit, zu der die Anmeldung stattgefunden hat, der Besitzer der Ware ist.

Die Personen, denen die Anmeldung obliegt, haben sich auf Verlangen den Anmeldestellen gegenüber (§ 15) über ihre Person auszuweisen.

(2) Die Reichsstelle für Devisenbewirtschaftung kann abweichend hiervon für besondere Fälle andere Anmeldepflichtige bestimmen.

1. Diese Bestimmung ist abgedruckt in der Fassung des § 3 Ziff. 4 der 6. DurchfVO. vom 28. 10. 1936.
2. Frühere Vorschriften: § 6 der 8. DurchfVO. vom 17. 11. 1931; § 14 DurchfVO. vom 23. 5. 1932.

§ 15.

(1) Der Abschnitt B der Exportvaluta-Erklärung (§ 11) ist bei den Anmeldestellen abzugeben.

(2) Als Anmeldestellen sind zuständig
a) die Grenzzollstellen allgemein für die Anmeldung der Waren, die aus dem Zollgebiet unmittelbar in das Ausland oder nach See ausgehen;
b) die Zollstellen der Zollausschlüsse für die Anmeldung von Waren, die nach See über die Zollausschlüsse ausgehen;
c) die Zollstellen bei den Flughäfen für die Anmeldung der Waren, die im Luftfrachtverkehr ausgehen;
d) das Hamburgische Handelsstatistische Amt für die Anmeldung der Waren, die nach See aus dem Freihafen Hamburg ausgehen;
e) die Aufgabe-Postanstalten für die Waren, die mit der Post ins Ausland versandt werden;
f) die Gepäckannahmestellen der Deutschen Reichsbahn und anderer öffentlicher Beförderungsanstalten für Waren, die im Reisegepäck und unbegleiteten Reisegepäck mit der Eisenbahn ins Ausland versandt werden.

1. Diese Bestimmung ist abgedruckt in der Fassung des § 3 Ziff. 5 der 6. DurchfVO. vom 28. 10. 1936.
2. Frühere Vorschriften: § 7 der 8. DurchfVO. vom 17. 11. 1931; § 15 DurchfVO. vom 23. 5. 1932.

§ 16.

(1) Die Anmeldung mit Abschnitt B der Exportvaluta-Erklärung (§ 11) hat ohne Verzug zu erfolgen, nachdem die Sendung am Sitze der Anmeldestelle eingetroffen oder dort zur Beförderung nach dem Ausland aufgegeben worden ist.

(2) Bei dem Ausgang von Waren aus den Zollausschlüssen nach See

hat die Anmeldung innerhalb 14 Tagen nach der Verladung der Waren zu erfolgen.

1. Frühere Vorschriften: § 8 der 8. DurchfVO. vom 17. 11. 1931; § 16 der DurchfVO. vom 23. 5. 1932.

§ 17.

Die Anmeldestellen haben die Abschnitte B der Exportvaluta-Erklärung alsbald der aus dem Abschnitt ersichtlichen Reichsbankanstalt zuzusenden.

1. Frühere Vorschriften: § 9 der 8. DurchfVO. vom 17. 11. 1931; § 16 DurchfVO. vom 23. 5. 1932.

§ 18.

(1) Die Frachtführer (Verfrachter) dürfen nach dem Ausland gerichtete Sendungen nur dann befördern oder, falls ihnen die Bestimmung der Waren nach dem Ausland erst während der Beförderung bekannt wird, weiterbefördern, nachdem sie die erforderlichen Abschnitte B der Exportvaluta-Erklärung (§ 11) erhalten haben.

(2) Die Reichsstelle für Devisenbewirtschaftung kann Ausnahmen von dieser Vorschrift zulassen.

1. Frühere Vorschriften: § 10 der 8. DurchfVO. vom 17. 11. 1931; § 18 DurchfVO. vom 23. 5. 1932.

§ 19.

(1) Der Ausführer (§ 12) ist verpflichtet, zum 10., 20., und Letzten jedes Monats der örtlich zuständigen Reichsbankanstalt unter Verwendung des Vordrucks II die Beträge der eingegangenen Ausfuhrerlöse in inländischer und ausländischer Währung mitzuteilen und gleichzeitig anzugeben

a) bei den der Anbietung unterliegenden Beträgen (§ 1 dieser Verordnung), an welche Devisenbank er sie abgeliefert hat oder von welcher Reichsbankanstalt die Freigabe erfolgt ist;

b) bei Reichsmarkbeträgen, in welcher Form (Schecks, Überweisung usw.) sie ihm zugegangen sind.

(2) Die Reichsbank kann den Vordruck II abändern.

1. Frühere Vorschriften: § 11 der 8. DurchfVO. vom 17. 11. 1931; § 11 der 10. DurchfVO. vom 28. 2. 1932: § 19 DurchfVO. vom 23. 5. 1932.

§ 20.

Die in den §§ 43, 46, 47 des Gesetzes über die Devisenbewirtschaftung angedrohten Strafen und sonstigen Maßnahmen finden auch Anwendung auf Zuwiderhandlungen gegen die Vorschriften der §§ 11, 13 Abs. 1, 14, 15, 16, 18, 19 dieser Verordnung; enthält die Zuwiderhandlung zugleich eine Verletzung der dem Ausführer obliegenden Verpflichtung zur Anbietung der ihm aus der Ausfuhr anfallenden Forderungen und Zahlungsmittel (vgl. §§ 1, 13 Abs. 2 dieser Verordnung), so bleiben die §§ 42, 45, 46, 47 des Gesetzes über die Devisenbewirtschaftung unberührt.

1. Diese Bestimmung ist abgedruckt in der Fassung des § 3 Ziff. 6 der 6. DurchfVO. vom 28. 10. 1936 (vgl. auch die frühere Fassung nach dem Stande des § 6 Ziff. 3 der 2. DurchfVO. vom 24. 7. 1935).

2. Frühere Vorschriften: § 12 der 8. DurchfVO. vom 17. 11. 1931; § 8 der 12. DurchfVO. vom 20. 5. 1932; § 20 DurchfVO. vom 23. 5. 1932.

3. Vgl. auch die hier einschlägigen Ausführungen in Kapitel 27 unter B II.

Art. III.

Vorschriften zur Durchführung der devisenrechtlichen Verbote und Beschränkungen bei der Ein- und Ausfuhr.

§ 21.

(1) Die Bediensteten der Reichszollverwaltung haben bei der Durchführung der devisenrechtlichen Verbote und Beschränkungen bei der Aus- und Einfuhr mitzuwirken.

(2) Die Vorschrift des § 188 Abs. 1 Satz 1 der Reichsabgabenordnung findet entsprechende Anwendung.

1. Frühere Vorschrift: § 14 der 4. DurchfVO. vom 9. 5. 1933.

§ 22.

(1) Wer ins Ausland reist, hat auf Verlangen zu erklären, ob er Zahlungsmittel, Wertpapiere, Gold, Edelmetalle oder Handelswaren in seinem Gepäck oder in den Beförderungsmitteln, in denen er die Reise vornimmt, oder sonstwie mit sich führt. Gepäck und Beförderungsmittel können einer Nachschau unterworfen werden. Die Reisenden haben zu diesem Zweck ihre Gepäckstücke und sonstigen Behältnisse zu öffnen und ihren Inhalt darzulegen sowie die Nachschau in jeder Weise zu unterstützen.

(2) Die Vorschrift des Abs. 1 findet auf Begleiter von Ausreisenden entsprechende Anwendung.

1. Frühere Vorschriften: § 15 der 4. DurchfVO. vom 9. 5. 1933; § 11 der 10. DurchfVO. vom 22. 12. 1934.

§ 23.

(1) Wer Postsendungen irgendwelcher Art oder im Eisenbahn-, Schiffs-, Luft- und sonstigen Frachtverkehr Güter oder Gepäck nach dem Ausland ausliefert, hat auf Verlangen zu erklären, ob sich in den Sendungen Zahlungsmittel, Wertpapiere, Gold, Edelmetalle oder Handelswaren befinden. § 22 Satz 2 und 3 finden entsprechende Anwendung. Die Nachschau kann auch während der Beförderung der Sendungen erfolgen.

(2) Zur Entgegennahme der Erklärungen und zur Vornahme der Nachschau sind außer den nach § 21 mit der Überwachung beauftragten Personen auch die mit der Annahme und Beförderung der Sendungen befaßten Bediensteten der Post, der Deutschen Reichsbahn und der sonstigen öffentlichen Beförderungsanstalten nach Maßgabe der Anweisungen des zuständigen Reichsministers, der Hauptverwaltung der Deutschen Reichsbahn-Gesellschaft oder der zuständigen obersten Landesbehörde (§ 25) befugt. Sie haben, wenn die Erklärung oder die Nachschau den Verdacht einer Zuwiderhandlung gegen devisenrechtliche Vorschriften ergibt, die Sendung, auf die sich die Zuwiderhandlung bezieht, sicherzustellen und unverzüglich den in § 21 genannten Personen oder den örtlich zuständigen Polizei- und Sicherheitsbeamten Anzeige zu erstatten.

1. Frühere Vorschrift: § 16 der 4. DurchfVO. vom 9. 5. 1933.

§ 24.

Wer Umzugsgut zur Beförderung nach dem Ausland aufliefern will, hat dies unter Angabe des Zeitpunktes der Verpackung und Verladung mindestens 3 Tage vorher der zuständigen Zollstelle anzuzeigen. Die Zollstelle ist befugt, während der Verpackung und Verladung Nachschau zu halten. § 22 Satz 3 findet entsprechende Anwendung.

1. Frühere Vorschrift: § 17 der 4. DurchfVO. vom 9. 5. 1933.

§ 25.

Die erforderlichen Anweisungen zur Durchführung der §§ 21 bis 24 erlassen, soweit es sich um ihren Geschäftsbereich handelt, der Reichspostminister, der Reichsverkehrsminister, die Hauptverwaltung der Deutschen Reichsbahn-Gesellschaft oder die zuständige oberste Landesbehörde im Einvernehmen mit dem Reichsminister der Finanzen, im übrigen der Reichsminister der Finanzen.

1. Frühere Vorschrift: § 18 der 4. DurchfVO. vom 9. 5. 1933.

§ 26.

Die in den §§ 43, 46, 47 des Gesetzes über die Devisenbewirtschaftung angedrohten Strafen und sonstigen Maßnahmen finden auch Anwendung auf Zuwiderhandlungen gegen die Vorschriften dieses Artikels, soweit nicht nach anderen Gesetzen eine schwerere Strafe angedroht ist.

1. Diese Bestimmung ist abgedruckt in der Fassung des § 6 Ziff. 3 der 2. DurchfVO. vom 24. 7. 1935.
2. Frühere Vorschrift: § 19 der 4. DurchfVO. vom 9. 5. 1933.
3. Vgl. auch die hier einschlägigen Ausführungen in Kapitel 27 unter B II.

Art. IV.

Vorschriften zur Durchführung des § 45 Abs. 1 und 3 und des § 46 des Gesetzes über die Devisenbewirtschaftung.

§ 27.

(1) Zur Sicherung der Geldstrafe und der Einziehung kann der Richter (§ 98 der Strafprozeßordnung), sofern hinreichender Verdacht einer nach § 42 des Gesetzes über die Devisenbewirtschaftung strafbaren Handlung besteht, ohne daß es eines sonstigen Arrestgrundes bedarf, auf Antrag der Staatsanwaltschaft einen Arrestbefehl erlassen. Der Arrest kann auch dann angeordnet werden, wenn der Betrag der Forderung noch nicht ziffernmäßig feststeht. In dem Arrestbefehl ist ein Geldbetrag zu bestimmen, durch dessen Hinterlegung die Vollziehung des Arrestes gehemmt oder der Beschuldigte zum Antrage auf Aufhebung des vollzogenen Arrestes berechtigt wird; der Geldbetrag soll der Höhe der den Beschuldigten voraussichtlich treffenden Geldstrafe und Einziehung entsprechen. Gegen den Beschluß findet die Beschwerde nach § 304 der Strafprozeßordnung statt. Der Arrest ist aufzuheben, wenn ein hinreichender Verdacht der strafbaren Handlung nicht mehr besteht.

(2) Die Wirkung und Vollziehung des Arrestbefehls bestimmt sich vorbehaltlich der nachstehenden Vorschriften nach den für den dinglichen Arrest geltenden Bestimmungen der Zivilprozeßordnung. Die §§ 929, 945 daselbst finden keine Anwendung. Der Arrest bedarf keiner Vollstreckungsklausel; die Vollziehung ist auch ohne vorherige Zustellung des Arrestbefehls zulässig. Für die Pfändung von Forderungen ist der in Abs. 1

bezeichnete Richter als Vollstreckungsgericht zuständig. Er entscheidet auch über den Antrag auf Aufhebung des vollzogenen Arrestes (Abs. 1 Satz 5); gegen die Entscheidung findet die Beschwerde nach § 304 der Strafprozeßordnung statt.

(3) Schon vor der Anordnung des Arrestes können unter den Voraussetzungen des Abs. 1 die Staatsanwaltschaft oder die in § 98 Abs. 1 der Strafprozeßordnung bezeichneten Polizei- und Sicherheitsbeamten dem Beschuldigten und seinem Schuldner eine Pfändungsankündigung in entsprechender Anwendung des § 845 der Zivilprozeßordnung zustellen lassen. Die Zustellung kann nach den Vorschriften über die Zustellung von Amts wegen erfolgen.

(4) Bei den sich aus dem Arrest und seiner Vollziehung ergebenden Angelegenheiten werden das Reich und das Land, denen die Ansprüche zustehen, durch die Staatsanwaltschaft beim Landgericht vertreten.

1. Frühere Vorschrift: § 20 der 4. DurchfVO. vom 9. 5. 1933.
2. Vgl. auch die Ausführungen in Kapitel 28 unter A 4.

§ 28.

(1) Um die Durchführung der in § 27 vorgesehenen Maßnahmen sicherzustellen, kann der Richter (§ 98 der Strafprozeßordnung) auf Antrag der Staatsanwaltschaft die Beschlagnahme des Vermögens des Beschuldigten anordnen (§ 45 Abs. 3 des Gesetzes über die Devisenbewirtschaftung). Die Beschlagnahme kann auch vor Erlaß des Arrestbefehls angeordnet werden. Sie wird mit der Anordnung wirksam.

(2) Die Vermögensbeschlagnahme sowie ihre Aufhebung sind im Deutschen Reichsanzeiger bekanntzumachen. Sie können auch in anderen Blättern veröffentlicht werden.

(3) Die Vermögensbeschlagnahme hat die Wirkung eines Veräußerungsverbots im Sinne des § 135 des Bürgerlichen Gesetzbuches. Durch die Anordnung erhält die Staatsanwaltschaft das Recht, einzelne zu dem Vermögen des Beschuldigten gehörige bewegliche Sachen in vorläufigen Gewahrsam zu nehmen oder sonst sicherzustellen, die Handelsbücher und die sonstigen Belege des Beschuldigten einzusehen oder durch einen Beauftragten einsehen zu lassen.

(4) Ein Dritter kann sich bei Verfügungen, die nach der öffentlichen Bekanntmachung (Abs. 2) vorgenommen worden sind, darauf, daß ihm die Beschlagnahme nicht bekannt gewesen sei, nur berufen, wenn er nachweist, daß die Unkenntnis nicht auf Fahrlässigkeit beruht.

(5) Die Beschlagnahme ist aufzuheben, sobald sie nicht mehr notwendig ist, insbesondere sobald durch Maßnahmen nach § 27 ausreichende Sicherung erreicht ist. Sie ist spätestens binnen sechs Wochen nach Anordnung aufzuheben.

1. Frühere Vorschrift: § 21 der 4. DurchfVO. vom 9. 5. 1933.

§ 29.

Geldbeträge, auf deren Einziehung nach § 45 Abs. 1 Satz 2 des Gesetzes über die Devisenbewirtschaftung erkannt werden kann, oder andere bewegliche Sachen in entsprechendem Werte können auch nach den §§ 94ff. der Strafprozeßordnung beschlagnahmt werden.

1. Frühere Vorschrift: § 22 der 4. DurchfVO. vom 9. 5. 1933.

§ 30.

Die Bestimmungen der §§ 27 bis 29 finden auch auf Vertretene im Sinne des § 416 der Reichsabgabenordnung in Verbindung mit § 46 des Gesetzes über die Devisenbewirtschaftung entsprechende Anwendung.

1. Frühere Vorschrift: Art. II Ziff. 2 der 7. DurchfVO. vom 22. 12. 1933 (§ 22a der 4. DurchfVO.).

§ 31.

(1) Macht ein anderer als der Beschuldigte an einem der Einziehung unterliegenden Werte ein Recht geltend oder liegen Tatsachen vor, aus denen zu schließen ist, daß einem anderen als dem Beschuldigten ein Recht an dem der Einziehung unterliegenden Werte zusteht (§ 45 Abs. 1 und 2 des Gesetzes über die Devisenbewirtschaftung), so soll der andere als Beteiligter zur Hauptverhandlung geladen werden, wenn dadurch das Verfahren nicht verzögert wird. Das gleiche gilt für den, der neben dem Beschuldigten für Geldstrafe und Kosten haftet.

(2) In der Ladung ist der Beteiligte darauf hinzuweisen, daß über die Einziehung oder die Haftung für Geldstrafe und Kosten ihm gegenüber entschieden wird. Mit der Ladung ist die Anklage mitzuteilen.

(3) Wird die Einziehung oder die Haftung für Geldstrafe und Kosten im Strafbefehl ausgesprochen, so soll der Strafbefehl den Beteiligten mitgeteilt werden; Abs. 2 Satz 1 gilt entsprechend.

1. Frühere Vorschriften: § 23 der 4. DurchfVO. vom 9. 5. 1933; Art. I Ziff. 3 Gesetz zur Änderung der DevVO. vom 16. 2. 1934 (§ 36 Abs. 6 S. 3 DevVO. von 1932).

§ 32.

(1) Der Beteiligte hat, soweit das Verfahren die Einziehung oder die Haftung für Geldstrafe und Kosten betrifft, selbstständig die Rechte des Angeklagten. In der Hauptverhandlung kann er sich durch eine Person, für deren Auswahl oder Beiordnung die §§ 138, 139 der Strafprozeßordnung entsprechend gelten, vertreten lassen. Auch wenn er nicht geladen ist, kann er erscheinen und sein Recht geltend machen. Bleibt er auf ordnungsmäßige Ladung aus, so wird ohne ihn verhandelt.

(2) Beteiligten, die zur Hauptverhandlung geladen oder erschienen waren, ist das Urteil zuzustellen, wenn sie bei der Verkündung nicht zugegen und auch nicht vertreten gewesen sind.

1. Frühere Vorschrift: § 24 der 4. DurchfVO. vom 9. 5. 1933.

§ 33.

(1) Für Beteiligte, die zur Hauptverhandlung weder geladen noch erschienen sind, beginnt die Frist zur Einlegung eines Rechtsmittels mit der Verkündung des Urteils.

(2) Ist die Einziehung oder die Haftung für Geldstrafe und Kosten im Strafbefehl ausgesprochen, so beginnt die Frist zur Erhebung des Einspruchs für den Beteiligten, dem der Strafbefehl nicht mitgeteilt worden ist, mit der Bekanntmachung des Strafbefehls an den Beschuldigten.

1. Frühere Vorschrift: § 25 der 4. DurchfVO. vom 9. 5. 1933.

§ 34.

Wird die Einziehung selbständig durch Beschluß des Gerichts ausgesprochen (§ 45 Abs. 2 Satz 1 des Gesetzes über die Devisenbewirtschaftung) und macht ein anderer als der Beschuldigte an dem der Einziehung unterliegenden Werte ein Recht geltend oder liegen Tatsachen vor, aus denen zu schließen ist, daß einem anderen als dem Beschuldigten ein Recht an dem der Einziehung unterliegenden Werte zusteht, so erhält der andere die Stellung eines Beteiligten nach den §§ 31 bis 33.

Art. V.

§ 35.

(1) Unberührt bleibt die Verordnung über die Bildung eines Ausschusses für Auslandsschulden vom 26. Januar 1932 (Reichsgesetzbl. I S. 35).

(2) Unberührt bleiben in Ansehung der sich aus dem zweiten Aufruf ausländischer Zahlungsmittel usw. ergebenden Verpflichtungen Artikel I der Dritten Durchführungsverordnung vom 29. August 1931 (Reichsgesetzbl. I S. 461) und die Vierte Durchführungsverordnung vom 4. September 1931 (Reichsgesetzbl. I S. 477), in Ansehung der sich aus dem dritten Aufruf ausländischer Zahlungsmittel usw. ergebenden Verpflichtungen Artikel I der Sechsten Durchführungsverordnung vom 2. Oktober 1931 (Reichsgesetzbl. I S. 533) und Artikel II der Zehnten Durchführungsverordnung vom 18. Februar 1932 (Reichsgesetzbl. I S. 79). Unberührt bleibt in Ansehung der sich aus dem Aufruf von Forderungen in inländischer Währung gegen Ausländer ergebenden Verpflichtungen § 14 der Achten Durchführungsverordnung vom 17. April 1934 (Reichsgesetzbl. I S. 313).

1. Frühere Vorschrift: § 21 DurchfVO. von 1932.

§ 36.

Gerichtliche Entscheidungen, die im Widerspruch zu § 38 Satz 2 oder § 2 Abs. 3 Satz 3 des Gesetzes über die Devisenbewirtschaftung ergangen und vor dem 20. Mai 1932 rechtskräftig geworden sind, bleiben unberührt.

1. Frühere Vorschriften: § 12 der 12. DurchfVO. vom 20. 5. 1932; §§ 22 DurchfVO. von 1932.

3. Zweite Durchführungsverordnung zum Gesetz über die Devisenbewirtschaftung.

Vom 24. Juli 1935 (RGBl. I S. 1046)[1].

In der Fassung der Sechsten Durchführungsverordnung zum Gesetz über die Devisenbewirtschaftung vom 28. Oktober 1936 — RGBl. I S. 930 — und des Gesetzes zur Änderung des Gesetzes über die Devisenbewirtschaftung vom 1. Dezember 1936 — RGBl. I S. 1000[2]).

Auf Grund von § 55 des Gesetzes über die Devisenbewirtschaftung (Devisengesetz) vom 4. Februar 1935 (Reichsgesetzbl. I S. 106) wird verordnet:

Art. I.

§ 1.

(1) Um die Durchführung der Devisenbewirtschaftung auf dem Gebiet des Warenverkehrs zu sichern, hat derjenige, welcher die Abfertigung bestimmter Waren zum freien Verkehr des deutschen Zollgebiets oder zu einem Vormerkverkehr im weiteren Sinne einschließlich des Zollsicherungsverkehrs beantragt, eine Genehmigung einer Überwachungsstelle zur Bezahlung der Ware (Devisenbescheinigung) vorzulegen. Ohne diese wird die zollamtliche Abfertigung zum freien Verkehr des deutschen Zollgebiets oder zu einem Vormerkverkehr im weiteren Sinne einschließlich des Zollsicherungsverkehrs nicht vorgenommen.

(2) Die Reichsstelle für Devisenbewirtschaftung wird ermächtigt, die Liste derjenigen Waren, für welche die Bestimmungen des Abs. 1 dieses Paragraphen gelten, durch Bekanntmachung im Deutschen Reichsanzeiger zu veröffentlichen.

§ 2.

(1) Der Devisenbescheinigung im Sinne von § 1 Abs. 1 stehen gleich

a) die Unbedenklichkeitsbescheinigung einer Überwachungsstelle;

b) die Bestätigung einer Bank über das Vorliegen einer Devisenbescheinigung, die zur Einzahlung auf ein Ausländer-Sonderkonto für Inlandszahlungen berechtigt,

c) die Genehmigung einer Devisenstelle,

d) die Bestätigung einer Devisenstelle über das Vorliegen einer Verrechnungsgenehmigung, die zur Zahlung im Wege eines privaten Verrechnungsgeschäftes berechtigt,

e) die Bestätigung einer Devisenstelle über das Vorliegen einer verbindlichen Zusage für die Durchführung eines Rohstoffkreditgeschäftes,

---

[1]) Vgl. auch den erläuternden RE. 151/35.

[2]) Wegen der Fassung des § 2 dieser DurchfVO. nach dem Stande der 9. DurchfVO. vom 20. 2. 1936 s. Note 1 zu § 2 dieser DurchfVO.

f) die Anmeldung einer Ware zur Devisenüberwachung durch den Inhaber einer Transitgenehmigung (Transitanmeldung),

g) ein Übernahmeschein nach Maßgabe der über die Bewirtschaftung von Tieren und tierischen Erzeugnissen, Milcherzeugnissen, Ölen und Fetten, Eiern sowie Garten- und Weinbauerzeugnissen ergangenen Gesetze und Verordnungen (Reichsgesetzbl. 1933 I S. 143, 167, 375, 1093, 1094, 1104 und 1109; 1934 I S. 79, 112, 184, 224, 228, 376, 397 und 518; 1935 I S. 407; 1936 I S. 854 und 857).

(2) Ohne Vorlage der in Abs. 1 dieses Paragraphen und in § 1 aufgeführten Papiere kann die zollamtliche Abfertigung erfolgen, wenn

a) entweder die Ware nach den Bestimmungen des Reichsministers der Finanzen über die Devisenüberwachung bei der Einfuhr devisenmäßig nicht behandelt wird oder

b) einer der in den §§ 3 und 3a der Bekanntmachung vom 22. März 1920 zur Ausführung der Verordnung über die Regelung der Einfuhr (Reichsgesetzbl. 1920 S. 337; 1921 S. 456 und 1195; 1922 I S. 563; 1923 I S. 383; 1924 I S. 754; 1932 I S. 544; 1933 I S. 696 und 1119) aufgeführten Tatbestände vorliegt.

(3) Die Reichsstelle für Devisenbewirtschaftung wird ermächtigt, Abs. 1 und 2 dieses Paragraphen zu ändern und zu ergänzen.

1. Diese Bestimmung ist abgedruckt in der Fassung des § 4 Ziff. 1 der 6. DurchfVO. vom 28. 10. 1936; beachte aber die jetzige Fassung des Abs. 2 der vorstehenden Bestimmung nach dem Stande der 9. Durchf.-VO. zum DevG. vom 20. 2. 1937 und s. den einschlägigen Art. II § 4 der 9. DurchfVO.

§ 3.

Für Waren, deren Einfuhr verboten ist, gelten die Vorschriften darüber neben den Bestimmungen dieser Verordnung.

Art. II.

§ 4.

Die Reichsbank ist außer für die in § 4 des Devisengesetzes genannten Entscheidungen ferner zuständig für die Erteilung von Genehmigungen zur Verfügung über Guthaben bei der Treuhandgesellschaft von 1933 m. b. H.

§ 5.

(Gestrichen durch § 2 des Gesetzes zur Änderung des Gesetzes über die Devisenbewirtschaftung vom 1. Dezember 1936 — RGBl. I S. 1000 —).

§ 6.

Die Durchführungsverordnung zum Devisengesetz vom 4. Februar 1935 (Reichsgesetzbl. I S. 114) wird wie folgt geändert:

1. In § 7 ist hinter den Worten „in den §§ 42" einzufügen „45".

2. § 10 Abs. 2 Nr. 5 erhält folgende Fassung:

„5. bei der Ausfuhr von in Briefen oder als Drucksachen versandten Waren mit Ausnahme von Warensendungen in Päckchen und Wertbriefen."

3. In § 20 und § 26 ist hinter den Worten „in den §§ 43, 46" einzufügen: „47".

1. Beachte auch die Neufassung des § 20 der DurchfVO. durch § 3 Ziff. 6 der 6. DurchfVO.

2. Vgl. auch die hier einschlägigen Ausführungen in Kapitel 27 unter B II.

Art. III.

§ 7.

Artikel I dieser Verordnung tritt am 29. Juli 1935, § 6 Nr. 2 dieser Verordnung tritt am 1. August 1935, die übrigen Vorschriften treten am Tage nach der Verkündung in Kraft.

4. Dritte Durchführungsverordnung zum Gesetz über die Devisenbewirtschaftung.

Vom 1. Dezember 1935 (RGBl. I S. 1408).

In der Fassung der Vierten Durchführungsverordnung zum Gesetz über die Devisenbewirtschaftung vom 23. Dezember 1935 — RGBl. I S. 1543.

Auf Grund von § 55 des Gesetzes über die Devisenbewirtschaftung (Devisengesetz) vom 4. Februar 1935 (Reichsgesetzblatt I S. 106) wird verordnet:

Art. I.

§ 1.

(1) Reichsmarknoten (§ 6 Abs. 1 des Devisengesetzes) dürfen nur mit Genehmigung aus dem Ausland oder den badischen Zollausschlußgebieten nach dem Inland eingesandt oder eingebracht werden. Dies gilt nicht, wenn Reichsmarknoten an ein inländisches Kreditinstitut mit der Weisung eingesandt werden, sie zugunsten eines Ausländers auf einem Sperrkonto gutzuschreiben; als Kreditinstitute im Sinne dieser Vorschrift gelten auch die Postscheckämter.

(2) Die Vorschrift des Abs. 1 enthält ein Einfuhrverbot im Sinne des Vereinszollgesetzes. Zuwiderhandlungen gegen diese Vorschrift gelten als Bannbruch, und zwar auch dann, wenn die Handlung fahrlässig begangen ist. Doch kann der Einführer die Zurückschaffung eingeführter Reichsmarknoten gemäß § 139 des Vereinszollgesetzes nur verlangen, wenn er Ausländer ist und die Noten als Reisender eingebracht hat.

(3) Die mit der Überwachung der Durchführung des Abs. 1 betrauten Stellen können Reichsmarknoten, die dieser Vorschrift zuwider eingesandt oder eingebracht worden sind, ohne daß eine Einziehung erfolgt, bei einer von der Reichsstelle für Devisenbewirtschaftung bezeichneten Stelle auf ein Hinterlegungskonto einzahlen.

1. Vgl. auch Ri. II/82 ff. und RE. 181/36.
2. Siehe auch die hier einschlägigen Ausführungen in Kapitel 4 unter D I; 27 unter A II.

§ 2.

(1) Reichsmarknoten, die dem Verbot des § 1 Abs. 1 zuwider aus dem Ausland oder den badischen Zollausschlußgebieten eingesandt worden sind, darf der Empfänger nur mit Genehmigung für sich oder einen anderen als Erfüllung oder als Sicherheit für eine Forderung, als Darlehen, als Schenkung oder aus einem anderen Rechtsgrund annehmen.

(2) Der Empfänger hat den Empfang der Noten binnen drei Tagen unter Angabe des Namens und der Anschrift des Absenders, soweit ihm diese bekannt sind, der für ihn zuständigen Devisenstelle anzuzeigen.

Diese kann bestimmen, daß die Noten, ohne daß eine Einziehung erfolgt, zurückgesandt oder auf ein Sperrkonto bei einem inländischen Kreditinstitut oder auf ein Hinterlegungskonto bei einer von der Reichsstelle für Devisenbewirtschaftung bezeichneten Stelle eingezahlt werden.

(3) Die Vorschriften des Abs. 1 und 2 finden auf eingebrachte Reichsmarknoten entsprechende Anwendung, wenn der Empfänger der Noten oder derjenige, an den dieser im Auftrage des Einbringers eine Zahlung leistet, weiß oder den Umständen nach annehmen muß, daß die Noten aus dem Ausland eingebracht worden sind. Als eingebracht im Sinne dieser Vorschriften gelten auch Reichsmarknoten, die an einen Ausländer im Inland der Vorschrift des § 1 Abs. 1 zuwider eingesandt worden sind.

1. Siehe die Hinweise bei § 1 dieser VO.

§ 3.

Dienststellen des Reichs und der Deutschen Reichsbahn-Gesellschaft dürfen nur mit Genehmigung im Ausland und in den badischen Zollausschlußgebieten Reichsmarknoten als Erfüllung oder aus einem anderen Rechtsgrund annehmen.

§ 4.

In den Fällen des § 2 Abs. 1 gilt die Vorschrift des § 38 des Devisengesetzes entsprechend. Dagegen wird durch die Vorschriften der § 2 Abs. 3 und § 3 die Wirksamkeit des Geschäfts nicht berührt.

§ 5.

(1) Die in den §§ 42, 45, 46, 47 des Devisengesetzes angedrohten Strafen und sonstigen Maßnahmen finden auch Anwendung auf Zuwiderhandlungen gegen §§ 1 und 2 dieser Verordnung.

(2) Im Falle einer Zuwiderhandlung gegen § 1 gelten die Vorschriften der § 45 Abs. 2 Satz 3, Abs. 4 und § 52 Abs. 4 des Devisengesetzes entsprechend.

1. Vgl. auch Kapitel 27 unter A II.

Art. II.

§ 6.

(1) Verlegt ein Inländer seinen Wohnsitz oder gewöhnlichen Aufenthalt nach dem Ausland, so bleiben die für ihn geltenden Beschränkungen und Verbote des Devisengesetzes oder einer Durchführungsbestimmung hinsichtlich solcher Werte bestehen, die schon vor der Auswanderung diesen Beschränkungen und Verboten unterlagen. Das gleiche gilt hinsichtlich des Erlöses oder Ersatzes derartiger Werte. Die Beschränkungen und Verbote erstrecken sich auch auf den Erlös von Waren und gewerblichen Schutzrechten, die ein Auswanderer im Zeitpunkt der Auswanderung im Ausland besitzt oder bei der Auswanderung mit sich führt. Die Devisenstellen können einzelne Personen ganz oder teilweise von diesen Beschränkungen und Verboten freistellen.

(2) Die Vorschriften des Abs. 1 gelten nicht für Werte eines Pflichtigen, die insgesamt dem Werte nach den Betrag von 1000 Reichsmark nicht übersteigen; § 2 Abs. 1 Satz 3 der Durchführungsverordnung zum Gesetz

über die Devisenbewirtschaftung vom 4. Februar 1935 findet entsprechende Anwendung. Sie gelten ferner nicht für Umzugsgut und sonstige Gebrauchsgegenstände für den eigenen Bedarf des Auswanderers, seiner Familienangehörigen oder der mit ihm vor der Auswanderung in einem gemeinsamen Haushalt lebenden Personen.

1. Siehe auch die hier einschlägigen Ausführungen in Kapitel 10 unter A II; 27 unter A II.

2. Siehe auch § 5 der 5. DurchfVO. vom 25. Mai 1936.

§ 7.

Die in den §§ 42, 45, 46, 47 des Devisengesetzes angedrohten Strafen und sonstigen Maßnahmen finden auch Anwendung auf Zuwiderhandlungen gegen § 6 dieser Verordnung.

1. Vgl. auch die Ausführungen in Kapitel 27 unter A II.

Art. III.

§ 8.

Diese Verordnung tritt am 6. Dezember 1935 in Kraft. Die Vorschriften des Artikels II finden auch Anwendung auf Personen, die ihren Wohnsitz oder gewöhnlichen Aufenthalt seit dem 1. Juli 1935 nach dem Ausland verlegt haben.

5. Vierte Durchführungsverordnung zum Gesetz über die Devisenbewirtschaftung[1].

Vom 23. Dezember 1935 (RGBl. I S. 1543).

Auf Grund von § 55 des Gesetzes über die Devisenbewirtschaftung vom 4. Februar 1935 (Reichsgesetzbl. I S. 106) wird verordnet:

§ 1.

§ 8 der Dritten Durchführungsverordnung zum Gesetz über die Devisenbewirtschaftung vom 1. Dezember 1935 (Reichsgesetzbl. I S. 1408) erhält folgenden Satz 2:

„Die Vorschriften des Artikels II finden auch Anwendung auf Personen, die ihren Wohnsitz oder gewöhnlichen Aufenthalt seit dem 1. Juli 1935 nach dem Ausland verlegt haben."

§ 2.

Diese Verordnung tritt mit der Verkündung in Kraft.

---

[1]) Vgl. die Bestimmungen der 3. DurchfVO. und die dort einschlägigen Hinweise.

6. Fünfte Durchführungsverordnung zum Gesetz über die Devisenbewirtschaftung[1].

Vom 25. Mai 1936 (RGBl. I S. 467).

Auf Grund von § 55 des Gesetzes über die Devisenbewirtschaftung (Devisengesetz) vom 4. Februar 1935 (Reichsgesetzbl. I S. 106) wird verordnet:

§ 1.

Die Vorschriften der §§ 1 bis 5 der Dritten Durchführungsverordnung zum Gesetz über die Devisenbewirtschaftung vom 1. Dezember 1935 (Reichsgesetzbl. I S. 1408) gelten für inländische Scheidemünzen entsprechend.

1. Vgl. Ri. II/82—85 und RE. 181/36.
2. Vgl. auch die Ausführungen in Kapitel 4 unter D I; 27 unter A II.

§ 2.

Über die Verwertung der Reichsmarknoten und inländischen Scheidemünzen, die nach Artikel I der Dritten Durchführungsverordnung zum Gesetz über die Devisenbewirtschaftung vom 1. Dezember 1935 (Reichsgesetzbl. I S. 1408) und § 1 dieser Verordnung auf ein Hinterlegungskonto bei der von der Reichsstelle für Devisenbewirtschaftung bezeichneten Stelle eingezahlt werden, bestimmt die Reichsstelle für Devisenbewirtschaftung im Einvernehmen mit dem Reichsminister der Finanzen.

1. Siehe auch Ri. II/27.

§ 3.

Die Reichsstelle für Devisenbewirtschaftung kann anordnen, daß die Freigrenze (§ 28 des Devisengesetzes) für bestimmte Rechtshandlungen, Verwendungszwecke, Personenkreise und inländische Gebiete nicht gilt.

1. Vgl. auch die Bestimmungen der 5. RiÄndVO. vom 26. 5. 1936, Ziff. 10 und 11, die nun in die gegenwärtig geltenden Ri. unter II/79 und 81 A eingearbeitet sind.

§ 4.

Als Gold und Edelmetalle im Sinne von § 13 des Devisengesetzes gelten auch solche ganz oder teilweise aus Gold oder Edelmetallen hergestellte Halb- und Fertigkeiten, die üblicherweise nicht aus diesen Metallen hergestellt werden.

1. Vgl. auch die hier einschlägigen Ausführungen in Kap. 7 unter A II und B

---

[1]) Zu dieser DurchfVO. sind die erläuternden Runderlasse 73—75/36 ergangen; RE. 74/36 ist inzwischen durch RE. 181/36 ersetzt.

§ 5.

(1) Verlegt ein Inländer seinen Wohnsitz oder gewöhnlichen Aufenthalt nach dem Ausland, so erstrecken sich die Beschränkungen und Verbote des Devisengesetzes oder einer Durchführungsverordnung auch auf den Erlös und die Erträgnisse von Urheberrechten und Verlagsrechten, die der Auswanderer im Zeitpunkt der Auswanderung innehat, sofern er diese Rechte unbeschränkt oder in beschränktem Umfange unter Lebenden oder von Todes wegen erworben hat. Urheberrechte sind die Rechte aus dem Gesetz betr. das Urheberrecht an Werken der Literatur und der Tonkunst vom 19. Juni 1901 (Reichsgesetzbl. S. 227) in der Fassung des Gesetzes vom 22. Mai 1910 (Reichsgesetzbl. S. 793), sowie aus dem Gesetz betr. das Urheberrecht an Werken der bildenden Künste und der Photographie vom 9. Januar 1907 (Reichsgesetzbl. S. 7) in der Fassung des Gesetzes vom 22. Mai 1910 (Reichsgesetzbl. S. 793). Verlagsrechte sind die Rechte aus Verlagsverträgen, die unter das Gesetz über das Verlagsrecht vom 19. Juni 1901 (Reichsgesetzbl. S. 217) in der Fassung des Gesetzes vom 22. Mai 1910 (Reichsgesetzbl. S. 795) fallen, sowie aus solchen Verlagsverträgen, in denen der Verleger als Kommissionär tätig ist.

(2) Die Vorschriften des Abs. 1 gelten nicht für Werte eines Pflichtigen, die insgesamt dem Werte nach den Betrag von 1000 RM. nicht übersteigen; auf den Betrag von 1000 RM. sind Beträge anzurechnen, die der Pflichtige auf Grund von § 6 Abs. 2 Satz 1 der Dritten Durchführungsverordnung zum Gesetze über die Devisenbewirtschaftung vom 1. Dezember 1935 (Reichsgesetzbl. I S. 1408) in Anspruch nimmt. § 2 Abs. 1 Satz 3 der Durchführungsverordnung zum Gesetz über die Devisenbewirtschaftung vom 4. Februar 1935 (Reichsgesetzbl. I S. 114) findet entsprechende Anwendung.

1. Vgl. auch RE. 73/36, s. auch die Bestimmungen des Art. II der 3. Durchf.-VO. vom 1. 12. 1935 und der 4. DurchfVO. vom 23. 12. 1935.

2. Vgl. auch die Ausführungen in den Kapiteln 10 unter A II; 27 unter A II.

§ 6.

Die in den §§ 42, 45, 46, 47 des Devisengesetzes angedrohten Strafen und sonstigen Maßnahmen finden auch Anwendung auf Zuwiderhandlungen gegen § 5 dieser Verordnung.

1. Vgl. auch die Ausführungen in den Kapiteln 27 unter A II.

§ 7.

Diese Verordnung tritt am 1. Juni 1936 in Kraft.

7. Sechste Durchführungsverordnung zum Gesetz über die Devisenbewirtschaftung[1].

Vom 28. Oktober 1936 (RGBl. I S. 930).

In der Fassung des Gesetzes zur Änderung des Gesetzes über die Devisenbewirtschaftung vom 1. Dezember 1936 (RGBl. I S. 1000).

Auf Grund von §§ 35, 55 des Gesetzes über die Devisenbewirtschaftung (Devisengesetz) vom 4. Februar 1935 (Reichsgesetzbl. I S. 106) wird verordnet:

§ 1.

(1) Die in § 1 Abs. 1 der Durchführungsverordnung zum Devisengesetz vom 4. Februar 1935 (Reichsgesetzbl. I S. 114) genannten Anbietungspflichtigen haben Gold, ausländische Zahlungsmittel und Forderungen in ausländischer Währung (§ 6 Abs. 1, 2 und 4 des Devisengesetzes), die ihnen im Zeitpunkt des Inkrafttretens dieser Verordnung gehören, der Reichsbank (unmittelbar oder durch Vermittlung einer Devisenbank) bis zum 30. November 1936 anzubieten und auf Verlangen zu verkaufen und zu übertragen, auch wenn sie diese Werte (im Gegenwert bis zu zweihundert Reichsmark) vor dem 3. Oktober 1931 erworben hatten.

(2) Die Verpflichtung nach Abs. 1 gilt nicht für ausländische Scheidemünzen bis zum Gegenwert von insgesamt zwei Reichsmark. Sie gilt ferner nicht für Werte, die mit Genehmigung erworben oder von der Reichsbank freigegeben worden sind.

(3) Die Vorschriften des Artikels I der Durchführungsverordnung zum Devisengesetz vom 4. Februar 1935 finden auf die Verpflichtung nach Abs. 1 entsprechende Anwendung.

1. Vgl. auch die hier einschlägigen Ausführungen in Kapitel 27 unter A I e 1.

§ 2.

(Gestrichen durch das Gesetz zur Änderung des Gesetzes über die Devisenbewirtschaftung vom 1. Dezember 1936 — RGBl. I S. 1000 —).

§ 3.

Die Durchführungsverordnung zum Devisengesetz vom 4. Februar 1935 (Reichsgesetzbl. I S. 114) in der Fassung der Zweiten Durchführungsverordnung zum Devisengesetz vom 24. Juli 1935 (Reichsgesetzbl. I S. 1046) wird wie folgt geändert:

1. In § 1 Abs. 1 wird folgender Satz 3 angefügt:
   „Jedoch brauchen ausländische Scheidemünzen bis zum Gegenwert von insgesamt zwei Reichsmark nicht angeboten zu werden."
2. § 1 Abs. 2 Nr. 6 erhält folgende Fassung:
   „6. Gold und inländische Goldmünzen."

---

[1]) Zu dieser DurchfVO. ist der erläuternde RE. 162/36 ergangen.

3. § 10 Abs. 2 Nr. 1 und Nr. 5 erhalten folgende Fassung:
„1. bei der Ausfuhr im Reiseverkehr, soweit nicht Handelswaren ausgeführt werden";
„5. bei der Ausfuhr von in Briefsendungen versandten Waren mit Ausnahme von Warensendungen
a) in Päckchen, Wertbriefen und Wertkästchen,
b) in Einschreibbriefsendungen, die mit einem grünen Zollzettel versehen sind."
4. § 14 Abs. 1 erhält folgenden Satz 2:
„Die Personen, denen die Anmeldung obliegt, haben sich auf Verlangen den Anmeldestellen gegenüber (§ 15) über ihre Person auszuweisen."
5. § 15 Abs. 2 erhält folgenden Unterabsatz f:
„f) die Gepäckannahmestellen der Deutschen Reichsbahn und anderer öffentlicher Beförderungsanstalten für Waren, die im Reisegepäck und unbegleiteten Reisegepäck mit der Eisenbahn ins Ausland versandt werden."
6. § 20 erhält folgende Fassung:

„§ 20.

Die in den §§ 43, 46, 47 des Gesetzes über die Devisenbewirtschaftung angedrohten Strafen und sonstigen Maßnahmen finden auch Anwendung auf Zuwiderhandlungen gegen die Vorschriften der §§ 11, 13 Abs. 1, 14, 15, 16, 18, 19 dieser Verordnung; enthält die Zuwiderhandlung zugleich eine Verletzung der dem Ausführer obliegenden Verpflichtung zur Anbietung der ihm aus der Ausfuhr anfallenden Forderungen und Zahlungsmittel (vgl. §§ 1, 13 Abs. 2 dieser Verordnung), so bleiben die §§ 42, 45, 46, 47 des Gesetzes über die Devisenbewirtschaftung unberührt."
7. Die Überschrift des Artikels III erhält folgende Fassung:
„Vorschriften zur Durchführung der devisenrechtlichen Verbote und Beschränkungen bei der Aus- und Einfuhr."
8. § 21 Abs. 1 erhält folgende Fassung:
„(1) Die Bediensteten der Reichszollverwaltung haben bei der Durchführung der devisenrechtlichen Verbote und Beschränkungen bei der Aus- und Einfuhr mitzuwirken."
9. In § 22 Abs. 1 Satz 1 und in § 23 Abs. 1 Satz 1 werden die Worte „Zahlungsmittel, Wertpapiere, Gold oder Edelmetalle" ersetzt durch die Worte „Zahlungsmittel, Wertpapiere, Gold, Edelmetalle oder Handelswaren."
10. In § 23 Abs. 2 Satz 2 werden die Worte „§ 13 des Gesetzes über die Devisenbewirtschaftung" ersetzt durch die Worte „devisenrechtliche Vorschriften".

§ 4.

Die Zweite Durchführungsverordnung zum Devisengesetz vom 24. Juli 1935 (Reichsgesetzbl. I S. 1046) wird wie folgt geändert:
1. § 2 Abs. 1 zu g erhält folgende Fassung:
„g) ein Übernahmeschein nach Maßgabe der über die Bewirtschaftung von Tieren und tierischen Erzeugnissen, Milcherzeugnissen, Ölen und Fetten, Eiern sowie Garten- und Weinbauerzeugnissen

ergangenen Gesetze und Verordnungen (Reichsgesetzbl. 1933 I S. 143, 167, 375, 1093, 1094, 1104 und 1109; 1934 I S. 79, 112, 184, 224, 228, 376, 397 und 518; 1935 I S. 407; 1936 I S. 854 und 857)."

2. § 5 Abs. 1 Nr. 2 wird gestrichen (vgl. § 2 dieser Verordnung).

§ 5.

§ 4 Nr. 1 dieser Verordnung tritt am 1. November 1936, die Vorschriften des § 3 Nr. 3, 4 und 5 dieser Verordnung treten am 15. November 1936, die übrigen Vorschriften treten am Tage nach der Verkündung in Kraft.

8. Siebente Durchführungsverordnung zum Gesetz über die Devisenbewirtschaftung[1].

Vom 19. November 1936 (RGBl. I S. 946).

Auf Grund von § 55 des Gesetzes über die Devisenbewirtschaftung (Devisengesetz) vom 4. Februar 1935 (Reichsgesetzbl. I S. 106) wird verordnet:

§ 1.

Die in § 1 Abs. 1 der Durchführungsverordnung zum Devisengesetz vom 4. Februar 1935 (Reichsgesetzbl. I S. 114) aufgeführten Personen haben ihre ausländischen Wertpapiere der in § 21 Abs. 2 und 3 des Devisengesetzes bezeichneten Art in das Depot bei einer Devisenbank einzulegen. Liegen die Wertpapiere im Ausland, so ist der Verpflichtung genügt, wenn sie in das Depot einer Devisenbank bei einer ausländischen Bank eingelegt werden. Die Reichsstelle für Devisenbewirtschaftung bestimmt durch Bekanntmachung im Deutschen Reichsanzeiger die einzulegenden Wertpapiergattungen und den Zeitpunkt, bis zu dem die Einlegung zu erfolgen hat.

1. Vgl. auch die Ausführungen in dem Kapitel 6 unter B III.

§ 2.

Ein Wertpapierhändler darf ausländische Wertpapiere der in § 21 Absatz 2 und 3 des Devisengesetzes bezeichneten Art nur mit Genehmigung im Inland aushändigen oder zu einem Wertpapierhändler, der nicht Devisenbank ist, umlegen.

§ 3.

Die Reichsstelle für Devisenbewirtschaftung kann durch Anordnung im Deutschen Reichsanzeiger die Vorschriften der §§ 1 und 2 dieser Verordnung auf andere als die in § 21 Absatz 2 und 3 des Devisengesetzes bezeichneten Wertpapiere ausdehnen.

§ 4.

Die in den §§ 42, 45, 46, 47 des Devisengesetzes angedrohten Strafen und sonstigen Maßnahmen finden auch Anwendung auf Zuwiderhandlungen gegen diese Verordnung.

1. Vgl. auch die Ausführungen in dem Kapitel 27 unter A II.

---

[1]) Siehe den zu obenstehender DurchfVO. ergangenen, erläuternden RE. 167/36 in der Fassung der RE. 170 und 177/36, letzteren in der Fassung des RE. 183/36, und RE. 86/37. Beachte ferner die 1., 2. und 3. Bekanntmachung der RStDB. über die Verwahrung ausländischer Wertpapiere vom 20. und 30. 11. 1936 und 14. Juni 1937, abgedr. im Reichsanzeiger Nrn. 271 und 279 vom 20. und 30. 11. 1936 und Nr. 133 vom 14. 6. 1937.

9. Achte Durchführungsverordnung zum Gesetz über die Devisenbewirtschaftung.

Vom 17. Februar 1937 (RGBl. I S. 242).

Auf Grund von § 55 des Gesetzes über die Devisenbewirtschaftung (Devisengesetz) vom 4. Februar 1935 (Reichsgesetzbl. I S. 106) wird verordnet:

Einziger Paragraph.

Die Reichsstelle für Devisenbewirtschaftung kann durch Bekanntmachung im Deutschen Reichsanzeiger und Preußischen Staatsanzeiger anordnen, daß der Erwerb ausländischer Wertpapiere der im § 21 Abs. 2 und 3 des Devisengesetzes bezeichneten Art und die Verfügung über solche Wertpapiere der Genehmigung bedürfen. Die Reichsstelle für Devisenbewirtschaftung kann entsprechende Anordnungen auch für andere Wertpapiere treffen.

1. Vgl. auch die von der RStDB. erlassene Bekanntmachung über den Handel mit ausländischen Wertpapieren vom 27. 2. 1937, die anschließend abgedruckt ist.

2. Vgl. auch die Ausführungen in Kapitel 6 unter B I und II.

3. Nach dem jetzigen Wortlaut dieser DurchfVO. und der Bekanntmachung vom 27. 2. 1937 ist sie noch nicht mit Strafe bewehrt.

9a. Bekanntmachung über den Handel mit ausländischen Wertpapieren.

Vom 27. Februar 1937.

Auf Grund der Achten Durchführungsverordnung zum Gesetz über die Devisenbewirtschaftung vom 17. Februar 1937 (Reichsgesetzbl. I S. 242) ordne ich folgendes an:

Der entgeltliche Erwerb ausländischer Wertpapiere, die an einer deutschen Börse zum Handel zugelassen oder in den geregelten Freiverkehr einbezogen sind (§ 21 Abs. 2 und 3 des Devisengesetzes), bedarf der Genehmigung. Die Verfügung über solche Wertpapiere bedarf der Genehmigung, es sei denn, daß sie an die Reichsbank oder an eine Devisenbank veräußert werden.

Berlin, den 27. Februar 1937.

Reichsstelle für Devisenbewirtschaftung.

1. Vgl. die Fußnote 2 und 3 zur 8. DurchfVO.

10. Neunte Durchführungsverordnung zum Gesetz über die Devisenbewirtschaftung[1].

Vom 20. Februar 1937 (RGBl. I S. 255).

Auf Grund von § 55 des Gesetzes über die Devisenbewirtschaftung (Devisengesetz) vom 4. Februar 1935 (Reichsgesetzbl. I S. 106) in der Fassung der Verordnung über die Einführung der Gesetzgebung über die Devisenbewirtschaftung und den Zahlungsverkehr mit dem Ausland im Saarland vom 23. Februar 1935 (Reichsgesetzbl. I S. 278) und des Gesetzes zur Änderung des Gesetzes über die Devisenbewirtschaftung vom 1. Dezember 1936 (Reichsgesetzbl. I S. 1000) wird verordnet:

Art. V.

Vorschriften zur Durchführung der §§ 37a, 37b des Gesetzes über die Devisenbewirtschaftung.

§ 1.

(1) Die auf Grund der §§ 37a, 37b des Devisengesetzes getroffenen Anordnungen (Sicherungsanordnungen), die einer Vollziehung bedürfen, werden von der Stelle, die sie erlassen hat, vollzogen. Die Reichsstelle für Devisenbewirtschaftung kann die Vollziehung der von ihr getroffenen Sicherungsanordnungen einer Devisenstelle übertragen.

(2) Die Reichsstelle für Devisenbewirtschaftung und die Devisenstellen können bei der Vollziehung der Sicherungsanordnungen die Zoll- und Steuerfahndungsstellen, die Hauptzollämter und die Ortspolizeibehörden um Amtshilfe ersuchen. Auf die Durchführung der Amtshilfe finden die für diese Stellen und Behörden allgemein geltenden Verfahrensvorschriften Anwendung.

§ 2.

(1) Die Amtsträger der Devisenstellen, der Reichszollverwaltung und des Steuerfahndungsdienstes können unter den im § 37a des Devisengesetzes genannten Voraussetzungen bei Gefahr im Verzuge vorläufige Sicherungsanordnungen treffen, die zur Verhinderung der beabsichtigten Vermögensverschiebung erforderlich sind. § 37a Abs. 2 des Devisengesetzes und § 1 dieser Verordnung finden entsprechende Anwendung.

(2) In den Fällen des Absatzes 1 ist unverzüglich die Entscheidung der zuständigen Devisenstelle einzuholen. Soweit die Devisenstelle die vorläufige Sicherungsanordnung aufhebt, hat sie dies dem Betroffenen mitzuteilen.

§ 3.

(1) Der Betroffene hat die Kosten der Maßnahmen zu tragen, die auf Grund der §§ 37a, 37b des Devisengesetzes und der zu ihrer Durchführung erlassenen Vorschriften getroffen werden, soweit nicht die Maßnahmen

---

[1]) Vgl. den zu dieser DurchfVO. ergangenen RE. 23/37.

als von vornherein unbegründet aufgehoben werden. Mehrere Betroffene haften als Gesamtschuldner. Die Erstattung von Kosten, die dem Betroffenen entstehen, ist ausgeschlossen.

(2) Die Kosten setzt die Geschäftsstelle der Devisenstelle fest. Gegen den Kostenfestsetzungsbescheid kann binnen zwei Wochen die Erinnerung bei der Devisenstelle eingelegt werden. § 246 Abs. 1, 2 und § 249 der Reichsabgabenordnung finden entsprechende Anwendung.

(3) Die Einziehung der Kosten obliegt nach näherer Anweisung durch den Reichsminister der Finanzen dem Finanzamt, das nach den Vorschriften der Reichsabgabeordnung für die Besteuerung des Betroffenen nach dem Einkommen zuständig ist (vgl. § 73a der Reichsabgabenordnung). Die reichsrechtlichen Vorschriften über die Erhebung und Beitreibung von Kosten im Rechtsmittelverfahren finden entsprechende Anwendung.

Art. II.

§ 4.

§ 2 Abs. 2 der Zweiten Durchführungsverordnung zum Gesetz über die Devisenbewirtschaftung vom 24. Juli 1935 (Reichsgesetzbl. I S. 1046) in der Fassung der Sechsten Durchführungsverordnung zum Gesetz über die Devisenbewirtschaftung vom 28. Oktober 1936 (Reichsgesetzbl. I S. 930) erhält folgende Fassung:

„(2) Ohne Vorlage der im Abs. 1 dieses Paragraphen und im § 1 aufgeführten Papiere kann die zollamtliche Abfertigung erfolgen, wenn die Ware nach den Bestimmungen des Reichsministers der Finanzen über die Devisenüberwachung bei der Einfuhr von Waren devisenmäßig nicht behandelt wird."

§ 5.

Die Vorschrift des § 4 dieser Verordnung tritt rückwirkend am 15. Januar 1937, die übrigen Vorschriften treten am Tage nach der Verkündung in Kraft.

11. VO. zur Devisenbewirtschaftung[1] [2].

(Richtlinien für die Devisenbewirtschaftung).

Vom 19. Dezember 1936 (RGBl. I S. 1021 ff., 1144 [Ber.] und 1937, S. 30 [Ber.]).

Auf Grund von § 2 Abs. 2 des Gesetzes über die Devisenbewirtschaftung vom 4. Februar 1935 (Reichsgesetzbl. I S. 106) werden im Einvernehmen mit dem Reichswirtschaftsminister, dem Reichsminister der Finanzen und dem Reichsminister für Ernährung und Landwirtschaft die nachstehenden neuen Richtlinien für die Devisenbewirtschaftung erlassen.

Sie treten am 1. Januar 1937 in Kraft. Mit diesem Tage treten außer Kraft:

die Verordnung zur Devisenbewirtschaftung (Richtlinien für die Devisenbewirtschaftung) vom 4. Februar 1935 (Reichsgesetzbl. I S. 119),

die Erste Verordnung zur Änderung der Richtlinien für die Devisenbewirtschaftung vom 25. Februar 1935 (Reichsgesetzbl. I S. 282, 513, 552),

die Zweite Verordnung zur Änderung der Richtlinien für die Devisenbewirtschaftung vom 15. Mai 1935 (Reichsgesetzbl. I S. 605),

die Ergänzungsverordnung zur Zweiten Verordnung zur Änderung der Richtlinien für die Devisenbewirtschaftung vom 21. Mai 1935 (Reichsgesetzbl. I S. 682),

die Dritte Verordnung zur Änderung der Richtlinien für die Devisenbewirtschaftung vom 12. September 1935 (Reichsgesetzbl. I S. 1149),

die Vierte Verordnung zur Änderung der Richtlinien für die Devisenbewirtschaftung vom 2. Dezember 1935 (Reichsgesetzbl. I S. 1410) und

die Fünfte Verordnung zur Änderung der Richtlinien für die Devisenbewirtschaftung vom 26. Mai 1936 (Reichsgesetzbl. I S. 468).

Reichsstelle für Devisenbewirtschaftung.

---

[1]) Soweit die nachfolgenden Richtlinienbestimmungen für den Gerichts- und Notariatsgebrauch von besonderer Bedeutung sind, ist auf die jeweils einschlägigen Erläuterungen in Teil I und II und auf die Entwicklungsvorschriften hingewiesen. Im übrigen kommt hier grundsätzlich nur der Gesetzestext zum Abdruck; soweit jedoch durch später ergehende Runderlasse oder gesetzliche Änderungen die Ausführungen in Teil I und II überholt sind, werden diese bei den einschlägigen Ri. berichtigt werden.

[2]) Wegen der Rechtsnatur der Richtlinien vgl. die Ausführungen in Kap. 1 unter IVa.

Richtlinien für die Devisenbewirtschaftung.

Vom 8. Februar 1935 (RGBl. I S. 119).

I. Abschnitt.

Allgemeine Richtlinien und Richtlinien zum 1. Abschnitt des Devisengesetzes.

Begriffsbestimmungen [1]).

(vgl. auch § 6 des Devisengesetzes).

1. Soweit sich nicht aus Wortlaut oder Inhalt einer Vorschrift etwas anderes ergibt, sind im Sinne dieser Richtlinien:

Devisen: ausländische Zahlungsmittel und Forderungen in ausländischer Währung (vgl. § 6 Abs. 1 und 2 des Devisengesetzes);

Devisengesetz: das Gesetz über die Devisenbewirtschaftung vom 4. Februar 1935 (Reichsgesetzbl. I S. 106) in der Fassung des § 2 der Verordnung über die Einführung der Gesetzgebung über die Devisenbewirtschaftung und den Zahlungsverkehr mit dem Ausland im Saarland vom 23. Februar 1935 (Reichsgesetzbl. I S. 278) und des § 1 des Gesetzes zur Änderung des Gesetzes über die Devisenbewirtschaftung vom 1. Dezember 1936 (Reichsgesetzbl. I S. 1000);

Durchführungsverordnung: die Durchführungsverordnung zum Gesetz über die Devisenbewirtschaftung vom 4. Februar 1935 (Reichsgesetzbl. I S. 114) in der Fassung des § 2 der Verordnung über die Einführung der Gesetzgebung über die Devisenbewirtschaftung und den Zahlungsverkehr mit dem Ausland im Saarland vom 23. Februar 1935 (Reichsgesetzbl. I S. 278), des § 6 der Zweiten Durchführungsverordnung und des § 3 der Sechsten Durchführungsverordnung;

Zweite Durchführungsverordnung:
die Zweite Durchführungsverordnung zum Gesetz über die Devisenbewirtschaftung vom 24. Juli 1935 (Reichsgesetzbl. I S. 1046) in der Fassung des § 4 der Sechsten Durchführungsverordnung und des § 2 des Gesetzes zur Änderung des Gesetzes über die Devisenbewirtschaftung vom 1. Dezember 1936 (Reichsgesetzbl. I S. 1000);

Dritte Durchführungsverordnung:
die Dritte Durchführungsverordnung zum Gesetz über die Devisenbewirtschaftung vom 1. Dezember 1935 (Reichsgesetzbl. I S. 1408) in der Fassung des § 1 der Vierten Durchführungsverordnung;

Vierte Durchführungsverordnung:
die Vierte Durchführungsverordnung zum Gesetz über die Devisenbewirtschaftung vom 23. Dezember 1935 (Reichsgesetzbl. I S. 1543);

Fünfte Durchführungsverordnung:
die Fünfte Durchführungsverordnung zum Gesetz über die Devisenbewirtschaftung vom 25. Mai 1936 (Reichsgesetzbl. I S. 467);

---

[1]) Siehe auch die Ausführungen in Kap. 3 über „Allgemeine Begriffe des Devisenrechtes".

Sechste Durchführungsverordnung:
die Sechste Durchführungsverordnung zum Gesetz über die Devisenbewirtschaftung vom 28. Oktober 1936 (Reichsgesetzbl. I S. 930) in der Fassung des § 2 des Gesetzes zur Änderung des Gesetzes über die Devisenbewirtschaftung vom 1. Dezember 1936 (RGBl. I S. 1000);

Siebente Durchführungsverordnung:
die Siebente Durchführungsverordnung zum Gesetz über die Devisenbewirtschaftung vom 19. November 1936 (Reichsgesetzbl. I S. 946);

Abzweigung: Erfüllung eines Teils einer Verbindlichkeit aus der Wareneinfuhr durch Bezahlung von Nebenkosten desselben Warengeschäfts für Rechnung des ausländischen Gläubigers oder Verwendung eines Teils einer Forderung aus der Warenausfuhr zur Bezahlung von Nebenkosten desselben Warengeschäfts für eigene Rechnung; als Abzweigung gilt auch bei einer laufenden Geschäftsverbindung die handelsübliche Erfüllung eines Teils einer Verbindlichkeit aus der Wareneinfuhr durch Bezahlung von Nebenkosten der vorhergehenden oder folgenden Einfuhrgeschäfte oder die handelsübliche Verwendung eines Teils einer Forderung aus der Warenausfuhr zur Bezahlung von Nebenkosten der vorhergehenden oder folgenden Ausfuhrgeschäfte;

allgemeine Schiffahrtskosten: Kaigebühren, Kosten der Ladung und Löschung, Lotsengelder, Kanalgebühren und ähnliche Abgaben; ferner Schleppkosten und Auslagen für die Charterung ausländischer Schiffe für Einzelfahrten in der Binnenschiffahrt; dagegen nicht: Schiffsbedürfnisse und die sonstigen im Abschnitt IV Nr. 18 Abs. 1 zu f) bis m) aufgeführten allgemeinen Geschäftsunkosten;

Altguthaben: vor dem 16. Juli 1931 entstandene Guthaben eines Ausländers in inländischer oder ausländischer Währung bei einem inländischen Kreditinstitut, die nicht Gegenstand eines Stillhalteabkommens sind; als Altguthaben gelten nicht Guthaben bei einem saarländischen Kreditinstitut;

Altkredite: vor dem 16. Juli 1931 von einem Ausländer eingeräumte Kredite in inländischer oder ausländischer Währung, die nicht Gegenstand eines Stillhalteabkommens sind; den vor dem 16. Juli 1931 von einem Ausländer eingeräumten Krediten stehen die von einem Auswanderer vor der Auswanderung eingeräumten Kredite gleich. Als Altkredite gelten nicht Kredite, die einem saarländischen Schuldner eingeräumt sind;

Ausländersonderkonten für Inlandzahlungen: solche Reichsmarkguthaben eines Ausländers bei einer Devisenbank, die durch die Bezahlung eingeführter Waren entstanden sind und über die im Rahmen der Bestimmungen im Abschnitt IV Nr. 14 ohne Genehmigung verfügt werden kann;

Auswandererguthaben: die im Zeitpunkt der Auswanderung bestehenden Guthaben eines Auswanderers (§ 6 Abs. 6 Satz 2 des Devisengesetzes) bei einem inländischen Kreditinstitut sowie Sperrguthaben eines Auswanderers, die durch eine Kreditrückzahlung nach Abschnitt IV Nr. 43 oder 45 Abs. 2 oder die nach § 17 des Devisengesetzes entstanden sind;

beschränkt verfügbare Devisen: Devisen solcher Währungen, die infolge von Devisenbeschränkungen nur innerhalb des betreffenden Landes verwendet werden können;

deutsche Auslandsbonds: Wertpapiere der im § 22 Abs. 1 des Devisengesetzes genannten Art;

deutsche Auslandpfandbriefe: Wertpapiere der im § 22 Abs. 2 des Devisengesetzes genannten Art;

Devisenbescheinigungen: Genehmigungen der Überwachungsstellen zu solchen Zahlungen, die nach dem Devisengesetz oder einer Durchführungsvorschrift einer Genehmigung bedürfen;

Devisenerwerbsgenehmigungen: Genehmigungen (Devisenbescheinigungen) der Devisenstellen, der Überwachungsstellen oder der Reichsbank, die berechtigen zum Erwerb von Devisen gegen inländische Zahlungsmittel und zur Versendung oder Überbringung solcher Devisen ins Ausland (§ 9 Abs. 1, § 13 des Devisengesetzes), zur Versendung oder Überbringung inländischer Zahlungsmittel ins Ausland (§ 13 des Devisengesetzes), zur Zahlung auf ein freies Reichsmarkkonto eines Ausländers (§ 12 des Devisengesetzes), Abschnitt II Nr. 12 dieser Richtlinien) — vgl. auch Abschnitt IV Nr. 34;

Devisenverwendungsgenehmigungen: Genehmigungen (Devisenbescheinigungen) der Devisenstellen, der Überwachungsstellen oder der Reichsbank, die berechtigen zur Verfügung — auch durch Aufrechnung — über dem Inhaber der Genehmigung selbst angefallene Devisen und zur Versendung oder Überbringung solcher Devisen ins Ausland (§ 9 Abs. 2, § 13 des Devisengesetzes), zur Versendung oder Überbringung von aus freien Reichsmarkguthaben zahlbaren Schecks und Wechseln ins Ausland (§ 13 des Devisengesetzes), zum Erwerb beschränkt verfügbarer Devisen gegen inländische Zahlungsmittel und zur Versendung oder Überbringung solcher Devisen ins Ausland (§ 9 Abs. 1, § 13 des Devisengesetzes), zur Leistung von Reichsmarkzahlungen im Inland an Ausländer oder an Inländer zugunsten eines Ausländers mit Ausnahme von Zahlungen auf ein freies Reichsmarkkonto eines Ausländers (§ 11 des Devisengesetzes), zur Aufrechnung mit Reichsmarkforderungen gegen Ausländer und zur Zahlung auf Grund eines Verrechnungsabkommens;

freie Reichsmark: Zahlungen aus freien Reichsmarkguthaben sowie aus dem Ausland eingegangene inländische Zahlungsmittel (mit Ausnahme von Reichsmarknoten, inländischen Scheidemünzen und sonstigen inländischen Zahlungsmitteln, die ohne die erforderliche Genehmigung ins Ausland versandt worden sind);

freie Reichsmarkguthaben: solche Reichsmarkguthaben eines Ausländers (auch Auswanderers) bei einem inländischen Kreditinstitut oder Postscheckamt, über die im Rahmen der Bestimmungen im Abschnitt II Nr. 12 ohne Genehmigung verfügt werden kann;

freie Währungsguthaben: solche Guthaben in ausländischer Währung eines Ausländers (auch Auswanderers) bei einem inländischen Kreditinstitut, über die im Rahmen der Bestimmungen im Abschnitt II Nr. 1 ohne Genehmigung verfügt werden kann;

Gegenseitigkeitsgeschäfte: Geschäfte, bei denen Forderungen je einer inländischen und ausländischen Firma aus dem Waren- oder Dienstleistungsverkehr über ein Verrechnungsabkommen beglichen werden, wenn die Genehmigung zur Leistung des inländischen Zahlungsverpflichteten von dem Abschluß des Gegengeschäfts abhängig sein soll; vgl. auch den Begriff private Verrechnungsgeschäfte;

geregelter Freiverkehr: Handel in Wertpapieren, die in den Tätigkeitsbereich der Ausschüsse der Ständigen Kommission für Angelegenheiten des Handels in amtlich nicht notierten Werten bei der Wirtschaftsgruppe Privates Bankgewerbe — Centralverband des deutschen Bank- und Bankiergewerbes — einbezogen sind;

inländische Schiffsagenten: inländische Schiffsmakler, inländische Schiffsagenten und solche inländische Niederlassungen ausländischer See- und Binnenschiffahrtsreedereien, die wie ein Schiffsagent für diese tätig sind;

Kassa-Usancegeschäfte: der gleichzeitige Umtausch von Devisen einer Währung gegen solche einer anderen Währung;

Kreditsperrguthaben: Sperrguthaben, die durch eine Kreditrückzahlung nach Abschnitt IV Nr. 43 oder 45 Abs. 2, durch eine regelmäßige Tilgung nach Abschnitt IV Nr. 46 Abs. 1 zu c) oder die nach den §§ 16, 17, 18 Abs. 1 des Devisengesetzes entstanden sind, soweit die Sperrguthaben nicht unter den Begriff Auswandererguthaben oder Sortensperrguthaben fallen;

Nebenkosten des Warenverkehrs: die mit der Einfuhr, der Ausfuhr und dem Transitverkehr (Transithandel, Durchfuhrverkehr und sonstige Transitgeschäfte) zusammenhängenden Unkosten. Besondere Nebenkosten sind die mit einem einzelnen Einfuhr-, Ausfuhr- und Transitgeschäft in unmittelbarem Zusammenhang stehenden, allgemeine Nebenkosten sind alle übrigen Nebenkosten des Warenverkehrs;

private Verrechnungsgeschäfte: Geschäfte, bei denen Forderungen je einer oder mehrerer inländischer und ausländischer Firmen aus dem Waren- oder Dienstleistungsverkehr im Wege der Verrechnung, und zwar außerhalb eines etwa bestehenden Verrechnungsabkommens ausgeglichen werden;

regelmäßige Tilgungen: von vornherein vereinbarte planmäßige Tilgungen;

Rohstoffkreditgeschäfte: Geschäfte, bei denen Verpflichtungen aus der Wareneinfuhr auf Grund einer verbindlichen Zusage der zuständigen Devisenbehörde durch Verwendung der Ausfuhrerlöse der aus diesen Waren hergestellten Erzeugnisse abgedeckt werden;

Schiffsbedürfnisse: zur Ausrüstung eines Schiffes notwendige Lebensmittel, Antriebstoffe (Bunkerkohle, Öle u. dgl.) und sonstige Gegenstände sowie Ausbesserungsarbeiten und ähnliche Aufwendungen;

Sonderkonten: solche Reichsmarkguthaben eines Ausländers bei einer Devisenbank, die durch Einzahlungen von Inländern entstanden sind und über die in dem durch die Richtlinien oder die Genehmigung der Devisenstelle festgelegten Rahmen zu Zahlungen im Inland für eigene Rechnung des Kontoinhabers ohne Genehmigung verfügt werden kann;

Sortensperrguthaben: Sperrguthaben, die nach § 1 Abs. 1 Satz 2 und Abs. 3, § 2 Abs. 2 Satz 2 und Abs. 3 der Dritten Durchführungsverordnung oder § 1 der Fünften Durchführungsverordnung entstanden sind, auch wenn zugleich einer der Tatbestände des § 16 des Devisengesetzes erfüllt ist;

Spediteure: Land- und Seespediteure.
Den Spediteuren stehen gleich: Frachtführer, Lagerhalter, Reeder, Binnenschiffer;

Sperrforderungen: Forderungen eines Ausländers gegen einen Inländer, über die auf Grund des Devisengesetzes, einer Durchführungsvorschrift oder des Vorbehalts einer Devisenstelle (§ 18 Abs. 1 des Devisengesetzes) nur mit Genehmigung verfügt werden darf;

Sperrguthaben: Guthaben eines Ausländers bei einem inländischen Kreditinstitut, über die auf Grund des Devisengesetzes, einer Durchführungsvorschrift oder des Vorbehalts einer Devisenstelle (§ 18 Abs. 1 des Devisengesetzes) nur mit Genehmigung verfügt werden darf;

Stillhalteabkommen: das Deutsche Kreditabkommen von 1936 (Deutscher Reichsanz. u. Preuß. Staatsanz. Nr. 61), das Deutsch-Schweizerische Sonderkreditabkommen von 1936 (Deutscher Reichsanz. u. Preuß. Staatsanz. Nr. 61), das Kreditabkommen für Deutsche öffentliche Schuldner von 1936 (Deutscher Reichsanz. u. Preuß. Staatsanz. Nr. 55) sowie Abkommen, die zur Verlängerung oder Abänderung eines dieser Abkommen geschlossen werden;

Stillhaltekredite: Kredite, welche Gegenstand eines Stillhalteabkommens sind;

Tilgungssperrguthaben: Kreditsperrguthaben, die durch eine regelmäßige Tilgung nach Abschnitt IV Nr. 46 Abs. 1 zu c) entstanden sind;

Transportkosten: die in unmittelbarem Zusammenhang mit der Bewegung der einzelnen Ware stehenden Frachten, Rollgelder, Kosten der Ladung und Löschung, Lagergelder, bahnamtlichen Gebühren, Provisionen ausländischer Spediteure und sonstigen Auslagen; dagegen nicht allgemeine Schiffahrtskosten, Schiffsbedürfnisse und die sonstigen im Abschnitt IV Nr. 18 Abs. 1 zu f) bis m) aufgeführten allgemeinen Geschäftsunkosten;

Verrechnungsabkommen: Abkommen mit ausländischen Regierungen, Zentralnotenbanken oder im Ausland amtlich zugelassenen Verrechnungsstellen, welche den Zahlungsverkehr ganz oder teilweise auf der Grundlage der Verrechnung regeln (§ 1 des Gesetzes über die Errichtung einer Deutschen Verrechnungskasse vom 16. Oktober 1934 — Reichsgesetzbl. I S. 997);

Warenkredite: Kredite, die der ausländische Warenlieferant selbst seinem inländischen Abnehmer einräumt;

Wertpapiersperrguthaben: Sperrguthaben, die durch die Veräußerung oder die Rückzahlung von Wertpapieren entstanden sind (§ 20 des Devisengesetzes);

Zahlung auf Grund eines Verrechnungsabkommens: die Einzahlung bei der Deutschen Verrechnungskasse (durch Vermittlung einer Reichsbankanstalt oder einer Devisenbank) oder, soweit das nach dem Verrechnungsabkommen zulässig ist, der Erwerb von Devisen aus dem auf Grund des Abkommens bestehenden Guthaben der Deutschen Verrechnungskasse.

2. (1) Als inländische Zahlungsmittel gelten auch Wechsel und Schecks, die im Inland zahlbar sind und auf eine ausländische Währung lauten, ohne eine Effektivklausel zu tragen.

(2) Als Wechsel gilt auch eine Schrift, die nicht alle wesentlichen Erfordernisse eines Wechsels enthält, wenn sie einem anderen mit der Ermächtigung übergeben wird, die fehlenden Erfordernisse zu ergänzen (z. B. ein Blankoakzept). Eine solche Ermächtigung wird vermutet, wenn die Schrift als Wechsel bezeichnet ist (vgl. § 2 des Wechselsteuergesetzes vom 12. Juli 1930 — Reichsgesetzbl. I S. 219).

3. (1) Forderungen, die auf ausländische Währung lauten, ohne daß der Gläubiger Anspruch auf Zahlung in effektiver ausländischer Währung hat, gelten als Forderungen in inländischer Währung.

(2) Als Forderungen in inländischer Währung gelten ferner die für schweizerische Goldhypotheken (Artikel I des Abkommens zwischen dem Deutschen Reich und der Schweizerischen Eidgenossenschaft, betreffend schweizerische Goldhypotheken in Deutschland und gewisse Arten von Frankenforderungen an deutsche Schuldner, vom 6. Dezember 1920 — Reichsgesetzbl. S. 2023) eingetragenen Franken-Grundschulden (Artikel 6 und 7 des Zusatzabkommens vom 25. März 1923 — Reichsgesetzbl. II S. 284).

4. (1) Als Wertpapier gelten auch Zins- und Gewinnanteilscheine, dagegen nicht Hypothekenbriefe, Grund- und Rentenschuldbriefe und die im § 363 des Handelsgesetzbuchs genannten Urkunden.

(2) Als inländische Wertpapiere gelten auch Anteilscheine, die von ausländischen Treuhändern auf Grund von inländischen Aktien oder Reichsschuldbuchforderungen ausgestellt worden sind.

5. Zweigniederlassungen einer ausländischen Firma im Inland und inländische Betriebe eines Ausländers gelten ohne Rücksicht darauf, ob sie rechtlich selbständig sind oder nicht, als Inländer, auch wenn sich der Ort ihrer Leitung im Ausland befindet; Zweigniederlassungen einer inländischen Firma im Ausland und ausländische Betriebe eines Inländers gelten ohne Rücksicht darauf, ob sie rechtlich selbständig sind oder nicht, als Ausländer, wenn sich nicht der Ort ihrer Leitung im Inland befindet.

Allgemeine Grundsätze.[1])

6. (1) Zweck des Devisengesetzes und seiner Durchführungsvorschriften ist es, den ungeregelten Abfluß von Devisen aus der deutschen Wirtschaft zu verhüten und die vorhandenen und anfallenden Devisen zweckmäßig zu bewirtschaften. Da das Gesetz der deutschen Volkswirtschaft dienen soll, ist es bei aller gebotenen Entschiedenheit in der Bekämpfung gemeinschädlicher Maßnahmen in der Auslegung und der technischen Anwendung so zu handhaben, daß auf die volkswirtschaftlich gerechtfertigten Bedürfnisse Rücksicht genommen wird, soweit sie bei der gegenwärtigen Lage irgend befriedigt werden können.

(2) Bei der Anwendung des Gesetzes ist zu beachten, daß die Devisenbewirtschaftung nicht nur den Verkehr in ausländischen Werten, sondern auch den Verkehr in Werten deutscher Währung zugunsten von Ausländern umfaßt.

---

[1]) Vgl. auch die einschlägigen Ausführungen in Kap. 1.

7. Die Verbote des Devisengesetzes und der Durchführungsvorschriften gelten, soweit nicht ausdrücklich etwas anderes bestimmt ist, ohne Rücksicht auf die Rechtsnatur (natürliche oder juristische Person), Staatsangehörigkeit oder Ansässigkeit (Wohnsitz, gewöhnlicher Aufenthalt, Sitz oder Ort der Leitung) der Person, welche die Rechtshandlung vornimmt. Sie gelten für Rechtshandlungen, die im Ausland vorgenommen werden, insoweit, als sich die Wirksamkeit dieser Rechtshandlungen nach deutschem Recht bestimmt.

8. (1) Eine nach dem Devisengesetz und den Durchführungsvorschriften erteilte Genehmigung wird in dem Zeitpunkt unwirksam, in dem der Verwendungszweck nachträglich wegfällt. Die Devisenstellen und Überwachungsstellen können anordnen, daß eine Genehmigung unwirksam wird, wenn nicht binnen einer bestimmten Frist oder bis zu einem bestimmten Zeitpunkt von ihr Gebrauch gemacht worden ist. Bei Devisenerwerbsgenehmigungen (Devisenerwerbsbescheinigungen) soll die Geltungsdauer in der Weise befristet werden, daß die Genehmigung einen Monat nach Eintritt der Fälligkeit der genehmigten Zahlung unwirksam wird.

(2) Unwirksam gewordene Devisenerwerbsgenehmigungen (Devisenerwerbsbescheinigungen) sind an die Stelle, die sie ausgestellt hat, zurückzugeben.

9. Ist die Genehmigung zur Verfügung über ausländische Werte erteilt, die nach den §§ 1, 2 der Durchführungsverordnung der Reichsbank anzubieten sind, so muß auf Grund der Genehmigung die Freigabe bei der Reichsbank nachgesucht werden. Dies gilt auch bei Werten, welche die Reichsbank als nicht ankaufsfähig dem Pflichtigen vorübergehend belassen hat. In den Genehmigungsbescheid soll ein entsprechender Hinweis aufgenommen werden.

10. Die Richtlinien berücksichtigen nicht Sonderregelungen gegenüber einzelnen Ländern. Soweit auf Grund solcher Sonderregelungen abweichende Vorschriften für bestimmte Geschäfte erlassen worden sind, bleiben diese unberührt.

10 A. Soweit die Richtlinien bestimmte Handlungen, die nach dem Devisengesetz oder den Durchführungsvorschriften genehmigungsbedürftig sind, ohne Genehmigung für zulässig erklären, kann die Reichsstelle für Devisenbewirtschaftung im Einzelfall anordnen, daß ein bestimmter Vorgang der Genehmigung bedarf. Die Anordnung der Reichsstelle wird mit dem Zugehen an denjenigen, der die Handlung nur mit Genehmigung vornehmen darf, wirksam.

Sachliche Zuständigkeit.[1])

11. (1) Die Reichsbank ist, vorbehaltlich der Vorschriften in Nr. 12 Abs. 2 und im Abschnitt IV Nr. 1 Abs. 2, zuständig für die Entscheidung über Verbindlichkeiten, welche Gegenstand eines Stillhalteabkommens sind (vgl. § 4 Abs. 1 des Devisengesetzes). Dies gilt insbesondere für die völlige oder teilweise Tilgung solcher Verbindlichkeiten, für Zins- und Provisionszahlungen, für die Umwandlung in freie Guthaben sowie überhaupt für jede Bewegung innerhalb der von den Abkommen betroffenen Forderungen und der für sie haftenden Sicherheiten. Zu den von

---

[1]) Vgl. die Ausführungen in Kap. 2 unter B II und Kap. 11 unter Fußnote 5.

den Abkommen betroffenen Forderungen sind auch Forderungen ausländischer Bankgläubiger auf Konkurs- oder Vergleichsdividenden gegen deutsche Bank-, Handels- oder Industriefirmen zu rechnen, gleichgültig ob sie vor oder nach dem 17. September 1931 entstanden sind, sowie alle nach dem 8. Oktober 1931 gegebene Kredite, die gemäß früherer Kreditzusage oder im Zusammenhang mit Ziffer 9 (3) oder Ziffer 10 (7) (b) des Deutschen Kreditabkommens von 1936 oder entsprechender Bestimmungen früherer oder künftiger Stillhalteabkommen gewährt würden. Die Reichsbank ist ferner zuständig, soweit nach dem Devisengesetz oder den Durchführungsvorschriften zu Leistungen an die Deutsche Treuhandgesellschaft von 1933 m. b. H. und zu Verfügungen dieser Gesellschaft eine Genehmigung erforderlich ist.

(2) Die Reichsbank ist ferner zuständig für Entscheidungen, welche die im § 4 Abs. 2 des Devisengesetzes genannten Rechtsbeziehungen betreffen. Dies gilt in den Fällen des § 4 Abs. 2 Nr. 2 auch dann, wenn der Gläubiger seinen Sitz in einem Lande hat, mit dessen Gläubigern kein Stillhalteabkommen besteht.

(3) Anfragen oder Anträge, die sich auf Verbindlichkeiten beziehen, für welche die Bestimmungen eines Stillhalteabkommens gelten, oder welche die im § 4 Abs. 2 des Devisengesetzes genannten Rechtsbeziehungen betreffen, sind an das Reichsbankdirektorium in Berlin abzugeben. Anträge, die sich auf nach dem 8. Oktober 1931 gewährte Kredite beziehen, sind im Zweifelsfalle dem Reichsbankdirektorium in Berlin zur Prüfung der Zuständigkeit zuzuleiten.

12. (1) Die Überwachungsstellen sind vorbehaltlich besonderer Anweisungen der Reichsstelle für Devisenbewirtschaftung und vorbehaltlich der Vorschriften der Nr. 11 zuständig für die Entscheidung über Verbindlichkeiten, die aus der Einfuhr von Waren einschließlich der dabei entstehenden besonderen Nebenkosten herrühren, wenn die Kaufpreisforderung nach dem 23. September 1934 erstmalig fällig geworden ist.

(2) Die Überwachungsstellen sind auch zuständig für die Genehmigung zur Inanspruchnahme von Stillhaltekrediten zur Finanzierung der Wareneinfuhr sowie für die Bezahlung von Waren im Wege von Rohstoffkredit- und Gegenseitigkeitsgeschäften.

(3) Die Überwachungsstellen sind nicht zuständig:

a) für Verbindlichkeiten aus der Einfuhr von Waren, wenn die Kaufpreisforderung vor dem 24. September 1934 erstmals fällig geworden ist;

b) für die Bezahlung von besonderen Nebenkosten für Wareneinfuhr, wenn für die Bezahlung der Kaufpreisverbindlichkeit die Devisenstelle zuständig ist;

c) für die Erteilung allgemeiner Genehmigungen, die zur Bezahlung von besonderen Nebenkosten der Wareneinfuhr berechtigen (Abschnitt IV Nr. 10 Abs. 2, Nr. 11 Abs. 2, Nr. 18, 18 A, 20, Nr. 22 Abs. 1 und 5);

d) (Weggefallen);

e) für die Bezahlung eingeführter Waren im Wege des privaten Verrechnungsgeschäfts; für Gegenseitigkeitsgeschäfte sind ausschließlich die Überwachungsstellen zuständig;

f) für die Einrichtung von Ausländersonderkonten für Inlandszahlungen im Warenverkehr; doch dürfen Einzahlungen auf solche Konten nur auf Grund einer Devisenbescheinigung der zuständigen Überwachungsstelle erfolgen;

g) (Weggefallen);

h) für Zahlungen aus Transitgeschäften.

13. Die Zuständigkeit der einzelnen Überwachungsstellen bestimmt sich nach den Bekanntmachungen des Reichswirtschaftsministers und des Reichsministers für Ernährung und Landwirtschaft vom 12. und 14. September 1934 (Deutscher Reichsanz. u. Preuß. Staatsanz. Nr. 218), vom 14. Januar 1935 (Deutscher Reichsanz. u. Preuß. Staatsanz. Nr. 14), vom 16. März 1935 (Deutscher Reichsanz. u. Preuß. Staatsanz. Nr. 65, 67, 83), vom 20. Mai 1935 (Deutscher Reichsanz. u. Preuß. Staatsanz. Nr. 124), vom 12. Juli 1935 (Deutscher Reichsanz. u. Preuß. Staatsanz. Nr. 164), vom 16. Dezember 1935 (Deutscher Reichsanz. u. Preuß. Staatsanz. Nr. 294), vom 31. Januar 1936 (Deutscher Reichsanz. u. Preuß. Staatsanz. Nr. 29), vom 26. Juni 1936 (Deutscher Reichsanz. u. Preuß. Staatsanz. Nr. 149) und vom 27. November 1936 (Deutscher Reichsanz. u. Preuß. Staatsanz. Nr. 280).

14. Die Devisenstellen sind zuständig für alle Entscheidungen, für die nicht nach Nr. 11 oder 12 die Reichsbank oder eine Überwachungsstelle zuständig ist.

Örtliche Zuständigkeit [1]).

15. Die einzelnen Überwachungsstellen sind für das ganze Reichsgebiet zuständig.

16. (1) Für Anträge, die sich auf ein bei einem inländischen Kreditinstitut geführtes Konto eines Ausländers beziehen oder die ein inländisches Kreditinstitut für einen ausländischen Kunden stellt, ist vorbehaltlich der Vorschrift im Abschnitt II Nr. 53 Abs. 2 Satz 2 die Devisenstelle zuständig, in deren Bezirk das Kreditinstitut oder seine Zweigniederlassung seinen Sitz hat.

(2) Für Anträge, die sich auf das inländische Vermögen eines Auswanderers beziehen, ist die Devisenstelle zuständig, in deren Bezirk der Auswanderer früher ansässig war.

17. (1) Für Anträge eines Gläubigers auf Erteilung der Genehmigung zur Leistung des Schuldners (§ 8 Abs. 2 des Devisengesetzes) oder zu einer anderen Verfügung über seine Forderung ist die Devisenstelle zuständig, in deren Bezirk der Schuldner ansässig ist (vgl. auch Nr. 34 und 35).

(2) Für Anträge eines Bevollmächtigten (Vertreter, Beauftragter) auf Erteilung der Genehmigung zu einer Handlung seines Vollmachtgebers ist die Devisenstelle zuständig, in deren Bezirk der Vollmachtgeber ansässig ist. Für Anträge von Patentanwälten auf Genehmigung der Zahlung von Patentgebühren ist jedoch die Devisenstelle zuständig, in deren Bezirk der Patentanwalt ansässig ist.

18. (1) Für Anträge, die sich auf den Ausgleich von Forderungen eines Inländers gegen einen Ausländer mit Schulden eines Inländers an einen Ausländer durch Zahlung oder Verrechnung zwischen Inländern beziehen, ist vorbehaltlich der Vorschrift im Abs. 2 die für einen der Beteiligten zuständige Devisenstelle, bei der dieser die Genehmigung nach-

---

[1]) Vgl. die Ausführungen in Kap. 11 unter Fußnote 5.

sucht, auch insoweit zuständig, als es sich um die den anderen beteiligten Inländern zu erteilenden Genehmigungen handelt. Die Devisenstelle hat die von ihr erteilten Genehmigungen den Devisenstellen mitzuteilen, in deren Bezirk Personen ansässig sind, denen sie eine Genehmigung erteilt hat.

(2) Für Anträge auf Genehmigung von privaten Verrechnungsgeschäften ist die Devisenstelle zuständig, in deren Bezirk die oder eine der an der Verrechnung beteiligten inländischen Ausfuhr- oder Dienstleistungsfirmen ansässig ist. Abs. 1 Satz 2 gilt entsprechend.

19. Für Angelegenheiten ausländischer, im Inland zugelassener Versicherungsunternehmungen ist vorbehaltlich der Vorschrift im Abschnitt II Nr. 53 Abs. 2 Satz 2 die Devisenstelle zuständig, in deren Bezirk der Hauptbevollmächtigte seinen Wohnsitz hat.

20. Wenn nach § 2 Abs. 3 des Devisengesetzes mehrere Devisenstellen zuständig wären, die Entscheidung aber nur einheitlich erfolgen kann, so ist diejenige Devisenstelle zuständig, bei der zuerst ein Antrag eingereicht wurde.

21. (1) Allgemeine Genehmigungen nach Abschnitt IV dieser Richtlinien sind für Zweigniederlassungen, die selbständig Geschäfte abschließen und im Handelsregister eingetragen sind, in der Regel von der für diese zuständigen Devisenstelle zu erteilen. Wenn die zuständige Devisenstelle einer Hauptniederlassung eine solche allgemeine Genehmigung zugleich für den Geschäftsbereich einer oder mehrerer ihrer Zweigniederlassungen erteilt, so ist dies in dem Genehmigungsbescheid ausdrücklich auszusprechen.

(2) Wird einer Zweigniederlassung durch die nach Abs. 1 zuständige Devisenstelle eine allgemeine Genehmigung erteilt, so soll diese Stelle die für die Hauptniederlassung zuständige Devisenstelle hiervon unterrichten; wird einer Hauptniederlassung eine allgemeine Genehmigung durch die nach Abs. 1 Satz 2 zuständige Devisenstelle erteilt, so soll diese die für die Zweigniederlassungen zuständigen Devisenstellen hiervon unterrichten.

Allgemeine Bestimmungen über Genehmigungen[1]).

22. Devisenverwendungsgenehmigungen (Devisenverwendungsbescheinigungen) berechtigen zur Verfügung über dem Inhaber der Genehmigung selbst angefallene Devisen nur, soweit die Reichsbank diese im Einzelfall oder allgemein in der Form eines Devisenbetriebsfonds freigegeben hat.

23. Devisenerwerbsgenehmigungen (Devisenerwerbsbescheinigungen) berechtigen nicht zur Versendung oder Überbringung von Reichsmarknoten oder inländischen Goldmünzen ins Ausland.

24. Genehmigungen zum Erwerb von Devisen gegen inländische Zahlungsmittel berechtigen auch zur Verwendung dem Inhaber der Genehmigung selbst angefallener Devisen, soweit die Reichsbank diese im Einzelfall oder allgemein in der Form eines Devisenbetriebsfonds freigegeben hat.

---

[1]) Vgl. auch die Ausführungen in Kap. 11, insbesondere unter Fußnote 10ff.

Einzelgenehmigungen.

25. In jedem Genehmigungsbescheid ist das Rechtsgeschäft, auf das sich die Genehmigung bezieht, unter Angabe aller wesentlichen Merkmale, eindeutig zu bezeichnen (z. B. Zahlung von 100 englischen Pfunden als Transportversicherungsprämie an eine bestimmte Versicherungsagentur einer ausländischen Versicherungsunternehmung; Mitnahme von 1000 französischen Franken für eine Geschäftsreise nach Paris). Eine Bezugnahme auf den genehmigten Antrag ist nur zulässig, wenn sich aus diesem das genehmigte Rechtsgeschäft eindeutig ergibt und der Antrag mit dem Genehmigungsbescheid fest verbunden ist. In dem Genehmigungsbescheid sind ferner die genehmigungsbedürftigen Handlungen, auf die sich die Genehmigung bezieht, durch Angabe der betreffenden devisengesetzlichen Bestimmungen zu bezeichnen (z. B. § 11 Abs. 1 des Devisengesetzes). Zur Ausführung eines bestimmten Rechtsgeschäftes können mehrere genehmigungsbedürftige Handlungen (Zahlungsweisen) wahlweise zugelassen werden (z. B. Erwerb und Versendung von Devisen — § 9 Abs. 1, § 13 Abs. 1 des Devisengesetzes — oder Versendung inländischer Zahlungsmittel — § 13 Abs. 1 des Devisengesetzes).

26. Wird eine Genehmigung zur Leistung einer Zahlung an die Konversionskasse für deutsche Auslandsschulden erteilt, so ist in dem Genehmigungsbescheid anzugeben:

a) Name und Anschrift des Gläubigers, zu dessen Gunsten die Zahlung erfolgt;
b) Rechtsgrund der Zahlung (genaue Gliederung nach Zinsen, Tilgung, Gewinnanteil, Mietüberschuß usw.; die Art der Zinsen ist zu bezeichnen, z. B. Anleihe-, Hypotheken- und Darlehnszinsen);
c) Fälligkeitszeitpunkt;
d) geschuldete Währung (bei mehreren wahlweise geschuldeten Währungen die von dem Wahlberechtigten gewählte Währung);
e) Zeitraum, auf den sich die Zahlung bezieht;
f) bei Zins- und Gewinnanteilen ferner Höhe des Zinsfußes bzw. Vomhundertsatz der Gewinnausschüttung und Höhe des Kapitals;
g) bei Zinsen, Gewinnanteilen und sonstigen Erträgnissen ferner, ob der Gläubiger die Vorteile eines Transferabkommens genießt.

27. (1) Die Devisenstellen dürfen Devisenerwerbsgenehmigungen nur erteilen, nachdem die erforderlichen Devisen bereitgestellt worden sind. Zu diesem Zweck haben die Devisenstellen täglich die als vordringlich anerkannten Anträge, denen nicht durch Erteilung einer Devisenverwendungsgenehmigung entsprochen werden kann, in einer Aufstellung nach besonderem Muster, nach Verwendungszwecken gegliedert, der Meldestelle für Devisenanforderungen bei der Reichsstelle für Devisenbewirtschaftung zur Feststellung der verfügbaren Devisen vorzulegen. Im Rahmen der von der Reichsstelle für Devisenbewirtschaftung täglich zugeteilten Beträge haben die Devisenstellen in eigener Zuständigkeit die beantragten Genehmigungen zu erteilen. Soweit die zugeteilten Beträge nicht ausreichen, sind die Anträge mit dem Hinweis abzulehnen, daß eine Genehmigung mangels der erforderlichen Devisen nicht möglich sei; doch kann die Entscheidung über einzelne Anträge zur Berücksichtigung aus der Devisenzuteilung eines der folgenden Tage zurückgestellt werden.

(2) Die Devisenstellen dürfen Devisenverwendungsgenehmigungen, die zum Erwerb beschränkt verfügbarer Devisen berechtigen, nur erteilen, nachdem die erforderlichen Devisen bereitgestellt worden sind. Zu diesem Zweck haben die Devisenstellen die als vordringlich anerkannten Anträge, für welche die Zuteilung beschränkt verfügbarer Devisen in Frage kommt, dem Büro der Devisenzuteilungskommission bei der Reichsbank zur Feststellung, ob solche Devisen verfügbar sind, vorzulegen. Im Rahmen der zugeteilten beschränkt verfügbaren Devisen kann den Anträgen entsprochen werden. Soweit die zugeteilten Beträge nicht ausreichen, ist zu prüfen, ob die Erteilung einer Devisenerwerbsgenehmigung gerechtfertigt erscheint; in diesem Fall ist nach Abs. 1 zu verfahren.

(3) Abgelehnte Anträge können nur wiederholt werden, wenn neue Tatsachen vorgebracht werden.

28. Die Überwachungsstellen dürfen Devisenerwerbsbescheinigungen nur in dem Umfang erteilen, in dem ihnen Bardevisen oder Kreditlinien bereitgestellt worden sind.

Allgemeine Genehmigungen.

29. (1) Allgemeine Genehmigungen sollen in der Regel auf ein halbes Jahr erteilt werden.

(2) In dem Genehmigungsbescheid sind Höchstbeträge für die in jedem Kalendermonat auf Grund der Genehmigung zulässigen Zahlungen festzusetzen, wenn nicht ausdrücklich etwas anderes angeordnet ist. Jede genehmigungsbedürftige Handlung ist von dem betreffenden Höchstbetrag abzuschreiben. Berechtigt die allgemeine Genehmigung zum Erwerb von Devisen und zu Überweisungen von einem Bank- oder Postscheckguthaben, so hat die Bank oder das Postscheckamt, welches den Auftrag ausführt, bei allen anderen Zahlungen der Inhaber der Genehmigung selbst die Abschreibung vorzunehmen. Berechtigt die Genehmigung zu Zahlungen mit Wechseln oder Schecks, so hat die Abschreibung im Zeitpunkt der Aushändigung oder Versendung der Papiere zu erfolgen; einer weiteren Abschreibung im Zeitpunkt der Einlösung bedarf es nicht. Berechtigt die allgemeine Genehmigung zu Kassa-Usancegeschäften, so bedarf es bei der Vornahme solcher Geschäfte einer Abschreibung nicht. Bei genehmigungsbedürftigen Verrechnungen genügt es, wenn jeweils nach Ausgleichung der beiderseitigen Rechnungsposten die Gesamtsumme der Verpflichtungen, die durch Verrechnung getilgt worden sind, von dem Höchstbetrag abgeschrieben wird. Soweit nichts anderes bestimmt ist, unterliegen die Verrechnungen nicht den Vorschriften über private Verrechnungsgeschäfte. Vertrauenswürdigen Inhabern allgemeiner Genehmigungen, die einen besonders umfangreichen Kontokorrentverkehr mit ausländischen Firmen haben, kann gestattet werden, genehmigungsbedürftige Verrechnungen von Forderungen und Verbindlichkeiten, auf die sich die Genehmigung bezieht, ohne Anrechnung auf den Höchstbetrag und dementsprechend ohne Abschreibung von dem betreffenden Höchstbetrag vorzunehmen.

(3) Wenn nicht ausdrücklich etwas anderes angeordnet ist, ist ein Ausgleich zwischen den Höchstbeträgen zweier aufeinanderfolgender Monate

im Wege des Vorgriffs und der Übertragung bis zu 25 vom Hundert des Höchstbetrags zulässig.

30. (1) Allgemeine Genehmigungen sind, wenn nicht ausdrücklich etwas anderes angeordnet ist, nur zu erteilen, wenn die zuständige Industrie- und Handelskammer oder die sonst zuständige öffentlich-rechtliche Berufsvertretung dem Antragsteller eine Bescheinigung darüber erteilt hat, daß er im Rahmen seines Geschäftsbetriebs regelmäßig Zahlungen für die Zwecke zu leisten habe, für welche die allgemeine Genehmigung gilt. Die Bescheinigung soll nur solchen Personen erteilt werden, welche Gewähr für die Einhaltung der mit der Genehmigung verbundenen Bedingungen und Auflagen bieten. Sie soll ferner eine gutachtliche Äußerung zu dem beantragten monatlichen Höchstbetrag enthalten.

(2) Die Versagung kann ohne Angabe von Gründen erfolgen. Die Bescheinigung ist zu entziehen, wenn die Voraussetzungen, unter denen sie erteilt worden ist, nicht oder nicht mehr vorliegen.

31. Jede Firma, die eine allgemeine Genehmigung erhalten hat, hat der zuständigen Devisenstelle bis zum sechsten jedes Monats eine Aufstellung über alle genehmigungs- und abschreibungsbedürftigen Handlungen einzureichen, die sie während des vergangenen Monats auf Grund der Genehmigung vorgenommen hat. Bei allgemeinen Genehmigungen zur Einrichtung eines Inkassokontos hat die kontoführende Devisenbank die Aufstellung einzureichen.

32. Sammelgenehmigungen sollen in der Regel auf ein halbes Jahr erteilt werden.

33. In dem Sammelgenehmigungsbescheid sind die einzelnen Zahlungen unter Angabe der Fälligkeitspunkte aufzuführen. Die Sammelgenehmigung berechtigt zur Vornahme der einzelnen Zahlungen erst im Zeitpunkt der Fälligkeit. Nr. 29 Abs. 2 gilt entsprechend.

Zum § 8 Abs. 2 des Devisengesetzes.

34. Bei Anträgen des Gläubigers soll, wenn nicht die tatsächlichen und rechtlichen Verhältnisse bereits eindeutig geklärt sind oder Gefahr im Verzug liegt, dem Schuldner vor Erteilung der Genehmigung Gelegenheit zur Stellungnahme gegeben werden. Die Anhörung bezweckt nicht die Feststellung des Bestehens oder Nichtbestehens des behaupteten Anspruchs, sondern lediglich die Klärung derjenigen Tatsachen, die für die devisenrechtliche Entscheidung von Bedeutung sind (z. B. ob eine alte oder neue Forderung vorliegt; ob es sich um einen Waren- oder einen Finanzkredit handelt).

35. (1) Die Genehmigung zu einer Leistung ist stets dem Schuldner zu erteilen, wenn nicht etwas anderes bestimmt ist. Dem Gläubiger ist die Genehmigung stets abschriftlich mitzuteilen.

(2) Beantragt der Gläubiger die Genehmigung zur Leistung des Schuldners, so kann der Genehmigungsbescheid auf Wunsch des Gläubigers oder seines inländischen Vertreters diesem ausgehändigt werden; dem Schuldner ist in diesem Falle die Genehmigung abschriftlich mitzuteilen.

II. Abschnitt.

Richtlinien zum 2. Abschnitt des Devisengesetzes[1]).

Zum § 9 Abs. 2 des Devisengesetzes.

1. (1) Ohne Genehmigung nach § 9 Abs. 2, § 13 des Devisengesetzes kann ein Ausländer über sein Guthaben in ausländischer Währung bei einem inländischen Kreditinstitut verfügen, soweit es nach dem 15. Juli 1931 (wenn der Gläubiger eine ausländische Bank ist, nach dem 8. Oktober 1931) entstanden ist (freies Währungsguthaben). Der Erwerb von ausländischen Wertpapieren und deutschen Auslandsbonds aus einem solchen Guthaben bedarf nicht der Genehmigung.

(2) Abs. 1 gilt entsprechend für Auswanderer hinsichtlich der nach der Auswanderung erworbenen Guthaben, ausgenommen jedoch

a) Guthaben, die aus der Rückzahlung oder Veräußerung ausländischer Wertpapiere herrühren;

b) Guthaben, die aus Erträgnissen ausländischer Wertpapiere herrühren, wenn der Auswanderer nach dem 31. Dezember 1936 ausgewandert ist.

(3) Abs. 1 gilt nicht für Guthaben eines Ausländers bei einem saarländischen Kreditinstitut, die vor dem 1. März 1935 entstanden sind.

2. Ohne Genehmigung kann eine Devisenbank, die sich schon bisher mit dem Ankauf von Fremdwährungswechseln ihrer Kunden gegen Ausfuhrware befaßt hat, solche Wechsel diskontieren oder lombardieren. Soweit es sich um nicht akzeptierte Wechsel (Tratten) handelt, entfällt in diesem Fall die Verpflichtung des Kunden zur vorherigen Anbietung der Wechsel nach § 1 der Durchführungsverordnung.

3. Ohne Genehmigung können Forderungen in ausländischer Währung an eine Devisenbank zur Sicherung für einen von dieser eingeräumten Kredit abgetreten werden, wenn die Devisenbank die für die Forderungen etwa gegebenen Zahlungsmittel (z. B. Wechsel) sowie die ihr bei Fälligkeit der Forderung zufließenden Devisen unverzüglich an die Reichsbank abführt, soweit ihr nicht im Einzelfall die Reichsbank gestattet hat, die eingehenden Devisen zur Abdeckung eines dem Kreditnehmer eingeräumten Währungskredits zu verwenden.

4. (1) Eine Genehmigung zu Kassa-Usancegeschäften kann erteilt werden, wenn sie wirtschaftlich gerechtfertigt sind, insbesondere wenn sich die Zahlungsverpflichtung des Antragstellers auf eine andere Währung beläuft als seine gleichzeitigen Deviseneingänge.

(2) Ohne Genehmigung kann eine Devisenbank für eigene Rechnung Kassa-Usancegeschäfte vornehmen, soweit die Reichsbank dies gestattet und die Devisenbank die von dieser hierbei gemachten Auflagen erfüllt.

(3) Der Inhaber einer Genehmigung nach Abs. 1 oder einer allgemeinen Genehmigung, die zu Kassa-Usancegeschäften berechtigt, hat das Kassa-Usancegeschäft in der Weise durchzuführen, daß die angefallenen Devisen an die Reichsbank oder eine Devisenbank gegen Reichsmark verkauft und die benötigten Devisen gleichzeitig gegen Reichsmark erworben werden. Die Freigabebescheinigung der Reichsbank (vgl. Abschnitt I Nr. 9) ist hierbei vorzulegen. Die Beschränkungen dieses Absatzes gelten nicht für die im Abschnitt IV Nr. 33 Abs. 1 genannten Versicherungsunternehmungen, Zweigniederlassungen und Versicherungsagenturen bei

---

[1]) Vgl. insbesondere die Ausführungen in Teil I, Kap. 4 ff.

Kassa-Usancegeschäften, die unmittelbar zur Erfüllung von Verpflichtungen aus Versicherungs- und Rückversicherungsverträgen vorgenommen werden; derartige Kassa-Usancegeschäfte sind der zuständigen Reichsbankanstalt durch monatliche Aufstellungen nachzuweisen.

5. (1) Ohne Genehmigung kann ein Inländer inländische Zahlungsmittel (§ 6 des Devisengesetzes) mit Ausnahme von Reichsmarknoten oder inländischen Scheidemünzen für eine Forderung in ausländischer Währung gegen einen Ausländer unter Umrechnung der Forderung zum amtlichen Kurs von dem Schuldner selbst in Zahlung nehmen (vgl. auch Nr. 20).

(2) Dagegen ist eine Genehmigung für die Erfüllung oder Umstellung einer Forderung in ausländischer Währung auch dann erforderlich, wenn Gläubiger und Schuldner Inländer sind.

6. Ohne Genehmigung kann ein bei einer ausländischen Bank geführtes Guthaben zu einer anderen Bank umgelegt werden, wenn dabei die Währung des Guthabens nicht verändert wird und durch die Umlegung nicht unmittelbar oder mittelbar eine Verbindlichkeit abgedeckt wird, z. B. dadurch, daß ein ausländischer Gläubiger mit seiner Forderung aufrechnet.

7. (1) Die Genehmigung zur Verfügung über Devisen zum Zwecke der Leistung von Zahlungen an Inländer kann, auch wenn die Voraussetzungen von Abschnitt IV Nr. 25 und 26 nicht erfüllt sind, erteilt werden, wenn die Reichsbank die Werte der betreffenden Währung allgemein freigegeben hat oder wenn der Antragsteller nachweist, daß die Reichsbank den Ankauf der Werte abgelehnt oder diese ihm als nicht ankaufsfähig vorübergehend belassen hat. Als Nachweis gilt ein in doppelter Ausfertigung einzureichendes Verzeichnis, das die Werte nach Art, Fälligkeit, Schuldner, Betrag und Währung einwandfrei ersichtlich macht und auf dem die Reichsbank die Ablehnung oder die vorübergehende Belassung oder die Devisenbank, der die Werte angeboten worden sind, ihre Ablehnung vermerkt hat.

(2) Eine auf Grund einer solchen Genehmigung erfolgende Verfügung unterliegt nicht der Vorschrift des § 29 des Devisengesetzes. Erwirbt der Antragsteller jedoch durch die Verfügung andere Devisen, so finden auf diese § 9 Abs. 2 und § 13 des Devisengesetzes sowie § 1 der Durchführungsverordnung Anwendung. Die Verpflichtungen nach § 3 Abs. 2 der Durchführungsverordnung bleiben unberührt.

8. (1) Ohne Genehmigung kann eine Devisenbank, wenn sie die von der Reichsbank gemachten Auflagen erfüllt, Devisen, die ihr von der Reichsbank freigegeben worden sind (§ 36 des Devisengesetzes), deren Ankauf die Reichsbank abgelehnt hat oder die die Reichsbank ihr als nicht ankaufsmäßig vorübergehend belassen hat, an Personen veräußern, die eine Genehmigung zum Erwerbe solcher Devisen besitzen.

(2) Ohne Genehmigung kann eine Devisenbank, wenn sie die von der Reichsbank gemachten Auflagen erfüllt, Devisen gegen inländische Zahlungsmittel erwerben, wenn die Reichsbank die Werte der betreffenden Währung allgemein freigegeben hat oder wenn der Veräußerer nachweist, daß die Reichsbank den Ankauf der Werte abgelehnt oder diese ihm als nicht ankaufsfähig vorübergehend belassen hat. Nr. 7 Abs. 1 Satz 2 gilt entsprechend.

9. Als Verfügung über eine Forderung eines Ausländers in ausländischer Währung gilt nicht

a) die Kündigung;

b) die Stundung von Forderungen aus dem Waren- und Dienstleistungsverkehr;
c) der Verzicht auf die Forderung;
d) bei Wechselforderungen die Protesterhebung.

10. Als Verfügung über eine Forderung eines Ausländers in ausländischer Währung gilt auch die Verwertung der für die Forderung bestellten Sicherheiten.

11. Ohne Genehmigung kann über die Ansprüche in ausländischer Währung eines ausländischen Versicherungsnehmers aus einem Versicherungsvertrag mit einer inländischen oder einer solchen ausländischen Versicherungsunternehmung, die im Inland zum Geschäftsbetrieb zugelassen ist oder im Inland, ohne gesetzlich der Zulassung zu bedürfen, Geschäfte betreibt, zugunsten eines anderen Ausländers verfügt werden. Das Erfordernis der Genehmigung zur Leistung von Zahlungen bleibt unberührt.

Zum § 11 des Devisengesetzes.

12. (1) Ohne Genehmigung nach § 11 des Devisengesetzes kann ein Ausländer über sein Reichsmarkguthaben bei einem inländischen Kreditinstitut oder Postscheckamt verfügen, soweit es nach dem 15. Juli 1931 (wenn der Gläubiger eine ausländische Bank ist, nach dem 31. Juli 1931) entstanden ist (freies Reichsmarkguthaben) und sich nicht aus einer für die Einzahlung erteilten Genehmigung etwas anderes ergibt. Er kann insbesondere auch auf das inländische Konto eines anderen Ausländers Überweisungen vornehmen, selbst Beträge von dem Guthaben abheben, zu Lasten des Guthabens Zahlungen an andere Ausländer im Inland leisten sowie Schecks, die auf das Guthaben gezogen sind, ins Ausland versenden oder überbringen.

(2) Devisenerwerbsgenehmigungen zu Lasten des freien Guthabens eines Ausländers können erteilt werden, soweit die betreffenden Geschäfte nicht nach Abs. 1 ohne Genehmigung zulässig sind. Für die Erteilung solcher Genehmigungen gelten die Bestimmungen im Abschnitt I Nr. 27 nicht.

(3) Die Absätze 1 und 2 gelten entsprechend für Auswanderer hinsichtlich der nach der Auswanderung erworbenen Guthaben, ausgenommen jedoch

a) Guthaben, die aus der Rückzahlung oder Veräußerung ausländischer Wertpapiere herrühren;
b) Guthaben, die aus Erträgnissen von ausländischen Wertpapieren oder von Reichsbankanteilen herrühren, wenn der Auswanderer nach dem 31. Dezember 1936 ausgewandert ist.

(4) Die Absätze 1 und 2 gelten nicht für Guthaben eines Ausländers bei einem saarländischen Kreditinstitut, die vor dem 1. März 1935 entstanden sind.

13. Eine Genehmigung nach § 11 des Devisengesetzes ist nicht erforderlich zur Leistung von Zahlungen an das inländische Sondervermögen eines Ausländers (z. B. die inländische Zweigniederlassung einer ausländischen Firma, den rechtlich nicht selbständigen Betrieb eines Ausländers, die inländische Niederlassung einer in Deutschland zugelassenen ausländischen Versicherungsunternehmung, den Treuhänder für das getrennt verwaltete Inlandsvermögen eines Ausländers) und zur Leistung von solchen Zahlungen an Inländer aus dem inländischen Sondervermögen, die für Rechnung des Sondervermögens erfolgen.

14. Ohne Genehmigung nach § 11 des Devisengesetzes kann der inländische Beauftragte oder Vertreter eines Ausländers Reichsmarkzahlungen an Inländer aus Mitteln leisten, die ihm zu diesem Zwecke von seinem ausländischen Geschäftsherrn oder Auftraggeber

a) aus dem Ausland in anderer Weise als in der Form von Reichsmarknoten oder inländischen Scheidemünzen oder

b) aus einem freien inländischen Guthaben (vgl. Nr. 1 und 12)

zur Verfügung gestellt worden sind.

14A. Ohne Genehmigung nach § 11 des Devisengesetzes kann ein Inländer Reichsmarkzahlungen bei einem inländischen Rechtsanwalt, Notar oder Devisenberater zu treuen Händen unter der Voraussetzung hinterlegen, daß der Rechtsanwalt, Notar oder Devisenberater unverzüglich die zur Zahlung des Reichsmarkbetrags an einen ausländischen Berechtigten oder zu dessen Gunsten an dritte Personen erforderliche Genehmigung nachsucht und den Betrag, falls die Genehmigung versagt wird, alsbald an den zahlenden Inländer zurückzahlt. Ist der Schuldner zur Zahlung nicht bereit, so bleiben die §§ 39 bis 41 des Devisengesetzes unberührt [1]).

14B. Eine Genehmigung nach den §§ 11, 19 des Devisengesetzes ist nicht erforderlich zur Abführung der Steuerabzugsbeträge von inländischen Einkünften eines Ausländers.

15. Als Forderungen im Sinne von § 11 Abs. 2, § 15, § 18 Abs. 1 des Devisengesetzes gelten auch Hypotheken, Grund- und Rentenschulden; als Forderungen im Sinne von § 11 Abs. 2 des Devisengesetzes gelten auch Eigentümergrundschulden [2]).

16. (1) Die Vorschrift des § 11 Abs. 2 des Devisengesetzes gilt nicht für Reichsschuldbuchforderungen, die auf Grund des § 10 Abs. 2 und 3 des Kriegsschädenschlußgesetzes vom 20. März 1928 (Reichsgesetzbl. I S. 120) oder des Artikels III des Gesetzes über die Abkommen zur Regelung von Fragen des Teils X des Vertrags von Versailles vom 18. März 1930 (Reichsgesetzbl. II S. 539) in Verbindung mit der Polenschädenverordnung vom 14. Juli 1930 (Reichsgesetzbl. II S. 957) eingetragen worden sind, sofern mit dem Antrag auf Übertragung der Reichsschuldbuchforderung die Erklärung einer Devisenbank vorgelegt wird, daß die Umschreibung zur Erfüllung eines von ihr vermittelten Kaufgeschäfts erfolgt.

(2) Die Vorschrift des § 15 des Devisengesetzes gilt nicht für Reichsschuldbuchforderungen der im Abs. 1 genannten Art.

17. Eine Genehmigung nach § 11 Abs. 2 des Devisengesetzes ist nicht erforderlich zur Übertragung der Forderung gegen den Ersteher auf einen dinglich berechtigten Ausländer im Zwangsversteigerungsverfahren nach § 118 des Gesetzes über die Zwangsversteigerung und die Zwangsverwaltung.

Zu den §§ 9 und 11 des Devisengesetzes.

18. (1) Ohne Genehmigung nach § 9 Abs. 2, § 11 Abs. 2 des Devisengesetzes kann eine Devisenbank über Devisen oder zugunsten von Ausländern über Reichsmarkforderungen verfügen, soweit dies erforderlich

---

[1]) Vgl. die Ausführungen in Kap. 22 unter II e 1.

[2]) Vgl. auch die früheren Vorschriften in Ri. II/32 von 1932 und in Ziff. 21 der 3. RiVO. vom 7. 12. 1933.

ist zur Ausführung von Aufträgen ihrer Kunden, für die eine Genehmigung erteilt wurde oder nicht erforderlich ist.

(2) Insbesondere ist eine Genehmigung nicht erforderlich für den Zinsschein- und Gewinnanteilschein-Einlösungsdienst, welchen Devisenbanken für ausländische Schuldner vornehmen; daher kann die Devisenbank zu Lasten eines Dotationsfonds die von Inländern oder Ausländern vorgezeigten Zinsscheine oder Gewinnanteilscheine einlösen und, wenn sie als Haupteinlösungsstelle für ausländische Zinsscheine oder Gewinnanteilscheine tätig wird, mit einer Nebeneinlösungsstelle abrechnen; dies gilt auch dann, wenn sie vorübergehend in Vorlage tritt; (vgl. auch Nr. 48).

19. Ohne Genehmigung nach § 9 Abs. 2, § 11 Abs. 2 des Devisengesetzes kann über Forderungen eines Ausländers zugunsten eines anderen Ausländers verfügt werden, es sei denn, daß es sich um Forderungen, die vor dem 16. Juli 1931 entstanden sind, oder um Forderungen der in den §§ 16 bis 20 des Devisengesetzes genannten Art handelt (vgl. auch Nr. 52 Abs. 1).

20. Ohne Genehmigung nach § 9 Abs. 2, § 11 Abs. 2 des Devisengesetzes darf ein Inländer für eine Forderung in in- oder ausländischer Währung gegen einen Ausländer von einem anderen Inländer Reichsmarkbeträge in Zahlung nehmen. Dies gilt nicht, wenn er weiß oder wissen muß, daß der andere Inländer die Zahlung ohne die erforderliche Genehmigung leistet. Unberührt bleibt das Erfordernis einer Genehmigung zu einer sonstigen Verfügung über die Forderung, z. B. durch Anweisung des ausländischen Schuldners zur Zahlung an einen anderen Ausländer.

21. Eine Genehmigung ist nicht erforderlich, wenn Aktiengesellschaften, Kommanditgesellschaften auf Aktien oder Gesellschaften mit beschränkter Haftung, die Forderungen oder Verbindlichkeiten in ausländischer Währung oder gegenüber Ausländern haben oder sonstige Werte besitzen, die nur mit Genehmigung erworben werden dürfen oder über die nur mit Genehmigung verfügt werden darf, nach den Bestimmungen des Gesetzes über die Umwandlung von Kapitalgesellschaften vom 5. Juli 1934 (Reichsgesetzbl. I S. 569) umgewandelt werden, es sei denn, daß die Umwandlung den Übergang von Werten der genannten Art auf einen Ausländer zur Folge hat. Beim Übergang von Vermögenswerten einer Kapitalgesellschaft auf Grund des genannten Gesetzes besteht keine Anbietungspflicht nach § 1 der Durchführungsverordnung [1] [2]).

Zum § 12 des Devisengesetzes.

22. (1) Ohne Genehmigung nach § 12 des Devisengesetzes kann der Gegenwert von Reichsmarkwechseln, die von einem Inländer akzeptiert sind, auf dem freien Reichsmarkkonto eines Ausländers, der im Zeitpunkt der Fälligkeit aus den Wechseln berechtigt ist, gutgeschrieben werden,

a) wenn die Genehmigung (Devisenbescheinigung) zur Versendung des Wechsels ins Ausland oder zur Aushändigung desselben an einen Ausländer oder zugunsten eines solchen an einen Inländer (§§ 11, 13 des Devisengesetzes) auf dem Wechsel selbst erteilt oder der Genehmigungsbescheid mit dem Wechsel verbunden ist;

---

[1]) Vgl. auch die Ausführungen in Kap. 20 unter 1.

[2]) Vgl. auch die früheren Vorschriften in Ri. II/21 von 1935 und in Ziff. 12 der 3. RiÄndVO. vom 12. 9. 1935.

b) wenn die Versendung oder Aushändigung des Wechsels auf Grund einer allgemeinen Devisenerwerbsgenehmigung erfolgt ist und der Inhaber der allgemeinen Genehmigung oder in seinem Auftrag ein inländisches Kreditinstitut die Nummer der Genehmigung und die Devisenstelle, von der sie erteilt worden ist, vermerkt hat;

c) wenn die Versendung durch ein Kreditinstitut auf Grund einer einem Kunden erteilten Einzelgenehmigung erfolgt ist und das Kreditinstitut dies vermerkt hat.

Der Vermerk nach b) und c) ist auf dem Wechsel selbst anzubringen oder mit ihm zu verbinden; er soll die Unterschrift dessen tragen, der ihn angebracht hat. Die Vorschrift des Satzes 1 gilt nur, wenn die Genehmigung nach dem 30. September 1934 erteilt worden ist.

(2) Ohne Genehmigung nach § 12 des Devisengesetzes kann der Gegenwert von Reichsmarkwechseln, die von einem Inländer akzeptiert sind, dem im Zeitpunkt der Fälligkeit aus dem Wechsel berechtigten Ausländer im Wege der Verrechnung durch Einzahlung bei der Deutschen Verrechnungskasse gutgebracht werden, wenn eine der im Abs. 1 zu a) bis c) genannten Voraussetzungen erfüllt ist, der Wechsel für eine Verpflichtung akzeptiert worden ist, die nach einem Verrechnungsabkommen nur im Wege der Verrechnung erfüllt werden darf, und auf dem Wechsel selbst oder einem mit ihm verbundenen Blatt der Vermerk „Zahlbar im Wege des Verrechnungsabkommens mit .... (Land, dem gegenüber die Verpflichtung entstanden ist)" angebracht ist. Der Vermerk soll die Unterschrift dessen tragen, der ihn angebracht hat.

(3) Eine Genehmigung nach § 12 des Devisengesetzes ist erforderlich zur Gutschrift des Gegenwertes von eigenen Wechseln und von solchen Wechseln, die für eine nicht aus dem Handelsverkehr stammende Verpflichtung akzeptiert worden waren.

(4) Die Absätze 1 bis 3 gelten entsprechend für im Inland zahlbare Wechsel, die auf eine ausländische Währung lauten, ohne eine Effektivklausel zu tragen. Dasselbe gilt, wenn bei Wechseln mit Effektivklausel der ausländische Berechtigte sich mit Reichsmarkzahlung einverstanden erklärt.

23. Sind die Voraussetzungen von Nr. 22 nicht erfüllt, so kann der Gegenwert von Reichsmarkwechseln, die von einem Inländer akzeptiert sind, dem im Zeitpunkt der Fälligkeit aus dem Wechsel berechtigten Ausländer ohne Genehmigung nach § 12 des Devisengesetzes nur auf einem Hinterlegungskonto gutgeschrieben werden. Die Vorschrift der Nr. 22 Abs. 3 bleibt unberührt.

24. (1) Ohne Genehmigung nach § 12 des Devisengesetzes kann der Gegenwert solcher Reichsmarkschecks, die auf das Konto eines Inländers bei einem inländischen Kreditinstitut oder Postscheckamt gezogen sind, auf dem freien Reichsmarkkonto eines Ausländers gutgeschrieben werden, wenn die Genehmigung (Devisenbescheinigung) zur Versendung des Schecks ins Ausland oder zur Aushändigung desselben an einen Ausländer oder zugunsten eines solchen an einen Inländer (§§ 11, 13 des Devisengesetzes) auf dem Scheck selbst erteilt oder der Genehmigungsbescheid mit dem Scheck verbunden worden ist. Ist die Versendung oder Aushändigung auf Grund einer allgemeinen Genehmigung erfolgt, so gilt Nr. 22 Abs. 1 Satz 1 zu b) und Satz 2 entsprechend; entsprechendes gilt, wenn der Scheck im Ausland auf Grund einer allgemeinen Genehmigung ausgestellt worden ist. Nr. 22 Abs. 1 Satz 3 und Abs. 4 gelten für Schecks entsprechend.

(2) Die Vorschriften des Absatzes 1 gelten nicht für Schecks, die auf Grund einer Verpflichtung gezogen worden sind, die nach einem Verrechnungsabkommen nur im Wege der Verrechnung erfüllt werden darf.

(3) Sind die Voraussetzungen des Absatzes 1 nicht erfüllt, so kann der Gegenwert von Reichsmarkschecks, die auf das Konto eines Inländers bei einem inländischen Kreditinstitut oder Postscheckamt gezogen sind, dem aus dem Scheck berechtigten Ausländer ohne Genehmigung nach § 12 des Devisengesetzes nur auf einem Hinterlegungskonto gutgeschrieben werden.

25. (1) Eine Genehmigung nach § 12 des Devisengesetzes ist nicht erforderlich für Gutschriften, welche die kontoführende Bank zur Abwicklung ihrer Geschäfte mit dem ausländischen Kontoinhaber vornimmt. Die Gutschrift darf nur auf gesperrtem Konto erfolgen, es sei denn, daß nach den sonst geltenden Vorschriften für derartige Leistungen eine Gutschrift auf freiem Konto oder eine Zahlung an die Konversionskasse für deutsche Auslandsschulden vorgesehen ist.

(2) Eine Genehmigung nach § 12 des Devisengesetzes zur Gutschrift auf dem Konto eines Ausländers ist ferner nicht erforderlich, wenn der Inländer, der die Reichsmarkbeträge einzahlt, zu dieser Zahlung keiner Genehmigung bedarf. Die Gutschrift darf nur auf gesperrtem Konto erfolgen, es sei denn, daß nach den sonst geltenden Vorschriften für derartige Leistungen eine Gutschrift auf freiem Konto zulässig ist.

Zum § 13 des Devisengesetzes.

26. Zugleich mit der Genehmigung zum Erwerb von Zahlungsmitteln oder Wertpapieren und zur Verfügung über Zahlungsmittel oder Wertpapiere soll die Genehmigung zur Versendung oder Überbringung der Werte erteilt werden, wenn der angegebene Verwendungszweck eine Versendung oder Überbringung erforderlich macht.

27. (1) Eine Genehmigung nach § 13 des Devisengesetzes ist nicht erforderlich für die Zurückschaffung von Reichsmarknoten und inländischen Scheidemünzen nach § 1 Abs. 2 Satz 3 der Dritten Durchführungsverordnung und § 1 der Fünften Durchführungsverordnung in Verbindung mit der genannten Vorschrift.

(2) Eine Genehmigung zur Versendung oder Überbringung von Reichsmarknoten oder inländischen Goldmünzen ins Ausland oder in die badischen Zollausschlußgebiete darf nicht erteilt werden; dies gilt nicht, wenn einer der Tatbestände des § 2 Abs. 2 oder 3 der Dritten Durchführungsverordnung vorliegt oder die Reichsmarknoten vor dem 6. Dezember 1935 aus dem Ausland eingegangen sind.

(3) Genehmigungen zur Überweisung eines Betrags ins Ausland berechtigen nicht zur Versendung oder Überbringung von Reichsmarknoten, inländischen Goldmünzen oder inländischen Scheidemünzen.

27 A. Genehmigungen zur Versendung der Überbringung von Zahlungsmitteln, Wertpapieren, Gold oder Edelmetallen berechtigen nicht zur Versendung oder Überbringung dieser Werte im aufgegebenen Gepäck oder in Gütern des Eisenbahn- und sonstigen Landfrachtverkehrs sowie des See- und Luftfrachtverkehrs ins Ausland oder aus dem Inland in die badischen Zollausschlußgebiete, es sei denn, daß sich aus dem Genehmigungsbescheid ausdrücklich etwas anderes ergibt und die Versendung in solchen Gütern erfolgt, die nach zollamtlicher Nachschau von einer Zollstelle verschlossen worden sind.

28. Eine Genehmigung nach § 13 des Devisengesetzes ist nicht erforderlich

a) für die Versendung von Inkassopapieren und für die Rücksendung aus dem Ausland eingegangener, nicht eingelöster oder vor Verfall zurückgerufener Inkassopapiere durch Devisenbanken. Erteilt der inländische Kunde der Bank, nachdem die Versendung erfolgt ist, den Auftrag, die Papiere wertfrei einem Ausländer auszuliefern, und kann die hierzu erforderliche Genehmigung nicht rechtzeitig beigebracht werden, so hat die Devisenbank, wenn der Kunde nicht binnen zwei Wochen nach Erteilung des Auftrags die Genehmigung der Devisenstelle nachbringt, der für den Kunden zuständigen Devisenstelle hiervon Mitteilung zu machen; erfolgt die Auslieferung gegen Empfang eines Prolongationspapiers, so bedarf es weder einer Genehmigung noch einer Mitteilung;

b) für die Versendung von Wechseln zur Akzepteinholung oder zur Prolongation einer bestehenden eigenen Wechselverpflichtung sowie zur Nachstempelung;

c) für die Rücksendung von Wechseln, die einem inländischen Kreditinstitut zur Diskontierung eingereicht waren, wenn die Diskontierung abgelehnt wird oder der diskontierte Wechsel zurückgerufen oder mangels Zahlung zurückgeschickt wird;

d) für die Versendung von Wertpapieren durch eine Devisenbank, die den unwiderruflichen Auftrag erhalten hat, die Papiere im Ausland zu verkaufen oder zur Einlösung zu bringen und die anfallenden Devisen der Reichsbank zur Verfügung zu stellen, wenn ein Verzeichnis der Wertpapiere, das den Bedingungen der Vorschrift in Nr. 29 entspricht, in doppelter Ausfertigung an die Reichsbank oder die Devisenstelle gesandt wird; entsprechendes gilt für Wertpapiere, die eine Devisenbank für eigene Rechnung im Ausland verkauft oder zur Einlösung bringt und für Wertpapiere, deren Erlös von der Anbietung freigestellt ist;

e) für die Versendung von Wertpapieren durch eine Devisenbank, die zur Geltendmachung von Rechten aus dem Wertpapier (Ausübung von Bezugsrechten, Erhebung von Zinsen usw.) erforderlich ist, wenn sichergestellt ist, daß die versandten Papiere oder die an ihre Stelle tretenden Papiere wieder an die Devisenbank zurückgelangen;

f) für die Rücksendung von Wertpapieren, die von Ausländern zur Abstempelung, Bogenerneuerung, zum Umtausch (in diesem Fall auch, wenn zum Spitzenausgleich ein Zukauf erfolgt ist) oder zu ähnlichen technischen Zwecken nach Deutschland gesandt oder überbracht worden waren, und für die Versendung der an ihre Stelle getretenen Wertpapiere, wenn ein Verzeichnis der Wertpapiere, das den Bedingungen der Vorschrift der Nr. 29 entspricht, in doppelter Ausfertigung an die Reichsbank oder die Devisenstelle gesandt wird;

g) für die Rücksendung von Zinsscheinen oder Gewinnanteilscheinen an einen Ausländer, wenn die Einlösung zu freier Verfügung des Inhabers abgelehnt worden ist; ferner für die Versendung von Zins- oder Gewinnanteilscheinen von deutschen Auslandsbonds und ausländischen Wertpapieren durch eine Devisenbank, wenn die zugehörigen Wertpapiere einem Ausländer gehören und im Depot bei der Devisenbank liegen;

h) für die Überbringung von Zahlungsmitteln und Wertpapieren bei der Ausreise durch einen Ausländer, wenn dieser die Zahlungsmittel oder Wertpapiere laut einer noch gültigen Grenzbescheinigung einer Grenzeingangsstelle bei der Einreise eingeführt oder laut einer noch gültigen Auszahlungsbescheinigung eines inländischen Kreditinstituts oder Postamts aus dem Ausland zugesandt erhalten hat oder wenn er in anderer Weise nachweist oder glaubhaft versichert, daß er diese Zahlungsmittel oder Wertpapiere bei seiner Einreise aus dem Ausland mitgebracht oder während seines Aufenthalts im Inland aus dem Ausland zugesandt erhalten habe; an Stelle der eingebrachten Zahlungsmittel können Zahlungsmittel einer anderen Währung oder einer anderen Art ins Ausland überbracht werden, wenn sie den eingebrachten Zahlungsmitteln gleichwertig sind; Nr. 27 A gilt entsprechend;

i) für die Überbringung von deutschen Postreiseschecks und von Reiseschecks des Mitteleuropäischen Reisebüros, die nur im Inland zahlbar sind.

29. (1) Die Genehmigung zur Versendung oder Überbringung von Wertpapieren darf nur erteilt werden, wenn dem Antrag ein von dem Antragsteller unterschriebenes Verzeichnis in doppelter Ausfertigung beigefügt ist, aus dem die zur Versendung oder Überbringung bestimmten Stücke, nach Gattungen getrennt, mit allen für die Unterscheidung wesentlichen Merkmalen in der Reihenfolge der Nummern ersichtlich sind und das die Versicherung enthält, daß die aufgeführten Nummern mit denen der zur Versendung oder Überbringung bestimmten Stücke übereinstimmen.

(2) Die Vorschrift des Absatzes 1 gilt auch für die Versendung oder Überbringung von Zins- und Gewinnanteilscheinen inländischer auf Reichsmark, Goldmark oder einen Sachwert lautender Wertpapiere; außerdem ist anzugeben, bei welcher Verwahrungsstelle sich die zu den Zins- oder Gewinnanteilscheinen gehörenden Stücke befinden. Auf die Versendung oder Überbringung von Zins- und Gewinnanteilscheinen anderer Wertpapiere findet Abs. 1 keine Anwendung.

30. (1) Die Genehmigung zur Versendung oder Überbringung von Wertpapieren ins Ausland kann erteilt werden, wenn die Werte in einem auf den Namen eines Ausländers geführten Depot liegen und dieser die ausdrückliche Erklärung (Affidavit) abgibt, daß die zu versendenden Stücke nicht Eigentum eines Inländers sind und auch nicht von einem Inländer an einen Ausländer sicherungshalber übereignet sind. Dies gilt auch, wenn die Stücke einem Sammeldepot beigefügt sind oder auf einem Stückekonto zugunsten eines Ausländers geführt werden.

(2) Die Vorschriften des Absatzes 1 gelten nicht für Auswanderer.

Zum § 14 des Devisengesetzes[1]).

31. Als Krediteinräumung im Sinne von § 14 des Devisengesetzes gilt insbesondere

a) die Einräumung von Diskont- und Akzeptkrediten;

b) die Übernahme von Bürgschaften und Garantien, und zwar sowohl wenn der Gläubiger als auch wenn der Hauptschuldner ein Ausländer ist;

---

[1]) Vgl. die Ausführungen in Kap. 15 ff. und die einschlägigen Auszüge unter B II a und b dieses Teiles.

c) die Bestellung einer Hypothek, Grund- oder Rentenschuld durch den inländischen Grundstückseigentümer für die persönliche Schuld eines Ausländers;
d) die Stundung des Kaufpreises bei Wertpapierankäufen einer Bank für ihre Kunden und des Restkaufgeldes beim Verkauf eines inländischen Grundstücks;
e) die Verpfändung oder Sicherungsübereignung von Wertpapieren an einen ausländischen Gläubiger.

32. Eine Genehmigung nach § 14 des Devisengesetzes ist nicht erforderlich
a) zur Bestellung einer Hypothek oder Grundschuld zur Sicherung eines von einem Ausländer gleichzeitig im Inland in ausländischer Währung oder freier Reichsmark gegebenen Kredits[1])[2]);
b) zu der nach § 416 des Bürgerlichen Gesetzbuchs erfolgenden Genehmigung des inländischen Gläubigers zur Schuldübernahme durch den ausländischen Erwerber eines Grundstücks;
c) zur Bevorschussung von Schecks oder sonstigen Inkassopapieren, die von Ausländern zum Einzug eingereicht werden und deren Gegenwert unter Vorbehalt des Eingangs gutgebracht wird, durch eine Devisenbank bis zu einer Frist von einer Woche vom Zeitpunkt der Einziehung an.

33. Eine Genehmigung nach § 14 Abs. 2 des Devisengesetzes ist nicht erforderlich zur Ausbringung und Durchführung eines Arrests in Grundstücke, die nicht unter § 18 Abs. 2 des Devisengesetzes fallen, bewegliche Sachen und solche Forderungen, die nicht unter die §§ 15 bis 20 des Devisengesetzes fallen (vgl. auch Abschnitt III Nr. 6).

34. Eine Genehmigung nach § 14 Abs. 1 des Devisengesetzes kann erteilt werden
a) zur Ablösung der Hypothek eines Inländers auf dem inländischen Grundstück eines Ausländers;
b) zur Gewährung eines Hypothekendarlehens an einen ausländischen Grundstückseigentümer zum Zwecke der Ablösung der Hauszinssteuer nach den Bestimmungen des Zweiten Teils Kapitel I der Vierten Notverordnung in der Fassung der Verordnung des Reichspräsidenten vom 6. Februar 1932 (Reichsgesetzbl. I S. 60) oder zum Zweck der Finanzierung von Instandsetzungs- und Ergänzungsarbeiten nach den Bestimmungen des Abschnitts I des Zweiten Gesetzes zur Verminderung der Arbeitslosigkeit vom 21. September 1933 (Reichsgesetzbl. I S. 651).

35. (1) Eine Genehmigung nach § 14 des Devisengesetzes ist nicht erforderlich zur Übernahme von Bürgschafts- und Garantieverpflichtungen durch eine Devisenbank zugunsten ihrer inländischen Kunden, wenn die Devisenbank bereits bisher derartige Verpflichtungen zu übernehmen pflegte, das garantierte Geschäft der Genehmigung bedarf und diese erteilt worden ist. In diesen Fällen kann die zur Erfüllung solcher Verpflichtungen erforderliche Genehmigung bereits bei der Übernahme der Garantie oder Bürgschaft verbindlich in Aussicht gestellt werden.

---

[1]) Vgl. insbesondere den Anhang zu Kap. 16.
[2]) Vgl. auch die früheren Vorschriften in Ri. II/29 c von 1932, in Ziff. 20 Abs. 2 der 3. RiVO. vom 7. 12. 1933 und in Ri. II/32 a der Ri. von 1935.

(2) Die Genehmigung zur Erfüllung von Bürgschafts- und Garantieverpflichtungen in ausländischer Währung kann einer Devisenbank erteilt werden, die eine solche Verpflichtung vor dem 29. Dezember 1934 ohne Genehmigung zugunsten ihrer inländischen Kunden übernommen hatte, wenn im übrigen die Voraussetzungen des Absatzes 1 erfüllt sind. Für die Erteilung von Devisenerwerbsgenehmigungen gelten die Bestimmungen im Abschnitt I Nr. 27.

36. Eine Genehmigung nach § 14 des Devisengesetzes zur Übernahme von Bürgschaften und Garantien kann erteilt werden, wenn dargetan wird, daß die Übernahme üblich und volkswirtschaftlich gerechtfertigt ist, und wenn die Gefahr einer Inanspruchnahme der Garantie demgegenüber verhältnismäßig gering ist. Dies gilt insbesondere für die Übernahme von Lieferungs- und Anzahlungsgarantien zugunsten deutscher Ausfuhrfirmen.

Zu den §§ 9, 11 und 14 des Devisengesetzes.

37. (1) Eine Genehmigung nach § 9 Abs. 2, § 11 Abs. 2, § 14 des Devisengesetzes ist nicht erforderlich

a) zur Stundung des Kaufpreises für gelieferte Waren (Warenkredit) und des Gegenwertes für gewerbliche Leistungen im Zusammenhang mit dem Warenverkehr (z. B. Frachtkosten) im Rahmen der handelsüblichen Fristen;

b) zur Verlängerung (Prolongation) eines eingeräumten Kredits im Rahmen der für derartige Geschäfte üblichen Fristen;

c) zur Stundung fälliger Zinsen und Tilgungsraten, zur Zustimmung zur Aussetzung der Tilgung, zum Verzicht auf die Geltendmachung von Verzugszinsen und zur Herabsetzung von Zinsforderungen gegenüber einem ausländischen Schuldner sowie zur Stundung fälliger Prämienforderungen gegenüber einem ausländischen Versicherungsnehmer, soweit diese Maßnahmen nach kaufmännischen Grundsätzen üblich sind;

d) zur Herabsetzung von Zinsforderungen gegenüber einem ausländischen Schuldner auf Grund des Gesetzes über Hypothekenzinsen vom 2. Juli 1936 (Reichsgesetzbl. I S. 533);

e) für Preisnachlässe nach Vertragsabschluß, soweit diese Maßnahmen nach kaufmännischen Grundsätzen, insbesondere unter dem Gesichtspunkt der Aufrechterhaltung der Wettbewerbsfähigkeit gegenüber ausländischen Wettbewerbern, gerechtfertigt sind.

(2) Als Verfügung nach § 9 Abs. 2, § 11 Abs. 2, § 14 des Devisengesetzes gilt es nicht, wenn zweifelhaft gewordene Forderungen gegen Ausländer, ohne daß ein ausdrücklicher Verzicht oder Erlaß vorliegt, ganz oder teilweise abgeschrieben werden.

38. Als Verfügung über eine Forderung gegen einen Ausländer gilt bei einem Bankguthaben, das bisher täglich oder mit kurzer Kündigungsfrist fällig war, die Vereinbarung eines festen Fälligkeitstermins oder einer längeren Kündigungsfrist.

Zum § 15 des Devisengesetzes.

39. Forderungen auf regelmäßig wiederkehrende Leistungen (z. B. Kapitalzinsen, Mietzinsen) gelten erst im Zeitpunkt ihrer Fälligkeit als entstanden im Sinne von § 15 des Devisengesetzes.

40. Als Verfügung nach § 15 des Devisengesetzes gilt nicht
a) die Kündigung;
b) die Stundung, soweit nicht mit ihr die Zins- oder Tilgungsbedingungen zuungunsten des Schuldners abgeändert werden und der Zinssatz die jeweils von der Reichsstelle für Devisenbewirtschaftung festgesetzte Höhe nicht übersteigt;
c) der Verzicht auf die Forderung;
d) die Änderung des Rangverhältnisses eines dinglichen Rechts (Nr. 15);
e) bei Wechselforderungen die Protesterhebung.

41. Als Verfügung über eine Forderung nach § 15 des Devisengesetzes gilt auch die Verwertung der für die Forderung bestellten Sicherheiten.

Zum § 16 des Devisengesetzes.

42. Eine Genehmigung nach § 16 des Devisengesetzes ist nicht erforderlich, wenn die im Inland eingereichten Zahlungsmittel Schecks auf ein freies Reichsmarkguthaben sind.

43. (1) Eine Genehmigung nach § 16 des Devisengesetzes zur freien Verfügung des Kontoinhabers kann erteilt werden, wenn der Einreicher glaubhaft macht, daß ihm die inländischen Zahlungsmittel zu Lasten eines freien Reichsmarkguthabens ausgezahlt worden sind oder daß er ihren Gegenwert in ausländischer Währung aus dem Ausland zugesandt erhalten oder mitgebracht hat.

(2) Eine Genehmigung nach § 16 des Devisengesetzes zur freien Verfügung des Kontoinhabers kann Kreditinstituten und Reisebüros im Ausland, die inländische Scheidemünzen einsenden, erteilt werden, wenn sie den Nachweis führen, daß sie die Scheidemünzen durch Umwechslungen in Höhe von nicht mehr als 50 Reichsmark für jede Person von Inländern erworben haben, welche diese Beträge auf Grund einer Dringlichkeitsbescheinigung, eines die Mitnahme von weiteren 50 Reichsmark über die Freigrenze hinaus zulassenden Reiseverkehrsabkommens (vgl. Nr. 80 Abs. 2) oder einer zur Mitnahme von inländischen Scheidemünzen berechtigenden Einzel- oder allgemeinen Genehmigung ins Ausland überbracht haben. Die näheren Bestimmungen über die Führung des Nachweises trifft die Reichsstelle für Devisenbewirtschaftung. Die Genehmigung kann für den Einzelfall oder in allgemeiner Form erteilt werden.

Zum § 18 des Devisengesetzes.

44. Eine Genehmigung zur Zahlung auf ein Sperrkonto zugunsten eines Ausländers darf nur erteilt werden, wenn der Gläubiger bereit ist, diese Zahlung an Erfüllungs Statt anzunehmen, und wenn die Devisenbank, bei der das Konto geführt werden soll, versichert, daß die Gefahr einer Aufrechnung nicht besteht. Die Erklärung der Annahme an Erfüllungs Statt hat dahin zu lauten, daß die Zahlung auf Sperrkonto in voller Höhe des Nennwerts, bei Fremdwährungsverbindlichkeiten umgerechnet zum amtlichen Berliner Mittelkurs der betreffenden Währung an dem der Zahlung vorangehenden Werktag, als Erfüllung der Forderung angenommen wird.

Zum § 19 des Devisengesetzes.

45. Die Genehmigung zur Zahlung in Reichsmark an die Konversionskasse für deutsche Auslandsschulden für den Zinsen- und Tilgungsdienst einer ausländischen Einlösungsstelle ist inländischen Anleiheschuldnern zu erteilen, wenn es sich um Anleihen handelt, für welche Wertpapiere der im § 22 des Devisengesetzes bezeichneten Art ausgegeben worden sind.

46. Eine Genehmigung nach § 19 des Devisengesetzes ist zum Verzicht auf die Forderung nicht erforderlich.

47. (1) Die Genehmigung zur Einlösung von Zinsscheinen und Gewinnanteilscheinen zugunsten eines Ausländers ist mit der Maßgabe zu erteilen, daß die Zahlung in Reichsmark an die Konversionskasse für deutsche Auslandsschulden erfolgt. Abschnitt IV Nr. 48 und 49 gelten entsprechend.

(2) Ohne Genehmigung kann eine Devisenbank Zinsscheine oder Gewinnanteilscheine von auf Reichsmark, Goldmark oder einen Sachwert lautenden inländischen Wertpapieren zugunsten eines Ausländers einziehen, wenn dieser das Affidavit abgibt, daß sowohl die Wertpapiere als auch die Zinsscheine oder Gewinnanteilscheine nicht einem Inländer gehören, daß er sie nicht von einem Inländer zum Zweck der Einziehung erworben hat und daß sie nicht von einem Inländer an einen Ausländer verpfändet oder sicherungshalber übereignet worden sind, und wenn die Devisenbank ferner den Erlös alsbald an die Konversionskasse für deutsche Auslandsschulden zahlt.

(3) Ohne Genehmigung kann eine Devisenbank Zinsscheine oder Gewinnanteilscheine von auf Reichsmark, Goldmark oder einen Sachwert lautenden inländischen Wertpapieren, die schon vor dem 1. Juli 1933 bei ihr im Depot eines Ausländers lagen, zu dessen Gunsten einziehen, wenn der Erlös zur Verminderung des Debetsaldos auf dem gleichen oder einem anderen Konto des Ausländers verwendet wird.

(4) Erlöse, die 10 Reichsmark nicht erreichen, können auf freiem Konto des Ausländers gutgebracht werden, wenn die Wertpapiere oder die Zinsscheine oder Gewinnanteilscheine schon vor dem 1. Juli 1933 im Depot bei der Devisenbank lagen und der Konversionskasse monatlich nachträglich der Gesamtbetrag der Gutschriften und die Zahl der Konten mitgeteilt wird.

48. (1) Ohne Genehmigung kann eine Devisenbank Zinsscheine oder Gewinnanteilscheine von ausländischen Wertpapieren zugunsten eines Ausländers aus den von dem ausländischen Anleiheschuldner zur Verfügung gestellten Einlösungsmitteln einlösen und den Erlös auf freiem Reichsmark- oder Währungskonto gutbringen (vgl. auch Nr. 18 Abs. 2).

(2) Abs. 1 gilt nicht zugunsten eines Auswanderers, der nach dem 31. Dezember 1936 ausgewandert ist (vgl. Nr. 1 Abs. 2b, Nr. 12 Abs. 3b).

Zu den §§ 17 und 19 des Devisengesetzes.

49. Eine Genehmigung nach den §§ 17, 19 des Devisengesetzes ist auch dann nicht erforderlich, wenn für die Verpflichtung eines Ausländers gegenüber einem Inländer Befriedigung aus einem inländischen Grundstück im Wege der Zwangsversteigerung oder Zwangsverwaltung gesucht wird.

Zum § 20 des Devisengesetzes.

50. Ohne Genehmigung kann über die Forderung eines Ausländers verfügt werden, die durch die Einlösung rückzahlbar gewordener ausländischer Wertpapiere entstanden ist. Dies gilt nicht für die Forderung eines Auswanderers (vgl. Nr. 1 Abs. 2a, Nr. 12 Abs. 3a).

51. Die Genehmigung zur Verfügung über den Erlös aus der Veräußerung von inländischen, auf Reichsmark, Goldmark oder einen Sachwert lautenden Wertpapieren zur Abdeckung eines Kredits bei einer inländischen Bank kann erteilt werden, wenn die Wertpapiere zu dessen Sicherung gedient hatten und der Kredit bereits vor dem 12. November 1931 durch solche Wertpapiere gesichert war.

Zu den §§ 15 bis 20 des Devisengesetzes [1]).

52. (1) Die Genehmigung zur Abtretung einer Forderung der in den §§ 15 bis 20 des Devisengesetzes genannten Art oder einer Forderung in ausländischer Währung eines Ausländers, die vor dem 16. Juli 1931 entstanden ist, an einen anderen Ausländer kann erteilt werden, wenn die Abtretung nicht mittelbar oder unmittelbar zur Abdeckung der Forderung führt, z. B. dadurch, daß der neue Gläubiger aufrechnet.

(2) Die Genehmigung zur Abtretung einer Forderung der in den §§ 15 bis 20 des Devisengesetzes genannten Art eines Ausländers an einen Inländer kann erteilt werden, wenn das Abtretungsentgelt auf ein Sperrkonto gezahlt wird.

53. (1) Die Genehmigung zur Verfügung über

a) Altguthaben,
b) Auswandererguthaben,
c) Kreditsperrguthaben,
d) Wertpapiersperrguthaben, wenn die Wertpapiere, aus deren Veräußerung oder Rückzahlung das Sperrguthaben entstanden ist, bereits vor dem 15. April 1932 Eigentum des Inhabers des Sperrguthabens waren,
e) Sortensperrguthaben,

zum Zweck der langfristigen Kapitalanlage im Inland kann erteilt werden.

(2) Als langfristige Kapitalanlagen gelten:

a) Hypotheken oder Grundschulden auf inländischen Grundstücken sowie Kredite an Inländer und Beteiligungen an inländischen Unternehmungen, in jedem Fall mit einer festen Laufzeit von mindestens fünf Jahren. Die Genehmigung ist mit dem Vorbehalt zu erteilen, daß eine Verfügung über die Hypotheken, Grundschulden, Forderungen oder Beteiligungen, insbesondere eine vorzeitige Rückzahlung durch den Schuldner, nur mit Genehmigung der Devisenstelle zulässig ist;
b) inländischer Grundbesitz. Die Genehmigung ist mit dem Vorbehalt zu erteilen, daß eine Verfügung über das Grundstück, insbesondere eine Veräußerung desselben, nur mit Genehmigung der Devisenstelle zulässig ist, und daß der Erlös aus einer Veräußerung wieder auf ein gleichartiges Konto zu verbringen ist;
c) Versicherungsbeiträge für auf Reichsmark oder Goldmark lautende Versicherungen, die der Kontoinhaber für sich selbst oder zugunsten seiner Familienangehörigen abgeschlossen hat. Die Genehmigung

[1]) Vgl. Fußnote 1 zu Ri. II/53 (auf Seite 85).

mit dem Vorbehalt zu erteilen, daß Leistungen des Versicherers aus dem Versicherungsvertrag in Höhe der aus dem gesperrten Guthaben entrichteten Versicherungsbeiträge, bei nach dem 17. Juni 1936 abgeschlossenen, erneuerten oder verlängerten Versicherungsverträgen in voller Höhe auf ein gleichartiges Sperrkonto zu verbringen sind. Bei Sach-, Unfall- und Haftpflichtversicherungen kann in Aussicht gestellt werden, daß der wieder auf ein Sperrkonto zu verbringende Teil der Versicherungsleistung zur Beseitigung des eingetretenen Schadens im Inland freigegeben wird.

Zuständig ist in den Fällen zu a) die Devisenstelle, in deren Bezirk der Kreditnehmer (Hypothekenschuldner) oder die Unternehmung, an welcher die Beteiligung beabsichtigt ist, ansässig ist, in den Fällen zu b) die Devisenstelle, in deren Bezirk das Grundstück liegt.

(3) Bei Anträgen nach Abs. 1 ist die Entscheidung der Reichsstelle für Devisenbewirtschaftung einzuholen, wenn nach der Art der Kapitalanlage oder nach den Bedingungen, unter denen sie erfolgt, volkswirtschaftliche Bedenken gegen die Anlage bestehen können; die Entscheidung der Reichsstelle ist außerdem einzuholen bei Anträgen, welche Guthaben der im Abs. 1 zu a) bis c) bezeichneten Art betreffen, wenn es sich um Beträge von mehr als 100000 Reichsmark handelt, bei Anträgen, welche Guthaben der im Abs. 1 zu d) und e) bezeichneten Art betreffen, wenn es sich um Beträge von mehr als 50000 Reichsmark handelt [1]).

54. Bei der Erteilung einer Genehmigung nach Nr. 53 ist der Inhaber des gesperrten Guthabens ausdrücklich auf die Beschränkungen hinzuweisen, denen er in der Verfügung über die Kapitalanlage unterliegt. In den Fällen des Absatzes 2 zu a ist ferner dem Eigentümer des belasteten Grundstücks, dem Kreditnehmer oder der Unternehmung, in den Fällen des Absatzes 2 zu c der Versicherungsunternehmung, in Fällen, in denen die Kapitalanlage zu einer Grundbucheintragung führt, auch dem Grundbuchamt eine entsprechende Mitteilung zu machen [2]). Werden für die langfristigen Anlagen Schuldurkunden ausgestellt, so ist die Auflage zu machen, diese für die Laufzeit der Anlage in ein gesperrtes Depot bei einer Devisenbank zu legen oder bei einem Notar mit der Maßgabe zu hinterlegen, daß die Aushändigung nur mit Genehmigung der Devisenstelle erfolgen darf. In den Fällen des Absatzes 2 zu c) ist der Versicherungsunternehmung aufzuerlegen, in ihrer Aufstellung nach Abschnitt I Nr. 31 anzuzeigen, wenn Leistungen aus solchen Versicherungsverträgen auf ein gesperrtes Konto verbracht worden sind.

55. (1) Dem ursprünglichen Kontoinhaber eines Sperrguthabens der in Nr. 53 Abs. 1 zu a) bis d) bezeichneten Art kann die Genehmigung zur Übertragung angemessener Beträge auf ein Sonderkonto bei einer Devisenbank erteilt werden, über das innerhalb eines bestimmten Zeitraumes ohne weitere Genehmigung zu Zahlungen im Inland für eigene Rechnung des Kontoinhabers für folgende Zwecke verfügt werden kann:

a) zu unentgeltlichen Zuwendungen (z. B. an Verwandte zur persönlichen Unterstützung oder an soziale, religiöse oder andere Einrich-

---

[1]) Vgl. die einschlägigen Ausführungen im Anhang zu Kap. 5, insbes. unter I; 15 unter A IV; 16 unter A III b; s. auch die einschlägigen Abdrucke unter B II a und b dieses Teiles.

[2]) S. auch den Abdruck unter B II b 6. dieses Teiles und die Fußnote 13 zu Kap. 15.

tungen) oder zur Leistung angemessener Unterhaltsbeträge an inländische Unterhaltsberechtigte;

b) zur Bezahlung von Leistungen an Inländer, die im Zusammenhang mit der Entstehung oder Verwaltung des Sperrguthabens oder anderer gesperrter Vermögenswerte des Kontoinhabers geschuldet werden (z. B. Gerichts- und Anwaltskosten, Bankprovisionen, Depotgebühren). Als gesperrte Vermögenswerte im Sinne dieser Vorschrift gelten auch solche Werte, durch deren Veräußerung ein Sperrguthaben oder eine sonstige Sperrforderung entsteht;

c) zur Bezahlung von Steuern, die sich auf das inländische Vermögen oder Einkommen des Kontoinhabers beziehen;

d) zur Bezahlung nicht geschäftlicher Reisen des Kontoinhabers, seiner Familienmitglieder und des begleitenden Dienstpersonals nach Deutschland, jedoch mit der Maßgabe, daß für diese Zwecke innerhalb eines Kalendermonats nicht mehr als 2000 Reichsmark für jede Person freigegeben werden können. Als Reisekosten gelten auch Kosten eines Studienaufenthalts des Kontoinhabers oder seiner Familienmitglieder in Deutschland.

Die Devisenstelle kann bei der Erteilung der Genehmigung gestatten, daß auch andere näher zu bezeichnende Zahlungen im Inland für eigene Rechnung des Kontoinhabers aus dem Sonderkonto geleistet werden. Die Genehmigung ist mit der Auflage zu erteilen, daß die kontoführende Devisenbank zu Ende des in dem Genehmigungsbescheid bestimmten Zeitraums eine Aufstellung über alle aus dem Sonderkonto geleisteten Zahlungen einreicht, und daß ein nicht verbrauchter Restbetrag auf das Sperrkonto zurückzuübertragen ist, wenn die Devisenstelle nicht die Genehmigung verlängert.

(2) Dem ursprünglichen Kontoinhaber kann die Genehmigung zur Verfügung über ein Sperrguthaben der in Nr. 53 Abs. 1 zu a) bis d) bezeichneten Art erteilt werden

a) zu Zahlungen der im Abs. 1 zu a) bis d) bezeichneten Art. Für Reisen (Abs. 1 zu d)) können auch mehr als 2000 Reichsmark freigegeben werden, wenn es sich um eine Pauschalreise durch Vermittlung eines Reisebüros handelt;

b) wenn die Versagung der Genehmigung eine unbillige Härte bedeuten würde. In der Regel soll nur eine Genehmigung zur Leistung von Zahlungen für eigene Rechnung im Inland erteilt werden. Eine Devisenerwerbsgenehmigung darf nur in ganz besonderen Ausnahmefällen erteilt werden, wenn die Versagung eine unerträgliche Härte bedeuten würde. Für die Erteilung einer Devisenerwerbsgenehmigung gelten die Bestimmungen im Abschnitt I Nr. 27;

c) zur Bezahlung von höchstens 25 vom Hundert des Rechnungsbetrages neuer Warenlieferungen oder Dienstleistungen inländischer Firmen zur eigenen Verwendung oder für eigene Rechnung des ursprünglichen Kontoinhabers, soweit nicht ein Abkommen mit dem Bestimmungsland der Ausfuhrwaren dieser Zahlungsweise entgegensteht. Der Auslandkostenanteil der Waren (ausschließlich der Vertriebskosten) darf nicht mehr als 20 vom Hundert betragen. Die Genehmigung ist unter der Bedingung zu erteilen, daß der Rest des Rechnungsbetrages vorher oder gleichzeitig in Devisen oder in freier Reichsmark oder, soweit die Zahlungen unter ein Verrechnungsabkommen fallen, auf Grund des Verrechnungsabkommens bezahlt wird.

56. (1) Die Genehmigung zur Verfügung über Wertpapiersperrguthaben ist, vorbehaltlich der Vorschriften des Absatzes 2, nicht erforderlich für den Erwerb

a) inländischer, auf Reichsmark, Goldmark oder einen Sachwert lautender Wertpapiere, die an einer deutschen Börse zum Handel zugelassen oder in den geregelten Freiverkehr einbezogen sind, vorausgesetzt, daß über das Geschäft ein Schlußschein eines vereideten Kursmaklers oder eines freien Maklers (Mitglied der Maklergemeinschaft) ausgestellt und das Geschäft zum amtlichen Kurse oder innerhalb der festgesetzten Preisspannen am Abschlußtage abgeschlossen wird;

b) inländischer, auf Reichsmark, Goldmark oder einen Sachwert lautender Inhaberschuldverschreibungen, die gemäß § 795 des Bürgerlichen Gesetzbuchs ausgegeben werden, sofern sie öffentlich zur Zeichnung aufgelegt sind und gemäß den Ausgabebedingungen gezeichnet werden.

(2) Die Genehmigung ist erforderlich

a) zum Erwerb von Aktien, sofern nicht für Rechnung desselben Kontoinhabers gleichzeitig Aktien, die an einer deutschen Börse zum Handel zugelassen oder in den geregelten Freiverkehr einbezogen sind, im gleichen ausmachenden Betrag veräußert werden;

b) zum Erwerb von deutschen Auslandpfandbriefen (§ 22 Abs. 2 des Devisengesetzes);

c) zum Erwerb von Reichsbankanteilen und Reichsbankgewinnanteilscheinen sowie von Aktien und Gewinnanteilscheinen der Deutschen Golddiskontbank;

d) zum Erwerb von Stücken der Internationalen 5½prozentigen Anleihe des Deutschen Reichs von 1930 (Younganleihe), deutsche Ausgabe;

e) zum Erwerb von Anteilen und Aktien deutscher Kolonialgesellschaften;

f) zum Erwerb von Steuergutscheinen.

(3) Die Absätze 1 und 2 gelten entsprechend für Guthaben der in Nr. 53 Abs. 1 zu a) bis c) und e) bezeichneten Art. Für den Erlös aus einer Veräußerung der erworbenen Wertpapiere gilt § 20 des Devisengesetzes; doch kann die Devisenstelle auf Antrag gestatten, daß der Erlös nach den für das ursprüngliche gesperrte Guthaben geltenden Grundsätzen behandelt wird.

57. Die Genehmigung zur Verfügung über gesperrte Guthaben der in Nr. 53 Abs. 1 bezeichneten Art ist nicht erforderlich für die Veräußerung solcher Guthaben an die Deutsche Golddiskontbank. In diesem Fall bedarf auch die Einbehaltung der im Zusammenhang mit der Veräußerung entstehenden Bankprovision keiner Genehmigung.

58. Die Genehmigung zur Umlegung von gesperrten Guthaben der in Nr. 53 Abs. 1 bezeichneten Art zu einer anderen Devisenbank kann erteilt werden, wenn ein wirtschaftliches Interesse an der Umlegung dargetan wird und die Devisenbank, zu der das Guthaben umgelegt werden soll, versichert, daß die Gefahr einer Aufrechnung nicht besteht. Wird die Genehmigung zur Umlegung eines gesperrten Guthabens zu einer Devisenbank im Bezirk einer anderen Devisenstelle erteilt, so soll diese Devisenstelle von der Genehmigung unter Angabe der Art des Guthabens und etwaiger mit der Genehmigung verbundener Auflagen unterrichtet werden.

Zu den §§ 21 bis 23 des Devisengesetzes.

59. (1) Ohne Genehmigung nach § 21 Abs. 1, § 22 Abs. 1 des Devisengesetzes können ausländische Wertpapiere und deutsche Auslandsbonds an Ausländer veräußert werden, wenn die Veräußerung durch eine Devisenbank im Ausland erfolgt und die Devisenbank unwiderruflich beauftragt wird, die anfallenden Devisen der Reichsbank zur Verfügung zu stellen. Entsprechendes gilt für Wertpapiere, die eine Devisenbank für eigene Rechnung verkauft.

(2) Ohne Genehmigung nach § 23 des Devisengesetzes kann ein Inländer unverzinsliche Schuldscheine (Scrips) oder verzinsliche Schuldverschreibungen (Fundierungsbonds) der Konversionskasse für deutsche Auslandsschulden, die er als Gegenwert für Zinsscheine erhalten hat, entweder im Ausland verkaufen, wenn er die anfallenden Devisen alsbald der Reichsbank zur Verfügung stellt, oder gegen Reichsmark an die Deutsche Golddiskontbank oder für deren Rechnung an eine Devisenbank verkaufen.

(3) Ohne Genehmigung kann eine Devisenbank Scrips oder Fundierungsbonds der Konversionskasse für deutsche Auslandsschulden für Rechnung eines Ausländers im Ausland verkaufen und den Erlös auf freiem Reichsmark- oder Währungskonto gutbringen.

60. (1) Die Aushändigung von Wertpapierdepots ist keine Verfügung im Sinne von § 21 Abs. 1, § 22 Abs. 1 und § 23 des Devisengesetzes; daher kann ein Wertpapierhändler, sofern nicht die Voraussetzungen von § 26 des Devisengesetzes und der §§ 2, 3 der Siebenten Durchführungsverordnung erfüllt sind, ohne Genehmigung Wertpapiere der im § 21 Abs. 1 und 3, § 22 Abs. 1 und § 23 des Devisengesetzes genannten Art dem Eigentümer aushändigen, in ein anderes Depot des Eigentümers bei einem anderen inländischen Wertpapierhändler oder in das Depot eines Dritten bei demselben oder einem anderen inländischen Wertpapierhändler umlegen. Dies gilt auch für Stücke, die für Rechnung eines Kunden als Depot eines inländischen Wertpapierhändlers im Ausland ruhen; es gilt ferner ohne Rücksicht darauf, ob die Wertpapiere im Sonderdepot oder im Sammeldepot ruhen oder der Kunde Anspruch aus Stückekonten hat.

(2) Die Ausführung von Kommissionsgeschäften, welche Wertpapiere der im Abs. 1 genannten Art betreffen und sich nicht auf die Behandlung nach dem Depotvertrag beschränken, bedarf, vorbehaltlich der Vorschrift der Nr. 1 Abs. 1 Satz 2, der Genehmigung.

61. Als Verfügung im Sinne der §§ 21, 22 des Devisengesetzes gilt nicht die Zustimmung zu einer Änderung der Zins-, Tilgungs- oder Fälligkeitsbedingungen oder der Währung eines Wertpapiers auf Grund eines an alle Inhaber einer Anleihe gerichteten Angebots des Anleiheschuldners. Die Verpflichtung zur Anbietung rückzahlbar gewordener Wertpapiere gemäß § 1 Abs. 2 Nr. 4 der Durchführungsverordnung bleibt unberührt.

62. (1) Ohne Genehmigung kann eine Devisenbank oder eine andere Person durch Vermittlung einer Devisenbank ausländische Wertpapiere (§ 21 des Devisengesetzes) auf Grund eines an alle Inhaber einer Wertpapiergattung gerichteten Angebots des Ausstellers in andere ausländische Wertpapiere umtauschen, wenn die erworbenen Wertpapiere unverzüglich in das Inland verbracht oder in das Depot einer Devisenbank bei einer ausländischen Bank eingelegt werden. Das Erfordernis einer Genehmigung nach § 13 des Devisengesetzes bleibt unberührt.

(2) Abs. 1 gilt nicht für rückzahlbar werdende Wertpapiere vom Zeitpunkt der Auslosung oder Kündigung ab oder während der letzten zwölf Monate vor einem festen Rückzahlungstermin.

(3) Im Falle des Absatzes 1 ist ein etwaiger Spitzenbetrag der Reichsbank zur Verfügung zu stellen; dagegen entfällt die Verpflichtung zur Anbietung der neu erworbenen Wertpapiere, sofern auch die im Tausch weggegebenen Wertpapiere der Anbietungspflicht nicht unterlagen.

63. (1) Die Genehmigung zur Einlösung der Zinsscheine von deutschen Auslandbonds und Auslandpfandbriefen in Reichsmark zugunsten eines Inländers kann erteilt werden, wenn der Anleiheschuldner nach den Bedingungen der Anleihe zu dieser Einlösung berechtigt ist.

(2) Abs. 1 gilt nicht für Zinsscheine von Anleihen, für welche die Reichsstelle für Devisenbewirtschaftung nach Abschnitt IV Nr. 49 die Genehmigung zur Zahlung von Zinsen ganz oder teilweise versagt hat.

64. Ohne Genehmigung nach § 22 Abs. 1 des Devisengesetzes können deutsche Auslandsbonds im Inland erworben und kann über solche Wertpapiere verfügt werden, wenn die Stücke mit der Bescheinigung einer deutschen Effekten-Girobank über die Handelbarkeit versehen sind. Die Genehmigung bleibt erforderlich zur Verwendung solcher Stücke zur Tilgung der Anleihe, für welche die Wertpapiere ausgegeben worden sind, sowie zur Tilgung oder Ablösung eines aus den Mitteln dieser Anleihe gegebenen Kredits. § 13 des Devisengesetzes bleibt unberührt.

Zum § 24 des Devisengesetzes.

65. Ohne Genehmigung nach § 24 Satz 2 des Devisengesetzes kann über Anteilsrechte eines Ausländers an inländischen Gesellschaften oder Körperschaften zugunsten von anderen Ausländern verfügt werden.

Zum § 26 des Devisengesetzes.

66. Ohne Genehmigung nach § 26 Abs. 1 des Devisengesetzes können in das Depot eines Ausländers bei einem Wertpapierhändler Wertpapiere eingelegt werden, die

a) in Ausführung eines von dem Ausländer erteilten Auftrags angeschafft worden sind
oder

b) aus dem Depot eines Ausländers bei demselben oder einem anderen Wertpapierhändler umgelegt werden.

67. Eine Genehmigung nach § 26 Abs. 2 des Devisengesetzes ist nicht erforderlich,

a) wenn die Wertpapiere zugunsten desselben Berechtigten in das Depot einer Devisenbank umgelegt werden;

b) wenn die Aushändigung oder Umlegung in Ausführung eines durch eine Devisenbank vorgenommenen Verkaufsgeschäfts erfolgt und die Devisenbank den unwiderruflichen Auftrag erhalten hat, die Papiere im Ausland zu verkaufen und die anfallenden Devisen der Reichsbank zur Verfügung zu stellen; entsprechendes gilt für Wertpapiere, die eine Devisenbank für eigene Rechnung im Ausland verkauft;

c) wenn die Aushändigung oder Umlegung in Ausführung eines Umtausches (Nr. 62) erfolgt;

d) für Wertpapiere eines Auswanderers, die nach seiner Auswanderung in das Depot eingelegt worden sind.

68. Eine Genehmigung nach § 26 Abs. 3 des Devisengesetzes ist nicht erforderlich,

a) wenn Wertpapiere eines Ausländers, der nicht Auswanderer ist, an einen Wertpapierhändler zugunsten eines Ausländers ausgehändigt werden;

b) wenn die Aushändigung oder Umlegung in Ausführung eines von dem Ausländer erteilten Verkaufsauftrags erfolgt und der Erlös auf einem Sperrkonto bei einer Devisenbank gutgebracht wird;

c) wenn Wertpapiere, die bereits vor dem 27. Dezember 1934 in einem unter dem Namen einer Devisenbank im Ausland geführten Depot eines Inländers lagen, von der Bank für den Inländer im Inland ins Depot genommen werden;

d) wenn ausländische Wertpapiere (§ 21 des Devisengesetzes), die aus dem Ausland eingehen oder eingebracht werden, für einen Inländer im Inland ins Depot genommen werden.

69. (1) Für die Genehmigung nach § 26 Abs. 3 des Devisengesetzes gilt Nr. 29 entsprechend.

(2) Für die Genehmigung zur Aushändigung von Wertpapieren im Inland an einen Ausländer gilt Nr. 30 entsprechend.

70. Eine Genehmigung nach § 26 Abs. 3 des Devisengesetzes darf nur erteilt werden, wenn die Gewähr dafür gegeben ist, daß die Aushändigung oder Umlegung nicht dazu führt, daß der Ausländer über den Gegenwert der Stücke im Widerspruch zu § 20 des Devisengesetzes frei verfügen kann.

Zum § 27 des Devisengesetzes.

71. (1) Eine Genehmigung nach § 27 Abs. 1 und 3 des Devisengesetzes ist nicht erforderlich

a) für die Weiterlieferung zum Verkauf angelieferter Wertpapiere an einen Wertpapierhändler, der nicht vom Börsenbesuch ausgeschlossen worden ist; eine Leistung im Zusammenhang mit der ersten Anlieferung (z. B. Gutschrift, Aushändigung oder Überweisung des Erlöses) ist auch in diesem Falle erst zulässig, wenn eine Unbedenklichkeitserklärung der Reichsbank oder eine Genehmigung der Devisenstelle vorliegt;

b) wenn Wertpapiere aus dem Ausland für Rechnung eines Ausländers angeliefert werden.

(2) In den Fällen des Absatzes 1 bleibt die Anzeigepflicht nach § 27 Abs. 2 und 3 des Devisengesetzes unberührt.

72. (1) Eine Genehmigung nach § 27 Abs. 1 und 3 und eine Anzeige nach § 27 Abs. 2 und 3 des Devisengesetzes ist nicht erforderlich, wenn der ausmachende Betrag der Wertpapiere 200 Reichsmark nicht übersteigt, es sei denn, daß

a) es sich um Aktien (einschließlich der Reichsbahnvorzugsaktien) oder um Industrieobligationen handelt oder

b) innerhalb des laufenden Kalendermonats von der Person, welche die Wertpapiere anliefert, bereits eine Anlieferung erfolgt war.

(2) Eine Genehmigung und eine Anzeige ist ferner nicht erforderlich

a) bei Wertpapieren der in den §§ 21, 22 Abs. 1 und § 23 des Devisengesetzes genannten Art; die Anzeige bleibt erforderlich für Schuldverschreibungen Schweizerischer Eisenbahnen, Continentale Linoleum-

Aktien, J. G. Chemie-Aktien, Aku-Aktien, Chade-Aktien, Spanische und Argentinische Chade-Bonds;

b) bei Zins- oder Gewinnanteilscheinen, wenn der Empfänger die angelieferten Scheine nach besonderer Anordnung der Reichsstelle für Devisenbewirtschaftung kennzeichnet und sich über die aus § 34 des Devisengesetzes ergebenden Verpflichtungen hinaus bereit erklärt, die Scheine der Reichsbank auf Verlangen vorzulegen;

c) bei Steuergutscheinen;

d) bei Weizen- und Roggenausfuhrscheinen;

e) bei Osthilfeentschuldungsbriefen;

f) bei Zinsvergütungsscheinen (Durchführungsverordnung zum Gebäudeinstandsetzungsgesetz vom 2. Oktober 1933 — Reichsgesetzbl. I S. 717, 727);

g) bei Wertpapieren, die zur Abstempelung, Bogenerneuerung, zum Umtausch, zur Umschreibung auf den Namen oder auf den Inhaber oder zu anderen technischen Zwecken oder zur Wahrnehmung von Rechten aus den Wertpapieren angeliefert werden;

h) wenn Wertpapiere, die bereits am 15. April 1932 in einem Depot einer Devisenbank im Ausland lagen, von der Bank im Inland ins Depot genommen werden;

i) wenn Gegenstand der Anlieferung ein Effektenscheck ist;

k) wenn nur Bogen von Wertpapieren angeliefert werden oder nur Mäntel, die der Wertpapierhändler dem Einlieferer früher ausgehändigt hatte;

l) wenn Wertpapiere von der Reichsschuldenverwaltung angeliefert werden mit der Erklärung, daß eine Anzeige nach § 27 Abs. 2 und 3 des Devisengesetzes nicht erforderlich ist.

Zum § 28 des Devisengesetzes.

73. Die Freigrenze kann nicht in Anspruch genommen werden von einer Person, die innerhalb desselben Kalendermonats bereits eine gleichartige Rechtshandlung mit Genehmigung vorgenommen hat.

74. Die Freigrenze gilt nur für Zahlungen aus eigenen Mitteln dessen, der die Zahlung leistet; bei anderen Rechtshandlungen gilt sie für den, für dessen Rechnung die Rechtshandlung vorgenommen wird.

75. Die Zusammenrechnung gleichartiger Tatbestände ist auf die Person abzustellen, welche die genehmigungsbedürftigen Rechtshandlungen vornimmt, ohne Rücksicht darauf, ob diese Handlungen einer oder verschiedenen Personen gegenüber vorgenommen werden, und ohne Rücksicht auf den Zweck der Handlung.

76. (1) Nimmt ein inländisches Kreditinstitut im Auftrag seiner Kunden Rechtshandlungen vor, so wird die Freigrenze für jeden Kunden besonders berechnet. In bezug auf die Verfügung über Reichsmarkguthaben gilt jede ausländische Niederlassung einer ausländischen Bank, die ein eigenes Reichsmarkkonto unterhält, als selbständige ausländische Person.

(2) Auch bei Krediteinräumungen durch ein inländisches Kreditinstitut wird die Freigrenze für jeden ausländischen Kunden besonders berechnet, wenn die einzelnen Kredite (Kontenüberziehungen) jeweils innerhalb eines Monats wieder abgedeckt werden und in keinem Zeitpunkt 10 Reichsmark übersteigen.

77. Als gleichartige Tatbestände gelten insbesondere die Leistung von Zahlungen an Ausländer oder zugunsten von Ausländern an Inländer sowie die Versendung oder Überbringung von Zahlungsmitteln ins Ausland (§§ 9, 11, 13 des Devisengesetzes).

78. Der Erwerb von ausländischen Zahlungsmitteln, die Überweisung von Geldbeträgen ins Ausland, insbesondere durch die Post, sowie die Versendung von Zahlungsmitteln ins Ausland im Rahmen der Freigrenze sind nur zulässig, wenn der Erwerb, die Überweisung oder die Versendung durch die Stelle, bei welcher die Zahlungsmittel erworben werden, oder welche die Überweisung oder Versendung ausführt, unter Angabe des Betrags oder seines Gegenwerts in Reichsmark und unter Angabe des Tages in den Reisepaß dessen eingetragen wird, der die Zahlungsmittel erwirbt, oder aus dessen Mitteln die Überweisung oder Versendung vorgenommen wird. Die Reichsstelle für Devisenbewirtschaftung kann bestimmen, daß die Überbringung von Zahlungsmitteln ins Ausland im Rahmen der Freigrenze nur zulässig ist, wenn die Überbringung von dem Zollbeamten unter Angabe des Betrags und des Tages in den Reisepaß dessen eingetragen wird, der die Zahlungsmittel ins Ausland überbringt. Die Paßeintragung hat die Überschrift:

„Freigrenze, Monat ...."
(folgen Monatsname und Jahreszahl)

zu tragen.

79. Gesellschaften, Körperschaften, Stiftungen und Anstalten steht die Freigrenze nicht zu.

80. (1) Natürliche Personen, die ausschließlich im Inland ihren Wohnsitz oder gewöhnlichen Aufenthalt haben, können über die Freigrenze hinaus inländische Scheidemünzen bis zu 50 Reichsmark oder deren Gegenwert in ausländischen Geldsorten im Reiseverkehr ohne Genehmigung ins Ausland überbringen und zu diesem Zweck ausländische Geldsorten bis zum Gegenwert von 50 Reichsmark erwerben, wenn die Dringlichkeit der Reise durch eine Bescheinigung der zuständigen Ortspolizeibehörde oder bei Geschäftsreisen der zuständigen Industrie- und Handelskammer oder der sonst von der Reichsstelle für Devisenbewirtschaftung ermächtigten zuständigen öffentlich-rechtlichen Berufsvertretung bestätigt ist. Die Erteilung der Dringlichkeitsbescheinigung ist in den Reisepaß des Antragstellers einzutragen.

(2) Einer Dringlichkeitsbescheinigung nach Abs. 1 bedarf es nicht, soweit neben der Mitnahme von Reiseschecks, Kreditbriefen oder anderen Zahlungsmitteln die Mitnahme eines weiteren Reichsmarkbetrags über die Freigrenze hinaus in inländischen Scheidemünzen oder ausländischen Geldsorten nach den zu den einzelnen Reiseverkehrsabkommen ergangenen Vorschriften der Reichsstelle für Devisenbewirtschaftung zugelassen ist.

(3) Die Dringlichkeitsbescheinigung ist beim Grenzübertritt unaufgefordert dem Grenzzollbeamten abzugeben. Sie wird unwirksam, wenn die Grenze nicht innerhalb der in der Dringlichkeitsbescheinigung bestimmten Frist überschritten wird.

(4) In den Fällen der Absätze 1 und 2 gilt Nr. 27 A entsprechend.

81. Eine Genehmigung kann auch zu Rechtshandlungen erteilt werden, die nach dem Devisengesetz oder einer Durchführungsvorschrift einer Genehmigung bedürfen, bei denen aber damit zu rechnen ist, daß sie im Rahmen der Freigrenze erfolgen können, sofern ein Interesse an einer

Klärung ihrer Zulässigkeit besteht, insbesondere wenn ein Anspruch im Wege der Klage oder der Zwangsvollstreckung verfolgt werden soll.

81 A. Die Freigrenze gilt nicht

a) für die Versendung von inländischen Zahlungsmitteln ins Ausland oder aus dem Inland in die badischen Zollausschlußgebiete;

b) für die Gutschrift von Reichsmarkbeträgen auf dem freien Reichsmarkkonto eines Ausländers;

c) für die Bezahlung von Waren;

d) für auf einer Rechtspflicht beruhende Unterstützungszahlungen und unentgeltliche Zuwendungen; zulässig bleiben jedoch Unterstützungszahlungen an im Ausland ansässige Verwandte in gerader Linie, Geschwister und Ehegatten;

e) für Reisezwecke; zulässig bleibt jedoch die Überbringung von Zahlungsmitteln ins Ausland im Reiseverkehr und der Erwerb von ausländischen Zahlungsmitteln zum Zwecke der Überbringung ins Ausland im Reiseverkehr.

Zum Artikel I der Dritten Durchführungsverordnung und § 1 der Fünften Durchführungsverordnung.

82. Hinterlegungsstelle im Sinne von § 1 Abs. 3, § 2 Abs. 2 und 3 der Dritten Durchführungsverordnung und § 1 der Fünften Durchführungsverordnung ist die Deutsche Golddiskontbank, Berlin SW 111.

83. Die Vorschriften des § 1 der Fünften Durchführungsverordnung in Verbindung mit § 1 Abs. 1 Satz 1 der Dritten Durchführungsverordnung finden keine Anwendung auf inländische Scheidemünzen, die bis zum Betrage von 30 Reichsmark von Ausländern zur Verwendung für Reisezwecke eingebracht werden; die Reichsstelle für Devisenbewirtschaftung kann den Betrag von 30 Reichsmark für einzelne Länder erhöhen. Die genannten Vorschriften finden ferner keine Anwendung auf von Inländern eingebrachte inländische Scheidemünzen, die entweder den Betrag von 10 Reichsmark nicht übersteigen oder nachweislich im Rahmen der deutschen Devisenbestimmungen ins Ausland überbracht worden sind; die Reichsstelle für Devisenbewirtschaftung bestimmt, in welcher Weise der Nachweis zu führen ist. Für den Verkehr in Grenzgebieten und für Personenkreise, die in Ausübung ihres Berufs regelmäßig die Grenze überschreiten, kann die Reichsstelle für Devisenbewirtschaftung abweichende Bestimmungen erlassen.

84. Die Vorschriften des § 1 Abs. 1 Satz 1 der Dritten Durchführungsverordnung und des § 1 der Fünften Durchführungsverordnung in Verbindung mit der genannten Vorschrift finden keine Anwendung auf eingesandte Reichsmarknoten und inländische Scheidemünzen, die von der Ausgabestelle aufgerufen worden sind, sofern die Einsendung an die Ausgabestelle oder die Deutsche Golddiskontbank geschieht.

85. Eine Anzeige nach § 2 Abs. 2 und 3 der Dritten Durchführungsverordnung und § 1 der Fünften Durchführungsverordnung und eine Genehmigung ist nicht erforderlich, wenn eine Devisenbank an sie eingesandte oder bei ihr eingereichte Reichsmarknoten oder inländische Scheidemünzen dem Einsender oder Einreicher auf einem Sortensperrguthaben gutschreibt, dem Einsender in das Ausland zurücksendet oder auf einem Hinterlegungskonto bei der Deutschen Golddiskontbank einzahlt.

III. Abschnitt.

Richtlinien zum 3. und 4. Abschnitt des Devisengesetzes [1]).

Zum § 30 des Devisengesetzes.

1. (1) Für die Durchführung von Devisentermingeschäften gegen inländische Zahlungsmittel hat die Reichsbank die „Stelle für Devisentermingeschäfte bei der Reichsbank", Berlin SW 111, geschaffen, bei welcher Anträge auf Durchführung solcher Geschäfte unmittelbar einzureichen sind. Die Devisenstellen haben daher Anträge auf Genehmigung von Devisentermingeschäften gegen inländische Zahlungsmittel an die genannte Stelle abzugeben.

(2) Vor der Erteilung der Genehmigung zum Abschluß von Usancetermin- oder Swap-Geschäften haben die Devisenstellen die Stellungnahme der Reichsbank einzuholen.

(3) Bei der Erteilung einer solchen Genehmigung ist dem Antragsteller die Auflage zu machen, der Stelle für Devisentermingeschäfte bei der Reichsbank den Abschluß des Geschäfts mitzuteilen unter Angabe

a) des oder der Vertragschließenden,
b) der Währungen, in denen sich das Geschäft vollzieht, der Währungsbeträge und der Kurse, zu denen das Geschäft abgeschlossen wurde,
c) der Fälligkeit des Geschäfts.

Zum § 34 des Devisengesetzes.

1 A. Beauftragen die im § 34 des Devisengesetzes genannten auskunftsberechtigten Stellen Bedienstete ihrer Behörde oder anderer Behörden mit der Einholung von Auskünften, so sind diese Personen mit einem allgemeinen Ausweis oder einem schriftlichen Einzelauftrag zu versehen, aus denen sich ihre Befugnis zur Einholung der Auskünfte ergibt. Bei schriftlichen Auskunftsersuchen ist auf den allgemeinen Ausweis oder den Einzelauftrag Bezug zu nehmen.

Zum § 35 des Devisengesetzes und § 1 der Durchführungsverordnung.

2. Die Verpflichtung zur Anbietung von fälligen Zins- und Gewinnanteilscheinen und rückzahlbar gewordenen Wertpapieren nach § 1 der Durchführungsverordnung entfällt, wenn eine Devisenbank im Auftrag ihres Kunden vor oder alsbald nach Fälligkeit unter Benachrichtigung der Reichsbank die Einziehung übernimmt und den unwiderruflichen Auftrag erhalten hat, die anfallenden Devisen der Reichsbank zur Verfügung zu stellen; entsprechendes gilt für Zins- und Gewinnanteilscheine, die eine Devisenbank für eigene Rechnung einzieht.

Zum § 37 des Devisengesetzes.

3. In der schriftlichen Mitteilung nach § 37 des Devisengesetzes sowie bei der Entziehung einer allgemeinen Genehmigung ist unter Bezugnahme auf § 37 und § 43 Abs. 1 Nr. 4 des Devisengesetzes darauf hinzuweisen, daß es strafbar ist, wenn trotzdem für das betreffende Geschäft oder für solche Arten von Geschäften Verpflichtungen eingegangen werden, deren Erfüllung einer devisenrechtlichen Genehmigung bedarf.

---

[1]) Vgl. die Anmerkungen zu den einschlägigen Bestimmungen des DevG., bezw. der DurchfVO.

Zu den §§ 39 bis 41 des Devisengesetzes.

4. (1) Prozessuale Handlungen (Klageerhebung, Streitverkündung, Zwangsvollstreckung) bedürfen als solche nicht der Genehmigung. Dem § 39 des Devisengesetzes liegt aber die Rechtsauffassung zugrunde, daß, wenn ein Anspruch verfolgt wird, zu dessen Erfüllung der Schuldner der Genehmigung bedarf, das Gericht ohne den Nachweis des Vorliegens der Genehmigung der Klage nicht stattgeben könnte, da es den Schuldner sonst zu einer verbotenen Leistung verurteilen würde. Daher ist in diesen Fällen die Genehmigung nicht zur Erhebung der Klage oder zur Durchführung der Zwangsvollstreckung als solcher, sondern „zur Leistung des Schuldners" zu erteilen.

(2) Ist die Genehmigung zur Leistung des Schuldners erteilt oder kann der Schuldner die Leistung auf Grund einer dem Gläubiger erteilten allgemeinen Genehmigung ohne besondere Genehmigung bewirken, so bedarf die Durchführung der Zwangsvollstreckung keiner Genehmigung nach § 7 Abs. 1 in Verbindung mit § 11 Abs. 2 oder § 14 Abs. 2 des Devisengesetzes.

(3) Anträge auf Genehmigung einer prozessualen Handlung sind so zu behandeln, als ob die Genehmigung zu der Leistung nachgesucht würde, deren Herbeiführung im Wege der Klage oder der Zwangsvollstreckung bewirkt werden soll.

(4) Für die Durchführung einer Feststellungsklage (§ 256 Zivilprozeßordnung) bedarf es keiner Genehmigung, da mit einer solchen Klage keine Leistung des Schuldners verlangt wird.

(5) Der Abschluß eines Vergleichs (§ 794 Nr. 1 Zivilprozeßordnung) und die Aufnahme einer vollstreckbaren Urkunde (§ 794 Nr. 5 Zivilprozeßordnung) bedürfen keiner Genehmigung; § 41 des Devisengesetzes bleibt unberührt.

(6) Die Verurteilung zur Zahlung der Kosten eines gerichtlichen Verfahrens sowie die gerichtliche Festsetzung der Kosten bedürfen keiner Genehmigung; § 41 des Devisengesetzes bleibt vorbehaltlich der Vorschrift in Nr. 9 unberührt.

5. Soll aus einem dinglichen Recht (Abschnitt II Nr. 15) gegen den Grundstückseigentümer vorgegangen werden, so ist die Genehmigung, wenn sie erteilt wird, darauf abzustellen, daß der Gläubiger die Befriedigung aus dem Grundstück suchen darf.

6. Ohne Genehmigung zur Leistung nach § 41 des Devisengesetzes ist zulässig

a) die Erteilung der Vollstreckungsklausel;
b) die Vorpfändung einer Forderung (§ 845 Zivilprozeßordnung);
c) die Ausbringung und Durchführung eines Arrests (§§ 916 ff. Zivilprozeßordnung — vgl. auch Abschnitt II Nr. 33).

7. Die Rückgabe einer von einem Ausländer nach den §§ 67 ff. des Zwangsversteigerungsgesetzes geleisteten Sicherheit (Bietungskaution) bedarf keiner Genehmigung.

8. Ohne Genehmigung können Zahlungen zugunsten von Ausländern, welche Gerichte, Gerichtsvollzieher, Konkurs- oder Zwangsverwalter von Amts wegen zu bewirken haben (z. B. die Auszahlung von Anteilen an einem Versteigerungserlös), an eine Devisenbank mit der Maßgabe geleistet werden, daß über das entstandene Guthaben nur mit Genehmigung verfügt werden darf, wenn die Gerichte oder Gerichtsvollzieher gleichzeitig der Devisenstelle Berlin von der Zahlung Mitteilung machen.

9. Ohne Genehmigung können durch gerichtliche Entscheidung festgesetzte Rechtsverfolgungskosten in Reichsmark zugunsten des ausländischen Gläubigers an inländische Prozeßbevollmächtigte oder an die Gerichtskasse gezahlt werden.

10. Ohne Genehmigung können auf Grund der bestehenden Staatsverträge über den Rechtshilfeverkehr in Steuersachen ausländische Steueransprüche beigetrieben und auf einem Sperrkonto zugunsten des Gläubigers gutgebracht werden. Eine Genehmigung zur Überweisung der beigetriebenen Beträge in der Währung des Vertragslandes an den Gläubiger kann erteilt werden. Bedarf es hierzu einer Devisenerwerbsgenehmigung, so gelten die Bestimmungen im Abschnitt I Nr. 27.

10 A. Den Präsidenten der Landesfinanzämter kann eine allgemeine Genehmigung erteilt werden, die Befriedigung von Steuerforderungen inländischer Abgabenberechtigter aus dem inländischen Vermögen ausländischer Steuerschuldner zu betreiben. Die Vollstreckung in Sperrguthaben ist auf Grund dieser allgemeinen Genehmigung nur zulässig, wenn es sich um die im Abschnitt II Nr. 53 Abs. 1 zu a) bis d) aufgeführten Sperrguthaben handelt. Soweit die allgemeine Genehmigung reicht, bedarf der ausländische Schuldner und der inländische Drittschuldner keiner Genehmigung zur Leistung. Die Präsidenten der Landesfinanzämter sind ermächtigt, die allgemeine Genehmigung auf die ihnen nachgeordneten Steuerbehörden zu übertragen.

11. Hält eine Behörde der streitigen oder freiwilligen Gerichtsbarkeit entgegen der Auffassung einer Devisenstelle eine Handlung für genehmigungsbedürftig, so ist dies für die Devisenstelle bindend.

IV. Abschnitt.

Richtlinien für besondere Gruppen von Geschäften.

1. Waren- und Dienstleistungsverkehr.

Wareneinfuhr und Nebenkosten der Wareneinfuhr.

1. (1) Die Überwachungsstellen können nach näherer Anweisung der Reichsstelle für Devisenbewirtschaftung, soweit es sich um die dem Reichsminister für Ernährung und Landwirtschaft unterstellten Überwachungsstellen handelt, nach näherer Anweisung des Reichsministers für Ernährung und Landwirtschaft Devisenbescheinigungen zur Bezahlung eingeführter Waren erteilen.

(2) Die Überwachungsstellen können nach näherer Anweisung der im Abs. 1 genannten Stellen Devisenbescheinigungen zur Abdeckung von Warenkrediten oder zur Abdeckung von anderen der Finanzierung der Wareneinfuhr dienenden Krediten (insbesondere von Stillhaltekrediten oder von Rembourskrediten außerhalb der Stillhalteabkommen) verbindlich in Aussicht stellen. Die Abdeckung bedarf jedoch bei solchen Krediten, die nach § 4 des Devisengesetzes und Abschnitt I Nr. 11 der Zuständigkeit der Reichsbank unterliegen, der Genehmigung der Reichsbank.

2. Devisenbescheinigungen können erteilt werden

a) für den Kaufpreis der Ware einschließlich der etwa im Kaufpreis enthaltenen Nebenkosten (Hauptbescheinigung);

b) für die an Ausländer geschuldeten oder für Rechnung eines Ausländers zu zahlenden besonderen Nebenkosten der Wareneinfuhr (Nebenkostenbescheinigung).

3. (1) Soweit die in Nr. 2 genannten Leistungen unter ein Verrechnungsabkommen fallen, ist die Devisenbescheinigung in der Form zu erteilen, daß sie nur zur Zahlung auf Grund des Verrechnungsabkommens berechtigt.

(2) Hauptbescheinigungen können auch in der Form erteilt werden, daß sie zum Teil zu Abzweigungen in inländischer Währung im Inland an Ausländer oder an Inländer zugunsten von Ausländern oder in ausländischer Währung nach den für die Erteilung von Nebenkostenbescheinigungen geltenden Vorschriften berechtigen. Derartige Devisenbescheinigungen sind mit der Auflage zu erteilen, daß der Inhaber solche Zahlungen auf der Devisenbescheinigung abzuschreiben hat.

(3) Nebenkostenbescheinigungen können auch in der Form erteilt werden, daß sie zur Verwendung angefallener Devisen berechtigen. Soweit es sich um Seefrachten handelt, kann die Bescheinigung sowohl für Zahlungen an ausländische Reedereien und deren inländische Schiffsagenten (Devisenverwendungsbescheinigung) als auch nach den Vorschriften der Nr. 25 an inländische Reedereien oder deren ausländische Schiffsagenten (Valutazahlungsbescheinigungen) erteilt werden; Devisenerwerbsbescheinigungen können insoweit nur erteilt werden, als es sich um unmittelbare Zahlungen an ausländische Reedereien handelt. Inländischen Schiffsagenten können Devisenerwerbsbescheinigungen nicht erteilt werden. Soweit es sich um Transportversicherungsprämien handelt, kann eine Devisenverwendungs- oder -erwerbsbescheinigung nur zu Zahlungen in ausländischer Währung an inländische Versicherungsunternehmungen oder an solche selbständigen Versicherungsagenturen, welche eine allgemeine Genehmigung nach Nr. 33 besitzen, erteilt werden.

4. (1) Hauptbescheinigungen sind in der Regel dem Einführer zu erteilen. Berechtigt, einen Antrag auf Erteilung einer Hauptbescheinigung an einen Einführer zu stellen, ist auch der ausländische Warenlieferant.

(2) In dem Antrag ist anzugeben, welche Nebenkosten im Kaufpreis enthalten sind und ob ein Teil des Kaufpreises zur Bezahlung von Nebenkosten abgezweigt (vgl. Nr. 3 Abs. 2) werden soll. Ferner ist anzugeben, ob und in welcher Höhe nicht im Kaufpreis enthaltene Nebenkosten an Ausländer oder an Inländer zugunsten von Ausländern zu zahlen sind; dabei sind insbesondere auch die Nebenkosten anzugeben, die nach den Vorschriften in Nr. 24 Satz 1 genehmigungsfrei an die Deutsche Reichsbahn, an die Deutsche Reichspost, an inländische Spediteure oder an inländische Schiffsagenten gezahlt werden.

(3) Führt ein Ausländer Ware ein, um sie im Zollinland auf ein Lager (Konsignationslager) zu nehmen und von diesem Lager aus zu verkaufen, so können die Devisenbescheinigungen dem inländischen Lagerhalter erteilt werden, wenn die Zahlung für die Ware auf Grund eines Verrechnungsabkommens zu erfolgen hat und der Ausländer schon vor dem 24. September 1934 regelmäßig Waren der gleichen Art aus einem im Zollinland unterhaltenen Konsignationslager verkauft hatte.

(4) Liefert ein Ausländer auf Grund einer Anzahl bestimmter, bereits vorliegender Aufträge in einer einheitlichen Sendung an einen inländischen Spediteur oder Vertreter, der seinerseits im Zollinland die Verteilung an mehrere bestimmte Empfänger vornimmt (Sammelsendung), so können die Devisenbescheinigungen dem inländischen Spediteur oder Vertreter einheitlich für sämtliche zu der Sammelsendung gehörige Waren erteilt

werden, wenn die Zahlung für die Waren auf Grund eines Verrechnungsabkommens zu erfolgen hat.

5. Nebenkostenbescheinigungen sollen nur erteilt werden, wenn eine Hauptbescheinigung oder ein nach § 2 Abs. 1 der Zweiten Durchführungsverordnung gleichstehendes Ersatzpapier vorliegt. Entsprechend den Vorschriften in Nr. 22 Abs. 5 können Nebenkostenbescheinigungen ohne diese Voraussetzung erteilt werden, soweit es sich um die Bezahlung besonderer Nebenkosten für Rechnung eines ausländischen Lieferanten für Sendungen handelt, die nicht alsbald nach ihrer Ankunft im Inland zum freien Verkehr oder zu einem Zollvormerkverfahren im weiteren Sinne (einschließlich des Zollsicherungsverfahrens) abgefertigt werden sollen.

6. Hauptbescheinigungen sollen nur erteilt werden, wenn für die Bezahlung der Einfuhr die bei derartigen Geschäften üblichen Zahlungsziele gewährt werden. Dies gilt auch für die Erteilung von Hauptbescheinigungen zu Zahlungen auf Grund eines Verrechnungsabkommens.

7. (1) Hauptbescheinigungen sollen in der Regel nur solchen Firmen erteilt werden, die vor dem 24. September 1934

a) eine allgemeine Genehmigung nach Abschnitt III Nr. 3 der Richtlinien vom 23. Juni 1932 besessen haben oder

b) regelmäßig Einzelgenehmigungen nach Abschnitt III Nr. 4 jener Richtlinien erhalten haben oder

c) regelmäßig Zahlungen auf ein Konto nach Abschnitt III Nr. 5 bis 8 jener Richtlinien ohne Genehmigung geleistet haben.

In den Fällen der Nr. 4 Abs. 3 und 4 sollen Hauptbescheinigungen nur solchen Lagerhaltern oder Spediteuren erteilt werden, die vor dem 24. September 1934 eine allgemeine Genehmigung nach Abschnitt III Nr. 11 oder Nr. 28 der Richtlinien vom 23. Juni 1932 besessen haben.

(2) Der Nachweis, daß die Voraussetzungen des Absatzes 1 vorliegen, ist in den Fällen zu a) und des Satzes 2 durch Vorlage des für das zweite Kalenderhalbjahr 1934 erteilten Genehmigungsbescheides oder durch eine entsprechende Bescheinigung der Devisenstelle, in den Fällen zu b) durch eine entsprechende Bescheinigung der Devisenstelle, in den Fällen zu c) durch eine entsprechende Bescheinigung der Bank, welche das Konto geführt hat, zu führen.

8. (1) Die Leistung von Zahlungen oder der Erwerb von Devisen auf Grund einer Devisenbescheinigung ist erst zulässig, wenn die Fälligkeit der Zahlungsverpflichtung eingetreten ist oder unmittelbar bevorsteht.

(2) Das Kreditinstitut, welches die Zahlungen ausführt, hat die gezahlten Beträge unter Angabe der Währung, in der die Zahlung geleistet worden ist, sowie bei Umrechnungen des Umrechnungskurses auf der letzten Seite des Genehmigungsbescheides abzuschreiben. Es hat, wenn weitere Zahlungen auf Grund der Devisenbescheinigung nicht in Frage kommen, die Devisenbescheinigung einzubehalten, zu entwerten und an die Überwachungsstelle zurückzusenden.

9. (1) Eine Hauptbescheinigung berechtigt nur insoweit zur Leistung von Zahlungen, als die Eingangsabfertigung der Ware zum freien Verkehr, zu einem Zollvormerkverfahren im weiteren Sinne (einschließlich des Zollsicherungsverfahrens), zu einer öffentlichen Niederlage oder zu einem Privatlager unter amtlichem Mitverschluß (einschließlich der inländischen Betriebsanstalten im Sinne des § 1a der Mineralölzollordnung) erfolgt und der Wert der Ware von der Zollstelle auf der Bescheinigung abgeschrieben worden ist. Die Zollstelle nimmt die Abschreibung vor, wenn die Hauptbescheinigung bei der zollamtlichen Eingangsabfertigung vorgelegt wird.

(2) Der Abschreibung bedarf es nicht, wenn die Ware vor dem 24. September 1934 zum freien Verkehr abgefertigt worden ist.

(3) Die Überwachungsstellen können Ausnahmen von der Vorschrift des Absatzes 1 in Fällen zulassen, in denen nach den handelsüblichen Zahlungsbedingungen die Bezahlung schon vor der zollamtlichen Eingangsabfertigung zu erfolgen hat (z. B. Kasse gegen Dokumente). In solchen Fällen ist die Hauptbescheinigung mit der Auflage zu erteilen, die Ware in unveränderter Beschaffenheit innerhalb einer angemessenen Frist in das Zollinland zu verbringen und dies der Überwachungsstelle nachzuweisen.

(4) Eine Nebenkostenbescheinigung berechtigt zur Leistung von Zahlungen, auch wenn die Ware noch nicht eingeführt worden ist.

(5) Unberührt bleiben die für den Freihafen Hamburg getroffene Sonderregelung und sonstige Sonderregelungen für Zollausschlüsse und Freibezirke.

10. (1) An einen Lagerhalter, der eine Devisenbescheinigung zur Bezahlung von Waren besitzt, die nach der Einfuhr auf ein Konsignationslager verbracht worden sind und für welche Zahlung auf Grund eines Verrechnungsabkommens zu erfolgen hat (Nr. 4 Abs. 3), können die Käufer der Ware ohne besondere Devisenbescheinigung Zahlung leisten. Der Lagerhalter kann die eingenommenen Beträge bei der Deutschen Verrechnungskasse zugunsten des ausländischen Lieferanten einzahlen.

(2) Die Devisenstellen können Lagerhaltern eine allgemeine Genehmigung erteilen, für den ausländischen Lieferanten durch Bezahlung von Nebenkosten der Wareneinfuhr kurzfristig in Vorlage zu treten und die daraus entstehenden Forderungen mit Forderungen des ausländischen Lieferanten aus Lagerverkäufen zu verrechnen, wenn die Überwachungsstelle es befürwortet.

11. (1) An einen Spediteur oder Vertreter, der eine Devisenbescheinigung zur Bezahlung von Waren besitzt, die als Sammelsendung eingeführt worden sind und für welche Zahlung auf Grund eines Verrechnungsabkommens zu erfolgen hat (Nr. 4 Abs. 4), können die Käufer der Ware ohne besondere Devisenbescheinigung Zahlung leisten. Der Spediteur oder Vertreter kann die eingenommenen Beträge bei der Deutschen Verrechnungskasse zugunsten des ausländischen Lieferanten einzahlen.

(2) Die Devisenstellen können Spediteuren oder Vertretern die allgemeine Genehmigung erteilen, für den ausländischen Lieferanten durch Bezahlung von Nebenkosten der Wareneinfuhr kurzfristig in Vorlage zu treten und die daraus entstehenden Forderungen mit Forderungen des ausländischen Lieferanten aus der Einziehung des Kaufpreises zu verrechnen, wenn die Überwachungsstelle es befürwortet.

Rohstoffkreditgeschäfte.

12. (1) Anträge auf Genehmigung von Rohstoffkreditgeschäften sind bei der für die einzuführende Ware zuständigen Überwachungsstelle einzureichen (Abschnitt I Nr. 12 Abs. 2).

(2) Die Überwachungsstellen dürfen Genehmigungen zur Durchführung von Rohstoffkreditgeschäften nur dann erteilen, wenn sie die für bestimmte

Ausfuhren notwendige Rohstoffeinfuhr nicht mit Hilfe der ihnen für die Erteilung von Devisenbescheinigungen zur Verfügung stehenden Mittel (Bardevisen, Rembourse, Tredefinakredite, Zahlungswertgrenzen für Zahlungs- und Verrechnungsabkommen) ermöglichen können.

(3) Ist nach den allgemeinen Anweisungen der Reichsstelle für Devisenbewirtschaftung die Durchführung eines Rohstoffkreditgeschäfts zulässig, so hat die Überwachungsstelle der Ausfuhrfirma zunächst eine verbindliche Zusage zu erteilen, die zur Inanspruchnahme des Rohstoffkredits berechtigt; sie hat dem Einführer der Rohstoffe außerdem eine Bestätigung über das Vorliegen einer Rohstoffkreditgenehmigung auszufertigen. Diese Bestätigung ist bei der zollamtlichen Eingangsabfertigung der Ware (Nr. 9 Abs. 1) der Zollstelle vorzulegen, welche die Ware auf der Bestätigung abschreibt.

(4) Nach Eingang der Devisenerlöse für die im Rahmen des Rohstoffkreditgeschäfts durchgeführten Ausfuhren und nach Prüfung der entsprechenden Ein- und Ausfuhrbelege erteilt die Überwachungsstelle der Ausfuhrfirma die Genehmigung zur Abdeckung des Rohstoffkredits durch Verwendung der ihr angefallenen Devisenerlöse. Sofern die Einfuhr mit Hilfe eines Stillhaltekredits vorgenommen worden ist, bedarf die Abdeckung des Kredits außerdem der Genehmigung der Abteilung der Reichsbank für Auslandsschulden.

Ausländerinkassokonten[1]).

13. (1) Die Devisenstellen können Ausländern, die nachweislich innerhalb der letzten zwei Jahre vor Eintritt der Devisenbewirtschaftung Waren nach Deutschland eingeführt haben und in einem Lande ansässig sind, mit dem ein Verrechnungsabkommen abgeschlossen ist, die Einrichtung eines Inkassokontos bei einer Devisenbank oder einem Postscheckamt zur Entgegennahme von Zahlungen für nach Deutschland eingeführte Waren genehmigen. Die Einzahlung auf ein solches Konto ist nur zulässig auf Grund einer Devisenbescheinigung der zuständigen Überwachungsstelle, die zur Zahlung auf Grund des Verrechnungsabkommens mit dem Lande des ausländischen Lieferanten berechtigt.

(2) Die auf dem Inkassokonto eingegangenen Beträge sind von der Devisenbank oder dem Postscheckamt in bestimmten, von der Devisenstelle festgesetzten Zeitabständen bei der Deutschen Verrechnungskasse einzuzahlen. Einer besonderen Genehmigung hierzu bedarf es nicht. Ferner können an Inländer geschuldete Nebenkosten aus dem Konto bezahlt werden, sofern sie in unmittelbarem Zusammenhang mit den deutschen Geschäften des Kontoinhabers stehen und auf Grund eines Verrechnungsabkommens beglichen werden können; Transitland- und Transitseefrachten stehen im Sinne dieser Bestimmung nicht im Zusammenhang mit den deutschen Geschäften des Kontoinhabers. Andere Zahlungen aus dem Konto sind nicht zulässig.

(3) Ist ein Inkassokonto nach Abs. 1 eingerichtet, so kann außer dem Einführer und dem ausländischen Lieferanten (Nr. 4 Abs. 1) auch der inländische Vertreter des ausländischen Lieferanten oder die Devisenbank, bei welcher das Konto geführt wird, den Antrag auf Erteilung einer Devisenbescheinigung an den Einführer stellen.

---

[1]) Vgl. die Ausführungen im Anhang zu Kap. 5, insbes. unter II.

(4) Vor dem 24. September 1934 erteilte allgemeine Genehmigungen nach Abschnitt III Nr. 5 bis 8 der Richtlinien vom 23. Juni 1932 gelten ohne weiteres als Genehmigungen nach den Absätzen 1 bis 3, wenn der Kontoinhaber in einem Lande ansässig ist, mit dem ein Verrechnungsabkommen abgeschlossen ist. Solche Genehmigungen berechtigen zur Entgegennahme von Zahlungen für Waren, welche vor dem 24. September 1934 eingeführt worden sind, auch dann, wenn eine Devisenbescheinigung der zuständigen Überwachungsstelle nicht vorliegt. Dies gilt auch dann, wenn die Waren nach der Einfuhr auf ein Konsignationslager verbracht (Nr. 4 Abs. 3) und erst nach dem 23. September 1934 verkauft worden sind.

Ausländersonderkonten für Inlandzahlungen[1]).

14. (1) Die Devisenstellen haben Anträge auf Genehmigung zur Einrichtung eines Ausländersonderkontos für Inlandzahlungen mit einer gutachtlichen Äußerung der zuständigen Überwachungsstelle der Reichsstelle für Devisenbewirtschaftung zur Entscheidung vorzulegen. Wird die Genehmigung zur Einrichtung eines solchen Sonderkontos für mehrere Warenarten erteilt, so muß das Konto entsprechend der Zuständigkeit der Überwachungsstellen für die einzelnen Warenarten unterteilt werden.

(2) Einzahlungen auf Ausländersonderkonten für Inlandszahlungen zur Abdeckung von Einfuhrverbindlichkeiten sind auf Grund einer Devisenbescheinigung der zuständigen Überwachungsstelle zulässig; Einzahlungen zur Abdeckung von Nebenkostenverbindlichkeiten können auch auf Grund einer Genehmigung der Devisenstelle geleistet werden.

(3) Die auf den Ausländersonderkonten für Inlandszahlungen gutgeschriebenen Beträge können ohne Genehmigung verwendet werden

a) zur Bezahlung von Waren, die der Kontoinhaber selbst bezieht und die in Deutschland gewonnen oder hergestellt sind oder dort die letzte wirtschaftlich gerechtfertigte und eine wesentliche Veränderung ihrer Beschaffenheit bewirkende Bearbeitung erfahren haben;

b) zur Bezahlung von in Reichsmark an Inländer geschuldeten, im Inland entstandenen Nebenkosten des Warenverkehrs des Kontoinhabers; für die Bezahlung von Seefrachten und Land- und Binnenschiffahrtstransitfrachten gelten die Vorschriften zu c);

c) zur Bezahlung von 35 vom Hundert von Transitlandfrachten sowie Transitbinnenschiffahrtsfrachten und Seefrachten an inländische Reedereien, falls die Transporte für eigene Rechnung des Kontoinhabers erfolgen und der nicht aus dem Ausländersonderkonto zu bezahlende Teil zum üblichen Fälligkeitszeitpunkt in Devisen oder in freier Reichsmark oder, soweit die Zahlungen unter ein Verrechnungsabkommen fallen, auf Grund des Verrechnungsabkommens gezahlt wird. Kauft der Kontoinhaber cif ausländischer Hafen, so kann er den Teil des Warenpreises, den der inländische Ausführer zur Bezahlung der Seefracht zu verwenden hat, ebenfalls nur zu 35 vom Hundert aus dem Konto zahlen.

(4) Verfügungen über die auf dem Konto befindlichen Beträge dürfen nur im Wege unmittelbarer Überweisungen zugunsten deutscher Empfangsberechtigter erfolgen. Andere Verfügungen, insbesondere durch Schecks, sind nicht zulässig.

---

[1]) Vgl. die Ausführungen im Anhang zu Kap. 5, insbes. unter II.

Private Verrechnungsgeschäfte.

15. (1) Anträge auf Genehmigung privater Verrechnungsgeschäfte, bei denen beiderseits Forderungen aus Warengeschäften ausgeglichen werden, sind zugleich bei der für die Einfuhrware zuständigen Überwachungsstelle und der für die Ausfuhrware zuständigen Prüfungsstelle zur Begutachtung einzureichen. Die Anträge werden von diesen Stellen an die Reichsstelle für Devisenbewirtschaftung weitergeleitet, welche die zuständige Devisenstelle mit der erforderlichen Weisung versieht.

(2) Anträge auf Genehmigung von privaten Verrechnungsgeschäften, die nicht unter Abs. 1 fallen, sind, sofern eine Wareneinfuhr beabsichtigt ist, bei der zuständigen Überwachungsstelle zur Begutachtung einzureichen. Die Anträge werden von der Überwachungsstelle an die zuständige Devisenstelle weitergeleitet.

(3) Die Devisenstellen haben bei der Genehmigung privater Verrechnungsgeschäfte dem Einführer außer dem Genehmigungsbescheid eine Bestätigung über das Vorliegen der Verrechnungsgenehmigung auszustellen. Die Bestätigung ist bei der zollamtlichen Eingangsabfertigung der Ware (Nr. 9 Abs. 1) der Zollstelle vorzulegen, welche die Ware auf der Bestätigung abschreibt.

(4) Die Überwachungsstelle kann einer Einfuhrfirma allgemein bescheinigen, daß gegen die Bezahlung bestimmter Waren im Wege privater Verrechnungsgeschäfte in einem für einzelne Kalendermonate bestimmten wertmäßigen Umfang, vorbehaltlich der Nachprüfung der Bedingungen des einzelnen Geschäfts, keine Bedenken bestehen. Auf Grund einer solchen allgemeinen Bescheinigung können Anträge auf Genehmigung privater Verrechnungsgeschäfte, die nach Abs. 2 zu behandeln sind, unmittelbar bei der zuständigen Devisenstelle eingereicht werden.

Transithandel.

16. (1) Die Devisenstellen können Firmen, die im Handels- oder Genossenschaftsregister eingetragen sind, eine allgemeine Genehmigung zur Verwendung ihnen selbst aus Transithandelsgeschäften angefallener Devisen (§ 9 Abs. 2, § 13 des Devisengesetzes) zur Leistung von Zahlungen an Ausländer für Transithandelsgeschäfte erteilen.

(2) Die allgemeine Genehmigung berechtigt zu allen Handlungen, auf die sich eine Devisenverwendungsgenehmigung nach Abschnitt I Nr. 1 in Verbindung mit Abschnitt I Nr. 22 bezieht, jedoch nicht zur Leistung von Reichsmarkzahlungen im Inland an Ausländer oder an Inländer zugunsten eines Ausländers. Sie berechtigt auch zu Kassa-Usancegeschäften (vgl. Abschnitt II Nr. 4).

17. Die Devisenstellen können Firmen Einzelgenehmigungen zur Verwendung ihnen selbst aus einem Transitverkaufsgeschäft angefallener Devisen (§ 9 Abs. 2, § 13 des Devisengesetzes) zur Leistung von Zahlungen an Ausländer für das entsprechende Transiteinkaufsgeschäft erteilen. Sie können ferner, wenn aus einem bestimmten Transitgeschäft ein erheblicher Devisenüberschuß zu erwarten ist, Devisenerwerbsgenehmigungen mit der Auflage erteilen, innerhalb einer festzusetzenden Frist nach dem Erwerb der Reichsbank die aus dem Verkaufsgeschäft angefallenen Devisen wieder zur Verfügung zu stellen oder nachzuweisen, daß ein entsprechender Betrag in freier Reichsmark aus dem Geschäft angefallen ist.

Die Erfüllung der Auflagen ist der Devisenstelle nachzuweisen. Für die Erteilung von Devisenerwerbsgenehmigungen gelten die Bestimmungen im Abschnitt I Nr. 27.

Nebenkosten des Warenverkehrs.

18. (1) Die Devisenstellen können Spediteuren, die im Handels- oder Genossenschaftsregister eingetragen sind, eine allgemeine Devisenverwendungsgenehmigung zur Erfüllung von Verpflichtungen gegenüber Ausländern für nachstehende Zwecke erteilen:

a) Transportkosten;
b) allgemeine Schiffahrtskosten;
c) Zölle und ähnliche Abgaben;
d) Transport- und Ausfuhrkreditversicherungsprämien in ausländischer Währung;
e) Schiffsbedürfnisse, die nur in nichtdeutschen Häfen gedeckt werden können;
f) Gehälter und Löhne im Ausland beschäftigter Angestellter und Arbeiter;
g) Betriebskosten ausländischer Filialen und Tochtergesellschaften;
h) Provisionen und Auslagen ausländischer Vertreter;
i) Werbekosten;
k) Kosten der Einziehung und Beitreibung von Forderungen, insbesondere Anwalts- und Prozeßkosten und Bankspesen;
l) Rückvergütungen;
m) Geschäftsreisen.

Die allgemeine Genehmigung berechtigt zur Bezahlung von Seefrachten nur, wenn diese ausländischen Reedereien oder deren inländischen Schiffsagenten, dagegen nicht, wenn sie inländischen Reedereien oder deren ausländischen Schiffsagenten geschuldet werden. Sie berechtigt zur Zahlung von Transport- und Ausfuhrkreditversicherungsprämien nur, soweit sie den in Nr. 32 Abs. 1 aufgeführten inländischen Versicherungsunternehmungen, Zweigniederlassungen und Versicherungsagenturen geschuldet werden. Sie berechtigt zur Bezahlung von Gehältern und Löhnen im Ausland beschäftigter Angestellter und Arbeiter auch, soweit diese Inländer sind. Kommen für eine Firma Zahlungen für einen der im Satz 1 genannten Zwecke nicht in Frage, so ist die allgemeine Genehmigung entsprechend zu beschränken.

(2) Die allgemeine Devisenverwendungsgenehmigung berechtigt vorbehaltlich der nachstehenden Einschränkungen zu allen Handlungen, auf die sich eine Devisenverwendungsgenehmigung nach Abschnitt I Nr. 1 in Verbindung mit Abschnitt I Nr. 22 bezieht. Sie berechtigt auch zu Kassa-Usancegeschäften (vgl. Abschnitt II Nr. 4). Sie berechtigt dazu, für ausländische Kunden durch Bezahlung von Transportkosten und Zöllen ohne Anrechnung auf den im Abs. 3 vorgesehenen Höchstbetrag kurzfristig in Vorlage zu treten. Sie berechtigt, soweit die Zahlungen unter ein Verrechnungsabkommen fallen, nur zur Zahlung auf Grund des Verrechnungsabkommens. Sie berechtigt ferner zu Zahlungen in in- oder ausländischer Währung an inländische Inkassobevollmächtigte oder Vertreter eines Ausländers sowie unabhängig von etwaigen Verrechnungsabkommen zu sonstigen Zahlungen in inländischer Währung an Inländer

zugunsten von Ausländern, die auf Anweisung des ausländischen Gläubigers für dessen Rechnung geleistet werden.

(3) In dem Genehmigungsbescheid ist je ein einheitlicher Höchstbetrag für die im Abs. 1 zu a) bis d), zu e), zu f) bis l) und zu m) genannten Leistungen festzusetzen.

(4) In der monatlichen Aufstellung (Abschnitt I Nr. 31) sind die Zahlungen für die im Abs. 1 zu m) genannten Zwecke unter Angabe der Namen der Reisenden und der für jeden derselben aufgewendeten Beträge besonders auszuweisen.

18 A. (1) Die Devisenstellen können Ausführern und Transithändlern, die im Handels- oder Genossenschaftsregister eingetragen sind, eine allgemeine Devisenverwendungsgenehmigung zur Erfüllung von Verpflichtungen gegenüber Ausländern für nachstehende Zwecke erteilen, soweit sie nachweislich bisher schon derartige Zahlungen unmittelbar an Ausländer geleistet haben:

a) Transportkosten;
b) Zölle und ähnliche Abgaben;
c) Transport- und Ausfuhrkreditversicherungsprämien in ausländischer Währung;
d) Gehälter und Löhne im Ausland beschäftigter Angestellter und Arbeiter;
e) Betriebskosten ausländischer Filialen und Tochtergesellschaften;
f) Provisionen und Auslagen ausländischer Vertreter;
g) Werbekosten;
h) Kosten der Einziehung und Beitreibung von Forderungen, insbesondere Anwalts- und Prozeßkosten und Bankspesen;
i) Rückvergütungen;
k) Montagekosten und Unterlieferungen;
l) Geschäftsreisen.

Die allgemeine Genehmigung berechtigt zur Bezahlung von besonderen Nebenkosten des Warenverkehrs (Transportkosten, Zöllen und ähnlichen Abgaben, Transportversicherungsprämien, Provisionen und Auslagen ausländischer Vertreter, Kosten der Einziehung und Beitreibung von Forderungen, Rückvergütungen) nur im Ausfuhr- und Transitverkehr. Sie berechtigt zur Bezahlung von Seefrachten nur, wenn diese ausländischen Reedereien oder deren inländischen Schiffsagenten, dagegen nicht, wenn sie inländischen Reedereien oder deren ausländischen Schiffsagenten geschuldet werden. Sie berechtigt zur Zahlung von Transport- und Ausfuhrkreditversicherungsprämien nur, soweit sie den in Nr. 32 Abs. 1 aufgeführten inländischen Versicherungsunternehmungen, Zweigniederlassungen und Versicherungsagenturen geschuldet werden. Sie berechtigt zur Bezahlung von Gehältern und Löhnen im Ausland beschäftigter Angestellter und Arbeiter auch, soweit diese Inländer sind. Kommen für eine Firma Zahlungen für einen der im Satz 1 genannten Zwecke nicht in Frage, so ist die allgemeine Genehmigung entsprechend zu beschränken.

(2) Die allgemeine Devisenverwendungsgenehmigung berechtigt vorbehaltlich der nachstehenden Einschränkungen zu allen Handlungen, auf die sich eine Devisenverwendungsgenehmigung nach Abschnitt I Nr. 1 in Verbindung mit Abschnitt I Nr. 22 bezieht. Sie berechtigt auch zu Kassa-Usancegeschäften (vgl. Abschnitt II Nr. 4). Sie berechtigt ferner, so-

weit die Zahlungen unter ein Verrechnungsabkommen fallen, nur zur Zahlung auf Grund des Verrechnungsabkommens. Sie berechtigt ferner zu Zahlungen in in- und ausländischer Währung an inländische Inkassobevollmächtigte oder Vertreter eines Ausländers sowie unabhängig von etwaigen Verrechnungsabkommen zu sonstigen Zahlungen in inländischer Währung an Inländer zugunsten von Ausländern, die auf Anweisung eines ausländischen Gläubigers für dessen Rechnung geleistet werden.

(3) In dem Genehmigungsbescheid ist je ein einheitlicher Höchstbetrag für die im Abs. 1 zu a) bis c), zu d) bis k) und zu l) genannten Leistungen festzusetzen.

(4) In der monatlichen Aufstellung (Abschnitt I Nr. 31) sind die Zahlungen für die im Abs. 1 zu l) genannten Zwecke unter Angabe der Namen der Reisenden und der für jeden derselben aufgewendeten Beträge besonders auszuweisen.

19. (1) Die Devisenstellen können Spediteuren, die eine allgemeine Devisenverwendungsgenehmigung nach Nr. 18 erhalten haben, auch eine allgemeine Devisenerwerbsgenehmigung zur Leistung von Zahlungen an Ausländer für

a) Transportkosten;
b) allgemeine Schiffahrtskosten;
c) Zölle und ähnliche Abgaben;
d) Transport- und Ausfuhrkreditversicherungsprämien

erteilen. Die allgemeine Genehmigung berechtigt zur Bezahlung von Transportkosten, Zöllen und ähnlichen Abgaben sowie Transportversicherungsprämien nur im Ausfuhr- und Transitverkehr. Sie berechtigt nur zur Bezahlung von Seefrachten, die ausländischen Reedereien, dagegen nicht deren inländischen Schiffsagenten oder inländischen Reedereien und deren ausländischen Schiffsagenten geschuldet werden. Sie berechtigt zur Bezahlung von Transport- und Ausfuhrkreditversicherungsprämien nur an inländische Versicherungsunternehmungen oder an solche selbständigen Versicherungsagenturen, welche eine allgemeine Genehmigung nach Nr. 33 besitzen.

(2) Die allgemeine Devisenerwerbsgenehmigung berechtigt zu allen Handlungen, auf die sich eine Devisenerwerbsgenehmigung nach Abschnitt I Nr. 1 in Verbindung mit Abschnitt I Nr. 23 und 24 bezieht.

(3) Für die allgemeinen Devisenerwerbsgenehmigungen gelten die Vorschriften in Nr. 18 Abs. 3 und 4 entsprechend. Außer den in Nr. 18 Abs. 3 genannten Höchstbeträgen ist ein weiterer monatlicher Höchstbetrag festzusetzen, bis zu welchem auf Grund der allgemeinen Genehmigung Devisen erworben oder die sonst auf Grund einer Devisenerwerbsgenehmigung zulässigen Zahlungen geleistet werden dürfen. Ein Erwerb von Devisen ist erst zulässig, wenn die Fälligkeit der Zahlung eingetreten ist oder unmittelbar bevorsteht; er ist nur zulässig, wenn dem Inhaber der Genehmigung im Zeitpunkt der Zahlung eigene Devisen nicht zur Verfügung stehen oder wenn die vorhandenen Devisen für Leistungen der in Nr. 18 Abs. 1 zu e) bis m) genannten Art, die binnen zehn Tagen mit Bestimmtheit fällig werden, gebraucht werden und die vorhandenen Devisen den Betrag eines etwa von der Reichsbank eingeräumten Devisenbetriebsfonds nicht übersteigen.

(4) Zahlungen, die auf Grund einer Verwendungsgenehmigung nach Nr. 18 Abs. 1 zu a) bis d) und einer Erwerbsgenehmigung nach Abs. 1

zulässig sind, können wahlweise von dem Höchstbetrag der Verwendungsgenehmigung oder der Erwerbsgenehmigung abgeschrieben werden.

20. (1) Die Devisenstellen können inländischen Schiffsagenten eine allgemeine Genehmigung erteilen, die im Rahmen ihres Geschäftsbetriebes für Nebenkosten des Warenverkehrs eingenommenen Beträge (vgl. insbesondere Nr. 24) für folgende Zwecke zu verwenden:

a) zu Reichsmarkzahlungen im Inland für den inländischen Geschäftsbetrieb der von ihnen vertretenen Reedereien;
b) zu Zahlungen an Ausländer für die in Nr. 18 Abs. 1 genannten Zwecke, soweit die Beträge in Devisen angefallen sind;
c) zu Zahlungen auf Grund eines Verrechnungsabkommens für die in Nr. 18 Abs. 1 genannten Zwecke;
d) soweit die vorstehend aufgeführten Möglichkeiten nicht bestehen oder erschöpft sind, zum Erwerb von Devisen für die in Nr. 18 Abs. 1 zu a), c) und d) genannten Zwecke.

(2) Die Genehmigung ist durch einen einheitlichen Höchstbetrag zu begrenzen. Innerhalb dieses Höchstbetrages sind für die Verwendung angefallener Devisen, die Einzahlungen auf Verrechnungskonten für Einfuhrnebenkosten, den Devisenerwerb für Einfuhrnebenkosten und den Devisenerwerb für Ausfuhr- und Transithandelsnebenkosten Teilhöchstbeträge festzusetzen. Die Verwendung angefallener Devisen aus dem Einfuhrverkehr ist auf den Höchstbetrag für den Devisenerwerb für Einfuhrnebenkosten anzurechnen. Die Erteilung von allgemeinen Weiterleitungsgenehmigungen nach Nr. 22 Abs. 2 zu b) an inländische Schiffsagenten ist ausgeschlossen.

(3) Im übrigen gelten die Bestimmungen in Nr. 18 und 19 entsprechend.

21. (1) Die Devisenstellen können Einzelgenehmigungen zur Leistung von Zahlungen für Nebenkosten des Warenverkehrs und des sonstigen Handelsverkehrs erteilen, an denen ein dringliches volkswirtschaftliches Interesse besteht, wenn die Zahlungen auf Grund einer allgemeinen Genehmigung nach Nr. 18, 18 A, 19 oder 20 nicht geleistet werden können oder der Antragsteller eine solche Genehmigung nicht besitzt. Einzelgenehmigungen zur Bezahlung von besonderen Nebenkosten der Wareneinfuhr können nur erteilt werden, soweit die Devisenstellen nach Abschnitt I Nr. 12 Abs. 3 zu b) zuständig sind. Für die Leistungen der Versicherungsnehmer gelten die besonderen Vorschriften der Nr. 32, für die Leistungen der Versicherungsunternehmungen die Vorschriften der Nr. 39 und 40. Devisenerwerbsgenehmigungen zur Bezahlung von Seefrachten ausländischer Reedereien können nur erteilt werden, wenn zwischen der ausländischen Reederei und dem Ausführer oder Transithändler kein inländischer Schiffsagent eingeschaltet ist.

(2) Genehmigungen zu Zahlungen und zur Mitnahme von Zahlungsmitteln für geschäftliche Auslandsreisen von Gewerbetreibenden oder ihren Angestellten sind nur zu erteilen, wenn die zuständige Industrie- und Handelskammer oder die sonst zuständige öffentlich-rechtliche Berufsvertretung bescheinigt, daß die Reise aus geschäftlichen Gründen notwendig ist und daß Art und voraussichtliche Dauer der Reise den angeforderten Betrag rechtfertigen.

(3) Für die Erteilung von Devisenerwerbsgenehmigungen gelten die Bestimmungen im Abschnitt I Nr. 27.

Inkasso- und Nachnahmeverkehr.

22. (1) Die Devisenstellen können Firmen, die im Handels- oder Genossenschaftsregister eingetragen sind und im Namen und für Rechnung von Ausländern regelmäßig Zahlungen aus dem Warenverkehr von In- oder Ausländern zu erhalten oder an In- oder Ausländer zu leisten haben, die allgemeine Genehmigung erteilen,

a) von Inländern, welche die Genehmigung zur Zahlung an einen Ausländer oder zugunsten eines Ausländers an einen Inländer besitzen, erhaltene Beträge in ausländischer oder inländischer Währung (jedoch nicht in Reichsmarknoten oder inländischen Scheidemünzen) an den ausländischen Empfangsberechtigten weiterzuleiten, für dessen Rechnung bei der Deutschen Verrechnungskasse auf Grund eines Verrechnungsabkommens oder bei einer Devisenbank auf ein Ausländersonderkonto für Inlandzahlungen einzuzahlen, zur Verrechnung mit Forderungen gegen den ausländischen Empfangsberechtigten in inländischer oder ausländischer Währung zu verwenden oder für dessen Rechnung in inländischer Währung an Inländer zu zahlen;

b) Beträge, die sie von Ausländern erhalten haben, in ausländischer Währung an Inländer weiterzuleiten;

c) Beträge in ausländischer Währung oder in freier Reichsmark, die sie von Ausländern für Rechnung eines anderen Ausländers aus dem Transitverkehr erhalten haben, in ausländischer Währung oder in freier Reichsmark an Ausländer weiterzuleiten und zur Verrechnung mit Forderungen gegen den ausländischen Empfangsberechtigten zu verwenden;

d) Beträge in ausländischer Währung, die sie von Inländern erhalten haben, welche die Genehmigung zur Zahlung in ausländischer Währung an Inländer besitzen (vgl. Nr. 25 und 26), an den inländischen Empfangsberechtigten weiterzuleiten.

(2) Eine solche allgemeine Genehmigung kann auch Spediteuren erteilt werden, soweit sie

a) Rechnungsbeträge oder

b) Transportkosten, Zölle und Transportversicherungsprämien in ausländischer Währung

bei Inländern für einen in- oder ausländischen Auftraggeber oder bei Ausländern für einen inländischen Auftraggeber einziehen (Nachnahmeverkehr). Die Genehmigung kann darauf ausgedehnt werden, für ausländische Abnehmer deutscher Waren durch Bezahlung der Ware an den deutschen Ausführer in Vorlage zu treten; dabei ist die Auflage zu machen, für die Rückzahlung der vorgelegten Beträge spätestens innerhalb von vier Wochen Sorge zu tragen.

(3) Spediteuren, die in größerem Umfange für ausländische Kunden internationale Transporte ausführen, kann die allgemeine Genehmigung nach Abs. 2 auch darauf ausgedehnt werden, von Ausländern in ausländischer Währung oder in freier Reichsmark erhaltene Zahlungen in ausländischer Währung oder in freier Reichsmark an andere Ausländer weiterzuleiten und für ausländische Abnehmer ausländischer Waren durch die Bezahlung der Waren in Devisen an den ausländischen Ausführer in Vorlage zu treten, soweit der von der Reichsbank belassene Devisenbetriebsfonds dazu ausreicht; Abs. 2 Satz 2 Halbsatz 2 gilt entsprechend.

(4) Die Genehmigung nach den Absätzen 1 und 2 gilt auch für Kassa-Usancegeschäfte (vgl. Abschnitt II Nr. 4). Die Genehmigung nach Abs. 1 zu a) ist mit der Auflage zu erteilen, jede Verrechnung oder Inlandzahlung von der Genehmigung des Inländers, von dem die Beträge empfangen sind, abzuschreiben. Der Festsetzung eines Höchstbetrages bedarf es nicht. Die Genehmigung ist dem Antragsteller mit der Auflage zu erteilen, sich bei der Nachnahme von Rechnungsbeträgen die Devisenbescheinigung oder eine sonstige Genehmigung zur Bezahlung der Ware und bei der Nachnahme von Nebenkosten in ausländischer Währung die Genehmigung zur Bezahlung der Nebenkosten von dem Einführer aushändigen zu lassen. Wenn eine Genehmigung nach Abs. 2 Satz 2 oder Abs. 3 erteilt worden ist, sind in den monatlichen Aufstellungen (Abschnitt I Nr. 31) die Vorlagen und ihre fristgemäße Abdeckung nachzuweisen.

(5) Die Genehmigung nach Abs. 1 kann darauf ausgedehnt werden, für einen ausländischen Lieferanten durch Bezahlung von Nebenkosten der Wareneinfuhr ohne Vorliegen einer Devisenbescheinigung oder eines entsprechenden Ersatzpapiers in Vorlage zu treten, wenn die Ware nicht alsbald nach ihrer Ankunft im Inland zum freien Verkehr oder zu einem Zollvormerkverfahren im weiteren Sinne (einschließlich des Zollsicherungsverfahrens) abgefertigt werden soll; dabei ist die Auflage zu machen, für die Rückzahlung der vorgenannten Beträge innerhalb einer angemessenen Frist Sorge zu tragen. Die Rückzahlung kann durch Verrechnung mit dem Erlös aus den Warenverkäufen auf Grund der Genehmigung nach Abs. 1 zu a) erfolgen; soweit die Waren im Ausland verkauft werden, sind die anteiligen Nebenkosten aus dem Erlös dieser Auslandsgeschäfte zu bestreiten.

23. (1) Die Devisenstellen können vertrauenswürdigen Spediteuren die allgemeine Genehmigung nach Nr. 22 darauf ausdehnen, soweit es sich um Waren mit Übernahmeschein oder Einfuhren von minderer Bedeutung (Erlaß des Reichsministers der Finanzen vom 3. April 1935, Z 1134 — 240 II, Abschnitt IV Nr. 1 — Reichszollbl. S. 147, 148) handelt und die Bezahlung auf Grund eines Verrechnungsabkommens im Wege der Verrechnung zu erfolgen hat, den Rechnungsbetrag eingeführter Waren auch dann nachzunehmen, wenn der Einführer nicht in der Lage ist, gleichzeitig die Devisenbescheinigung auszuhändigen. Derartige Beträge dürfen lediglich als Sicherheit angenommen werden und sind auf einem besonderen unpersönlichen Konto zu verbuchen, bis der Einführer nachträglich die Devisenbescheinigung vorlegt. Nach Empfang der Devisenbescheinigung sind die eingezogenen Beträge alsbald bei der Deutschen Verrechnungskasse einzuzahlen.

(2) Die Ausdehnung der Genehmigung ist mit der Auflage zu verbinden, der zuständigen Überwachungsstelle Mitteilung zu machen, wenn eine Devisenbescheinigung nicht innerhalb eines Monats nachgebracht wird.

24. Ohne Genehmigung nach § 11 des Devisengesetzes können Reichsmarkbeträge für an Ausländer zu erstattende oder erstattete Transportkosten und Zölle für Rechnung eines Inländers an die Deutsche Reichsbahn, an die Deutsche Reichspost, an inländische Spediteure oder an inländische Schiffsagenten gezahlt werden. Zu Zahlungen von Transportkosten und Zöllen des Einfuhrverkehrs, die unter Anrechnung auf einen Kaufpreis für Rechnung des ausländischen Verkäufers erfolgen, bedarf es einer Abzweigungsbescheinigung der Überwachungsstelle (vgl. Nr. 3 Abs. 2) oder einer Abzweigungsgenehmigung der Devisenstelle. Abzweigungen im Einfuhrverkehr können auch auf Grund einer allgemeinen Genehmigung nach Nr. 22 Abs. 1 zu a) vorgenommen werden.

25. Außer in den Fällen der Nr. 22 und vorbehaltlich der besonderen Vorschriften für Versicherungsgeschäfte kann die Genehmigung zur Verwendung angefallener Devisen (§ 9 Abs. 2, § 13 des Devisengesetzes) zur Erfüllung von Verpflichtungen gegenüber Inländern (im Falle zu b) auch gegenüber Ausländern) erteilt werden, wenn es sich um Zahlungen handelt

a) für Transithandelsgeschäfte,
b) für Seefrachten an inländische Reedereien oder deren ausländische Schiffsagenten,
c) für ausländische Waren, die zur Verarbeitung im Inland bestimmt sind, jedoch nur durch den ersten inländischen Verarbeiter oder seine Vorlieferanten,

und wenn durch eine Bescheinigung der zuständigen Industrie- und Handelskammer nachgewiesen wird, daß es in dem Gewerbezweig des Antragstellers im Verkehr mit seinen inländischen Lieferanten bisher handelsüblich war, Zahlung in ausländischer Währung effektiv zu leisten. Zuständig für die Erteilung ist die Devisenstelle, bei Einfuhrseefrachten die Überwachungsstelle.

26. Die Devisenstellen können unter den Voraussetzungen der Nr. 25 eine allgemeine Genehmigung zur Verwendung angefallener Devisen (§ 9 Abs. 2, § 13 des Devisengesetzes) zur Leistung von Zahlungen an Inländer (im Falle zu b) auch an Ausländer)

a) für Transithandelsgeschäfte,
b) für Ausfuhr- und Transitseefrachten an inländische Reedereien oder deren ausländische Schiffsagenten,
c) für ausländische Waren, die zur Verarbeitung im Inland bestimmt sind, jedoch nur durch den ersten inländischen Verarbeiter oder seine Vorlieferanten

erteilen, wenn es sich um Personen und Personenvereinigungen handelt, die im Handels- oder Genossenschaftsregister oder in der Handwerksrolle eingetragen sind.

Patentgebühren, Lizenzen.

27. (1) Die Devisenstellen können Patentanwälten eine allgemeine Genehmigung zur Verwendung der ihnen im Geschäftsverkehr mit ausländischen Patentanwälten und sonstigen ausländischen Auftraggebern angefallenen Devisen (§ 9 Abs. 2, § 13 des Devisengesetzes) zur Bezahlung ausländischer Patentgebühren und Patentanwaltskosten für Rechnung ihrer inländischen Auftraggeber erteilen.

(2) Die Devisenstellen können Inhabern ausländischer Patente und ähnlicher Schutzrechte sowie ausländischer Lizenzen eine allgemeine Genehmigung erteilen, Devisen, die ihnen aus der Ausfuhr oder der Vergebung von Lizenzen und Unterlizenzen anfallen, zur Bezahlung ausländischer Patentgebühren und mit der Vergebung der Lizenz oder Unterlizenz zusammenhängender Abgaben zu verwenden (§ 9 Abs. 2, § 13 des Devisengesetzes).

(3) Die allgemeinen Genehmigungen nach den Absätzen 1 und 2 berechtigen auch zu Kassa-Usancegeschäften (vgl. Abschnitt II Nr. 4). Einer Bescheinigung der Industrie- und Handelskammer bedarf es zur Erteilung der allgemeinen Genehmigung nach Abs. 1 nicht.

28. (1) Die Devisenstellen können Einzelgenehmigungen zu Zahlungen an Ausländer für Patentgebühren erteilen, wenn die Erhaltung des Auslandspatents volkswirtschaftlich dringlich ist.

(2) Die Devisenstellen können Einzelgenehmigungen zu Zahlungen an Ausländer für Lizenzen, Verbindlichkeiten aus Marktschutzabkommen und ähnliche ideelle Leistungen erteilen, wenn ein erhebliches volkswirtschaftliches Interesse, insbesondere unter dem Gesichtspunkt eines erhöhten Devisenanfalls oder einer Ersparnis von Devisen, an der Leistung besteht und wenn die Höhe der Zahlungen angemessen ist.

(3) Für die Erteilung von Erwerbsgenehmigungen gelten die Bestimmungen im Abschnitt I Nr. 27.

Gold.

29. (1) Die Genehmigung zum Erwerb und zur Versendung von Gold und zur Verfügung über Gold (§§ 10, 13 des Devisengesetzes) kann erteilt werden, wenn nachgewiesen wird, daß das Gold zu gewerblichen oder beruflichen Zwecken verwendet werden soll.

(2) Die Genehmigung ist an Personen, die aus dem erworbenen Gold Goldwaren zur gewerblichen Weiterveräußerung herstellen, mit der Auflage zu erteilen, aus dem Gold nur Goldwaren herzustellen, bei denen der Fassonwert (nach Vornahme aller Abzüge) bei Veräußerung an inländische Großhändler mindestens 55 vom Hundert des Goldwerts, bei Veräußerung an inländische Einzelhändler mindestens 100 vom Hundert des Goldwerts beträgt. In geeigneten Fällen ist ferner die Auflage zu erteilen, Goldwaren in erster Linie zum unmittelbaren oder mittelbaren Absatz im Ausland herzustellen und alle Auslandsaufträge anzunehmen, die ohne Verlust angenommen werden können. An Personen, die das erworbene Gold gewerblich weiterveräußern, ist die Genehmigung mit der Auflage zu erteilen, das Gold nur gegen schriftliche Erklärung des Erwerbers abzugeben, daß das in seinem Besitz befindliche Gold zusammen mit dem zu erwerbenden Gold den Betrag nicht übersteigt, zu dessen Erwerb in den Fällen der Nr. 29 und 31 die Genehmigung, in den Fällen der Nr. 30 die Bescheinigung des Finanzamtes in Verbindung mit dem nach Nr. 30 vorgeschriebenen Vermerk der zuständigen Devisenstelle berechtigt.

30. (1) Personen und Personenvereinigungen, denen eine Weiterveräußerungsbescheinigung des zuständigen Finanzamtes (§ 21 Abs. 2 Ziffer 9 zu a) der Durchführungsbestimmungen zum Umsatzsteuergesetz vom 17. Oktober 1934 — Reichsgesetzbl. I S. 947 — und Runderlaß des Reichsministers der Finanzen vom 7. Dezember 1934, S 4030 — 50 III, unter B 5 a — Reichssteuerbl. S. 1537, 1541) erteilt ist, können Gold zu gewerblichen oder beruflichen Zwecken bis zu einem von der Reichsstelle für Devisenbewirtschaftung festzusetzenden monatlichen Höchstbetrag nur dann ohne besondere Genehmigung erwerben, wenn die zuständige Devisenstelle dies auf den Weiterveräußerungsbescheinigungen vermerkt. Die Vermerke dürfen nur solchen Inhabern von Weiterveräußerungsbescheinigungen erteilt werden, die nachweislich seit dem 1. Januar 1934 ständig Gold im eigenen Betriebe verarbeitet haben. Dieser Nachweis ist durch eine Bescheinigung des zuständigen Fachverbandes bzw. der Fachgruppe (Abschnitt IV Nr. 31 Abs. 2) der Devisenstelle gegenüber zu führen. Die Stellen, bei denen das Gold erworben wird, haben bei jedem derartigen Erwerb den Betrag in Reichsmark und in Gramm bzw. Kilogramm Feingold unter Angabe des Tages und ihrer Firma in die Bescheinigung einzutragen. Nr. 29 Abs. 2 gilt entsprechend.

(2) Bei Beträgen im Werte von nicht mehr als 3 Reichsmark und bei dem Erwerb feinmechanischer Hilfsteile aus Gold für die Zahntechnik (Prothetik und Orthodontik) kann im Einzelfall von der Eintragung in der Bescheinigung abgesehen werden. Die Stellen, bei denen das Gold erworben wird, sind verpflichtet, die Eintragung in der Bescheinigung auch in diesen Fällen vorzunehmen, wenn damit zu rechnen ist, daß der Bezieher insgesamt während eines Monats den Höchstbetrag erreichen wird.

(3) Das auf Grund einer Bescheinigung in Verbindung mit dem nach Abs. 1 vorgeschriebenen Vermerk in einem Kalendermonat erworbene Gold kann auch im folgenden Monat verwendet werden; doch ist es auf den für den Erwerb von Gold in diesem Monat geltenden Höchstbetrag anzurechnen. Außerdem darf, wenn der Höchstbetrag des laufenden Monats erschöpft ist, für Inlandszwecke auf die nicht voll in Anspruch genommenen Höchstbeträge der jeweils vorangegangenen drei Monate bis zur Höhe von 50 vom Hundert zurückgegriffen werden; für Ausfuhrzwecke darf auf den nicht voll in Anspruch genommenen Höchstbetrag des Vormonats unbeschränkt zurückgegriffen und auf den Höchstbetrag des nächsten Monats bis zu 25 vom Hundert vorgegriffen werden.

31. (1) Die Devisenstellen können Personen und Personenvereinigungen, die im Handels- oder Genossenschaftsregister oder in der Handwerksrolle eingetragen sind oder nach Art und Umfang ihres Geschäftsbetriebes oder Berufes zur Eintragung nicht verpflichtet sind, eine allgemeine Genehmigung zum Verkehr mit Gold zu gewerblichen oder beruflichen Zwecken erteilen, wenn die Antragsteller den unter Nr. 30 Abs. 1 Satz 2 und 3 bezeichneten Nachweis führen und ferner dartun, daß sie entweder eine finanzamtliche Weiterveräußerungsbescheinigung nach Nr. 30 nicht beschaffen können oder daß ihre bisherige Verarbeitungsmenge den auf Grund von Nr. 30 von der Reichsstelle für Devisenbewirtschaftung festgesetzten Höchstbetrag überschreitet. Handelt es sich um Personen oder Personenvereinigungen, die Gold im eigenen Betrieb nicht verarbeiten, so darf die allgemeine Genehmigung unter der Voraussetzung erteilt werden, daß der bisherige Goldumsatz des Antragstellers einen von der Reichsstelle für Devisenbewirtschaftung festzusetzenden Höchstbetrag übersteigt.

(2) Bei Betrieben, die in der Handwerksrolle eingetragen sind, wird die Bescheinigung nach Abschnitt I Nr. 30 durch die zuständige Handwerkskammer erteilt, bei Zahnärzten, die Mitglieder des Reichsverbandes der Zahnärzte Deutschlands E. V. sind, durch den örtlich zuständigen Landesverband dieses Verbandes, bei Dentisten, die Mitglieder des Reichsverbandes der Deutschen Dentisten E. V. sind, durch den örtlich zuständigen Großbezirk dieses Verbandes, bei zahntechnischen Laboratorien, die Mitglieder des Reichsinnungsverbandes des Zahntechnikerhandwerks sind, durch die Reichsgeschäftsstelle dieses Verbandes. Bei allen anderen Per-

sonen und Betrieben wird die Bescheinigung von der örtlich zuständigen Industrie- und Handelskammer erteilt. In Ausnahmefällen können die Devisenstellen auf die Beibringung der Bescheinigung verzichten.

(3) Der Höchstbetrag (Abschnitt I Nr. 30) ist in dem Genehmigungsbescheid in Reichsmark und in Gramm bzw. Kilogramm Feingold anzugeben. Bei Personen und Personenvereinigungen, die im Besitz einer finanzamtlichen Bescheinigung in Verbindung mit dem nach Nr. 30 vorgeschriebenen Vermerk der zuständigen Devisenstelle sind, ist der Betrag, zu dessen Bezug dieser Vermerk berechtigt, von dem festgesetzten Höchstbetrag abzuziehen. Der Erwerb von Gold ist durch die Stelle, bei welcher das Gold erworben wird, von dem Höchstbetrag abzuschreiben. Nr. 30 Abs. 2 gilt entsprechend mit der Maßgabe, daß die Stellen zur Eintragung in den Genehmigungsbescheid dann verpflichtet sind, wenn damit zu rechnen ist, daß der Bezieher durch einen solchen Erwerb den Höchstbetrag der Genehmigung überschreiten wird. Nr. 29 Abs. 2 sowie Nr. 30 Abs. 3 gelten entsprechend.

2. Versicherungsverkehr.

Leistungen der Versicherungsnehmer.

32. (1) Die Devisenstellen können Versicherungsnehmern Einzelgenehmigungen zur Leistung von Zahlungen aus Versicherungsverträgen in ausländischer Währung an inländische Versicherungsunternehmungen oder an inländische Zweigniederlassungen ausländischer, in Deutschland zum Geschäftsbetrieb zugelassener Versicherungsunternehmungen oder an solche selbständige Versicherungsagenturen, welche eine allgemeine Genehmigung nach Nr. 33 besitzen, erteilen für

a) Transport- und Ausfuhrkreditversicherungen im Ausfuhr- und Transitverkehr sowie im Einfuhrverkehr, soweit nach Abschnitt I Nr. 12 Abs. 3 die Devisenstellen zuständig sind;
b) Schiffskasko- und -haftpflichtversicherungen;
c) sonstige Schadens-, insbesondere Feuerversicherungen von Rohmaterialien oder Halbfabrikaten, die inländische Unternehmungen zur Veredelung oder unter Eigentumsvorbehalt mit der Auflage erhalten haben, eine Versicherung in Fremdwährung vorzunehmen;
d) Kautionsversicherungen, welche für deutsche Warenlieferungen an das Ausland oder für deutsche Dienstleistungen im Ausland erforderlich sind.

Für die Erteilung von Devisenerwerbsgenehmigungen gelten die Bestimmungen im Abschnitt I Nr. 27.

(2) Soweit in anderen Fällen die Erteilung einer Genehmigung zur Leistung von Zahlungen der Versicherungsnehmer in ausländischer Währung oder an ausländische Versicherungsunternehmungen aus volkswirtschaftlichen Gründen oder zur Vermeidung besonderer persönlicher Härten dringend erforderlich erscheint, ist bei Beträgen über 300 Reichsmark einmalig oder 1000 Reichsmark jährlich die Entscheidung der Reichsstelle für Devisenbewirtschaftung einzuholen.

Versicherungsunternehmungen.

33. (1) Die Devisenstellen können inländischen Versicherungsunternehmungen, inländischen Zweigniederlassungen ausländischer, in Deutschland zum Geschäftsbetrieb zugelassener Versicherungsunternehmungen sowie solchen selbständigen Versicherungsagenturen ausländischer Versicherungsunternehmungen, die eine allgemeine Genehmigung nach Abschnitt III Nr. 21 der Richtlinien vom 23. Juni 1932 besessen haben, zur Erfüllung von Verpflichtungen in in- oder ausländischer Währung aus Versicherungs- oder Rückversicherungsverträgen gegenüber Ausländern oder Inländern eine allgemeine Devisenverwendungsgenehmigung erteilen. Die erforderliche Bescheinigung (Abschnitt I Nr. 30) erteilt bei von ihm beaufsichtigten Unternehmungen das Reichsaufsichtsamt für Privatversicherung, in anderen Fällen die zuständige Industrie- und Handelskammer.

(2) Die allgemeine Devisenverwendungsgenehmigung berechtigt zu allen Handlungen, auf die sich eine Devisenverwendungsgenehmigung nach Abschnitt I Nr. 1 in Verbindung mit Abschnitt I Nr. 22 bezieht. Sie berechtigt auch zu Kassa-Usancegeschäften (vgl. Abschnitt II Nr. 4). Der Festsetzung eines Höchstbetrags bedarf es nicht.

(3) Zahlt die Versicherungsunternehmung auf Grund der allgemeinen Devisenverwendungsgenehmigung an einen Inländer einen Versicherungsbetrag in ausländischer Währung aus, der bei Transportversicherungen 1000 Reichsmark, bei anderen Schadens- und bei Personenversicherungen 300 Reichsmark übersteigt, so hat sie der Reichsbankanstalt, in deren Bezirk der Zahlungsempfänger ansässig ist, hiervon Mitteilung zu machen. Bei Versicherungen, die auf mehrere Unternehmungen aufgeteilt sind, hat diejenige Unternehmung, welche die Auszahlung vornimmt, bei quotenmäßiger Auszahlung hat jede Unternehmung für ihre Quote die Mitteilung zu machen, wenn der Versicherungsbetrag insgesamt die im Satz 1 angegebenen Summen erreicht. Die Mitteilung ist nicht erforderlich bei Leistungen an andere Versicherungsunternehmungen auf Grund von Rück- oder Mitversicherungsverträgen.

34. (1) Die Devisenstellen können den in Nr. 33 aufgeführten Versicherungsunternehmungen, Zweigniederlassungen und Versicherungsagenturen neben einer allgemeinen Devisenverwendungsgenehmigung nach Nr. 33 zur Erfüllung von Verpflichtungen aus Versicherungs- und Rückversicherungsverträgen gegenüber Ausländern in inländischer Währung eine auf Reichsmarkzahlungen beschränkte allgemeine Devisenerwerbsgenehmigung (allgemeine Reichsmarkzahlungsgenehmigung) erteilen zur Leistung von Zahlungen aus

a) Transport- oder Ausfuhrkreditversicherungen sowie aus Kautionsversicherungen für deutsche Warenlieferungen an das Ausland oder für deutsche Dienstleistungen im Ausland;
b) Kasko- und Haftpflichtversicherungen (Sachschäden) für Schiffe, Kraftwagen und Luftfahrzeuge;
c) Lebensversicherungen;
d) Unfallversicherungen, die zugunsten deutscher im Ausland tätiger Angestellten und Arbeiter abgeschlossen sind;
e) Rückversicherungen;
f) Personen- oder Sachversicherungen sonstiger Art, soweit sie mit Personen abgeschlossen sind, die bei Abschluß des Vertrages Ausländer waren und nach dem 15. Juli 1931 die Prämien in Devisen oder freier Reichsmark entrichtet haben.

Soweit eine allgemeine Reichsmarkzahlungsgenehmigung für Versicherungsleistungen anderer Art beantragt wird, ist die Entscheidung der

Reichsstelle für Devisenbewirtschaftung einzuholen. Nr. 33 Abs. 1 Satz 2 gilt entsprechend.

(2) Die allgemeine Reichsmarkzahlungsgenehmigung berechtigt zu allen Handlungen, auf die sich eine Devisenerwerbsgenehmigung nach Abschnitt I Nr. 1 in Verbindung mit Abschnitt I Nr. 23 bezieht, mit Ausnahme des Erwerbs von Devisen und ihrer Versendung ins Ausland. Die monatlichen Höchstbeträge (Abschnitt I Nr. 30) sind nach Anhörung des Reichsaufsichtsamts für Privatversicherung bei den von diesem beaufsichtigten Unternehmungen, in anderen Fällen nach Anhörung der zuständigen Industrie- und Handelskammer festzusetzen.

(3) Werden auf Grund der allgemeinen Reichsmarkzahlungsgenehmigung Schecks ausgestellt, so ist auf dem Scheck selbst oder auf einem mit ihm verbundenen Abschnitt mit rechtsverbindlicher Unterschrift die Bezeichnung „Versicherungsscheck" sowie die Nummer des Genehmigungsbescheides und die Devisenstelle, welche die Genehmigung erteilt hat, zu vermerken.

(4) Die Inhaber einer allgemeinen Reichsmarkzahlungsgenehmigung haben dem Reichsbankdirektorium, Berlin, täglich eine Aufstellung der auf Grund der Genehmigung geleisteten Zahlungen mit dem Kennwort „Reichsmarkversicherungszahlungen an Ausländer" einzureichen.

35. (1) Als Erfüllung von Verpflichtungen aus Versicherungs- und Rückversicherungsverträgen im Sinne von Nr. 33 und 34 gelten neben der Auszahlung der Versicherungs- oder Schadenssumme bei Eintritt des Versicherungsfalls (Versicherungsleistungen im engeren Sinne) auch alle Zahlungen und Aufrechnungen, die geschäftsüblich mit dem Abschluß und der Durchführung eines Versicherungsvertrags verbunden sind, z. B. die Zahlung oder Verrechnung von Prämien, Maklergebühren (Courtagen), Abschlußgebühren, Gewinnanteilen, Zinsen und Rückflüssen (Provenues); dagegen gelten nicht als Erfüllung von Verpflichtungen aus Versicherungs- und Rückversicherungsverträgen Zahlungen für allgemeine Unkosten, insbesondere der in Nr. 39 Abs. 1 aufgeführten Art.

(2) Als Erfüllung von Verpflichtungen aus Rückversicherungsverträgen im Sinne von Nr. 33 und 34 gelten

a) mittelbare oder unmittelbare Zahlungen von Rückversicherungsprämien an einen ausländischen Rückversicherer nur dann, wenn dessen Gegenleistungen an die inländische, prämienzahlende Versicherungsunternehmung zurückfließen,

b) Leistungen an einen ausländischen Versicherungsnehmer, wenn dieser seinerseits die Prämien in Devisen oder freier Reichsmark an den inländischen Rückversicherer gezahlt hat.

(3) Die allgemeinen Genehmigungen nach Nr. 33 und 34 berechtigen nicht zu Leistungen aus Versicherungs- oder Rückversicherungsverträgen, bei denen die Verpflichtung zur Leistung dadurch entstanden ist, daß ein Inländer durch die Devisenbewirtschaftung an der Erfüllung seiner Verpflichtungen gehindert worden ist.

(4) Die allgemeinen Genehmigungen nach Nr. 33 und 34 berechtigen auch zur Auszahlung von aufgewerteten Lebensversicherungsansprüchen. Sie berechtigen nicht zur Auszahlung des Rückkaufswertes einer Versicherung oder zur Gewährung von Policedarlehen an ausländische Versicherungsnehmer. Sie berechtigen — vorbehaltlich der Bestimmungen der Nr. 34 Abs. 1 zu d) und f) — ferner nicht zur Erfüllung von Ver-

pflichtungen aus Versicherungsverträgen, wenn der Versicherungsnehmer oder der Begünstigte bei Abschluß des Vertrages Inländer war und nach dem 15. Juli 1931 seinen Wohnsitz in das Ausland verlegt hat; diese Einschränkung findet keine Anwendung auf die Transport-, Kraftfahrzeug-, Haftpflicht-, Glas-, Unfall- und Abonnentensterbegeldversicherung. In den Fällen des Satzes 2 und 3 bedarf es einer Einzelgenehmigung, die nur erteilt werden soll, wenn die Bedürftigkeit des Versicherungsnehmers nachgewiesen ist; übersteigt die Leistung 10000 Reichsmark, so ist die Entscheidung der Reichsstelle für Devisenbewirtschaftung einzuholen.

(5) Die Beschränkungen von Abs. 4 gelten nicht

a) für vor dem 15. Juli 1931 mit einem Ausländer in fremder Währung abgeschlossene Versicherungen, wenn die Zahlung aus eigenen Fremdwährungswerten der Versicherungsunternehmung erfolgen kann,

b) für Leistungen der Versicherungsunternehmungen in Höhe der nach dem 15. Juli 1931 in Devisen oder freier Reichsmark entrichteten Beiträge,

c) für einmalige Versicherungsleistungen an ausländische Versicherungsnehmer bis zu 100 Reichsmark für jeden Versicherungsschein,

d) wenn der Versicherungsnehmer sich mit einer Zahlung der Versicherungsleistung auf ein Kreditsperrkonto einverstanden erklärt.

36. (1) Die Devisenstellen können den in Nr. 33 aufgeführten Versicherungsunternehmungen, Zweigniederlassungen und Versicherungsagenturen Einzel-Devisenverwendungsgenehmigungen und Einzel-Reichsmarkzahlungsgenehmigungen für die in Nr. 33 und 34 vorgesehenen Leistungen erteilen. Sie können diesen Versicherungsunternehmungen, Zweigniederlassungen und Versicherungsagenturen, wenn besondere Umstände dies rechtfertigen, auch Einzel-Reichsmarkzahlungsgenehmigungen für andere als die in Nr. 34 Abs. 1 zu a) bis f) aufgeführten Versicherungsarten und, wenn die Versicherungsunternehmung die Erklärung abgibt, daß sie über keine eigenen Fremdwährungswerte verfügt, auch Einzelgenehmigungen zum Erwerb von Devisen gegen inländische Zahlungsmittel und zur Versendung solcher Devisen ins Ausland (§ 9 Abs. 1, § 13 des Devisengesetzes) erteilen. In den Fällen des Satzes 2 ist die Entscheidung der Reichsstelle für Devisenbewirtschaftung einzuholen, wenn die Leistung 1000 Reichsmark übersteigt.

(2) Für die Erteilung von Erwerbsgenehmigungen (einschließlich der Reichsmarkzahlungsgenehmigungen) gelten die Bestimmungen im Abschnitt I Nr. 27. Für die Ausstellung von Schecks auf Grund einer Reichsmarkzahlungsgenehmigung gilt Nr. 34 Abs. 3 entsprechend.

(3) Wird einer Versicherungsunternehmung die Genehmigung erteilt, an einen Inländer einen Versicherungsbetrag in ausländischer Währung auszuzahlen, der bei Transportversicherungen 1000 Reichsmark, bei anderen Schadens- und bei Personenversicherungen 300 Reichsmark übersteigt, so hat die Devisenstelle der Reichsbankanstalt, in deren Bezirk der Zahlungsempfänger ansässig ist, hiervon Mitteilung zu machen.

(4) Die Beschränkungen in Nr. 35 finden auf die Erteilung von Einzelgenehmigungen entsprechende Anwendung.

37. Die von der Reichsbank allgemein ausgesprochene Ausnahme von der Anbietungspflicht für die von den Versicherungsunternehmungen als Versicherungsprämien oder als Zinsen aus Deckungsmitteln für die fachlichen Rücklagen (technische Reserven) erworbenen Werte gilt nur so lange, als diese Werte tatsächlich als Deckungsmittel dienen. Die Werte müssen alsbald der Reichsbank angeboten werden, wenn sie für diesen Zweck nicht mehr benötigt werden.

38. (1) Inländische Versicherungsunternehmungen bedürfen einer Genehmigung nach § 9 Abs. 2, § 11 Abs. 2, §§ 21, 22 des Devisengesetzes nicht, soweit sie über ihre dem Auslandgeschäft zuzurechnenden Werte im Rahmen des laufenden Auslandgeschäfts verfügen. Die inländischen Versicherungsunternehmungen haben monatlich den Devisenstellen eine Aufstellung einzureichen, aus der sich ergibt, in welchem Umfange und in welcher Weise sie in dem Berichtsmonat im Ausland derartige ohne Genehmigung zulässige Handlungen vorgenommen haben.

(2) Die in Nr. 33 aufgeführten Versicherungsunternehmungen und Zweigniederlassungen haben ihr Auslandgeschäft von dem Inlandgeschäft getrennt zu halten. Die Überführung von Versicherungen in den Bestand des Auslandgeschäfts und die Abgabe von Vermögenswerten an das Auslandgeschäft bedürfen der Genehmigung. Sollen Überschüsse einer inländischen Zweigniederlassung an ihre ausländische Hauptniederlassung überwiesen werden, so ist bei Beträgen über 50000 Reichsmark jährlich die Entscheidung der Reichsstelle für Devisenbewirtschaftung einzuholen. Satz 1 bis 3 gelten entsprechend für das Verhältnis der in Nr. 33 aufgeführten Versicherungsagenturen zu den von ihnen vertretenen ausländischen Unternehmungen.

(3) Die von ausländischen Versicherungsunternehmungen im Versicherungsgeschäft zu hinterlegenden Sicherheiten und Rücklagen müssen in solchen Werten gestellt werden, die jederzeit in frei verfügbare Guthaben umgewandelt werden können. Für die Bewilligung von Ausnahmen ist die Entscheidung der Reichsstelle für Devisenbewirtschaftung einzuholen.

(4) Ausländischen Versicherungsunternehmungen kann gestattet werden, Erträgnisse und Kapitalerlöse aus Werten, die sie vor dem 15. Juli 1931 für Zwecke des inländischen Geschäftsbetriebes erworben haben, auf ein Sonderkonto einzuzahlen, das zur Anschaffung von Deckungs- und Kautionswerten und zur Auszahlung von Versicherungsleistungen an Inländer verwendet werden kann. Sollen Beträge über 50000 Reichsmark auf das Sonderkonto eingezahlt werden, so ist die Entscheidung der Reichsstelle für Devisenbewirtschaftung einzuholen[1]).

39. (1) Die Devisenstellen können, soweit die Zahlungen nicht auf Grund von Nr. 38 Abs. 1 ohne Genehmigung geleistet werden können, inländischen Versicherungsunternehmungen eine allgemeine Devisenverwendungsgenehmigung zur Bezahlung folgender Nebenkosten im geschäftlichen Verkehr mit dem Auslande erteilen:

a) Gehälter, Löhne, Provisionen und Auslagen der ausländischen Niederlassungen, Vertreter, Angestellten und Arbeiter;
b) Werbekosten im Geschäft mit Ausländern;
c) Kosten der Einziehung und Beitreibung von Forderungen, insbesondere Anwalts- und Prozeßkosten und Bankspesen;
d) Geschäftsreisen.

(2) Nr. 18 Abs. 2 und Nr. 33 Abs. 1 Satz 2 finden entsprechende Anwendung. In dem Genehmigungsbescheid ist je ein einheitlicher Höchst-

---

[1]) Vgl. die Ausführungen im Anhang zu Kap. 5, insbes. unter II.

betrag für die im Abs. 1 zu a) bis c) und zu d) genannten Leistungen festzusetzen. Nr. 18 Abs. 5 gilt entsprechend.

(3) Die allgemeine Genehmigung kann, wenn der Inhaber einen besonders umfangreichen Geschäftsverkehr mit ausländischen Versicherungsunternehmungen hat, darauf ausgedehnt werden, für die ausländischen Versicherungsunternehmungen durch Bezahlung von Sachverständigengebühren und ähnlichen Leistungen bis zu 100 Reichsmark im Einzelfalle in Vorlage zu treten; dabei ist die Auflage zu machen, für die Rückzahlung der vorgelegten Beträge spätestens innerhalb von vier Wochen Sorge zu tragen.

40. Die Devisenstellen können Einzelgenehmigungen zur Leistung von Zahlungen für die in Nr. 39 Abs. 1 zu a) bis d) aufgeführten Zwecke erteilen, wenn die Zahlungen nicht auf Grund von Nr. 38 Abs. 1 ohne Genehmigung geleistet werden können oder der Antragsteller eine allgemeine Genehmigung nach Nr. 39 nicht besitzt. Für die Erteilung von Devisenerwerbsgenehmigungen gelten die Bestimmungen im Abschnitt I Nr. 27.

Versicherungsagenten und Versicherungsmakler.

41. (1) Die Devisenstellen können Versicherungsagenten und Versicherungsmaklern, die im Handels- oder Genossenschaftsregister eingetragen sind und im Namen und für Rechnung von Versicherungsunternehmungen regelmäßig genehmigungsbedürftige Leistungen aus Versicherungs- oder Rückversicherungsverträgen zu erhalten oder zu bewirken haben, die allgemeine Genehmigung erteilen,

a) Beträge aus Versicherungs- oder Rückversicherungsleistungen, die sie von Inländern erhalten haben, welche die erforderliche Genehmigung zur Zahlung an einen Ausländer oder zugunsten eines Ausländers an einen Inländer oder zur Zahlung in ausländischer Währung an einen Inländer besitzen, in inländischer oder ausländischer Währung an diese weiterzuleiten oder zur Aufrechnung gegen Forderungen gegen den ausländischen Empfangsberechtigten in inländischer oder ausländischer Währung zu verwenden oder zugunsten des ausländischen Empfangsberechtigten in inländischer Währung an Inländer zu zahlen;

b) Beträge aus Versicherungs- oder Rückversicherungsleistungen, die sie von Ausländern empfangen haben, an die empfangsberechtigten Inländer oder Ausländer weiterzuleiten.

(2) Die Genehmigung nach Abs. 1 gilt auch für Kassa-Usancegeschäfte (vgl. Abschnitt II Nr. 4). Der Festsetzung eines Höchstbetrages bedarf es nicht.

3. Kapitalverkehr.

Kreditrückzahlung.

42. Die Genehmigung zur völligen oder teilweisen Rückzahlung eines Altkredites zu freier Verfügung des Gläubigers ist grundsätzlich zu versagen. Sie kann nur erteilt werden, wenn die Versagung der Genehmigung eine unbillige Härte bedeuten würde. In der Regel soll nur eine Genehmigung zur Leistung von Zahlungen für eigene Rechnung im Inland erteilt werden. Eine Devisenerwerbsgenehmigung darf nur in ganz besonderen Ausnahmefällen erteilt werden, wenn die Versagung mit Rücksicht auf die persönlichen Verhältnisse des Gläubigers oder des Schuldners eine unerträgliche Härte bedeuten würde; für die Erteilung einer Devisenerwerbsgenehmigung gelten die Bestimmungen im Abschnitt I Nr. 27.

43. (1) Bei Altkrediten, die an inländische Handels- oder Industriefirmen oder Privatpersonen gegeben worden sind, kann die Genehmigung zur Rückzahlung des fälligen Gesamtbetrages oder eines fälligen Teilbetrages in Reichsmark auf ein Sperrkonto bei einer Devisenbank erteilt werden, wenn die Voraussetzungen des Abschnitts II Nr. 44 erfüllt sind. Für regelmäßige Tilgungsbeträge gilt die Vorschrift der Nr. 46 Abs. I zu c).

(2) In Fällen, in denen die Bestimmungen des Absatzes 1 zu einer unbilligen Härte für den Schuldner führen, ist die Entscheidung der Reichsstelle für Devisenbewirtschaftung einzuholen.

44. Bei Anleihen, für die Inhaberschuldverschreibungen (Bonds, Notes usw.) ausgegeben sind, ist die Entscheidung der Reichsstelle für Devisenbewirtschaftung einzuholen, es sei denn, daß es sich um eine regelmäßige Tilgung handelt.

45. (1) Die Genehmigung zur völligen oder teilweisen vertragsmäßigen Rückzahlung eines Kredites in inländischer oder ausländischer Währung, der nach dem 15. Juli 1931 (wenn der Gläubiger eine ausländische Bank ist, nach dem 8. Oktober 1931) von einem Ausländer eingeräumt worden ist, kann erteilt werden, wenn nachgewiesen wird, daß der Kredit in Devisen oder freier Reichsmark gegeben worden ist und daß die Devisen der Reichsbank zur Verfügung gestellt wurden. Für die Erteilung von Devisenerwerbsgenehmigungen gelten die Bestimmungen im Abschnitt I Nr. 27. Die Rückzahlung von Warenkrediten und von anderen der Finanzierung der Wareneinfuhr dienenden Krediten bestimmt sich nach den Vorschriften des Unterabschnitts 1.

(2) Wird der im Abs. 1 Satz 1 vorgeschriebene Nachweis nicht erbracht, so gilt Nr. 43 Abs. 1 entsprechend.

Zinsen, Erträgnisse und regelmäßige Tilgungen[1]).

46. (1) Die Genehmigung zur Zahlung in Reichsmark an die Konversionskasse für deutsche Auslandsschulden zugunsten des ausländischen Gläubigers ist zu erteilen

a) für fällige Zinsen, Gewinnanteile, Miet- und Pachtzinsen und ähnliche regelmäßig wiederkehrende Leistungen,
b) für Provisionen und Spesen,
c) für regelmäßige Tilgungsbeträge

aus Guthaben, Krediten, Anleihen, Hypotheken, Grundschulden, Beteiligungen und anderen Vermögensanlagen von Ausländern.

(2) Für regelmäßige Tilgungsbeträge findet Nr. 43 Abs. 2 entsprechende Anwendung. Die Rückzahlung regelmäßiger Tilgungsbeträge auf Tilgungssperrkonto statt an die Konversionskasse für deutsche Auslandsschulden kann genehmigt werden.

47. (1) Ohne Genehmigung können inländische Kreditinstitute Zinsen aus Sperrguthaben zugunsten des ausländischen Gläubigers an die

---

[1]) Vgl. insbesondere die Ausführungen in Kap. 18 unter A und s. den unter B II a 1. dieses Teiles abgedruckten RE. 36/37.

Konversionskasse für deutsche Auslandsschulden zahlen, auf dem Sperrkonto gutbringen oder zur Verminderung des Debetsaldos auf einem anderen Konto des Ausländers verwenden. Eine Genehmigung zur Zahlung der Zinsen an die Konversionskasse ist jedoch erforderlich, wenn die Vorteile eines Transferabkommens in Anspruch genommen werden sollen. Die Devisenstellen können Sammelgenehmigungen für derartige Leistungen erteilen.

(2) Werden Zinsen aus Sperrguthaben später als einen Monat nach Fälligkeit an die Konversionskasse überwiesen, so unterliegen die Zinsen den zur Zeit der Überweisung für Vermögenserträgnisse geltenden Grundsätzen, es sei denn, daß in den Fällen des Absatzes 1 Satz 2 aus dem Genehmigungsbescheid hervorgeht, daß die Genehmigung vor Ablauf eines Monats nach Fälligkeit der Zinsen beantragt worden ist.

(3) Ohne Genehmigung können Zinsen aus Sperrguthaben, die 10 Reichsmark nicht erreichen, auf freiem Reichsmarkkonto des Ausländers gutgebracht werden, wenn der Konversionskasse monatlich nachträglich der Gesamtbetrag der gutgeschriebenen Beträge und die Zahl der Konten mitgeteilt wird.

48. (1) Die erforderlichen Genehmigungen zur Zahlung zu freier Verfügung des Gläubigers können erteilt werden

a) für Zinsen in angemessener Höhe, Provisionen und Spesen aus Warenkrediten und anderen der Finanzierung der Warenbewegung dienenden Krediten (z. B. Rembourskredite außerhalb der Stillhalteabkommen); wegen der sachlichen Zuständigkeit vgl. Abschnitt I Nr. 12;

b) für Zinsen in angemessener Höhe, einer angemessenen Verzinsung entsprechende Gewinnanteile sowie andere Leistungen der in Nr. 46 genannten Art, soweit die Guthaben, Kredite, Anleihen, Hypotheken, Grundschulden, Beteiligungen und anderen Vermögensanlagen nachweislich aus Mitteln stammen, die nach dem 15. Juli 1931 in Devisen oder freier Reichsmark in das Inland geflossen sind;

c) für Leistungen der in Nr. 46 genannten Art, wenn die Versagung der Genehmigung eine unbillige Härte bedeuten würde. In der Regel soll nur eine Genehmigung zur Leistung von Zahlungen für eigene Rechnung im Inland erteilt werden. Eine Devisenerwerbsgenehmigung darf nur in ganz besonderen Ausnahmefällen erteilt werden, wenn die Versagung der Genehmigung mit Rücksicht auf die persönlichen Verhältnisse des Gläubigers oder des Schuldners eine unerträgliche Härte bedeuten würde.

(2) Falls in den Fällen des Absatzes 1 eine Devisengenehmigung erforderlich ist, gelten die Bestimmungen im Abschnitt I Nr. 27.

(3) Ist in den Fällen des Absatzes 1 zu a) und b) der Gläubiger nicht bereit, die Zinsen oder Gewinnanteile bis zu einer angemessenen Höhe zu senken, so kann nur eine Genehmigung zur Zahlung der Zinsen oder Gewinnanteile in voller Höhe auf ein Sperrkonto erteilt werden, wenn die Voraussetzungen des Abschnitts II Nr. 44 erfüllt sind. Auf Antrag des Gläubigers kann statt der Zahlung auf ein Sperrkonto, auch die Zahlung an die Konversionskasse für deutsche Auslandsschulden genehmigt werden.

(4) Abweichende Regelungen, die sich aus Vereinbarungen mit einzelnen Ländern ergeben, bleiben unberührt.

(5) Die Genehmigung zur Einzahlung angemessener Beträge aus Leistungen der in Nr. 46 Abs. 1 genannten Art — mit Ausnahme von

Erträgnissen aus Wertpapieren, die dem Antragsteller nicht bereits vor dem 15. April 1932 gehört haben — auf ein Sonderkonto[1]) des ausländischen Gläubigers bei einer Devisenbank kann erteilt werden, über das innerhalb eines bestimmten Zeitraumes ohne weitere Genehmigung zu Zahlungen im Inland für eigene Rechnung des Kontoinhabers für die im Abschnitt II Nr. 55 Abs. 1 zu a) bis d) bezeichneten Zwecke verfügt werden kann. Die Devisenstelle kann bei der Erteilung der Genehmigung gestatten, daß auch andere näher zu bezeichnende Zahlungen im Inland für eigene Rechnung des Kontoinhabers aus dem Sonderkonto geleistet werden. Die Genehmigung kann als Sammelgenehmigung für mehrere innerhalb eines bestimmten Zeitraumes fällig werdende Leistungen erteilt werden. Sie ist mit der Auflage zu erteilen, daß die kontoführende Devisenbank zu Ende des in dem Genehmigungsbescheid bestimmten Zeitraumes eine Aufstellung über alle aus dem Sonderkonto geleisteten Zahlungen einreicht und daß ein nicht verbrauchter Restbetrag an die Konversionskasse für deutsche Auslandsschulden einzuzahlen ist, wenn die Devisenstelle nicht die Genehmigung verlängert.

(6) Dem Schuldner einer Leistung der in Nr. 46 Abs. 1 genannten Art — mit Ausnahme von Erträgnissen aus Wertpapieren, die dem Antragsteller nicht bereits vor dem 15. April 1932 gehört haben — kann die Genehmigung zu unmittelbaren Zahlungen im Inland für die im Abschnitt II Nr. 55 Abs. 1 zu a) bis d) bezeichneten Zwecke für Rechnung des ausländischen Gläubigers erteilt werden.

49. In Fällen, in denen eine Versagung der Genehmigung zur Zahlung von Zinsen und regelmäßigen Tilgungsbeträgen für eine im Ausland begebene Anleihe erforderlich erscheint zur Durchführung einer zwischen dem Anleiheschuldner und der Mehrheit der Anleihegläubiger vereinbarten Änderung der Anleihebedingungen oder zur Fortführung zwischen dem Anleiheschuldner und Vertretern der Anleihegläubiger schwebender Verhandlungen, durch die eine solche Vereinbarung herbeigeführt werden soll, ist die Entscheidung der Reichsstelle für Devisenbewirtschaftung einzuholen.

50. Die Devisenstellen können zu Leistungen der in Nr. 46 bezeichneten Art, die an regelmäßig wiederkehrenden Stichtagen in bestimmter Höhe fortlaufend zu entrichten sind, eine Sammelgenehmigung erteilen.

51. (1) Die Devisenstellen können Ausländern, die im Inland Kredite oder Hypotheken ausgeliehen haben oder Grundstücke oder ähnliche Vermögensanlagen besitzen, die allgemeine Genehmigung zur Einrichtung eines Sonderkontos (Verwaltungssonderkonto[1])) bei einer Devisenbank zur Entgegennahme von Zahlungen für Darlehns-, Hypotheken-, Pacht- und Mietzinsen und ähnliche wiederkehrende Leistungen erteilen, wenn der Antragsteller oder die kontoführende Bank eine Aufstellung dieser Leistungen nach Arten, Beträgen und Fälligkeitszeitpunkten einreicht. Auf das Sonderkonto können Inländer derartige Zahlungen ohne Genehmigung leisten. Einer Bescheinigung der Industrie- und Handelskammer bedarf es zur Erteilung der allgemeinen Genehmigung nicht.

(2) Die auf dem Sonderkonto eingegangenen Beträge können ohne Genehmigung zu solchen Zahlungen an Inländer verwendet werden, die

---

[1]) Vgl. auch die Ausführungen im Anhang zu Kap. 5 unter II; s. auch die Fußnote 1 vor Ri. IV/46 auf S. 118.

zur Verwaltung der betreffenden Vermögenswerte erforderlich sind. Für sonstige Zahlungen zu Lasten des Kontos ist eine Genehmigung erforderlich. Diese darf nur mit der Maßgabe erteilt werden, daß die Zahlung in Reichsmark an die Konversionskasse für deutsche Auslandsschulden erfolgt; für die Behandlung von Härtefällen gilt Nr. 48 Abs. 1 zu c) entsprechend. Ohne Genehmigung darf ein solches Guthaben zur Verminderung des Debetsaldos auf einem anderen Konto des Ausländers verwendet werden; die Genehmigung zur Übertragung angemessener Beträge aus dem Verwaltungssonderkonto auf ein Sonderkonto nach Nr. 48 Abs. 5 kann erteilt werden. Die Genehmigung nach Abs. 1 ist mit der Auflage zu erteilen, daß mit Ablauf der Genehmigung ein nicht verbrauchter Restbetrag vom Verwaltungssonderkonto an die Konversionskasse für deutsche Auslandsschulden zu zahlen ist, soweit nicht der Devisenstelle der Nachweis erbracht wird, daß der Restbetrag in einem späteren Zeitpunkt zur Verwaltung der betreffenden Vermögenswerte erforderlich ist. Werden nach Satz 3 und 5 Zahlungen an die Konversionskasse geleistet, so unterliegen die entstehenden Guthaben den zur Zeit der Einzahlung für Vermögenserträgnisse geltenden Bestimmungen.

(3) Die Vorschriften der Absätze 1 und 2 gelten entsprechend für Postscheckkonten.

(4) Eine allgemeine Genehmigung nach Abs. 1 kann auch einem inländischen Vertreter eines ausländischen Grundstückseigentümers oder Hypothekengläubigers erteilt werden. In diesem Fall gelten die Vorschriften der Absätze 1 bis 3 entsprechend.

(5) Von der Einreichung der Aufstellungen (Abschnitt I Nr. 31) kann die Devisenstelle befreien, wenn die kontoführende Bank oder der inländische Vertreter sich verpflichtet, Bücher und sonstige Beweisunterlagen in einer Weise zu führen, die es gestattet, die Einhaltung der Höchstbeträge und der sonstigen Beschränkungen der allgemeinen Genehmigung jederzeit nachzuprüfen.

4. Sonstige Zahlungen.

Versorgungsbezüge, Renten und Unterstützungen.

52. (1) Die Devisenstellen können die erforderlichen Genehmigungen zur Überweisung an im Ausland ansässige Bezugsberechtigte von Ruhegeldern für solche ehemaligen Offiziere und Beamte sowie deren Hinterbliebene erteilen, denen die für die Zahlung zuständige Stelle nach der Entscheidung der für die Zustimmung zur Wohnsitzverlegung zuständigen obersten Reichs- oder Landesbehörde (§§ 10 und 14 des Abschnitts I Kapitel V des Dritten Teils der Dritten Verordnung des Reichspräsidenten vom 6. Oktober 1931 — Reichsgesetzbl. I S. 537) eine Bescheinigung darüber erteilt hat, daß ihnen die Aufgabe ihres Wohnsitzes oder gewöhnlichen Aufenthalts im Ausland zur Zeit nicht zugemutet werden könne; der Bescheinigung bedarf es nicht bei Überweisungen an Ruhegeldempfänger in den abgetrennten Gebieten. Die Genehmigung ist mit der Auflage zu erteilen, daß die Überweisung ausschließlich durch die Post oder, soweit mit dem betreffenden Lande ein Postanweisungs- oder Überweisungsverkehr nicht besteht, durch Erwerb beschränkt verfügbarer Devisen des betreffenden Landes erfolgen darf; für die Erteilung derartiger Genehmigungen gelten die Bestimmungen im Abschnitt I Nr. 27 nicht.

(2) Die Devisenstellen können die Genehmigung erteilen, öffentliche Versorgungsbezüge der im Abs. 1 genannten Art für Rechnung des Bezugsberechtigten auf ein Sonderkonto[1]) bei einer Devisenbank zu zahlen, über das ohne Genehmigung zu Zahlungen an Inländer für eigene Rechnung des Kontoinhabers verfügt werden kann; dabei können Zahlungen für bestimmte Zwecke ausgeschlossen werden. Andere Verfügungen über das Sonderkonto bedürfen der Genehmigung. Bei der Bezahlung von Versicherungsprämien aus dem Sonderkonto hat die kontoführende Devisenbank der Versicherungsunternehmung eine entsprechende Mitteilung zu machen. Die Bestimmungen des Absatzes 1 gelten auch für die Überweisungen der Bezüge durch die kontoführende Devisenbank an den im Ausland ansässigen Bezugsberechtigten.

(3) Die Devisenstellen können Sammelgenehmigungen für Leistungen der in den Absätzen 1 und 2 genannten Art erteilen.

(4) Die Devisenstellen können in der in den Absätzen 1 und 2 genannten Weise auch Genehmigungen zur Zahlung von Notstandsbeihilfen und Unterstützungen in dringenden Fällen an die dort genannten Bezugsberechtigten erteilen.

53. Die Bestimmungen der Nr. 52 Abs. 1 gelten entsprechend für die Überweisung von Unterstützungen an hilfsbedürftige Deutsche im Ausland durch die öffentlichen Fürsorgeverbände im Sinne der Fürsorgepflichtverordnung vom 13. Februar 1924 (Reichsgesetzbl. I S. 100).

54. (1) Eine Genehmigung ist nicht erforderlich zur Ausführung von Leistungen an Berechtigte im Ausland, die von den Trägern der deutschen Sozialversicherung (Unfall-, Invaliden-, Kranken- und Angestelltenversicherung sowie knappschaftliche Pensionsversicherung) auf Grund der Versicherungsgesetze oder besonderer Staatsverträge zu gewähren sind, wenn die Zahlungen ausschließlich durch die Post erfolgen. Dasselbe gilt für Leistungen, welche die Träger der deutschen Sozialversicherung auf Grund von Verträgen nicht an den einzelnen Berechtigten, sondern an vertraglich festgelegte Stellen oder in Verfolg notwendiger Verfahrensmaßnahmen zu zahlen haben.

(2) Eine Genehmigung ist nicht erforderlich zur Zahlung von Versorgungs- und Zusatzrenten für Kriegsbeschädigte oder Kriegshinterbliebene sowie zur Zahlung sonstiger Militärrenten an im Ausland ansässige Berechtigte, wenn die Zahlung ausschließlich durch die Post erfolgt. Gleiches gilt für Kosten von Verfahrensmaßnahmen, die für den Rentenbezug notwendig sind.

(3) Die in den Absätzen 1 und 2 vorgesehene Regelung gilt nur für solche Berechtigten, die bereits vor dem 1. Oktober 1934 im Ausland ansässig gewesen sind. Für Berechtigte, die nach diesem Zeitpunkt ihren Wohnsitz ins Ausland verlegt haben, gilt Nr. 55 entsprechend.

(4) Nr. 52 Abs. 2 gilt entsprechend mit der Maßgabe, daß in den in den Absätzen 1 und 2 genannten Fällen zur Einzahlung der Beträge auf das Sonderkonto eine Genehmigung nicht erforderlich ist[1]).

(5) Eine Genehmigung ist in den Fällen der Absätze 1 und 2 nicht erforderlich zu Zahlungen an Inländer für eigene Rechnung des Bezugsberechtigten.

---

[1]) S. auch die Ausführungen im Anhang zu Kap. 5 unter II.

55. (1) Die Devisenstellen sollen die erforderlichen Genehmigungen zur Überweisung angemessener Beträge aus laufenden Pensionsbezügen, die auf privatrechtlichen Verträgen beruhen, Unterhaltsrenten auf gesetzlicher oder vertraglicher Grundlage, Leibrenten, Versicherungsrenten und ähnlichen regelmäßig wiederkehrenden, dem Lebensunterhalt dienenden Leistungen an ausländische Empfänger nur erteilen, wenn dem Empfänger eine Rückkehr nach Deutschland aus gesundheitlichen oder anderen persönlichen Gründen nicht zugemutet werden kann und er auf die Bezüge für seinen Lebensunterhalt dringend angewiesen ist; Nr. 52 Abs. 1 Satz 2 gilt entsprechend.

(2) Für die Zahlung derartiger Bezüge auf ein Sonderkonto bei einer inländischen Devisenbank und für die Verfügung über dieses Konto gilt Nr. 52 Abs. 2 entsprechend.

(3) Die Devisenstellen können Sammelgenehmigungen für Leistungen der in den Absätzen 1 und 2 genannten Art erteilen.

Auswanderung[1]).

56. (1) Die Devisenstellen können Personen, die

a) ihre ernste Auswanderungsabsicht glaubhaft machen,

b) eine Bescheinigung einer größeren Auswandererberatungsstelle über die wirtschaftliche Durchführbarkeit ihres Auswanderungsvorhabens sowie über die Angemessenheit des beantragten Betrages vorlegen,

c) ein mit der Versicherung der Richtigkeit versehenes Verzeichnis ihres derzeitigen Vermögens, gesondert nach Anlageart und Betrag, vorlegen, aus welchem im einzelnen ersichtlich ist, welche Werte nach der Auswanderung im Inland verbleiben, und

d) eine Unbedenklichkeitsbescheinigung des zuständigen Finanzamts beibringen, wonach Steuerrückstände nicht bestehen,

eine Genehmigung nach Abs. 2 im Rahmen des von der Auswandererberatungsstelle als angemessen anerkannten Betrages erteilen. Bei Beträgen über 20000 Reichsmark ist die Entscheidung der Reichsstelle für Devisenbewirtschaftung einzuholen.

(2) Unter den Voraussetzungen des Absatzes 1 können Genehmigungen erteilt werden

a) zur Bezahlung von Einrichtungsgegenständen für den eigenen Beruf oder Betrieb des Auswanderers oder von Waren, die in seinem gewerblichen Betrieb als Produktionsmittel verwendet oder verarbeitet werden sollen und einen Auslandskostenanteil (ausschließlich der Vertriebskosten) von nicht mehr als 20 vom Hundert haben;

b) zur Mitnahme von Wertpapieren der in den §§ 21, 22 des Devisengesetzes genannten Art, wobei für die Bemessung des Wertes der Papiere der im Ausland voraussichtlich zu erzielende Erlös zugrunde zu legen ist;

c) zum Erwerb beschränkt verfügbarer Devisen des Ziellandes;

d) zur Überweisung nach dem Zielland durch Zahlung auf Grund eines Verrechnungsabkommens, wenn das Abkommen derartige Leistungen allgemein umfaßt oder wenn die Verrechnungsstellen einer derartigen Leistung im Einzelfall zugestimmt haben;

---

[1]) Vgl. insbes. Kap. 10 unter A II.

e) zur Überführung einer auf Fremdwährung lautenden Lebensversicherung bei einer inländischen Versicherungsunternehmung oder bei einer inländischen Zweigniederlassung einer in Deutschland zum Geschäftsbetrieb zugelassenen ausländischen Versicherungsunternehmung in den ausländischen Bestand der Versicherungsunternehmung, wobei für die Berechnung des Wertes der Versicherung der gegenwärtige Beleihungswert zugrunde zu legen ist.

Im Rahmen der im Abs. 1 genannten Beträge können Genehmigungen nach Satz 1 zu a) bis d) auch nebeneinander erteilt werden.

(3) Sind die Voraussetzungen des Absatzes 1 noch nicht sämtlich erfüllt, so kann eine Genehmigung verbindlich für den Fall in Aussicht gestellt werden, daß die erforderlichen, bestimmt zu bezeichnenden Nachweisungen noch geführt werden.

(4) Die größeren Auswandererberatungsstellen (Abs. 1 zu b) sind folgende:

Berlin W 9, Linkstraße 15 II;
Berlin C 2, Monbijouplatz 10 (Evangelischer Hauptverein für deutsche Ansiedler und Auswanderer);
Bielefeld, Zastrowstraße 29;
Bremen, Dechanatstraße 15 II;
Breslau, Friedrichstraße 3 I;
Dresden A 1, Schloßstraße 1;
Essen (Ruhr), Lindenallee 10 (Deutschlandhaus);
Frankfurt (Main), Braubachstraße 27;
Freiburg (Breisgau), Werthmannshaus;
Hamburg, Kaiser-Wilhelm-Straße 110 III;
Hamburg, Große Allee 42 (St. Raphaelsverein zum Schutze katholischer deutscher Auswanderer);
Karlsruhe (Baden), Karlstraße 38;
Köln, Ubierring 25;
Königsberg (Pr), Prinzenstraße 5;
Leipzig N 22, Friedrich-Karl-Straße 22;
München, Kanalstraße 29 II;
Münster (Westf.), Breul 22;
Stuttgart, Deutsches Auslands-Institut, Haus des Deutschtums.

57. (1) Die Devisenstellen können die Genehmigung erteilen, inländische Einnahmen von Auswanderern sowie angemessene Beträge aus einem Auswandererguthaben auf ein Sonderkonto[1]) bei einer Devisenbank zu zahlen, über das ohne Genehmigung zu Zahlungen an Inländer für eigene Rechnung des Kontoinhabers verfügt werden kann, soweit diese Zahlungen zur Verwaltung der im Inland verbleibenden Vermögenswerte, zur Begleichung vor oder aus Anlaß der Auswanderung entstandener Verbindlichkeiten (z. B. Versicherungsprämien, Steuern, Darlehnszinsen, Anwaltsgebühren) sowie für Leistungen der im Abschnitt II Nr. 55 Abs. 1 bezeichneten Art erforderlich sind. Nr. 52 Abs. 2 Satz 3 gilt entsprechend. Die Bezahlung von Waren aus dem Sonderkonto sowie andere Verfügungen über das Sonderkonto bedürfen der Genehmigung.

(2) Die Devisenstellen können Sammelgenehmigungen für Zahlungen der im Abs. 1 Satz 1 genannten Art erteilen.

---

[1]) S. auch die Ausführungen im Anhang zu Kap. 5 unter II.

Beamte im Ausland

58. (1) Aktive Beamte des Reichs, der Länder, der Deutschen Reichsbahn und der Reichsbank sowie aktive Angehörige der Wehrmacht (Reichsheer und Reichsmarine), die ihren dienstlichen Wohnsitz im Ausland haben, ferner deren Ehefrauen, die deutschen diplomatischen und konsularischen Vertretungen im Ausland und die bei diesen beschäftigten reichsdeutschen Angestellten und deren Ehefrauen stehen hinsichtlich ihrer inländischen Konten und Forderungen in Reichswährung sowie ihrer inländischen und auf Reichsmark, Goldmark oder einen Sachwert lautenden Wertpapiere den Inländern gleich, es sei denn, daß sie diese Werte erst nach der Verlegung ihres Wohnsitzes nach dem Ausland mit Mitteln ihres ausländischen Vermögens erworben haben. Das Erfordernis der Genehmigung nach §§ 9, 13, 21, 22 des Devisengesetzes bleibt unberührt.

(2) Einer Genehmigung nach § 9 Abs. 1, § 13 des Devisengesetzes bedürfen jedoch die im Abs. 1 genannten Personen und Vertretungen nicht zu Zahlungen nach dem Ausland in der Währung ihres Wohnsitzlandes, soweit es sich um Beträge handelt, die bei der Überweisung auf ihr bei einem inländischen Kreditinstitut geführtes Konto von der vorgesetzten Dienststelle als Dienstbezüge oder amtliche Gelder gekennzeichnet sind. Überweisungen zu Lasten dieses Kontos auf ein freies Reichsmarkkonto eines Ausländers (vgl. Abschnitt II Nr. 12) sowie die Gutschrift des Einlösungsbetrages eines aus dem Ausland eingegangenen, zu Lasten dieses Kontos gezogenen Schecks auf freiem Reichsmarkkonto eines Ausländers bedürfen keiner Genehmigung. Eine Versendung oder Überbringung von Reichsmarknoten oder inländischen Goldmünzen ins Ausland ist unzulässig.

(3) Wahlkonsuln gelten nicht als Beamte im Sinne dieser Bestimmung.

Ausländische Vertretungen und Diplomaten.

59. (1) Eine Genehmigung ist nicht erforderlich zur Bezahlung von Gebühren und ähnlichen Leistungen im Inland in Reichsmark unmittelbar an eine ausländische diplomatische oder konsularische Vertretung in Deutschland oder auf ein Sonderkonto, das für eine solche Vertretung bei einer Devisenbank geführt wird. Die Einrichtung eines Sonderkontos bei einer Devisenbank für eine diplomatische oder konsularische Vertretung zur Entgegennahme der im Satz 1 genannten Leistungen bedarf keiner Genehmigung. Auf das Sonderkonto können auch die Kontoinhaber genehmigungsfrei Reichsmarkbeträge einzahlen. Über das Sonderkonto kann für eigene Rechnung des Kontoinhabers oder seiner Heimatbehörde ohne Genehmigung zu Zahlungen im Inland verfügt werden. Eine Überweisung von dem Sonderkonto auf das freie Reichsmarkkonto eines Ausländers bedarf der Genehmigung.

(2) Abweichend von Abschnitt II Nr. 5 Abs. 1 kann ein Inländer im Inland auf eine Forderung in ausländischer Währung gegen eine ausländische diplomatische oder konsularische Vertretung in Deutschland ohne Genehmigung auch Zahlung in Reichsmarknoten entgegennehmen.

(3) Den ausländischen diplomatischen und konsularischen Vertretungen in Deutschland können die erforderlichen Genehmigungen für Zahlungen und sonstige Rechtshandlungen für eigene Rechnung der Vertretung oder ihrer Heimatbehörde erteilt werden. Der Erwerb von Devisen soll nur

insoweit genehmigt werden, als er zur Leistung von Zahlungen nach dem Ausland erforderlich ist. Für die Erteilung von Devisenerwerbsgenehmigungen gelten die Bestimmungen im Abschnitt I Nr. 27.

(4) Für die Überweisung eingenommener oder auf ein Sonderkonto nach Abs. 1 eingezahlter Gebühren an ihre Heimatbehörde kann ausländischen Konsulaten eine allgemeine Devisenerwerbsgenehmigung jeweils für einen Zeitraum von sechs Monaten erteilt werden. Die Genehmigung ist auf einen täglichen oder wöchentlichen Höchstbetrag zu beschränken. Abschnitt I Nr. 30 und 31 finden auf solche allgemeine Genehmigungen keine Anwendung.

60. Die Chefs, die Mitglieder und das Personal der ausländischen diplomatischen und konsularischen Vertretungen in Deutschland stehen, soweit sie nach § 4 der Durchführungsverordnung von der Anbietungspflicht befreit sind, hinsichtlich der Verfügung über ihr ausländisches Vermögen und Einkommen sowie über ihre nach dem 15. Juli 1931 entstandenen Währungsguthaben bei inländischen Kreditinstituten (Abschnitt II Nr. 1) den Ausländern gleich. Die Vorweisung eines amtlichen Reisepasses und die Eintragung der erworbenen Zahlungsmittel darin ist nicht erforderlich, wenn solche Personen ausländische Zahlungsmittel im Rahmen der Freigrenze (§ 28 des Devisengesetzes) erwerben.

Lotteriegewinne.

61. (1) Die Genehmigung zur Auszahlung von Lotteriegewinnen an Ausländer kann erteilt werden, wenn nachgewiesen ist, daß die Gewinnlose Ausländern gehören. Als Nachweis gilt bei Staatslotterien (mit Ausnahme der Hamburger Staatslotterie) die schriftliche Erklärung des Lotterieunternehmers, daß auf Grund der vorgeschriebenen Unterlagen oder der Eintragungen in ein Spielerbuch das Gewinnlos von einem Ausländer gekauft und bezahlt wurde. Als Nachweis gilt bei Privatlotterien und bei der Hamburger Staatslotterie die Bescheinigung der zuständigen Aufsichtsbehörde, daß das Gewinnlos in den von dem Lotterieeinnehmer eingereichten Aufzeichnungen als Besitz eines Ausländers eingetragen ist; die Devisenstelle kann außerdem von dem Lotterieeinnehmer den Nachweis verlangen, daß die Aufzeichnungen nach den Grundsätzen einer ordentlichen kaufmännischen Buchführung geführt sind. In jedem Falle hat der Lotterieeinnehmer ferner nachzuweisen, daß die ihm durch den Verkauf des Loses etwa angefallenen Devisen der Reichsbank nach § 1 der Durchführungsverordnung angeboten wurden.

(2) Für die Erteilung von Devisenerwerbsgenehmigungen gelten die Bestimmungen im Abschnitt I Nr. 27.

Abwanderung aus dem Saarland.

62. (1) Ohne Genehmigung können nach Maßgabe der Absätze 2 und 3 die nachstehend bezeichneten Personen, soweit sie nach dem 28. Februar 1935 noch in Erfüllung ihrer Aufgaben im Saarland bleiben, Zahlungsmittel (mit Ausnahme von Reichsmarknoten und inländischen Goldmünzen) ins Ausland versenden oder überbringen oder Geldbeträge in ausländischer Währung ins Ausland überweisen:

a) die nicht deutschen Beamten der Regierungskommission sowie die nicht deutschen Verwaltungs- und Justizbeamten des Saarlandes;

b) die Beamten der Abstimmungskommission sowie Mitglieder und Beamten der Abstimmungsgerichte;

c) die nicht deutschen Beamten und Angestellten der öffentlichen französischen Verwaltung der Dominialgruben und der französischen Verwaltungen;

d) das vorübergehend mit der Einziehung der ausländischen Zahlungsmittel beschäftigte französische Personal.

(2) Voraussetzung für die Inanspruchnahme der Ausnahmen des Absatzes 1 ist, daß die im Abs. 1a) bis c) bezeichneten Personen im Besitz einer mit einem Visum der Regierungskommission, Direktion für wirtschaftliche Angelegenheiten, oder der französischen Staatsgrubenverwaltung versehenen Erklärung gemäß den Ausführungsbestimmungen zur Währungsverordnung der Regierungskommission des Saargebietes vom 5. Februar 1935 (Amtsbl. d. Regierungskomm. d. Saargeb. Nr. 86 S. 47), die im Abs. 1d) bezeichneten Personen im Besitz einer schriftlichen Erklärung des Leiters des französischen Einziehungsdienstes sind. Bei der Versendung von Zahlungsmitteln oder Überweisung von Geldbeträgen ist der Stelle, durch welche die Versendung oder Überweisung durchgeführt wird, bei der Überbringung von Zahlungsmitteln ins Ausland ist der Grenzzollbehörde die Erklärung vorzulegen. Diese Stellen haben den versandten, überwiesenen oder ins Ausland überbrachten Betrag auf der Erklärung zu vermerken; sie haben zu prüfen, daß der in der Erklärung festgestellte Gesamtbetrag nicht überschritten wird.

(3) Die Vorschriften des Absatzes 2 gelten nicht für die Mitglieder und Beamten der Abstimmungsgerichte, soweit sie Inhaber von diplomatischen Reisepässen sind; für diese Personen genügt als Ausweis die Vorlage ihres diplomatischen Reisepasses.

63. Die in Nr. 62 Abs. 1 bezeichneten Personen, die im Besitz der in Nr. 62 Abs. 2 vorgesehenen Erklärungen sind, sind von der Anbietungspflicht gegenüber der Reichsbank nach der Durchführungsverordnung zum Devisengesetz befreit. Nr. 62 Abs. 3 gilt entsprechend.

~~**64.** Die Devisenstelle in Saarbrücken kann Personen, die am 3. De~~zember 1934 ihren Wohnsitz im Saarland hatten und das Saarland vor dem 1. März 1935 verlassen haben oder die bis zum 31. August 1935 der zuständigen Behörde gegenüber schriftlich erklärt haben, daß sie die Absicht haben, das Saarland zu verlassen, und bis zum 29. Februar 1936 das Saarland verlassen haben, die erforderlichen Genehmigungen zur Mitnahme ihres beweglichen Vermögens und des Erlöses aus der Veräußerung ihres beweglichen und unbeweglichen Vermögens und aus der Einziehung ihrer Forderungen im Saarland bei ihrer Abwanderung sowie zur Überführung dieser Vermögenswerte ins Ausland nach ihrer Abwanderung nach näherer Anweisung der Reichsstelle für Devisenbewirtschaftung erteilen.

12. Gesetz über Zahlungsverbindlichkeiten gegenüber dem Ausland[1].

Vom 9. Juni 1933 (RGBl. I S. 349).

Moratoriumsgesetz (Transfergesetz).

Die Reichsregierung hat das folgende Gesetz beschlossen, das hiermit verkündet wird:

§ 1.

(1) Zinsen, Gewinnanteile und regelmäßige Tilgungsbeträge, ferner Mietzinsen, Pachtzinsen und ähnliche regelmäßig wiederkehrende Leistungen aus Guthaben, Krediten, Anleihen, Hypotheken, Grundschulden, Beteiligungen und anderen Vermögensanlagen von Ausländern hat der Schuldner bei vertragsmäßiger Fälligkeit in Reichsmark zugunsten des ausländischen Gläubigers an die Konversionskasse für deutsche Auslandsschulden (§ 2) zu zahlen. Die nach den devisenrechtlichen Vorschriften erforderlichen Genehmigungen sind zu erteilen, wenn die Voraussetzungen des Satz 1 vorliegen. Hat der Schuldner in ausländischer Währung zu leisten, so ist der Betrag zum amtlichen Berliner Mittelkurs der betreffenden Währung an dem der Zahlung vorangehenden Werktage in Reichsmark umzurechnen. Wird die Währung an der Berliner Börse amtlich nicht notiert, so gelten für die Umrechnung die von einem Ausschuß der Berliner Bedingungsgemeinschaft für den Wertpapierverkehr als Mittelkurse festgestellten und in der Presse veröffentlichten Kurse. Erfolgt für eine Währung weder eine amtliche Notierung an der Berliner Börse noch eine Feststellung von Kursen durch die Berliner Bedingungsgemeinschaft, so sind die Umrechnungskurse auf der Grundlage einerseits eines letztbekannten ausländischen Kurses der ausländischen Währung und andererseits des letztbekannten amtlich an der Berliner Börse notierten oder von der Berliner Bedingungsgemeinschaft festgestellten Mittelkurses des ausländischen Börsenplatzes zu berechnen; als im Sinne dieser Bestimmung errechnete Kurse gelten von der Reichsbank festgesetzte Kurse.

(2) Soweit der Schuldner an die Konversionskasse für deutsche Auslandschulden zahlt, wird er von seiner Verpflichtung frei. Die Verpflichtung der Konversionskasse für deutsche Auslandsschulden gegenüber dem Gläubiger bestimmt sich nach den Vorschriften des § 3.

(3) Die Bestimmung des Abs. 1 gilt nicht, soweit die Guthaben, Kredite, Anleihen, Hypotheken, Grundschulden, Beteiligungen und anderen Vermögensanlagen aus Mitteln stammen, die nach dem 15. Juli 1931 in ausländischen Zahlungsmitteln oder freier Reichsmark in das Inland geflossen sind.

---

[1]) Vgl. insbesondere auch die Ausführungen in Kapitel 18 unter A.

§ 2.

(1) Es wird eine Konversionskasse für deutsche Auslandsschulden errichtet. Die Konversionskasse ist eine Körperschaft des öffentlichen Rechts; sie steht unter Aufsicht des Reichsbank-Direktoriums und führt ihr Konto bei der Reichsbank. Das Reichsbank-Direktorium bestellt die verantwortlichen Organe.

(2) Die übrigen Rechtsverhältnisse der Konversionskasse regelt die Satzung, die der Reichswirtschaftsminister im Einvernehmen mit dem Reichsbank-Direktorium feststellt.

(3) Von den Steuern, die das Reich, die Länder und die Gemeinden (Gemeindeverbände) vom Einkommen, vom Vermögen sowie vom Gewerbebetrieb erheben, ist die Konversionskasse befreit.

§ 3

Die eingezahlten Beträge (§ 1 Abs. 1) werden den ausländischen Gläubigern gutgeschrieben. Die Ansprüche der Gläubiger aus der Gutschrift bestimmen sich nach Grundsätzen, die in der Satzung der Konversionskasse festgelegt werden. Zu welchem Zeitpunkt Zahlungen auf die Guthaben geleistet werden dürfen, bestimmt die Reichsbank.

§ 4.

Den Vorschriften dieses Gesetzes unterliegen nicht die Verbindlichkeiten der Reichsbank und der Deutschen Golddiskontbank sowie solche Verbindlichkeiten, die den Gegenstand einer Vereinbarung zwischen Gruppen ausländischer Gläubiger und inländischer Schuldner mit Zustimmung der Reichsbank (sogenannte Stillhalteabkommen) bilden.

§ 5.

Begriffsbestimmungen der Verordnung über die Devisenbewirtschaftung oder zu ihrer Durchführung erlassener Verordnungen und Richtlinien gelten auch für dieses Gesetz, soweit sich aus Wortlaut oder Inhalt einer Vorschrift nichts anderes ergibt.

§ 6[1].

Die Verordnung über die Devisenbewirtschaftung vom 23. Mai 1932 (RGBl. I S. 231) wird wie folgt geändert:

1. § 1 Abs. 1 erhält folgende Fassung:
   „(1) Die Beschränkungen und Verbote dieser Verordnung gelten nicht für die Reichsbank, die Deutsche Golddiskontbank und die Konversionskasse für deutsche Auslandsschulden (§ 2 des Gesetzes über Zahlungsverbindlichkeiten gegenüber dem Ausland)."
2. § 3 Abs. 2 Satz 2 wird gestrichen.
3. § 6 Abs. 2 wird gestrichen.
4. § 15 Abs. 2 erhält folgende Fassung:
   „(2) Die Einlösung von Zinsscheinen und Gewinnanteilscheinen zugunsten eines Ausländers oder Saarländers bedarf der Genehmigung."

---

[1]) Vorstehende Bestimmung hat heute, da sie anläßlich der Neufassung der Devisenbestimmungen durch das Devisengesetz vom 4. 2. 1935 in diesem Berücksichtigung fand, keine eigene praktische Bedeutung mehr.

5. Im § 21 Abs. 2 wird unter Ersetzung des Schlußpunktes durch einen Strichpunkt folgendes angefügt:

„c) für die im § 1 des Gesetzes über Zahlungsverbindlichkeiten gegenüber dem Ausland behandelten Leistungen;

d) für die Leistung von Zahlungen an Ausländer oder Saarländer oder zugunsten von solchen an Inländer für den Erwerb von Wertpapieren."

6. Im § 28 Abs. 2 wird folgender Satz angefügt:

„Als im Sinne dieser Bestimmung errechnete Kurse gelten von der Reichsbank festgesetzte Kurse."

§ 7.

(1) Die Reichsregierung erläßt die zur Durchführung dieses Gesetzes erforderlichen Rechtsverordnungen und Verwaltungsvorschriften. Sie kann ferner anordnen, daß und in welchem Umfange auf die von ihr erlassenen Bestimmungen die Vorschriften der Verordnung über die Devisenbewirtschaftung und auf Zuwiderhandlungen gegen diese Bestimmungen die in §§ 36 bis 41 der Verordnung über die Devisenbewirtschaftung angedrohten Strafen und sonstigen Maßnahmen Anwendung finden.

(2) Der Reichswirtschaftsminister kann im Einvernehmen mit dem Reichsbank-Direktorium Ausnahmen von diesem Gesetz zulassen.

§ 8.

Das Gesetz tritt am 1. Juli 1933 in Kraft; es erfaßt jedoch auch solche Leistungen aus am 1. Juli 1933 oder später fällig werdende Verpflichtungen der im § 1 bezeichneten Art, die vor diesem Zeitpunkt bewirkt werden.

12a. Gesetz zur Regelung von Kapitalfälligkeiten gegenüber dem Ausland[1].

Vom 27. Mai 1937 (RGBl. I S. 600).

Die Reichsregierung hat das folgende Gesetz beschlossen, das hiermit verkündet wird:

§ 1.

Grundsatz.

(1) Wird eine Zahlungsverbindlichkeit gegenüber dem Ausland, die aus dem Geld- oder Kapitalverkehr herrührt, fällig, und kann der Schuldner die fällige Zahlung nicht in der vereinbarten Weise leisten, weil die erforderliche devisenrechtliche Genehmigung nicht erteilt wird, so endet mit dem Eintritt der Fälligkeit die Pflicht des Schuldners, die vertraglich vereinbarten Zinsen zu zahlen.

(2) Der Gläubiger kann jederzeit verlangen, daß der Schuldner den fälligen Betrag in Reichsmark auf ein Konto bei einer Devisenbank einzahlt, über das der Gläubiger nur mit Genehmigung der Devisenstelle verfügen kann (Sperrkonto). Die Zahlung auf Sperrkonto befreit den Schuldner.

(3) Anstatt die Zahlung auf Sperrkonto zu verlangen, kann der Gläubiger erklären, daß er die fällige Forderung bei dem Schuldner stehen lassen wolle. In diesem Fall ist die Forderung vom Eintritt der Fälligkeit an mit 4 vom Hundert jährlich oder, wenn die Forderung nach Gesetz oder Vertrag bis zur Fälligkeit niedriger verzinslich war, zu diesem niedrigeren Zinssatz zu verzinsen. Neben dem Zins kann der Gläubiger einen Verwaltungskostenbeitrag nicht verlangen.

(4) Der Schuldner kann dem Gläubiger zur Abgabe einer Erklärung nach Abs. 3 eine Frist setzen, die mindestens einen Monat betragen muß. Gibt der Gläubiger die Erklärung innerhalb der Frist nicht ab, so kann sich der Schuldner von der Schuld dadurch befreien, daß er den Betrag für den Gläubiger auf ein Sperrkonto einzahlt. Auf diese Rechtsfolge hat der Schuldner den Gläubiger bei der Fristsetzung hinzuweisen.

§ 2.

Zahlung auf Sperrkonto.

(1) Hat der Schuldner eine Verpflichtung in ausländischer Währung zu erfüllen, so finden im Fall einer Zahlung auf Sperrkonto für die Umrechnung in Reichsmark die Sätze 3 bis 5 des § 1 Abs. 1 des Gesetzes

---

[1]) Vgl. insbes. die Ausführungen in Kap. 13; s. ferner den unter B I c dieses Teiles abgedruckten RE. 79/37 nebst der dort abgedruckten Begründung des vorstehenden Gesetzes.

über Zahlungsverbindlichkeiten gegenüber dem Ausland vom 9. Juni 1933 (Reichsgesetzbl. I S. 349) entsprechende Anwendung.

(2) Zahlt der Schuldner auf Grund des § 1 Abs. 2 oder Abs. 4 auf Sperrkonto, so hat er für die Zeit vom Eintritt der Fälligkeit an bis zur Zahlung Zinsen in der im § 1 Abs. 3 bestimmten Höhe zu entrichten.

§ 3.

Stundungsvereinbarung.

Den Parteien steht es frei, jederzeit zu vereinbaren, daß der fällige Betrag gestundet werden soll. Das Erfordernis einer devisenrechtlichen Genehmigung der Stundung bleibt unberührt.

§ 4.

Vorzeitige Fälligkeit und Verzug.

(1) § 1 Abs. 1, 3 und 4 und § 2 Abs. 2 gelten nicht, wenn das Kapital vorzeitig fällig wird, weil der Schuldner seinen Verpflichtungen nicht nachgekommen ist, oder wenn der Schuldner die Fälligkeit des Kapitals wider Treu und Glauben herbeigeführt hat.

(2) Gerät der Schuldner mit der Zinszahlung oder der Kapitalzurückzahlung in Verzug, so kann der Gläubiger ohne Rücksicht auf die §§ 1 und 2 während der Dauer des Verzugs die ursprüngliche vereinbarten Zinsen verlangen.

§ 5.

Weitergabe der Zinsentlastung.

(1) Hat der Schuldner die Mittel, die ihm aus einer Anleihe, einem Kredit oder durch Begründung von Guthaben aus dem Ausland zugeflossen sind, im Inland an einen Dritten weitergegeben, so ist der Schuldner verpflichtet, dem Dritten gegenüber die Zinsen im gleichen Umfang zu ermäßigen, als sich für den Schuldner aus den §§ 1 und 2 eine Zinsentlastung ergibt.

(2) Ist ein Kreditinstitut Schuldner der Auslandsverbindlichkeit, so entscheidet darüber, ob, in welchem Umfang und an wen die Zinsentlastung weiterzugeben ist, im Streitfall der Reichskommissar für das Kreditwesen. Ist eine öffentliche Körperschaft Schuldner, so entscheidet hierüber die Aufsichtsbehörde. Die Entscheidungen des Reichskommissars für das Kreditwesen und die Entscheidungen der Aufsichtsbehörde sind für Gerichte und Verwaltungsbehörden bindend.

(3) Bei Hypotheken und Grundschulden, die der Zinsgesetzgebung für den landwirtschaftlichen Auslandskredit unterliegen, bleibt eine Regelung vorbehalten, durch die die Zinsersparnis des Kreditinstituts (Hypothekengläubigers) zur Zinserleichterung bei allen Schuldnern des landwirtschaftlichen Auslandsrealkredits verwendet wird.

§ 6.

Verhältnis zu anderen Gesetzen.

(1) Für die Zeit vor Eintritt der Fälligkeit bestimmt sich die Höhe des Zinssatzes nach den bisherigen Vorschriften.

(2) Für die Zeit nach Eintritt der Fälligkeit gelten lediglich die Bestimmungen dieses Gesetzes. Jedoch bleiben unberührt vertragliche Verein-

barungen und gesetzliche Vorschriften, nach denen der Gläubiger in weiterem Umfang als nach § 1 zur Annahme einer Sperrkontozahlung verpflichtet ist. Unberührt bleibt ferner die Regelung, die für die Zahlung von Zinsen, Tilgungsbeträgen und sonstigen regelmäßig wiederkehrenden Leistungen in dem Gesetz über Zahlungsverbindlichkeiten gegenüber dem Ausland vom 9. Juni 1933 (Reichsgesetzbl. I S. 349) getroffen ist.

§ 7.

Grundbucheintragung.

Die Zinsentlastung, die sich aus den §§ 1 und 2 ergibt, bedarf nicht der Eintragung im Grundbuch, um gegenüber dem öffentlichen Glauben des Grundbuchs wirksam zu bleiben.

§ 8.

Übergangsregelung.

Ist die Zahlungsverbindlichkeit bereits vor Inkrafttreten dieses Gesetzes fällig geworden, so treten die in den §§ 1 und 2 Abs. 2 bezeichneten Wirkungen beim Inkrafttreten des Gesetzes ein.

§ 9.

Ermächtigung.

Der Reichsminister der Justiz und der Reichswirtschaftsminister erlassen im Einvernehmen mit den sonst beteiligten Reichsministern die zur Durchführung und Ergänzung dieses Gesetzes erforderlichen Rechts- und Verwaltungsvorschriften. Sie können den im § 1 Abs. 3 genannten Zinssatz anderweitig festsetzen, wenn sich die Zinsverhältnisse auf dem Geldmarkt ändern.

13. Gesetz über die Errichtung einer deutschen Verrechnungskasse.

Vom 16. Oktober 1934 (RGBl. I S. 997).

Die Reichsregierung hat das folgende Gesetz beschlossen, das hiermit verkündet wird:

§ 1.

(1) Zur Durchführung von Abkommen mit ausländischen Regierungen, Zentralnotenbanken oder im Auslande amtlicherseits zugelassenen Verrechnungsstellen, welche den Zahlungsverkehr ganz oder teilweise auf der Grundlage der Verrechnung regeln, wird die Deutsche Verrechnungskasse (Kasse) errichtet.

(2) Die Kasse ist eine Körperschaft des öffentlichen Rechts; sie untersteht der Aufsicht des Reichswirtschaftsministers.

(3) Die Geschäftsführung unterliegt der Überwachung durch den Verwaltungsrat. Der Verwaltungsrat besteht aus fünf Mitgliedern, die vom Reichswirtschaftsminister ernannt werden.

(4) Die übrigen Rechtsverhältnisse der Kasse regelt die vom Reichswirtschaftsminister aufzustellende Satzung.

(5) Die Kasse ist von den Steuern, die Reich, Länder und Gemeinden (Gemeindeverbände) vom Einkommen, Vermögen und Gewerbebetriebe erheben, befreit.

§ 2.

Für die Verbindlichkeiten der Kasse haftet das Deutsche Reich.

§ 3.

Die gemäß den Verrechnungsabkommen, welche die deutsche Regierung mit ausländischen Regierungen oder die Reichsbank mit ausländischen Zentralnotenbanken geschlossen hat, der Reichsbank zustehenden Rechte und ihr obliegenden Verpflichtungen gehen auf die Kasse über. Die Kasse hat die nach diesen Abkommen der Reichsbank obliegende Führung der Konten zu übernehmen.

§ 4.

Zahlungen, welche Schuldner auf Grund der im § 3 genannten Abkommen an die Reichsbank zu leisten haben, sind an die Kasse zu bewirken.

§ 5.

Die Kasse führt die Zahlungsaufträge so aus, wie sie sie von den einzelnen ausländischen Verrechnungsstellen oder den deutschen Schuldnern erhält. Pfändungen, Verpfändungen und Abtretungen bleiben unberücksichtigt, es sei denn, daß ihnen in dem Zahlungsauftrag Rechnung getragen ist.

§ 6.

Der Reichswirtschaftsminister kann Ausnahmen von diesem Gesetz zulassen. Er erläßt die zur Durchführung des Gesetzes erforderlichen Rechts- und Verwaltungsvorschriften.

14. Verordnung über die Einführung der Gesetzgebung über die Devisenbewirtschaftung und den Zahlungsverkehr mit dem Ausland im Saarland.

Vom 23. Februar 1935 (RGBl. I S. 278, ber. 356).

Auf Grund des Gesetzes über die vorläufige Verwaltung des Saarlandes vom 30. Januar 1935 (RGBl. I S. 67) in Verbindung mit § 55 des Gesetzes über die Devisenbewirtschaftung vom 4. Februar 1935 (RGBl. I S. 106) wird folgendes verordnet:

§ 1.

(1) Mit dem Inkrafttreten dieser Verordnung werden im Saarland eingeführt:

1. Das Gesetz über die Devisenbewirtschaftung vom 4. Februar 1935 (RGBl. I S. 106) und die zu seiner Durchführung ergangenen Rechts- und Verwaltungsvorschriften, insbesondere die Richtlinien für die Devisenbewirtschaftung vom 4. Februar 1935 (RGBl. I S. 119),
2. das Gesetz über Zahlungsverbindlichkeiten gegenüber dem Ausland vom 9. Juni 1933 (RGBl. I S. 349),
3. das Gesetz über die Errichtung einer Deutschen Verrechnungskasse vom 16. Oktober 1934 (RGBl. I S. 997),
4. die VO. des Reichspräsidenten über das Deutsche Kreditabkommen von 1932 vom 27. Februar 1932 (RGBl. I S. 85) und die zu ihrer Durchführung erlassenen Verordnungen,
5. die VO. des Reichspräsidenten über das Kreditabkommen für deutsche öffentliche Schuldner von 1932 vom 24. Mai 1932 (RGBl. I S. 246) und die zu ihrer Durchführung erlassenen Verordnungen,
6. die VO. des Reichspräsidenten über die Anmeldung von Zahlungsverpflichtungen gegenüber dem Ausland vom 27. Juli 1931 (RGBl. I S. 403) und die zu ihrer Durchführung erlassenen Vorschriften.

(2) Mit demselben Zeitpunkt werden im Sinne des Gesetzes über die Devisenbewirtschaftung das Saarland Inland und Personen, die im Saarland ihren Wohnsitz oder gewöhnlichen Aufenthalt, Sitz oder Ort der Leitung haben (Saarländer), Inländer.

§ 2.

(1) In dem Gesetz über die Devisenbewirtschaftung fallen § 6 Abs. 6 Satz 3 und in Satz 4 die Worte „oder im Sinne von Satz 3 einem Ausländer gleichsteht" weg.

(2) § 9 Abs. 3 Satz 1 der Durchführungsverordnung zum Gesetz über die Devisenbewirtschaftung vom 4. Februar 1935 (RGBl. I S. 114) erhält folgende Fassung:

„Das Deutsche Wirtschaftsgebiet im Sinne dieses Artikels umfaßt das Reichsgebiet ohne die badischen Zollausschüsse und ohne die Insel Helgoland."

(3) In dem Gesetz über die Zahlungsverbindlichkeiten gegenüber dem Ausland fallen im § 1 Abs. 1 Satz 1 die Worte „oder Saarländer" und „oder saarländischen" und im § 3 die Worte „oder saarländischen" weg.

(4) In der Durchführungsverordnung über das Deutsche Kreditabkommen von 1932 vom 27. Februar 1932 (RGBl. I S. 86) fällt § 1 Abs. 2 Satz 1 weg.

(5) In der Zweiten Durchführungsverordnung zur Verordnung des Reichspräsidenten über die Anmeldung von Zahlungsverpflichtungen gegenüber dem Ausland vom 30. März 1932 (RGBl. I S. 172) fallen die Worte „oder im Saargebiet" weg.

§ 3.

(1) Auch nach dem Inkrafttreten dieser Verordnung darf ein Saarländer über eine Forderung gegen einen Inländer im übrigen Reichsgebiet, über die er als Saarländer vor dem Inkrafttreten dieser Verordnung nur mit Genehmigung der Devisenstelle verfügen durfte und die nach § 2 der Durchführungsverordnung zum Gesetz über die Devisenbewirtschaftung der Reichsbank anzubieten ist, erst verfügen, wenn die Reichsbank die Forderung freigegeben hat.

(2) Auch nach dem Inkrafttreten dieser Verordnung darf ein Wertpapierhändler (§ 6 Abs. 7 des Gesetzes über die Devisenbewirtschaftung)

a) Wertpapiere, die er im Zeitpunkt des Inkrafttretens dieser Verordnung für einen Saarländer verwahrt und die nach § 2 der Durchführungsverordnung zum Gesetz über die Devisenbewirtschaftung der Reichsbank anzubieten sind, erst dann im Inland aushändigen oder in das Depot eines Inländers im übrigen Reichsgebiet umlegen,

b) aus dem Saarland eingehende oder eingebrachte Wertpapiere, die nach § 2 der Durchführungsverordnung zum Gesetz über die Devisenbewirtschaftung der Reichsbank anzubieten sind, erst dann in das Depot eines Inländers im übrigen Reichsgebiet einlegen,

wenn die Reichsbank die Wertpapiere freigegeben hat. § 26 Abs. 4 des Gesetzes über die Devisenbewirtschaftung gilt entsprechend.

§ 4.

Hat ein saarländisches Kreditinstitut eine Forderung gegen einen Inländer im übrigen Reichsgebiet, über die es vor dem Inkrafttreten dieser Verordnung nur mit Genehmigung der Devisenstelle verfügen durfte und die nach § 2 der Durchführungsverordnung zum Gesetz über die Devisenbewirtschaftung der Reichsbank anzubieten wäre, auf Grund eines Auftrages eines Saarländers erworben, so ist an Stelle der Forderung des saarländischen Kreditinstitutes die Forderung, die der Saarländer aus der Ausführung des Auftrages gegen das saarländische Kreditinstitut erworben hat, der Reichsbank anzubieten. Die Vorschriften des Art. I der Durchführungsverordnung zum Gesetz über die Devisenbewirtschaftung und § 3 Abs. 1 dieser Verordnung gelten für die anzubietende Forderung entsprechend.

§ 5.

Darf über ein Grundstück, das im Zeitpunkt des Inkrafttretens dieser Verordnung im Eigentum eines Saarländers steht, nach § 18 Abs. 2 des Gesetzes über die Devisenbewirtschaftung nur mit Genehmigung verfügt werden, so entfällt mit dem Inkrafttreten dieser Verordnung das Erfordernis der Genehmigung. Ist die Verfügungsbeschränkung im Grundbuch eingetragen, so ist sie auf Antrag zu löschen.

§ 6.

(1) Mit dem Inkrafttreten dieser Verordnung tritt, vorbehaltlich der Vorschrift des Abs. 2, die Währungsverordnung der Regierungskommission des Saargebietes vom 2. Februar 1936 (Amtsbl. Nr. 82 S. 43) außer Kraft.

(2) In Kraft bleiben die Vorschriften des Abschn. I der Währungsverordnung der Regierungskommission, soweit sie die Ausfuhr von anderen als deutschen Zahlungsmitteln aus dem Saarland nach dem übrigen Reichsgebiet verbieten. Die Reichsstelle für Devisenbewirtschaftung bestimmt durch Bekanntmachung im Deutschen Reichsanzeiger den Zeitpunkt des Außerkrafttretens dieser Vorschriften.

§ 7.

Diese Verordnung tritt mit dem 1. März 1935 in Kraft.

15. Verordnung über die geschäftsmäßige Hilfeleistung in Devisensachen.

Vom 29. Juni 1936 (RGBl. I S. 524).

Auf Grund von Artikel 5 des Gesetzes zur Verhütung von Mißbräuchen auf dem Gebiet der Rechtsberatung vom 13. Dezember 1935 (RGBl. I S. 1478) wird verordnet:

§ 1.

(1) Personen, die in fremden Devisensachen geschäftsmäßig Hilfe leisten, bedürfen dazu der vorherigen Erlaubnis des Präsidenten des Landesfinanzamts (Devisenstelle); als Devisensachen im Sinne dieser Verordnung gelten auch Angelegenheiten der Verordnung über den Warenverkehr vom 4. September 1934 (RGBl. I S. 816).

(2) Die Erlaubnis gewährt die Befugnis, vorbehaltlich der auf Grund von § 5 etwa angeordneten Beschränkungen im gesamten Reichsgebiet in fremden Devisensachen einschließlich der Devisenstraffachen geschäftsmäßig Rat zu erteilen und vor den mit devisenwirtschaftlichen Aufgaben betrauten Stellen als Bevollmächtigter oder Beistand aufzutreten.

(3) Personen, denen die Erlaubnis erteilt worden ist, dürfen Rechtsangelegenheiten und Steuersachen erledigen, die mit Devisensachen, mit denen sie befaßt sind, in unmittelbarem Zusammenhang stehen.

(4) Für die Erstattung wissenschaftlich begründeter Gutachten bedarf es der Erlaubnis nicht.

§ 2.

Einer Erlaubnis gemäß § 1 bedürfen nicht:

1. Behörden, Dienststellen der NSDAP. und ihrer Gliederungen, Körperschaften des öffentlichen Rechts sowie die der NSDAP. angeschlossenen Verbände, soweit sie im Rahmen ihrer Zuständigkeit Hilfe in Devisensachen leisten;
2. Rechtsanwälte, Notare, Verwaltungsrechtsräte, Patentanwälte, allgemein zugelassene Steuerberater und öffentlich bestellte Wirtschaftsprüfer;
3. Genossenschaften, genossenschaftliche Prüfungsverbände und deren Spitzenverbände sowie genossenschaftliche Treuhand- und ähnliche genossenschaftliche Stellen, soweit sie im Rahmen ihres Aufgabenbereichs für ihre Mitglieder, die ihnen angehörenden genossenschaftlichen Einrichtungen oder die Mitglieder oder Einrichtungen der ihnen angehörenden Genossenschaften Hilfe in Devisensachen leisten;
4. auf berufsständischer oder ähnlicher Grundlage gebildete Vereinigungen oder Stellen, soweit sie im Rahmen ihres Aufgabenbereichs für ihre Mitglieder Hilfe in Devisensachen leisten.

§ 3.

(1) Die Vorschriften dieser Verordnung stehen dem nicht entgegen,

1. daß Verwahrer und Verwalter fremder oder zu treuen Händen oder zu Sicherungszwecken übereigneten Vermögens und für ähnliche Aufgaben behördlich eingesetzte Personen hinsichtlich des verwahrten oder verwalteten Vermögens Devisensachen besorgen;
2. daß Devisenbanken (§ 6 Abs. 8 des Gesetzes über die Devisenbewirtschaftung vom 4. Februar 1935 (RGBl. I S. 106 im Rahmen ihres Geschäftsbetriebes Devisensachen besorgen;
3. daß Handelsfirmen in unmittelbarem Zusammenhang mit einem Geschäft, das zu ihrem Handelsgewerbe gehört, Devisensachen für ihre Kunden besorgen;
4. daß Angestellte Devisensachen ihres Dienstherrn erledigen;
5. daß Angestellte, die bei Personen oder Stellen der in den §§ 1, 2, 3 Abs. 1 Ziffern 1 bis 3 bezeichneten Art beschäftigt sind, im Rahmen dieses Angestelltenverhältnisses Devisensachen erledigen.

(2) Die im Abs. 1 bezeichneten Befugnisse dürfen nicht zu einer Umgehung des Erlaubniszwanges mißbraucht werden.

§ 4.

(1) Die Erlaubnis wird von dem Präsidenten des Landesfinanzamts (Devisenstelle) erteilt, der für den Wohnsitz des Gesuchstellers zuständig ist.

(2) Gegen die Versagung der Erlaubnis ist die Beschwerde an den Reichswirtschaftsminister zulässig.

§ 5.

(1) Die Erlaubnis kann auf ein bestimmtes räumliches Gebiet oder auf die Tätigkeit bei bestimmten, mit devisenwirtschaftlichen Aufgaben betrauten Stellen oder auf bestimmte Sachgebiete beschränkt werden. Dies kann auch nachträglich geschehen.

(2) Soll die Erlaubnis auch die Befugnis zum Auftreten vor einer ÜberwSt. gewähren, so hat sich der Präsident des Landesfinanzamts vor der Erteilung nach näherer Anweisung, die der Reichswirtschaftsminister im Einvernehmen mit dem Reichsminister für Ernährung und Landwirtschaft erläßt, mit dem betreffenden Reichsbeauftragten ins Einvernehmen zu setzen.

§ 6.

Die Erlaubnis darf nur erteilt werden, wenn der Gesuchsteller die für den Beruf erforderliche Zuverlässigkeit und persönliche Eignung sowie genügend Sachkunde besitzt und das Bedürfnis nicht bereits durch eine hinreichende Zahl von Devisenberatern oder von Personen, die unter § 2 Abs. 1 Ziff. 2 fallen, gedeckt ist.

§ 7.

Die Erlaubnis wird Personen, die das 25. Lebensjahr noch nicht vollendet haben, nicht erteilt.

§ 8.

(1) Juden wird die Erlaubnis nicht erteilt.

(2) Der Reichswirtschaftsminister kann auf Antrag Juden und jüdischen Vereinigungen, die zur Förderung der Auswanderung von Juden tätig werden, die Erlaubnis zur Hilfeleistung in Devisensachen jüdischer Auswanderer erteilen.

§ 9.

(1) Juristischen Personen, insbesondere Gesellschaften mit beschränkter Haftung, soll die Erlaubnis nur erteilt werden, wenn besondere Umstände für diese Rechtsform der Betriebsführung sprechen. Dies gilt nicht, wenn die im § 1 Abs. 2 bezeichnete Tätigkeit bereits vor dem 18. Dezember 1935 in dieser Form ausgeübt worden ist.

(2) Bei juristischen Personen sowie bei offenen Handelsgesellschaften und ähnlichen Vereinigungen ermächtigt die Erlaubnis nur zur Berufsausübung durch die in der Erlaubnis namentlich bezeichneten Personen.

§ 10.

(1) Der Gesuchsteller hat seine Sachkunde und Eignung durch genaue Angaben über seinen Ausbildungsgang und seine bisherige berufliche Tätigkeit darzulegen und, soweit möglich, durch Lehr- und Prüfungszeugnisse, Zeugnisse seiner bisherigen Arbeitgeber und dgl. zu belegen.

(2) Außer den im Abs. 1 bezeichneten Belegen sind dem Gesuch ein handschriftlicher Lebenslauf sowie Nachweisungen über die Staatsangehörigkeit und die Abstammung des Gesuchstellers beizufügen.

(3) In dem Gesuch ist anzugeben, ob der Antragsteller seine Tätigkeit auf bestimmte Aufgaben zu beschränken und auch vor einer oder mehreren ÜberwSt. aufzutreten beabsichtigt.

(4) Bei juristischen Personen und Personenvereinigungen ist in dem Gesuch anzugeben, welche gesetzlichen Vertreter oder leitenden Angestellten die Hilfeleistung in Devisensachen tatsächlich ausüben sollen.

§ 11.

Die Frage des Bedürfnisses ist unter Berücksichtigung der Verhältnisse des Ortes, in dem der Gesuchsteller seinen Wohnsitz hat, und des näheren Wirtschaftsgebietes, dem der Ort angehört, zu beurteilen. Es ist dabei einerseits auf Zahl, Art und Zusammensetzung der Bevölkerung und andererseits auf die bereits vorhandenen Möglichkeiten zur Befriedigung des Bedürfnisses Rücksicht zu nehmen. Daß der Gesuchsteller Aussicht hat, sich durch Beziehungen u. dgl. für seine Person ein hinreichendes Tätigkeitsfeld zu beschaffen, genügt nicht, um das Bedürfnis zu bejahen.

§ 12.

Für die Erteilung der Erlaubnis wird eine Gebühr nicht erhoben.

§ 13.

(1) Personen, denen die Erlaubnis gemäß § 1 erteilt worden ist, sind befugt, die Bezeichnung „Devisenberater" zu führen; die Führung von anderen Bezeichnungen ist nicht statthaft.

(2) Personen, denen die Erlaubnis nach § 5 beschränkt erteilt wird, können für eine Beschränkung der Berufsbezeichnung Weisungen gegeben werden.

§ 14.

Die Erlaubnis erlischt, wenn der Gesuchsteller seine Tätigkeit nicht binnen drei Monaten seit Erteilung der Erlaubnis aufnimmt.

§ 15.

(1) Die Erlaubnis zur Hilfeleistung in Devisensachen verpflichtet zur redlichen, gewissenhaften und ordnungsmäßigen Führung der übernommenen Geschäfte und zur Geheimhaltung der Tatsachen, die dem Devisenberater bei berufsmäßiger Ausübung seiner Tätigkeit anvertraut oder zugänglich werden.

(2) Unzulässig ist die Mitwirkung in Angelegenheiten, bei denen erkennbar unerlaubte oder unlautere Zwecke verfolgt werden. Unzulässig ist ferner eine Tätigkeit, nach dem eine solche bereits für einen anderen Beteiligten in einem entgegengesetzten Sinne ausgeübt war.

(3) Verboten ist, unaufgefordert Dritten in schriftlichen, mündlichen oder sonstigen Ankündigungen Dienste der im § 1 Abs. 2 bezeichneten Art anzubieten.

§ 16.

(1) Zur ordnungsmäßigen Geschäftsführung gehört, daß die sich auf die einzelnen Angelegenheiten beziehenden Schriftstücke geordnet aufbewahrt werden und über die Angelegenheiten ein fortlaufendes Verzeichnis geführt wird, aus dem die Auftraggeber und ihre Anschriften ersichtlich sind, ferner, daß über die geforderten und bezahlten Vergütungen sowie über die Einnahme und die Verwendung fremder Gelder Buch geführt wird.

(2) Schriftstücke, die an Behörden oder Dritte gerichtet werden, haben, auch wenn sie von dem Auftraggeber unterzeichnet sind, auf der ersten Seite Namen und Anschrift des Verfassers zu tragen.

(3) Der Reichswirtschaftsminister kann weitere Richtlinien für die Geschäftsführung geben.

§ 17.

Der Präsident des Landesfinanzamts (Devisenstelle) ist zur Prüfung der Ordnungsmäßigkeit der Geschäftsführung durch seine Beamten oder durch von ihm beauftragte Personen befugt.

§ 18.

(1) Der Präsident des Landesfinanzamts (Devisenstelle) kann die Erlaubnis widerrufen,

1. wenn Tatsachen eintreten oder nachträglich bekannt werden, die eine Versagung der Erlaubnis rechtfertigen; wegen mangelnden Bedürfnisses darf jedoch die Erlaubnis nicht widerrufen werden;
2. wenn die Tätigkeit tatsächlich ein Jahr nicht ausgeübt wird;
3. wenn die auf Grund des § 5 angeordneten Einschränkungen der Erlaubnis nicht beachtet werden;
4. wenn den Vorschriften über die Führung der Berufsbezeichnung der Devisenberater zuwidergehandelt wird;
5. wenn den Vorschriften des § 15 zuwidergehandelt wird.

(2) Vor der Entscheidung ist der Devisenberater zu hören. Der Widerruf wird, wenn der Präsident des Landesfinanzamts (Devisenstelle) eine Frist zur Abwicklung der Tätigkeit nicht gewährt, mit der Zustellung der Verfügung wirksam.

(3) Gegen die Entscheidung ist Beschwerde an den Reichswirtschaftsminister zulässig. Die Beschwerde hat keine aufschiebende Wirkung.

§ 19.

(1) Der Präsident des Landesfinanzamts (Devisenstelle) kann den im § 3 Abs. 1 genannten Personen und Firmen die Besorgung von Devisensachen untersagen, wenn die im § 3 Abs. 1 bezeichneten Befugnisse zu einer Umgehung des Erlaubniszwangs mißbraucht werden. § 18 Abs. 2 und 3 gelten entsprechend.

(2) Der Reichswirtschaftsminister kann im Einvernehmen mit den beteiligten Reichsministern den im § 2 Ziffern 3 und 4 bezeichneten Vereinigungen und Stellen die Hilfeleistung in Devisensachen untersagen. § 18 Abs. 2 gilt entsprechend.

§ 20.

Wer, ohne im Besitz der nach § 1 erforderlichen Erlaubnis zu sein, in fremden Devisensachen geschäftsmäßig Hilfe leistet, wird mit Geldstrafe bestraft.

§ 21.

(1) Ein Devisenberater, der unbefugt ein fremdes Geheimnis offenbart, das ihm bei berufsmäßiger Ausübung seiner Tätigkeit anvertraut oder zugänglich geworden ist, wird mit Gefängnis bis zu einem Jahr und mit Geldstrafe oder mit einer dieser Strafen bestraft.

(2) Dem Devisenberater stehen seine berufsmäßigen Gehilfen gleich. Ebenso wird bestraft, wer nach dem Tode des zur Wahrung des fremden Geheimnisses nach Abs. 1 Verpflichteten das von dem Verstorbenen oder aus dessen Nachlaß erlangte Geheimnis unbefugt veröffentlicht.

(3) Der Täter ist straffrei, wenn er ein solches Geheimnis zur Erfüllung einer Rechtspflicht oder sittlichen Pflicht oder sonst zu einem nach gesundem Volksempfinden berechtigten Zweck offenbart und wenn das bedrohte Rechtsgut überwiegt.

(4) Die Tat wird nur auf Antrag des Verletzten verfolgt.

§ 22.

(1) Diese Verordnung tritt am Tage nach ihrer Verkündung in Kraft.

(2) Personen, die bereits vor diesem Zeitpunkt geschäftsmäßig in fremden Devisensachen Hilfe geleistet haben, können ihre Tätigkeit nach Maßgabe der bisherigen Vorschriften bis zur Entscheidung über ihre Zulassung fortsetzen, wenn sie die Erlaubnis innerhalb eines Monats nach Inkrafttreten dieser Verordnung nachsuchen.

16. Gesetz über Abwertungsgewinne.

Vom 23. Dezember 1936 (RGBl. I S. 1126).

Die Reichsregierung hat das folgende Gesetz beschlossen, das hiermit verkündet wird:

§ 1.

(1) Abwertungsgewinne, die nach dem Inkrafttreten dieses Gesetzes anfallen, werden für allgemein-wirtschaftliche Zwecke erfaßt und verwendet. Der Reichswirtschaftsminister bestimmt die Verwendung der abgelieferten Abwertungsgewinne.

(2) Abwertungsgewinne sind Gewinne, die einem Inländer (vgl. § 6 Abs. 6 des Gesetzes über die Devisenbewirtschaftung vom 4. Februar 1935 — RGBl. I S. 106) bei der Erfüllung von Verbindlichkeiten aus Guthaben, Krediten, Anleihen, Hypotheken, Grundschulden, Beteiligungen und anderen Vermögensanlagen, die auf eine abgewertete ausländische Währung lauten oder deren Höhe sich nach einer abgewerteten ausländischen Währung bestimmt, infolge der Abwertung anfallen; der Erfüllung steht es gleich, wenn ein Inländer durch die Umstellung des Schuldverhältnisses auf eine andere Währung oder aus einem sonstigen Grunde von einer Verbindlichkeit in einer abgewerteten ausländischen Währung befreit wird. Als Gewinn gilt der Unterschiedsbetrag zwischen dem Reichsmarkgegenwert der Verbindlichkeit in ausländischer Währung an dem Tage ihrer Entstehung und dem Reichsmarkgegenwert an dem Tage, an dem die Befreiung des Schuldners von der Verbindlichkeit in ausländischer Währung eintritt. Der Gewinn ist angefallen, wenn nach deutschem Recht die Befreiung des Schuldners eingetreten ist.

§ 2.

(1) Die Entscheidung darüber, ob ein Abwertungsgewinn entstanden ist, in welcher Höhe er erfaßt wird und an welche Stelle er abzuliefern ist, treffen die Präsidenten der Landesfinanzämter (Devisenstelle).

(2) Bedarf ein Schuldner zur Erfüllung oder zur Vornahme einer sonstigen Rechtshandlung, durch die er von einer Verbindlichkeit in einer abgewerteten ausländischen Währung befreit wird, keiner Genehmigung nach dem Gesetz über die Devisenbewirtschaftung oder seinen Durchführungsvorschriften, so hat er den Anfall des Abwertungsgewinnes dem für ihn zuständigen Präsidenten des Landesfinanzamts (Devisenstelle) binnen einer Woche anzuzeigen.

§ 3.

(1) Gegen die Entscheidung nach § 2 Abs. 1 ist die Beschwerde zulässig. Die Beschwerde kann nur darauf gestützt werden, daß ein Abwertungsgewinn nicht entstanden oder daß der abzuliefernde Abwertungsgewinn un-

richtig festgesetzt oder daß die Ablieferung des Abwertungsgewinnes in der festgesetzten Höhe oder zu einem Teil davon für den Betroffenen wirtschaftlich untragbar sei.

(2) Die Beschwerde ist binnen einer Woche nach der Bekanntgabe der Entscheidung bei der Stelle einzureichen, welche die Entscheidung erlassen hat. Hält diese Stelle die Beschwerde für begründet, so kann sie ihr abhelfen. Andernfalls entscheidet über die Beschwerde endgültig

a) der Reichsminister der Finanzen, wenn der Betroffene eine juristische Person des öffentlichen Rechts oder ein Unternehmen ist, an dem juristische Personen des öffentlichen Rechts mit mehr als 50 vom Hundert des Gesellschaftskapitals beteiligt sind; ausgenommen sind jedoch öffentliche Kreditanstalten;

b) im übrigen der Reichswirtschaftsminister.

(3) Die Beschwerde hat keine aufschiebende Wirkung.

(4) Wird der Beschwerde nicht oder nicht vollständig entsprochen, so können dem Betroffenen die Kosten des Verfahrens auferlegt werden. Der Reichswirtschaftsminister regelt ihre Höhe.

§ 4.

(1) Die Vorschriften dieses Gesetzes gelten nicht für die Reichsbank.

(2) Die Vorschriften dieses Gesetzes finden ferner keine Anwendung

a) auf Schuldverhältnisse, die unter das Abkommen zwischen dem Deutschen Reich und der Schweizerischen Eidgenossenschaft, betreffend schweizerische Goldhypotheken, vom 6. Dezember 1920 (RGBl. S. 2023) und das Zusatzabkommen vom 25. März 1923 (RGBl. II S. 284) fallen;

b) auf die im Ausland aufgenommenen Anleihen der Deutschen Rentenbank-Kreditanstalt, der Deutschen Landesbanken-Zentrale A.-G. und der Sächsischen Landespfandbriefanstalt, soweit Stücke dieser Anleihen nach den Anweisungen der Reichsstelle für Devisenbewirtschaftung zur Ablösung von landwirtschaftlichen und gewerblichen Hypotheken verwendet werden;

c) auf die im Ausland aufgenommenen Anleihen der Deutschen Rentenbank-Kreditanstalt und der Deutschen Landesbanken-Zentrale A.G. hinsichtlich der bei den Kreditinstituten anfallenden Abwertungsgewinne, soweit die Kreditinstitute den Anleiheerlös zur Gewährung von landwirtschaftlichen Darlehen verwendet haben;

d) auf die sogenannte Blair-Anleihe.

§ 5.

Die Beitreibung nicht rechtzeitig abgelieferter Abwertungsgewinne und der von dem Betroffenen nach § 3 Abs. 4 geschuldeten Kosten erfolgt nach den Vorschriften der Reichsabgabenordnung auf Grund des Vollstreckungsersuchens der Stelle, die den abzuliefernden Abwertungsgewinn festgesetzt hat. Für das Beitreibungsverfahren ist das Finanzamt zuständig, das nach den Vorschriften der Reichsabgabenordnung für die Besteuerung des Betroffenen nach dem Einkommen zuständig ist.

§ 6.

(1) Wer sich der Verpflichtung zur Ablieferung des Abwertungsgewinnes zu entziehen sucht oder wer der im § 2 Abs. 2 vorgeschriebenen Verpflichtung zur Anzeige vom Anfall des Abwertungsgewinnes vor-

sätzlich oder fahrlässig nicht oder nicht rechtzeitig nachkommt, wird mit Geldstrafe bestraft.

(2) Der Reichswirtschaftsminister wird ermächtigt, im Einvernehmen mit dem Reichsminister der Justiz für Zuwiderhandlungen gegen die auf Grund dieses Gesetzes erlassenen Durchführungsbestimmungen Geldstrafe anzudrohen.

§ 7.

Der Reichswirtschaftsminister erläßt im Einvernehmen mit dem Reichsminister der Finanzen die zur Durchführung und Ergänzung des Gesetzes erforderlichen Rechts- und Verwaltungsvorschriften. Dabei kann im Einvernehmen mit den beteiligten Reichsministern von den Vorschriften des Gesetzes abgewichen werden. Die Durchführungs- und Ergänzungsvorschriften können als Richtlinien für die mit der Durchführung des Gesetzes betrauten Stellen erlassen werden; sie werden in diesem Fall im Deutschen Reichsanzeiger und Preußischen Staatsanzeiger verkündet.

17. Erste Verordnung zur Durchführung des Gesetzes über Abwertungsgewinne.

(Richtlinien für die Erfassung von Abwertungsgewinnen.)

Vom 28. Dezember 1936 (RGBl. I S. 1151.)

Auf Grund von § 7 des Gesetzes über Abwertungsgewinne vom 23. Dezember 1936 (RGBl. I S. 1126) werden nachstehend die Richtlinien zur Durchführung des Gesetzes über Abwertungsgewinne erlassen:

Zu § 1 des Gesetzes über Abwertungsgewinne.

§ 1.

Beschränkung des Gesetzes auf Schuldverhältnisse des Kapitalverkehrs.

Die Aufzählung der Schuldverhältnisse im § 1 Abs. 2 des Gesetzes, aus denen Abwertungsgewinne erfaßt werden, stimmt mit der Aufzählung der Vermögensanlagen im § 1 Abs. 1 des Gesetzes über Zahlungsverbindlichkeiten gegenüber dem Ausland vom 9. Juni 1933 (RGBl. I S. 349) überein. Daraus ergibt sich, daß Abwertungsgewinne nur aus Schuldverhältnissen des Kapitalverkehrs, nicht des Waren- und Dienstleistungsverkehrs erfaßt werden.

§ 2.

Schuldverhältnisse in ausländischer Währung.

(1) Abwertungsgewinne werden auch aus inländischen Schuldverhältnissen, die auf eine abgewertete ausländische Währung lauten, erfaßt. Dies gilt auch dann, wenn die Zahlung in ausländischer Währung nicht ausdrücklich bedungen ist (vgl. § 244 des Bürgerlichen Gesetzbuchs).

(2) Hat ein inländisches Kreditinstitut Mittel, die es sich durch Kreditaufnahme oder Anleihen im Ausland beschafft hat, in ausländischer Währung an Inländer ausgeliehen, so ist der Abwertungsgewinn bei diesen inländischen Schuldnern zu erfassen, wenn sie den Kredit zum Kurs der abgewerteten Währung tilgen und verzinsen. Tilgen und verzinsen die inländischen Schuldner den Kredit dagegen zum Kurs der Währung vor ihrer Abwertung, so ist der Abwertungsgewinn bei dem Kreditinstitut zu erfassen.

(3) Schuldverhältnisse in ausländischer Währung sind auch Verbindlichkeiten eines saarländischen Schuldners, die vor der Rückgliederung des Saarlandes in französischer Währung entstanden sind.

§ 3.

Begriff der Abwertung.

(1) Als abgewertet ist jede Währung anzusehen, deren amtliche Notierung an der Berliner Devisenbörse über die gewöhnlichen Kursschwankungen hinaus unter die ursprüngliche Goldparität gesunken ist.

Ist der Reichsmarkgegenwert einer Verbindlichkeit in einer abgewerteten Währung im Zeitpunkt des Erlöschens der Verbindlichkeit nicht um mehr als 5 vom Hundert niedriger als der Reichsmarkgegenwert der Verbindlichkeit im Zeitpunkt der Entstehung des Schuldverhältnisses, so ist von der Erfassung des Abwertungsgewinnes abzusehen.

(2) Maßgebend ist stets, ob zwischen dem Zeitpunkt der Begründung einer Verbindlichkeit und dem Zeitpunkt des Erlöschens der Kurs der Währung, auf welche die Verbindlichkeit lautet, an der Berliner Devisenbörse in dem in Abs. 1 bestimmten Umfang gesunken ist. Ob das Sinken des Kurses durch einen Eingriff der für die Währungspolitik des betreffenden Landes zuständigen Stellen oder durch andere Umstände verursacht worden ist, ist ohne Bedeutung.

Zu § 2 des Gesetzes über Abwertungsgewinne.

§ 4.

Festsetzung des Abwertungsgewinnes.

(1) Die Devisenstellen erteilen dem Schuldner (vgl. hierzu § 2 Abs. 2 dieser Richtlinien), in der Regel gleichzeitig mit der devisenrechtlichen Genehmigung zur Erfüllung einer Verbindlichkeit in einer abgewerteten ausländischen Währung oder zur Vornahme einer Umstellung oder sonstigen Rechtshandlung, durch die der Schuldner von einer Verbindlichkeit in einer ausländischen Währung befreit wird, einen Bescheid, durch den der abzuliefernde Abwertungsgewinn festgesetzt wird. Soweit der Schuldner keiner devisenrechtlichen Genehmigung bedarf, ist ihm der Festsetzungsbescheid nach der Anzeige des Anfalls eines Abwertungsgewinnes (§ 2 Abs. 2 des Gesetzes) zu erteilen.

(2) Ist für die Erteilung einer devisenrechtlichen Genehmigung die Reichsbank zuständig, so stellt sie der Devisenstelle, in deren Bezirk der Schuldner ansässig ist, die zur Erteilung des Festsetzungsbescheides erforderlichen Unterlagen zur Verfügung. Auf Grund dieser Unterlagen erteilt die Devisenstelle den Festsetzungsbescheid.

(3) Soweit Anträge auf Erteilung devisenrechtlicher Genehmigungen die Umwandlung von Forderungen (Guthaben) in ausländischer Währung eines Ausländers oder Inländers gegen ein inländisches Kreditinstitut oder eines inländischen Kreditinstituts gegen einen Inländer in eine andere Währung zum Gegenstand haben, sind sie ohne Rücksicht auf die devisenrechtliche Zuständigkeit stets bei der Reichsbank einzureichen oder, wenn sie bei einer Devisenstelle eingehen, von dieser der Reichsbank zuzuleiten. Auch in diesen Fällen wird entsprechend Abs. 2 verfahren.

(4) Zur Festsetzung des Abwertungsgewinnes ist ein Formblatt nach vorgeschriebenem Muster zu verwenden. Der Schuldner ist durch den Festsetzungsbescheid für verpflichtet zu erklären, den festgesetzten Abwertungsgewinn binnen zwei Wochen nach dem Tag, an dem die genehmigte Erfüllung der Verbindlichkeit oder die sonstige, den Schuldner befreiende Rechtshandlung vertragsgemäß vorzunehmen ist, an die Deutsche Golddiskontbank, Berlin SW 111, auf das Sonderkonto „Abwertungsgewinne" abzuführen. Wird der Festsetzungsbescheid nach dem in Satz 1 bestimmten Zeitpunkt oder auf Grund einer Anzeige nach § 2 Abs. 2 des Gesetzes erteilt, so ist die Frist von zwei Wochen von der Ausstellung des Festsetzungsbescheides an zu bemessen.

§ 5.

Berechnung des Abwertungsgewinnes.

(1) Als Abwertungsgewinn gilt der Unterschiedsbetrag zwischen dem Reichsmarkgegenwert der Verbindlichkeit in ausländischer Währung an dem Tag ihrer Entstehung und dem Reichsmarkgegenwert an dem Tag ihres Erlöschens oder der Vornahme einer Umstellung oder einer sonstigen Rechtshandlung, durch die der Schuldner von einer Verbindlichkeit in einer abgewerteten ausländischen Währung befreit wird (vgl. § 1 Abs. 1 des Gesetzes). Verbindlichkeiten, die wiederkehrende Leistungen zum Gegenstand haben, gelten mit der Entstehung des ihnen zugrunde liegenden Rechtsverhältnisses als entstanden im Sinne dieser Vorschrift.

(2) Bei der Berechnung des Reichsmarkgegenwertes am Stichtag der Entstehung der Verbindlichkeit ist der Kurs zugrunde zu legen, zu dem der dem Schuldner zugeflossene Reichsmarkbetrag nachweislich berechnet worden ist. Ist eine Umrechnung des Fremdwährungsbetrages in Reichsmark nicht erfolgt oder ist der Umrechnungskurs nicht mehr festzustellen, so finden für die Festsetzung des Kurses die §§ 31, 32 des Devisengesetzes entsprechende Anwendung. Abzüge von dem Kreditbetrag für Provisionen und andere Kreditkosten sind nicht zu berücksichtigen.

(3) Bei der Berechnung des Reichsmarkgegenwertes am Stichtag der Befreiung des Schuldners von der Verbindlichkeit in ausländischer Währung ist der für diese Währung an der Berliner Börse amtlich notierte Kurs des Werktages zugrunde zu legen, der dem Tag der Ausstellung des Festsetzungsbescheides vorausgeht. Wird der Abwertungsgewinn auf Grund einer Anzeige nach § 2 Abs. 2 des Gesetzes festgesetzt, so ist der von den Parteien des Schuldverhältnisses gewählte Kurs zugrunde zu legen.

(4) Bei der Berechnung des Abwertungsgewinnes sind Einwendungen des Schuldners, daß die Ablieferung des Abwertungsgewinnes oder eines Teiles davon für ihn wirtschaftlich untragbar sei, nicht zu berücksichtigen. Derartige Einwendungen können nur im Wege der Beschwerde geltend gemacht werden.

§ 6.

Teilweise Belassung des Abwertungsgewinnes.

(1) Von dem Abwertungsgewinn, der einem Schuldner bei der Befreiung von einer Verbindlichkeit anfällt, werden dem Schuldner vorbehaltlich der Vorschrift im Abs. 2 25 vom Hundert belassen. Der Anteil des Schuldners kann angemessen erhöht werden, wenn der Schuldner vor Fälligkeit nach Maßgabe der devisenrechtlichen Bestimmungen Zahlung leistet.

(2) Bei der Zahlung von Zinsen und sonstigen Kreditkosten bestimmt die Devisenstelle im Einzelfall, ob und in welcher Höhe dem Schuldner ein Teil des angefallenen Abwertungsgewinnes belassen wird.

Zu § 3 des Gesetzes über Abwertungsgewinne.

§ 7.

Prüfung der Beschwerden.

(1) Die Devisenstellen haben in allen Fällen, soweit ihnen nicht entgegenstehende Anweisungen zugehen, die bei ihnen eingelegten Beschwerden zu prüfen. Hält eine Devisenstelle eine Beschwerde für begründet, so hat

sie ihr abzuhelfen, ohne vorher die Entscheidung der Beschwerdestelle einzuholen. Hält die Devisenstelle eine Beschwerde nicht oder nicht in vollem Umfange für begründet, so hat sie die Beschwerde mit gutachtlicher Stellungnahme der Beschwerdestelle unverzüglich zuzuleiten.

(2) Für die Grundsätze, nach denen die wirtschaftliche Tragbarkeit der Ablieferung des Abwertungsgewinnes zu beurteilen ist, bleiben besondere Anweisungen vorbehalten.

(3) Wird der Beschwerde nicht entsprochen, so werden dem Schuldner stets die Kosten des Beschwerdeverfahrens auferlegt. Wird der Beschwerde nur zu einem Teil nicht entsprochen, so wird dem Schuldner ein entsprechender Anteil der Kosten auferlegt. Die Höhe der Gebühren wird durch besondere Bekanntmachung des Reichswirtschaftsministers geregelt.

Zu § 5 des Gesetzes über Abwertungsgewinne.

§ 8.

Überwachung der Ablieferung des Abwertungsgewinnes.

(1) Die Devisenstellen geben der Deutschen Golddiskontbank von jedem Festsetzungsbescheid zwei Abschriften. Zahlt der Schuldner den Abwertungsgewinn nicht in der festgesetzten Frist, so benachrichtigt die Deutsche Golddiskontbank die Devisenstelle. Diese bescheinigt auf einer Ausfertigung des Feststellungsbescheides dessen Vollstreckbarkeit und übersendet diese Ausfertigung dem Finanzamt, das für die Besteuerung des Schuldners nach dem Einkommen zuständig ist (vgl. § 73a der Reichsabgabenordnung), mit dem Ersuchen um Beitreibung des festgesetzten Betrages mit Kosten und Zinsen.

(2) Die Devisenstellen treffen ferner die erforderlichen Maßnahmen zur Einleitung der Strafverfolgung des Schuldners.

18. Zweite Verordnung zur Durchführung des Gesetzes über Abwertungsgewinne.

(Richtlinien II für die Erfassung von Abwertungsgewinnen).

Vom 20. März 1937 (RGBl. I S. 421).

Auf Grund von § 7 des Gesetzes über Abwertungsgewinne vom 23. Dezember 1936 (Reichsgesetzbl. I S. 1126) werden im Einvernehmen mit dem Herrn Reichsminister der Finanzen und dem Herrn Reichsminister der Justiz nachstehend die Richtlinien II zur Durchführung des Gesetzes über Abwertungsgewinne erlassen:

Abschnitt I.

Wirtschaftliche Untragbarkeit.

Art. 1.

Zu § 3 des Gesetzes über Abwertungsgewinne.

§ 1.

(1) Die Frage, wann die Ablieferung eines Abwertungsgewinnes für den Schuldner als wirtschaftlich untragbar angesehen werden muß, ist nur auf Grund der besonderen Verhältnisse des Einzelfalles zu entscheiden.

(2) Hierbei ist ein strenger Maßstab anzulegen.

Art. 2.

Zu § 2 des Gesetzes über Abwertungsgewinne.

§ 2.

Ist einer auf wirtschaftliche Untragbarkeit gestützten Beschwerde durch Belassung des gesamten Abwertungsgewinnes stattgegeben worden und fallen dem Beschwerdeführer innerhalb eines Jahres nach der Entscheidung über die Beschwerde weitere Abwertungsgewinne an, so kann die Devisenstelle von der Erteilung eines Festsetzungsbescheides absehen, es sei denn, daß ihr Umstände bekannt sind, die eine Besserung der wirtschaftlichen Lage des Schuldners vermuten lassen.

Abschnitt II.

Erfüllung durch Bürgen.

Zu § 1 des Gesetzes über Abwertungsgewinne.

§ 3.

Erfüllt ein Bürge eine der im § 1 Abs. 2 des Gesetzes über Abwertungsgewinne genannten Verbindlichkeiten des Schuldners, so fällt der Abwertungsgewinn im Zeitpunkt der Leistung des Bürgen bei dem Schuldner an.

Abschnitt III.

Bekanntgabe des Festsetzungsbescheides.

Zu § 2 und § 3 Abs. 2 des Gesetzes über Abwertungsgewinne.

§ 4.

(1) Die Übersendung des Festsetzungsbescheides erfolgt durch einfachen Brief.

(2) Die Bekanntgabe des Festsetzungsbescheides ist erfolgt, wenn der Bescheid dem Schuldner zugegangen ist.

Abschnitt IV.

Zinsen.

Zu § 2 und § 3 Abs. 3 des Gesetzes über Abwertungsgewinne.

§ 5.

(1) Wird der abzuführende Abwertungsgewinn nicht binnen der in dem Festsetzungsbescheid bestimmten Frist entrichtet, so sind hierauf vom Tage der Fälligkeit an 4 vom Hundert Zinsen jährlich zu zahlen.

(2) Wird eine Anzeige nach § 2 Abs. 2 des Gesetzes über Abwertungsgewinne nicht rechtzeitig erstattet und wird dadurch eine Verzögerung der Ablieferung des Abwertungsgewinnes herbeigeführt, so sind von dem abzuführenden Abwertungsgewinn 4 vom Hundert Zinsen von dem Tage an zu zahlen, an welchem der Betrag bei rechtzeitiger Anzeige fällig gewesen wäre.

Abschnitt V.

Beschwerde.

Zu § 3 des Gesetzes über Abwertungsgewinne.

§ 6.

Die Beschwerde ist spätestens binnen zwei Wochen nach Ablauf der Beschwerdefrist zu begründen.

Abschnitt VI.

§ 7.

Diese Verordnung tritt mit Wirkung vom 25. Dezember 1936 in Kraft.

19. Dritte Verordnung zur Durchführung des Gesetzes über Abwertungsgewinne.

(Richtlinien III für die Erfassung von Abwertungsgewinnen.)

Vom 23. April 1937 (RGBl. I S. 547).

Auf Grund von § 7 des Gesetzes über Abwertungsgewinne vom 23. Dezember 1936 (Reichsgesetzbl. I S. 1126) werden im Einvernehmen mit dem Herrn Reichsminister der Finanzen und dem Herrn Reichsminister der Justiz nachstehend die Richtlinien III zur Durchführung des Gesetzes über Abwertungsgewinne erlassen:

§ 1.

Zu § 1 des Gesetzes über Abwertungsgewinne.

Erwirbt der Schuldner einer ausschließlich oder wahlweise auf eine ausländische Währung lautenden Anleihe Wertpapiere, die für diese Anleihe ausgegeben sind, so gilt der Schuldner mit dem Erwerb der Wertpapiere in Höhe ihres Nennbetrags von der Anleiheschuld als befreit.

§ 2.

Zu § 2 des Gesetzes über Abwertungsgewinne.

Der Schuldner hat den Erwerb von Wertpapieren der im § 1 genannten Art binnen einer Woche oder, falls er die Wertpapiere in der Zeit vom 25. Dezember 1936 bis zum Inkrafttreten dieser Verordnung erworben hat, binnen einer Woche nach dem Inkrafttreten dieser Verordnung dem für ihn zuständigen Oberfinanzpräsidenten (Devisenstelle) anzuzeigen.

§ 3.

Wer der Verpflichtung zur Anzeige nach § 2 dieser Verordnung vorsätzlich oder fahrlässig nicht oder nicht rechtzeitig nachkommt, wird mit Geldstrafe bestraft.

§ 4.

Die Vorschrift des § 1 dieser Verordnung tritt mit Wirkung vom 25. Dezember 1936, die übrigen Vorschriften treten am Tage nach der Verkündung in Kraft.

20. Vierte Verordnung zur Durchführung des Gesetzes über Abwertungsgewinne.

(Richtlinien IV für die Erfassung von Abwertungsgewinnen.)

Vom 11. Mai 1937 (RGBl. I S. 587).

Auf Grund von § 7 des Gesetzes über Abwertungsgewinne vom 23. Dezember 1936 (Reichsgesetzbl. I S. 1126) werden im Einvernehmen mit dem Reichsminister der Finanzen und dem Reichsminister der Justiz nachstehend die Richtlinien IV zur Durchführung des Gesetzes über Abwertungsgewinne erlassen:

Abschnitt I.

Bilanzvorschriften.

Zu § 1 des Gesetzes über Abwertungsgewinne.

§ 1.

Hat eine Aktiengesellschaft eine der im § 1 des Gesetzes über Abwertungsgewinne vom 23. Dezember 1936 genannten Fremdwährungsschulden vor dem Inkrafttreten dieser Verordnung zu einem der abgewerteten Währung entsprechenden Reichsmarkbetrage ohne Rückstellung des hierdurch entstandenen Buchgewinnes auf der Passivseite der Bilanz ausgewiesen und ist sie infolgedessen auf Grund des Gesetzes über Abwertungsgewinne verpflichtet, eine Rückstellung in Höhe von 75 vom Hundert des auf die Fremdwährungsschuld entfallenden Abwertungsgewinnes als Passivposten in die Bilanz einzusetzen, so ist sie, soweit es ihre wirtschaftliche Lage erfordert, berechtigt, bis zur Höhe dieser Rückstellung einen Ausgleichsposten auf der Aktivseite der Bilanz einzusetzen.

§ 2.

Macht die Aktiengesellschaft von der im § 1 gegebenen Befugnis Gebrauch, so ist sie verpflichtet, den Ausgleichsposten durch jährliche Abschreibungen unter Berücksichtigung des Zeitpunktes der Fälligkeit der Schuld nach den Grundsätzen ordnungsgemäßer Buchführung zu tilgen. Die Tilgung hat jedoch mindestens in Höhe des Betrages zu erfolgen, welcher über den Satz von 4 vom Hundert des eingezahlten Grundkapitals hinaus in dem betreffenden Geschäftsjahr zur Ausschüttung gelangt.

§ 3.

Die §§ 1 und 2 dieser Verordnung gelten sinngemäß für andere Handelsgesellschaften, eingetragene Genossenschaften und alle anderen Personen, die zur Aufstellung einer Bilanz verpflichtet sind.

Abschnitt II.

Bekanntgabe des Festsetzungsbescheides.

Zu § 2 des Gesetzes über Abwertungsgewinne.

§ 4.

(1) Ist der inländische Aufenthaltsort des Schuldners unbekannt oder ist seine inländische Wohnung nicht zu ermitteln oder hat der Schuldner sich in das Ausland begeben, ohne einen zum Empfang von Schriftstücken berechtigten Vertreter im Inlande zu bestellen, so kann die Bekanntgabe des Festsetzungsbescheides an ihn dadurch bewirkt werden, daß dieser an der für den Aushang der Verfügungen des Oberfinanzpräsidenten (Devisenstelle) bestimmten Stelle angeheftet wird. Die Bekanntgabe gilt als bewirkt, wenn seit der Anheftung zwei Wochen verstrichen sind. Letzteres gilt auch dann, wenn die angeheftete Benachrichtigung früher entfernt wird.

(2) Statt des Festsetzungsbescheides kann eine Benachrichtigung angeheftet werden, in welcher der Festsetzungsbescheid zu bezeichnen und zu bemerken ist, daß und wo der Festsetzungsbescheid eingesehen werden kann.

21. Gesetz gegen Wirtschaftssabotage.

Vom 1. Dezember 1936 (RGBl. I S. 999).

Die Reichsregierung hat das folgende Gesetz beschlossen, das hiermit verkündet wird:

§ 1.

(1) Ein deutscher Staatsangehöriger, der wissentlich und gewissenlos aus grobem Eigennutz oder aus anderen niederen Beweggründen den gesetzlichen Bestimmungen zuwider Vermögen nach dem Auslande verschiebt oder im Ausland stehen läßt und damit der deutschen Wirtschaft schweren Schaden zufügt, wird mit dem Tode bestraft. Sein Vermögen wird eingezogen. Der Täter ist auch strafbar, wenn er die Tat im Auslande begangen hat.

(2) Für die Aburteilung ist der Volksgerichtshof zuständig.

§ 2.

Das Gesetz tritt mit dem Tage seiner Verkündigung in Kraft.

22. Gesetz über die Gewährung von Straffreiheit bei Devisenzuwiderhandlungen[1].

Vom 15. Dezember 1936 (RGBl. I S. 1015).

Die Reichsregierung hat das folgende Gesetz beschlossen, das hiermit verkündet wird:

§ 1.

(1) Wer den devisenrechtlichen Bestimmungen zuwider beim Inkrafttreten dieses Gesetzes Vermögen im Ausland stehen hat, verfällt nicht der Bestrafung aus dem Gesetz gegen Wirtschaftssabotage vom 1. Dezember 1936 (RGBl. I S. 999) und erlangt Straffreiheit für alle Strafen, die er durch diese Tat und mit ihr zusammenhängende Taten verwirkt hat, wenn er bis zum Ablauf des 31. Januar 1937 die Werte, auf die sich die strafbare Handlung bezieht, der Reichsbank (unmittelbar oder durch Vermittlung einer Devisenbank) anbietet. Entsprechendes gilt für den, der den devisenrechtlichen Bestimmungen zuwider anbietungspflichtige Werte im Inlande stehen hat.

(2) Straffreiheit tritt auch ein, wenn der Täter vor dem Inkrafttreten dieses Gesetzes den devisenrechtlichen Bestimmungen zuwider Vermögen im Ausland oder Inland hatte stehen lassen, das er zwar nicht rechtzeitig, aber nachträglich vor Einleitung eines Strafverfahrens der Reichsbank (unmittelbar oder durch Vermittlung einer Devisenbank) angeboten hat.

(3) Strafverfahren, die beim Inkrafttreten dieses Gesetzes wegen der in den Absätzen 1 und 2 bezeichneten Straftaten anhängig sind, werden eingestellt; neue Verfahren werden nicht eingeleitet. Eingestellte Verfahren wegen der im Abs. 1 bezeichneten Zuwiderhandlungen können wieder aufgenommen werden, wenn sich später herausstellt, daß der Täter bis zum Ablauf des 31. Januar 1937 der Anbietungspflicht nicht genügt hat.

(4) Ist ein Verfahren eingestellt, so findet auch eine Einziehung der Werte, auf die sich die strafbare Handlung bezieht, im selbständigen Strafverfahren nicht statt.

(5) Strafurteile wegen der in den Absätzen 1 und 2 bezeichneten Straftaten, die bis zum Inkrafttreten dieses Gesetzes rechtskräftig geworden sind, bleiben unberührt.

§ 2.

Der Reichsminister der Justiz erläßt im Einvernehmen mit dem Beauftragten für den Vierjahresplan und den beteiligten Reichsministern die zur Durchführung dieses Gesetzes erforderlichen Vorschriften.

§ 3.

Dieses Gesetz tritt am Tage nach der Verkündung in Kraft.

---

[1]) Vgl. die Ausführungen in Kap. 26 unter III letzter Absatz und V c 3. S. ferner die in Fußnote 1 des Kap. 27 angeführte einschlägige Literatur und den unter B IV a 10 abgedr. einschlägigen RE. 185/36.

23. Verordnung zur Durchführung des Gesetzes über die Gewährung von Straffreiheit bei Devisenzuwiderhandlungen.

Vom 16. Dezember 1936 (RGBl. I S. 1018).

Auf Grund des § 2 des Gesetzes über die Gewährung von Straffreiheit bei Devisenzuwiderhandlungen vom 15. Dezember 1936 (RGBl. I S. 1015) verordne ich im Einvernehmen mit dem Beauftragten für den Vierjahresplan, dem Reichswirtschaftsminister und dem Reichsminister der Finanzen, was folgt:

§ 1.

Im § 1 des Gesetzes sind unter im Ausland oder Inland stehendem Vermögen Werte zu verstehen, für die eine Verpflichtung zur Anbietung an die Reichsbank begründet oder aufrechterhalten worden ist durch:

1. Artikel I und Artikel V der Durchführungsverordnung zum Gesetz über die Devisenbewirtschaftung vom 4. Februar 1935 (RGBl. I S. 114) in der Fassung der Sechsten Durchführungsverordnung zum Gesetz über die Devisenbewirtschaftung vom 28. Oktober 1936 (RGBl. I S. 930),
2. § 6 der Dritten Durchführungsverordnung zum Gesetz über die Devisenbewirtschaftung vom 1. Dezember 1935 (RGBl. I S. 1408) in der Fassung der Vierten Durchführungsverordnung zum Gesetz über die Devisenbewirtschaftung vom 23. Dezember 1935 (RGBl. I S. 1543),
3. § 5 der Fünften Durchführungsverordnung zum Gesetz über die Devisenbewirtschaftung vom 25. Mai 1936 (RGBl. I S. 467),
4. § 1 der Sechsten Durchführungsverordnung zum Gesetz über die Devisenbewirtschaftung vom 28. Oktober 1936 (RGBl. I S. 930).

§ 2.

(1) Die Straffreiheit nach § 1 des Gesetzes erstreckt sich auf Strafen für Zuwiderhandlungen gegen das Gesetz gegen Wirtschaftssabotage vom 1. Dezember 1936 (RGBl. I S. 999) und gegen das Gesetz gegen Verrat der Deutschen Volkswirtschaft vom 12. Juni 1933 (RGBl. I S. 360) in der Fassung des Abschnitts III des Steueranpassungsgesetzes vom 16. Oktober 1934 (RGBl. I S. 925) sowie auf Strafen für Devisenzuwiderhandlungen, Steuerzuwiderhandlungen und sonstige damit zusammenhängende Straftaten, die begangen worden sind:

1. hinsichtlich der angebotenen Werte (§ 1),
2. hinsichtlich der Zahlungsmittel und der sonstigen Werte, die zum Erwerb der angebotenen Werte unmittelbar oder mittelbar verwendet worden sind,

3. hinsichtlich des Ertrags und des Einkommens aus den in den Ziffern 1 und 2 bezeichneten Werten,
4. hinsichtlich des Umsatzes, der die in den Ziffern 1 und 2 bezeichneten Werte betrifft.

(2) Zu den Strafen, auf die sich hiernach die Straffreiheit erstreckt, gehört auch die nach den devisenrechtlichen Vorschriften verwirkte Ordnungsstrafe.

24. Zweite Verordnung zur Durchführung des Gesetzes über die Gewährung von Straffreiheit bei Devisenzuwiderhandlungen.

Vom 29. Dezember 1936 (RGBl. I 1937 S. 1).

Auf Grund des § 2 des Gesetzes über die Gewährung von Straffreiheit bei Devisenzuwiderhandlungen vom 15. Dezember 1936 (RGBl. I S. 1015) und zur Durchführung des Gesetzes gegen Wirtschaftssabotage vom 1. Dezember 1936 (RGBl. I S. 999) wird folgendes verordnet:

§ 1.

Die Einstellung eines Strafverfahrens auf Grund des § 1 Abs. 3 des Gesetzes über die Gewährung von Straffreiheit bei Devisenzuwiderhandlungen vom 15. Dezember 1936 gilt, wenn die Hauptverhandlung bei Inkrafttreten dieses Gesetzes bereits begonnen hatte, nicht als Unterbrechung der Hauptverhandlung im Sinne des § 229 der Strafprozeßordnung.

§ 2.

Eine Hauptverhandlung, die bei Inkrafttreten des Gesetzes gegen Wirtschaftssabotage vom 1. Dezember 1936 begonnen hatte, ist ohne Rücksicht auf die nach § 1 Abs. 2 dieses Gesetzes begründete Zuständigkeit des Volksgerichtshofs vor dem bisher mit der Sache befaßten Gericht zu Ende zu führen.

25. Dritte Verordnung zur Durchführung des Gesetzes über die Gewährung von Straffreiheit bei Devisenzuwiderhandlungen.

Vom 14. Januar 1937 (RGBl. I S. 10).

Auf Grund des § 2 des Gesetzes über die Gewährung von Straffreiheit bei Devisenzuwiderhandlungen vom 15. Dezember 1936 (RGBl. I S. 1015) wird im Einvernehmen mit dem Beauftragten für den Vierjahresplan und mit dem Reichswirtschaftsminister das Folgende verordnet:

Art. I.

Zu dem Vermögen, das entgegen den devisenrechtlichen Bestimmungen im Ausland oder Inland steht (§ 1 des Gesetzes), gehören auch ausländische Wertpapiere, die zwar nicht anbietungspflichtig sind, hinsichtlich deren aber in sonstiger Weise gegen devisenrechtliche Bestimmungen oder gegen das Volksverratgesetz verstoßen worden ist.

Art. II.

§ 1.

(1) Werden Werte, die unter § 1 Absätze 1 und 2 des Gesetzes fallen, ordnungsmäßig angeboten, so sind zu wenig gezahlte Steuern, die die im § 2 Abs. 1 Ziffern 1 bis 4 der Ersten Durchführungsverordnung bezeichneten Werte (Vermögen, Ertrag, Einkommen, Umsatz) treffen, nachzuzahlen.

(2) Der Steuerpflichtige kann jedoch entweder die im § 2 oder die im § 3 bezeichnete Vergünstigung verlangen oder von der im § 5 bezeichneten Möglichkeit Gebrauch machen.

§ 2.

Der Steuerpflichtige kann verlangen, daß zu wenig gezahlte Steuern, die die im § 2 Absatz 1 Ziffern 1 bis 4 der Ersten Durchführungsverordnung bezeichneten Werte (Vermögen, Ertrag, Einkommen, Umsatz) treffen, nur insoweit nacherhoben werden, als sie in der Zeit vom 1. Januar 1934 bis zum 31. Dezember 1936 und bei Steuern, die nach dem Rechnungsjahr erhoben werden, in der Zeit vom 1. April 1934 bis zum 31. März 1937 fällig geworden sind oder fällig werden oder auf diese Zeit entfallen.

§ 3.

(1) Ein Steuerpflichtiger, der die im § 2 vorgesehene Vergünstigung nicht in Anspruch nimmt, kann verlangen, daß das Finanzamt einen Pauschbetrag festsetzt, durch dessen Entrichtung der Steuerpflichtige seiner Nachzahlungspflicht hinsichtlich derjenigen Steuern genügt, die die im § 2 Absatz 1 Ziffern 1 bis 4 der Ersten Durchführungsverordnung bezeichneten Werte (Vermögen, Ertrag, Einkommen, Umsatz) treffen und vor dem 1. Januar 1937, bei Steuern, die nach dem Rechnungsjahr

erhoben werden: vor dem 1. April 1937 fällig geworden sind oder fällig werden oder auf diese Zeit entfallen.

(2) Der Pauschbetrag darf nicht höher sein als vierzig vom Hundert des Gesamtwertes, den die angebotenen Werte, hinsichtlich deren Steuern verkürzt worden sind (§ 2 Abs. 1 Ziffern 1 bis 4 der Ersten Durchführungsverordnung), zu Beginn des 1. Januar 1937 gehabt haben. Diesen Gesamtwert und den Pauschbetrag setzt das Finanzamt (ohne Mitwirkung des Beirats) fest. Die Festsetzung ist unanfechtbar.

§ 4.

(1) Das Finanzamt hat bei der Festsetzung des Pauschbetrages nach wirtschaftlichen Gesichtspunkten zu entscheiden. Die Zahlungen dürfen nicht dazu führen, daß der Steuerpflichtige wirtschaftlich zum Erliegen kommt oder gezwungen ist, seinen Betrieb in sachlich nicht gerechtfertigter Weise einzuschränken.

(2) Das Finanzamt kann in den Fällen des § 2 und des § 3 Stundung und Teilzahlungen bewilligen.

§ 5.

(1) Ein Steuerpflichtiger, der Werte, die unter § 1 Absätze 1 und 2 des Gesetzes fallen, ordnungsgemäß anbietet und auf Verlangen der Reichsbank abliefert, erlangt insoweit, wenn er vor dem 1. Februar 1937 auf Teile des Gegenwertes zugunsten des Reichs verzichtet, nach näherer Maßgabe der Absätze 2 und 3 Freiheit von denjenigen Steuern, die die im § 2 Absatz 1 Ziffern 1 bis 4 der Ersten Durchführungsverordnung bezeichneten Werte (Vermögen, Ertrag, Einkommen, Umsatz) treffen.

(2) Wenn der Steuerpflichtige vor dem 1. Februar 1937 auf fünfzig vom Hundert des Gegenwertes verzichtet, so erlangt er Freiheit von denjenigen im Absatz 1 bezeichneten Steuern, die in der Zeit bis zum 31. Dezember 1937 und, soweit Steuern nach dem Rechnungsjahr erhoben werden, in der Zeit bis zum 31. März 1938 fällig geworden sind oder fällig werden oder auf diese Zeit entfallen.

(3) Wenn der Steuerpflichtige vor dem 1. Februar 1937 auf sechzig vom Hundert des Gegenwerts verzichtet, so erlangt er Freiheit von denjenigen im Absatz 1 bezeichneten Steuern, die in der Zeit bis zum 31. Dezember 1938 und, soweit Steuern nach dem Rechnungsjahr erhoben werden, in der Zeit bis zum 31. März 1939 fällig geworden sind oder fällig werden oder auf diese Zeit entfallen.

§ 6.

(1) Ansprüche auf Erstattung von Steuern werden durch diese Verordnung nicht begründet.

(2) Steuerfestsetzungen, die bei Verkündung dieser Verordnung bereits unanfechtbar sind, bleiben unberührt. Insoweit finden § 1 Absatz 2 und §§ 2 bis 5 keine Anwendung.

§ 7.

(1) Zahlungen, die auf Pauschbeträge geleistet werden, und Gegenwerte, auf die nach § 5 verzichtet wird, fließen ausschließlich dem Reich zu.

(2) Andere Körperschaften des öffentlichen Rechts können hinsichtlich der Zahlungen, die auf Pauschbeträge geleistet werden, und hinsichtlich der Gegenwerte, auf die nach § 5 verzichtet wird, Ansprüche gegen das Reich nicht erheben.

26. Verordnung des Reichspräsidenten über die Anmeldung von Zahlungsverpflichtungen gegenüber dem Ausland[1].

Vom 27. Juli 1931 (RGBl. I S. 403).

Auf Grund des Artikel 48 Abs. 2 der Reichsverfassung wird verordnet:

§ 1.

Die Reichsregierung ist ermächtigt, Vorschriften über die Anmeldung von Zahlungsverpflichtungen aller Art gegenüber Personen, die ihren Wohnsitz, Sitz oder den Ort der Leitung im Ausland oder im Saargebiet haben, zu erlassen und Zuwiderhandlungen gegen diese Vorschriften mit Strafe zu bedrohen.

§ 2.

Diese Verordnung tritt am 27. Juli 1931 in Kraft.

---

[1]) Vgl. die einschlägigen Ausführungen in Kap. 10 unter c 8.

26a. Verordnung zur Durchführung der Verordnung des Reichspräsidenten über die Anmeldung von Zahlungsverpflichtungen gegenüber dem Ausland.

Vom 27. Juli 1931 (RGBl. I S. 403).

Auf Grund der Verordnung des Reichspräsidenten über die Anmeldung von Zahlungsverpflichtungen gegenüber dem Ausland vom 27. Juli 1931 (Reichsgesetzbl. I S. 403) wird verordnet:

§ 1.

(1) I. Natürliche Personen, die im Deutschen Reiche ihren Wohnsitz oder ihren gewöhnlichen Aufenthalt haben,

II. a) Aktiengesellschaften, Kommanditgesellschaften auf Aktien, Kolonialgesellschaften, bergbautreibende rechtsfähige Vereinigungen und nichtrechtsfähige Berggewerkschaften, Gesellschaften mit beschränkter Haftung, Genossenschaften, Versicherungsvereine auf Gegenseitigkeit, Hypothekenbanken, Schiffsbeleihungsbanken,

b) rechtsfähige und nichtrechtsfähige Vereine, Anstalten, Stiftungen, andere Zweckvermögen und sonstige nicht unter a fallende Gesellschaften und Körperschaften des bürgerlichen Rechts,

c) offene Handelsgesellschaften, Kommanditgesellschaften und ähnliche Gesellschaften des Handelsrechts, bei denen die Gesellschafter als Unternehmer (Mitunternehmer) anzusehen sind,

d) Körperschaften und Anstalten des öffentlichen Rechts,

zu a bis d unter der Voraussetzung, daß der Sitz oder der Ort der Leitung im Inland liegt,

III. die Länder

haben ihre Zahlungsverpflichtungen gegenüber ausländischen Gläubigern nach den Vorschriften dieser Verordnung anzumelden.

(2) Von der Anmeldepflicht nach Abs. 1 sind befreit:

1. Personen, soweit ihnen unter Wahrung der Gegenseitigkeit nach allgemeinen völkerrechtlichen Grundsätzen ein Anspruch auf Befreiung von den persönlichen Steuern zusteht;
2. konsularische Vertreter, die Berufsbeamte sind, und die ihnen zugewiesenen Beamten, sofern sie Angehörige des Entsendestaates sind, die deutsche Reichsangehörigkeit nicht besitzen und außerhalb ihres Amtes oder Dienstes im Inland keinen Beruf, kein Gewerbe und keine andere gewinnbringende Tätigkeit ausüben.

(3) Sind mehrere Personen Schuldner derselben Verpflichtung, so ist jede anmeldepflichtig. Ein Bürge ist nur anmeldepflichtig, wenn der

Hauptschuldner nicht anmeldepflichtig ist. Bei Wechseln ist nur der Akzeptant, bei eigenen Wechseln nur der Aussteller anmeldepflichtig.

(4) Wer nach den Vorschriften der Reichsabgabenordnung, insbesondere nach den §§ 103ff., die Pflichten eines Steuerpflichtigen zu erfüllen hat, ist verpflichtet, auch die in den Abs. 1, 3 bezeichneten Verpflichtungen des Steuerpflichtigen zu erfüllen.

§ 2.

Anzumelden sind ohne Rücksicht auf den Zeitpunkt der Fälligkeit die beim Inkrafttreten dieser Verordnung bestehenden Zahlungsverpflichtungen, die in Reichsmark oder in einer ausländischen Währung zu erfüllen sind, und deren Gläubiger den Wohnsitz, Sitz oder Ort der Leitung im Ausland oder im Saargebiet haben. Nicht anzumelden sind die Zahlungsverpflichtungen eines Schuldners, deren Nennbetrag oder Gegenwert insgesamt fünfzigtausend Reichsmark nicht erreicht.

§ 3.

Die Anmeldung ist binnen zehn Tagen nach Inkrafttreten dieser Verordnung bei der Anmeldestelle für Auslandsschulden in Berlin SW. 111 zu bewirken. Die Anmeldung erfolgt durch Beantwortung der in einem Vordruck der Anmeldestelle enthaltenen Fragen.

§ 4.

Wer den Vorschriften der §§ 1 bis 3 zuwider die Anmeldung nicht, nicht rechtzeitig oder nicht vollständig bewirkt, wird mit Geldstrafe bestraft.

§ 5.

Diese Verordnung tritt am 28. Juli 1931 in Kraft.

27. Zweite Verordnung zur Durchführung der Verordnung des Reichspräsidenten über die Anmeldung von Zahlungsverpflichtungen gegenüber dem Ausland.

Vom 30. März 1932 (RGBl. I S. 172).

Auf Grund der Verordnung des Reichspräsidenten über die Anmeldung von Zahlungsverpflichtungen gegenüber dem Ausland vom 27. Juli 1931 (Reichsgesetzbl. I S. 403) wird verordnet:

§ 1.

(1) I. Natürliche Personen, die im Deutschen Reiche ihren Wohnsitz oder ihren gewöhnlichen Aufenthalt haben;

II. a) Aktiengesellschaften, Kommanditgesellschaften auf Aktien, Kolonialgesellschaften, bergbautreibende rechtsfähige Vereinigungen und nichtrechtsfähige Berggewerkschaften, Gesellschaften mit beschränkter Haftung, Genossenschaften, Versicherungsvereine auf Gegenseitigkeit, Hypothekenbanken, Schiffsbeleihungsbanken,

b) rechtsfähige und nichtrechtsfähige Vereine, Anstalten, Stiftungen, andere Zweckvermögen und sonstige nicht unter a fallende Gesellschaften und Körperschaften des bürgerlichen Rechts,

c) offene Handelsgesellschaften, Kommanditgesellschaften und ähnliche Gesellschaften des Handelsrechts, bei denen die Gesellschafter als Unternehmer (Mitunternehmer) anzusehen sind,

d) Körperschaften und Anstalten des öffentlichen Rechts,

zu a bis d unter der Voraussetzung, daß der Sitz oder der Ort der Leitung im Inland liegt;

III. die Länder haben ihre Zahlungsverpflichtungen gegenüber ausländischen Gläubigern nach den Vorschriften dieser Verordnung zu den gemäß §§ 3, 4 von der Anmeldestelle für Auslandsschulden in Berlin bekanntzugebenden Zeitpunkten anzumelden.

(2) Von der Anmeldepflicht nach Abs. 1 sind befreit:

1. Personen, soweit ihnen unter Wahrung der Gegenseitigkeit nach allgemeinen völkerrechtlichen Grundsätzen ein Anspruch auf Befreiung von den persönlichen Steuern zusteht;
2. konsularische Vertreter, die Berufsbeamte sind, und die ihnen zugewiesenen Beamten, sofern sie Angehörige des Entsendestaates sind, die deutsche Reichsangehörigkeit nicht besitzen und außerhalb ihres Amtes oder Dienstes im Inland keinen Beruf, kein Gewerbe und keine andere gewinnbringende Tätigkeit ausüben.

(3) Sind mehrere Personen Schuldner derselben Verpflichtung, so hat, wenn jeder der Schuldner nur einen Teil der Leistung schuldet (Teil-

schuldner), jeder Schuldner nur den auf ihn entfallenden Anteil anzumelden. Schulden mehrere Personen eine Leistung in der Weise, daß jede zu der ganzen Leistung verpflichtet ist (Gesamtschuldner), oder in der Weise, daß die Verpflichtung nur von allen Schuldnern gemeinschaftlich erfüllt werden kann (Schuldner zur gesamten Hand), so haben die Schuldner einen unter sich zu bestimmen, der die Anmeldung vorzunehmen hat. Ein Bürge ist nur anmeldepflichtig, wenn der Hauptschuldner nicht anmeldepflichtig ist. Bei Wechseln ist nur der Akzeptant, bei eigenen Wechseln nur der Aussteller anmeldepflichtig.

(4) Wer nach den Vorschriften der Reichsabgabenordnung, insbesondere nach den §§ 103ff., die Pflichten eines Steuerpflichtigen zu erfüllen hat, ist verpflichtet, auch die in den Abs. 1, 3 bezeichneten Verpflichtungen des Steuerpflichtigen zu erfüllen.

§ 2.

Anzumelden sind ohne Rücksicht auf den Zeitpunkt der Fälligkeit alle am Stichtag für die Anmeldung (§ 3) bestehenden Zahlungsverpflichtungen (in Reichsmark oder einer ausländischen Währung) an Gläubiger, die ihren Wohnsitz, ihren Sitz oder den Ort ihrer Leitung im Ausland oder im Saargebiet haben.

§ 3.

Die Anmeldestelle für Auslandsschulden in Berlin ist ermächtigt, im Benehmen mit dem Reichswirtschaftsminister den Mindestbetrag der der Anmeldung unterliegenden Zahlungsverpflichtungen und den Stichtag für die Anmeldung jeweils festzusetzen. Die Anmeldestelle erläßt unter Bekanntgabe des Mindestbetrags und des Stichtags die Aufforderung zur Anmeldung im Reichsanzeiger. Sie stellt im Benehmen mit dem Reichswirtschaftsminister die für die Anmeldung erforderlichen Fragen in Vordrucken zusammen, die bei ihr und den Reichsbankanstalten erhältlich sind. Für die Anmeldung sind diese Vordrucke zu verwenden.

§ 4.

Die Anmeldung hat bei der Anmeldestelle für Auslandsschulden in Berlin spätestens zwei Wochen nach Veröffentlichung der Aufforderung im Reichsanzeiger zu erfolgen.

§ 5.

Wer den Vorschriften der §§ 1 bis 3 zuwider die Anmeldung nicht, nicht rechtzeitig oder nicht vollständig bewirkt, wird mit Geldstrafe bestraft.

§ 6.

Diese Verordnung tritt am 30. März 1932 in Kraft.

28. Gesetz über Fremdwährungs-Schuldverschreibungen.

Vom 26. Juni 1936 (RGBl. I S. 515).

Die Reichsregierung hat das folgende Gesetz beschlossen, das hiermit verkündet wird:

§ 1.

Lautet eine im Ausland aufgenommene, in Wertpapieren verbriefte Anleihe auf eine ausländische Währung — unbeschadet ob mit oder ohne Goldklausel —, so ist im Falle einer Abwertung dieser Währung für den Umfang der Zahlungsverpflichtung des Schuldners die abgewertete Währung maßgebend.

§ 2.

(1) Rechtskräftige Entscheidungen stehen der Anwendung dieses Gesetzes nicht entgegen.

(2) Vereinbarungen, durch die nach dem Eintritt einer Abwertung der ausländischen Währung der Umfang der Schuldverpflichtung von § 1 abweichend geregelt ist, werden durch das Gesetz nicht berührt. Dies gilt auch, wenn die Beteiligten den Umtausch von Schuldverschreibungen, die auf eine ausländische Währung lauten, in Reichsmark-Schuldverschreibungen vereinbart haben.

(3) Bereits geleistete Zahlungen können auf Grund des Gesetzes nicht zurückgefordert werden.

§ 3.

Erledigt sich ein anhängiger Rechtsstreit durch dieses Gesetz, so trägt jede Partei ihre außergerichtlichen Kosten und die Hälfte der gerichtlichen Auslagen. Die Gerichtsgebühren werden niedergeschlagen.

§ 4.

Der Reichsminister der Justiz erläßt im Einvernehmen mit dem Reichswirtschaftsminister und dem Reichsminister der Finanzen die zur Durchführung und Ergänzung dieses Gesetzes erforderlichen Rechts- und Verwaltungsvorschriften.

29. Verordnung über Fremdwährungsschulden.

Vom 5. Dezember 1936 (RGBl. I S. 1010).

Auf Grund des § 4 des Gesetzes über Fremdwährungs-Schuldverschreibungen vom 26. Juni 1936 (Reichsgesetzbl. I S. 515) wird verordnet:

Die Vorschriften des Gesetzes über Fremdwährungs-Schuldverschreibungen finden sinngemäß auch auf nicht in Wertpapieren verbriefte Schuldverpflichtungen des zwischenstaatlichen Geld- und Kapitalverkehrs Anwendung, die aus Auslandskrediten oder Ausländerguthaben herrühren und auf ausländische Währung mit oder ohne Goldklausel lauten.

30. Verordnung über den Warenverkehr[1].

Vom 4. September 1934 (RGBl. I S. 816).

Auf Grund des Gesetzes über wirtschaftliche Maßnahmen vom 3. Juli 1934 (RGBl. I S. 565) wird im Einvernehmen mit dem Reichsminister für Ernährung und Landwirtschaft verordnet:

Ermächtigung.

§ 1.

Der Reichswirtschaftsminister wird ermächtigt, den Verkehr mit Waren zu überwachen und zu regeln, insbesondere Bestimmungen über deren Beschaffung, Verteilung, Lagerung, Absatz und Verbrauch zu treffen.

§ 2.

Der Reichswirtschaftsminister kann, soweit er es für die Überwachung und Regelung des Warenverkehrs für notwendig hält, Anordnungen über die Aufzeichnung geschäftlicher Vorgänge, namentlich über die Buchführung treffen.

§ 3.

Überwachungsstellen.

(1) Der Reichswirtschaftsminister kann seine Befugnisse aus den §§ 1, 2 ganz oder teilweise übertragen. Er kann hierzu besondere Überwachungsstellen errichten.

(2) Eine Überwachungsstelle wird mit ihrer Errichtung juristische Person. Die Überwachungsstelle ist vermögensrechtlich selbständig und nicht Teil des Reichsfiskus.

(3) Die Überwachungsstelle ist, soweit sie ihren eigenen Bedarf beschafft, im Geschäftsverkehr Dienststellen gleichzustellen, die mit ihren Einnahmen und Ausgaben im Reichshaushalt als Behörden geführt werden.

Reichsbeauftragte.

§ 4.

(1) Der Reichswirtschaftsminister bestellt für die Überwachungsstelle einen Reichsbeauftragten. Er kann einen oder mehrere Stellvertreter des Reichsbeauftragten ernennen.

(2) Der Reichsbeauftragte vertritt die Überwachungsstelle gerichtlich und außergerichtlich. Die Vertretung der Überwachungsstelle gegenüber dem Reichsbeauftragten regelt der Reichswirtschaftsminister.

---

[1]) Bei obiger VO. ist die Fassung gemäß der VO. zur Ergänzung der VO. über den Warenverkehr nicht berücksichtigt. Vgl. daher die einschlägigen Bestimmungen dieser VO. vom 28. 6. 1937, anschließend abgedr. unter Ziff. 30a.

§ 5.

Der Reichsbeauftragte leitet die Überwachungsstelle. Er ist an die Weisungen des Reichswirtschaftsministers gebunden.

§ 6.

Der Reichsbeauftragte erläßt eine Geschäftsordnung für die Überwachungsstelle. Ist ihm ein Beirat (§ 7) zur Seite gestellt, so soll er diesen vor Erlaß der Geschäftsordnung hören. Die Geschäftsordnung bedarf der Zustimmung des Reichswirtschaftsministers.

§ 7.

Beirat.

(1) Dem Reichsbeauftragten kann ein Beirat zur Seite gestellt werden. Dieser übt zur Unterstützung des Reichsbeauftragten eine beratende Tätigkeit aus. Die Mitglieder des Beirats werden vom Reichswirtschaftsminister berufen. Der Beirat kann aus seinen Mitgliedern Ausschüsse bilden und diesen widerruflich die Behandlung bestimmter Fragen übertragen.

(2) Die Mitglieder des Beirats führen ihr Amt unentgeltlich als Ehrenamt; sie erhalten Ersatz ihrer Auslagen nach den Grundsätzen, welche die Überwachungsstelle mit Zustimmung des Reichswirtschaftsministers aufstellt.

§ 8.

Rechnungslegung.

(1) Die Finanzgebarung der Überwachungsstelle unterliegt den Bestimmungen des Gesetzes zur Erhaltung und Hebung der Kaufkraft vom 24. März 1934 Abschnitt I (Beiträge-Gesetz) (RGBl. I S. 235). Vor Feststellung des Haushaltsplans ist der Beirat oder ein Ausschuß des Beirats zu hören. Dieser bringt die Stelle in Vorschlag, von der die Haushaltsrechnung geprüft wird.

(2) Die Haushaltsrechnung ist mit dem Bericht über das Ergebnis der Prüfung dem Beirat oder einem Ausschuß des Beirats vorzulegen und mit dessen Stellungnahme dem Reichswirtschaftsminister einzureichen.

§ 9.

Aufbringung der Kosten.

(1) Die Kosten der Überwachungsstelle sind durch Gebühren oder durch Umlagen aufzubringen. Der Reichswirtschaftsminister bestimmt die Art der Kostenaufbringung und den Kreis der umlagepflichtigen Personen und Unternehmungen.

(2) Auf Grund der Ermächtigung des Reichswirtschaftsministers erläßt die Überwachungsstelle eine Gebührenordnung oder eine Anordnung über die Erhebung der Umlage.

(3) Vor Erlaß einer Gebührenordnung und vor Erhebung der Umlage hat der Reichsbeauftragte den Beirat zu hören. Die Gebührenordnung und die Umlage bedürfen der Zustimmung des Reichswirtschaftsministers.

(4) Verbleibt bei Auflösung der Überwachungsstelle nach Abdeckung aller Verbindlichkeiten ein Überschuß, so bestimmt der Reichswirtschaftsminister die Art seiner Verwendung.

§ 10[1]).

Auskunftspflicht.

Die Überwachungsstelle ist auskunftsberechtigte Stelle im Sinne der Verordnung über Auskunftspflicht vom 13. Juli 1923 (RGBl. I S. 723). Sie kann das persönliche Erscheinen eines Auskunftspflichtigen anordnen. Bei Verletzung der Auskunftspflicht finden auch die §§ 12 bis 15 Anwendung.

§ 11.

Schweigepflicht.

(1) Der Reichsbeauftragte, sein Stellvertreter, die Beiratsmitglieder sowie die Angestellten und Gutachter der Überwachungsstelle sind auf die gewissenhafte Erfüllung ihrer Obliegenheiten durch Handschlag zu verpflichten. Der Reichsbeauftragte und sein Stellvertreter werden vom Reichswirtschaftsminister, die Beiratsmitglieder, die Angestellten und die Gutachter vom Reichsbeauftragten verpflichtet.

(2) Die nach Abs. 1 verpflichteten Personen haben vorbehaltlich dienstlicher Berichterstattung über solche nicht öffentlich bekannten Tatsachen Verschwiegenheit zu beobachten, die ihnen durch ihre Tätigkeit in der Überwachungsstelle zur Kenntnis kommen. Die Schweigepflicht erlischt nicht mit der Beendigung der Tätigkeit in der Überwachungsstelle oder mit der Auflösung der Überwachungsstelle.

(3) Im übrigen finden die Bestimmungen der Verordnung gegen Bestechung und Geheimnisverrat nichtbeamteter Personen vom 3. Mai 1917 (RGBl. S. 393) in der Fassung der Verordnung vom 12. Februar 1920 (RGBl. S. 230) entsprechende Anwendung.

Zuwiderhandlungen[2]).

§ 12.

(1) Wer vorsätzlich oder fahrlässig einer Anordnung zuwiderhandelt, die der Reichswirtschaftsminister auf Grund dieser Verordnung oder ihrer Durchführungs- oder Ergänzungsvorschriften trifft, wird mit Gefängnis und Geldstrafe oder einer dieser beiden Strafen bestraft. Das Höchstmaß der Geldstrafe ist unbeschränkt.

(2) Neben der Strafe können die Gegenstände, auf die sich die Zuwiderhandlung bezieht, zugunsten des Reichs eingezogen werden. Ist die strafrechtliche Verfolgung einer bestimmten Person nicht möglich, so kann selbständig auf Einziehung erkannt werden.

(3) Die Einziehung unterbleibt, wenn der von der Einziehung Betroffene weder von der Zuwiderhandlung Kenntnis noch aus ihr einen Vorteil gehabt hat. Rechte eines anderen an eingezogenen Gegenständen bleiben insoweit bestehen, als diese Voraussetzungen in der Person des anderen vorliegen.

(4) Für die Geldstrafe und die Einziehung gelten die §§ 416, 417 der Reichsabgabenordnung entsprechend.

---

[1]) Vgl. die Neufassung gemäß Art. 1 der unter Ziff. 30 a anschließend abgedr. VO.
[2]) Vgl. die Neufassung gemäß Art. 2 der unter Ziff. 30 a anschließend abgedr. VO.

§ 13[1]).

Wird im Betriebe eines Unternehmens eine nach § 12 strafbare Handlung begangen, so kann gegen den Inhaber oder Leiter, unbeschadet ihrer strafrechtlichen Verantwortung, eine Ordnungsstrafe bis zu 300000 RM. festgesetzt werden, sofern sie nicht nachweisen, daß sie die im Verkehr erforderliche Sorgfalt zur Verhütung der strafbaren Handlung angewandt haben. Die Ordnungsstrafe wird auf Antrag des Reichsbeauftragten vom Reichswirtschaftsgericht festgesetzt.

§ 14[2]).

Die Vorschriften der §§ 12 und 13 gelten auch dann, wenn jemand vorsätzlich oder fahrlässig einer Anordnung zuwiderhandelt, die eine Überwachungsstelle erläßt. Voraussetzung der Strafbarkeit ist, daß die Überwachungsstelle in der Anordnung eine Zuwiderhandlung ausdrücklich unter Hinweis auf diese Verordnung als unter die Strafvorschriften fallend erklärt hat. Diese Erklärung kann, wenn sie in der Anordnung nicht enthalten ist, in einer ergänzenden Anordnung enthalten sein. Zuwiderhandlungen gegen die Anordnung sind in diesem Falle nur strafbar, wenn sie nach dem Erlaß der ergänzenden Anordnung begangen sind.

§ 15[3]).

Handelt jemand vorsätzlich oder fahrlässig einer Anordnung zuwider, die der Reichswirtschaftsminister oder eine Überwachungsstelle auf Grund dieser Verordnung oder ihrer Durchführungs- oder Ergänzungsvorschriften trifft, so kann, wenn ein öffentliches Interesse an der Herbeiführung einer gerichtlichen Entscheidung nach §§ 12, 13, 14, nicht besteht, der Reichsbeauftragte nach Anhörung des Beirats gegen den Schuldigen oder den Inhaber oder Leiter des Betriebes, in dem die strafbare Handlung begangen ist, eine Ordnungsstrafe bis zu 10000 RM. im Einzelfalle festsetzen. Die Festsetzung ist dem Betroffenen durch eingeschriebenen Brief mitzuteilen. Sie wird rechtskräftig, wenn der Betroffene nicht binnen einer Woche nach Zugehen dieser Mitteilung schriftlich bei dem Reichswirtschaftsminister Beschwerde erhebt. Über die Beschwerde entscheidet der Reichswirtschaftsminister.

§ 16[3]).

Beitreibung.

Die Einziehung von Gebühren und Umlagen oder der nach § 15 verhängten Ordnungsstrafen erfolgt auf Ersuchen des Reichsbeauftragten nach den landesgesetzlichen Vorschriften über die Beitreibung öffentlicher Abgaben.

---

[1]) Vgl. den neueingefügten § 13 gemäß Art. 3 der unter Ziff. 30 a anschließend abgedr. VO.; s. auch die Neufassung obiger Vorschrift als § 14 gemäß Art. 4 der unter Ziff. 30 a abgedr. VO.

[2]) Die §§ 14—16 (bisheriger Fassung) sind gemäß Art. 4 Ziff. 2 der unter Ziff. 30 a anschließend abgedr. VO. gestrichen. Vgl. aber die neueingefügten, an Stelle der bisherigen §§ 14—16 tretenden §§ 15 und 16 in der Fassung des Art. 4 Ziff. 2 der unter Ziff. 30 a anschließend abgedr. VO.

[3]) Vgl. Fußnote 2 auf dieser Seite.

§ 17.

Schadenshaftung.

Wegen eines Schadens, der durch Maßnahmen entsteht, die in Durchführung dieser Verordnung oder ihrer Durchführungs- und Ergänzungsvorschriften getroffen werden, wird seitens des Reichs oder der Überwachungsstelle eine Entschädigung nicht gewährt.

§ 18[1].

Sofern die Befugnisse aus den §§ 1 und 2 einer bereits bestehenden Stelle übertragen werden, tritt in den Fällen der §§ 10, 14 bis 17 diese an die Stelle der Überwachungsstelle und der Vorstand (Vorsitzende) dieser Stelle an die Stelle des Reichsbeauftragten. Die Vorschriften in den §§ 9 und 11 finden in diesem Falle sinngemäße Anwendung.

§ 19.

Der Reichswirtschaftsminister erläßt die zur Durchführung und Ergänzung dieser Verordnung erforderlichen Rechts- und Verwaltungsvorschriften.

§ 20[2].

Soweit in den §§ 1 bis 19 dem Reichswirtschaftsminister Aufgaben oder Befugnisse zugewiesen sind, tritt der Reichsminister für Ernährung und Landwirtschaft innerhalb seiner Zuständigkeit an dessen Stelle.

§ 21.

Diese Verordnung tritt am Tage der Verkündung in Kraft. Gleichzeitig treten außer Kraft:

a) das Gesetz über den Verkehr mit industriellen Rohstoffen und Halbfabrikaten vom 22. März 1934 (RGBl. I S. 212) in der Fassung der Verordnung vom 13. Juli 1934 (RGBl. I S. 709),

b) die Siebente Durchführungsverordnung zu dem Gesetz über den Verkehr mit industriellen Rohstoffen und Halbfabrikaten vom 18. Mai 1934 (RGBl. I S. 396),

c) die Achte Durchführungsverordnung zu dem Gesetz über den Verkehr mit industriellen Rohstoffen und Halbfabrikaten vom 30. Mai 1934 (RGBl. I S. 469).

Es bleiben in Kraft:

a) die Neunte Durchführungsverordnung zu dem Gesetz über den Verkehr mit industriellen Rohstoffen und Halbfabrikaten vom 29. Juni 1934 (RGBl. I S. 528),

b) die Zehnte Durchführungsverordnung zu dem Gesetz über den Verkehr mit industriellen Rohstoffen und Halbfabrikaten vom 27. August 1934 (RGBl. I S. 801).

---

[1]) Vgl. die Neufassung gemäß Art. 5 der unter Ziff. 30 a anschließend abgedr. VO.

[2]) Vgl. die Neufassung gemäß Art. 6 der unter Ziff. 30 a anschließend abgedr. VO.

30a. Verordnung zur Ergänzung der Verordnung über den Warenverkehr.

Vom 28. Juni 1937 (RGBl. I S. 761).

Auf Grund des § 19 der Verordnung über den Warenverkehr vom 4. September 1934 (Reichsgesetzbl. I S. 816) wird folgendes verordnet:

Artikel 1.

§ 10 der Verordnung über den Warenverkehr erhält folgende Fassung:

„§ 10.

Auskunftspflicht.

(1) Die Überwachungsstelle ist auskunftsberechtigte Stelle im Sinne der Verordnung über Auskunftspflicht vom 13. Juli 1923 (Reichsgesetzbl. I S. 723). Sie kann das persönliche Erscheinen eines Auskunftspflichtigen anordnen. Bei Verletzung der Auskunftspflicht finden auch die Bestimmungen des § 12 Abs. 3 bis 5 und der §§ 14 und 15 entsprechende Anwendung.

(2) Die Überwachungsstelle kann weiter von jedermann Auskünfte über wirtschaftliche Verhältnisse und — soweit sie nach § 3 des Gesetzes über die Devisenbewirtschaftung vom 4. Februar 1934 (Reichsgesetzbl. I S. 105) für Aufgaben der Devisenbewirtschaftung zuständig ist — Auskünfte verlangen, die sich auf Geschäfte oder Handlungen beziehen, die nach diesem Gesetz oder einer Durchführungsverordnung verboten oder Beschränkungen unterworfen sind. Dabei kann auch die Vorlage der Bücher oder sonstiger Belege verlangt werden."

Artikel 2.

1. § 12 Abs. 1 der Verordnung über den Warenverkehr erhält folgende Fassung:

„(1) Mit Gefängnis und Geldstrafe in unbeschränkter Höhe oder mit einer dieser beiden Strafen wird bestraft, wer

1. vorsätzlich oder fahrlässig einer Anordnung zuwiderhandelt, die der Reichswirtschaftsminister auf Grund dieser Verordnung oder ihrer Durchführungs- oder Ergänzungsvorschriften trifft;
2. vorsätzlich oder fahrlässig der Anordnung einer Überwachungsstelle zuwiderhandelt, sofern die Anordnung selbst oder eine sie ergänzende Anordnung ausdrücklich einen Hinweis auf die Strafbestimmungen dieser Verordnung enthält;
3. unrichtige oder unvollständige Angaben tatsächlicher Art macht oder benutzt, um für sich oder einen anderen eine Genehmigung, Bewilligung, verbindliche Zusage oder sonstige Bescheinigung zu erschleichen, die von dem Reichswirtschaftsminister oder einer Über-

wachungsstelle auf Grund dieser Verordnung, ihrer Durchführungs- oder Ergänzungsvorschriften oder auf Grund einer Anordnung erteilt werden."

2. Als § 12 Abs. 2 wird folgende Bestimmung eingefügt:

„(2) Auflagen, die der Reichswirtschaftsminister oder eine Überwachungsstelle machen, stehen den Anordnungen im Sinne der Ziffern 1 und 2 gleich."

3. Die bisherigen Absätze 2 bis 4 werden die Absätze 3 bis 5.

Artikel 3.

Als § 13 wird folgende Bestimmung eingefügt:

„§ 13.

(1) Wer vorsätzlich oder fahrlässig die von der Überwachungsstelle nach § 10 Abs. 2 erforderten Auskünfte nicht, nicht in der bestimmten Frist, unvollständig oder unrichtig erstattet oder die Bücher oder sonstigen Belege nicht, nicht in der bestimmten Frist oder unvollständig vorlegt, wird mit Geldstrafe bestraft.

(2) Die §§ 416 und 417 der Reichsabgabenordnung gelten entsprechend."

Artikel 4.

1. Der bisherige § 13 erhält die Bezeichnung § 14; in ihm treten an die Stelle der Worte „nach § 12 strafbare Handlung" die Worte „nach den §§ 10, 12 oder 13 strafbare Handlung."

2. Die bisherigen §§ 14 bis 16 werden gestrichen und durch die nachstehenden Bestimmungen ersetzt:

„§ 15.

(1) Besteht wegen eines Vergehens gegen die §§ 10, 12 oder 13 kein öffentliches Interesse an der Herbeiführung einer gerichtlichen Entscheidung, so kann der Reichsbeauftragte gegen den Schuldigen und den Inhaber oder Leiter des Betriebes, in dem die strafbare Handlung begangen worden ist, eine Ordnungsstrafe bis zu 10000 Reichsmark im Einzelfalle festsetzen. Die Festsetzung ist dem Betroffenen durch eingeschriebenen Brief mitzuteilen. Der Inhaber oder Leiter des Betriebes bleiben straffrei, wenn sie nachweisen, daß sie die im Verkehr erforderliche Sorgfalt zur Verhütung der strafbaren Handlung angewandt haben.

(2) Die Ordnungsstrafe wird rechtskräftig, wenn der Betroffene nicht binnen einer Woche nach Zugehen der Mitteilung schriftlich bei der Überwachungsstelle Beschwerde einlegt. Erachtet der Reichsbeauftragte, dessen Entscheidung angefochten wird, die Beschwerde für begründet, so kann er ihr abhelfen; andernfalls ist die Beschwerde vor Ablauf von zwei Wochen dem Reichswirtschaftsminister vorzulegen. Der Reichswirtschaftsminister entscheidet endgültig.

§ 16.

Beitreibung.

Die Beitreibung von Gebühren und Umlagen oder der nach § 15 verhängten Ordnungsstrafen erfolgt auf Ersuchen des Reichsbeauftragten durch die Finanzämter nach den Vorschriften der Reichsabgabenordnung und der zu ihrer Durchführung ergangenen oder noch ergehenden Bestimmungen."

Artikel 5.

Im § 18 treten an die Stelle der Worte „in den Fällen der §§ 10, 14 bis 17" die Worte „in den Fällen der §§ 10, 12 bis 17".

Artikel 6.

Im § 20 werden die Worte „tritt der Reichsminister für Ernährung und Landwirtschaft innerhalb seiner Zuständigkeit an dessen Stelle" ersetzt durch die Worte „treten der Reichsminister für Ernährung und Landwirtschaft und der Reichsforstmeister innerhalb ihrer Zuständigkeit an dessen Stelle".

Artikel 7.

Soweit in Verordnungen, Anordnungen und Bekanntmachungen des Reichswirtschaftsministers oder einer Überwachungsstelle auf Bestimmungen der Verordnung über den Warenverkehr verwiesen ist, die durch diese Verordnung geändert werden, treten an deren Stelle die entsprechenden Bestimmungen dieser Verordnung.

Artikel 8.

Diese Verordnung tritt am 15. Juli 1937 in Kraft.

31. Verordnung über Auskunftspflicht.

Vom 13. Juli 1923 (RGBl. I S. 723).

Auskunftsberechtigte Stellen.

§ 1.

Die Reichsregierung, die obersten Landesbehörden und die von der Reichsregierung oder der obersten Landesbehörde bestimmten Stellen sind berechtigt, jederzeit Auskunft über wirtschaftliche Verhältnisse, insbesondere über Preise und Vorräte sowie über Leistungen und Leistungsfähigkeit von Unternehmungen oder Betrieben zu verlangen.

Auskunftspflichtige.

§ 2.

Zur Auskunft verpflichtet sind:

1. gewerbliche und landwirtschaftliche Unternehmer sowie Verbände und Vereinigungen solcher Unternehmer;
2. öffentlich-rechtliche Körperschaften;
3. Personen, die Gegenstände, über die Auskunft verlangt wird, in Gewahrsam haben oder gehabt haben oder auf Lieferung solcher Gegenstände Anspruch haben.

Wird von einem Verband oder einer Vereinigung Auskunft verlangt, so trifft die Verpflichtung die Personen, die zur Vertretung oder Geschäftsführung befugt sind, oder deren Stellvertreter.

Anforderung und Erteilung der Auskunft.

§ 3.

Die Auskunft kann durch öffentliche Bekanntmachung oder durch Anfrage bei den zur Auskunft Verpflichteten erfordert werden.

Es kann mündliche und schriftliche Auskunft verlangt werden; auch Abschriften, Auszüge und Zusammenstellungen aus Geschäftsbüchern, Geschäftspapieren oder aus den Unterlagen für die Bemessung von Preisen und Vergütungen können erfordert werden.

Die Auskunft ist kostenfrei zu erteilen.

Besichtigung von Betrieben.

§ 4.

Die zuständigen Stellen (§ 1) und die von ihnen Beauftragten sind, auch wenn sie Auskunft vorher nicht verlangt haben, befugt, zur Ermittelung richtiger Angaben Geschäftsbriefe und Geschäftsbücher, insbesondere auch Unterlagen für die Bemessung von Preisen und Vergütungen, einzusehen sowie Betriebseinrichtungen und Räume zu besichtigen und zu untersuchen, in denen Waren hergestellt, gelagert oder feilgehalten werden oder in denen Gegenstände zu vermuten sind, über die Auskunft verlangt wird.

Die zuständigen Stellen sind ferner befugt, die Einrichtung und Führung besonderer Lagerbücher vorzuschreiben.

Will die Reichsregierung oder eine von ihr bezeichnete Stelle von der Befugnis des Abs. 1 gegenüber staatlichen Betrieben oder Einrichtungen Gebrauch machen, so ist die zuständige oberste Landesbehörde von den beabsichtigten Maßnahmen in Kenntnis zu setzen.

Schweigepflicht.

§ 5.

Die von den zuständigen Stellen Beauftragten sind, vorbehaltlich der dienstlichen Berichterstattung und der Anzeige von Gesetzwidrigkeiten, verpflichtet, über die Einrichtungen und Geschäftsverhältnisse, die durch die Ausübung ihrer Befugnisse zu ihrer Kenntnis kommen, Verschwiegenheit zu beobachten und sich der Mitteilung und der Verwertung der Geschäfts- und Betriebsgeheimnisse zu enthalten. Sie sind, soweit sie nicht Beamte sind, auf die gewissenhafte Erfüllung ihrer Obliegenheiten nach § 1 der Verordnung gegen Bestechung und Geheimnisverrat nichtbeamteter Personen vom 3. Mai 1917/12. Februar 1920 (Reichsgesetzbl. 1917 S. 393; 1920 S. 230) durch Handschlag zu verpflichten.

Strafvorschriften.

§ 6.

Mit Gefängnis bis zu einem Jahre und mit Geldstrafe oder mit einer dieser Strafen wird bestraft, wer vorsätzlich

1. die Auskunft, zu der er nach den §§ 1 bis 3 verpflichtet ist, ganz oder teilweise verweigert oder nicht in der gesetzten Frist erteilt oder unrichtige oder unvollständige Angaben macht;
2. der Vorschrift im § 4 Abs. 1 zuwider die Einsicht in Geschäftsbriefe, Geschäftsbücher oder Unterlagen für die Bemessung von Preisen oder Vergütungen nicht gewährt oder die Besichtigung oder Untersuchung von Betriebseinrichtungen oder Räumen nicht gestattet;
3. die nach § 4 Abs. 2 vorgeschriebenen Lagerbücher einzurichten oder zu führen unterläßt.

Wer eine der im Abs. 1 bezeichneten Handlungen fahrlässig begeht, wird mit Geldstrafe bestraft.

Neben der Strafe kann auf Einziehung der Waren, die verschwiegen worden sind, erkannt werden, auch wenn sie dem Auskunftspflichtigen nicht gehören. Dies gilt auch dann, wenn die Strafe gemäß § 73 des Strafgesetzbuchs auf Grund eines anderen Gesetzes zu bestimmen ist.

Ausführungsbestimmungen.

§ 7.

Die Reichsregierung erläßt die Bestimmungen zur Ausführung dieser Verordnung. Soweit die Reichsregierung solche Bestimmungen nicht erläßt, können sie von der obersten Landesbehörde erlassen werden.

32. Auszug aus der Reichsabgabenordnung.

Vom 22. Mai 1931 (RGBl. I S. 161) in der Fassung der VO. des Reichspräsidenten über Maßnahmen auf dem Gebiete der Finanzen, der Wirtschaft und der Rechtspflege vom 18. März 1933 (RGBl. I S. 109) und des Gesetzes über die Zulassung von Steuerberatern vom 6. Mai 1933 (RGBl. I S. 257).

(§§ 102—109, 188 Abs. 1 Satz 1, 416—417, 459, 470.)

§ 102.

(1) Für die Geschäftsfähigkeit von Privatpersonen gelten in Steuersachen die Vorschriften des bürgerlichen Rechtes.

(2) Das gleiche gilt von der Vertretung und Vollmacht, soweit in den §§ 103 bis 111 nichts anderes vorgeschrieben ist.

§ 103.

Die gesetzlichen Vertreter juristischer Personen und solcher Personen, die geschäftsunfähig oder in der Geschäftsfähigkeit beschränkt sind, haben alle Pflichten zu erfüllen, die den Personen, die sie vertreten, obliegen; insbesondere haben sie dafür zu sorgen, daß die Steuern aus den Mitteln, die sie verwalten, entrichtet werden. Für Zwangsgeldstrafen und Sicherungsgelder, die gegen sie erkannt, und für Kosten von Zwangsmitteln, die gegen sie festgesetzt werden, haften neben ihnen die von ihnen vertretenen Personen.

§ 104.

Steht eine Vermögensverwaltung nach Gesetz, Anordnung der Behörde oder letztwilliger Verfügung anderen Personen zu als den Eigentümern oder deren gesetzlichen Vertretern, so haben sie, soweit ihre Verwaltung reicht, die gleiche Pflicht (§ 103).

§ 105.

(1) Bei Personenvereinigungen, die als solche steuerpflichtig sind, aber keine eigene Rechtspersönlichkeit besitzen, haben die Vorstände oder Geschäftsführer und, soweit solche nicht vorhanden sind, die Mitglieder die Pflichten zu erfüllen, die den Personenvereinigungen wegen der Besteuerung auferlegt sind. Die §§ 103, 104 gelten entsprechend.

(2) Das gleiche gilt für Zweckvermögen und sonstige einer juristischen Person ähnliche Gebilde, die als solche der Besteuerung unterliegen.

(3) Entstehen dadurch Schwierigkeiten, daß es in den Fällen der ersten beiden Absätze an Vorständen oder Geschäftsführern fehlt, und Beteiligte in größerer Zahl vorhanden sind, so haben die Beteiligten einen oder mehrere Bevollmächtigte im Inland zu stellen. Unterlassen sie dies, so kann das Finanzamt einen oder einzelne Beteiligte als Bevollmächtigte mit Wirkung für die Gesamtheit behandeln.

§ 106.

(1) Bei Wegfall eines Steuerpflichtigen (Tod, Auflösung einer juristischen Person, einer Personenvereinigung oder eines Zweckvermögens) haben die Rechtsnachfolger, Testamentsvollstrecker, Erbschaftsbesitzer (§ 2018 des Bürgerlichen Gesetzbuchs), Pfleger, Liquidatoren, Verwalter und die Bevollmächtigten dieser Personen dafür zu sorgen, daß Mittel zur Bezahlung der vorher entstandenen Steuerschulden (§ 99 Abs. 1) zurückgehalten und diese Steuerschulden bezahlt werden. Auf Verlangen ist aus dem Nachlaß oder der Masse Sicherheit zu leisten.

(2) Die gleichen Pflichten haben wegen der Steuern, die aus einem Nachlaß zu entrichten sind, die Erben, Testamentsvollstrecker, Erbschaftsbesitzer, Pfleger, Verwalter und die Bevollmächtigten dieser Personen.

(3) Ist zweifelhaft, wer zur Vertretung eines Nachlasses oder eines sonst verbleibenden Vermögens befugt ist, so hat das Nachlaßgericht und beim Wegfall einer juristischen Person oder eines dieser ähnlichen Gebildes das Amtsgericht des nach § 73 Abs. 5 Nr. 2 zuständigen Ortes auf Antrag des Finanzamts einen Pfleger für den Nachlaß oder sonstige Masse zu bestellen; der Pfleger hat die Stellung eines Nachlaßpflegers im Sinne des § 1961 des Bürgerlichen Gesetzbuchs. Die Steueransprüche können gegen ihn geltend gemacht werden, und er ist befugt, Rechtsmittel gegen die Heranziehung einzulegen.

§ 107.

(1) Wer durch Abwesenheit oder sonst verhindert ist, Pflichten zu erfüllen, die ihm im Interesse der Besteuerung obliegen, oder Rechte wahrzunehmen, die ihm nach den Steuergesetzen zustehen, kann dies durch Bevollmächtigte tun.

(2) Bevollmächtigte, die aus der Erteilung von Rat und Hilfe in Steuersachen ein Geschäft machen oder denen die Fähigkeit zum geeigneten schriftlichen oder mündlichen Vortrag mangelt, können zurückgewiesen werden.

(3) Abs. 2 gilt nicht:

1. für Rechtsanwälte oder Notare;
2. für Personen, die von einem Landesfinanzamt zugelassen worden sind; das Landesfinanzamt kann die Zulassung jederzeit zurücknehmen; weder die Verwaltungsgerichte (insbesondere die Finanzgerichte und der Reichsfinanzhof) noch die ordentlichen Gerichte sind zu einer Nachprüfung befugt, ob die Zurücknahme zulässig war.

(4) Die Finanzämter können auch sonst Bevollmächtigte zulassen. Es bleibt ihnen aber unbenommen, sich neben dem Bevollmächtigten an den Steuerpflichtigen selbst zu wenden.

(5) Der Steuerpflichtige kann sich in jeder Lage des Verfahrens eines Beistandes bedienen. Auf den Beistand finden die Vorschriften der Abs. 2, 3 Anwendung.

(6) Hat eine Steuerverwaltungsbehörde, ein Finanzgericht (der Vorsitzende eines Finanzgerichts) oder der Reichsfinanzhof (der Vorsitzende eines Senats) jemanden als Bevollmächtigten oder als Beistand zurückgewiesen, so ist das, was der Zurückgewiesene trotz der Zurückweisung schriftlich oder mündlich in Sachen eines anderen vorbringt, ohne steuerrechtliche Wirkung.

(7) Gegen eine Zurückweisung, die von einem Finanzamt oder Landesfinanzamt verfügt wird, ist lediglich die Beschwerde, gegen eine Zurückweisung, die von einem Finanzgericht (dem Vorsitzenden eines Finanzgerichts) oder von dem Reichsfinanzhof (dem Vorsitzenden eines Senats) oder von dem Reichsminister der Finanzen ausgesprochen wird, ist ein Rechtsmittel oder ein sonstiger Rechtsbehelf nicht gegeben. Die ordentlichen Gerichte sind nicht zur Nachprüfung befugt, ob eine Zurückweisung zulässig war; das gleiche gilt für die Finanzgerichte und den Reichsfinanzhof, soweit es sich nicht um Zurückweisungen handelt, die sie selbst ausgesprochen haben.

(8) Eine Vereinbarung, durch die als Entgelt für die Tätigkeit eines Vertreters oder Beistandes ein Teil an der von ihm zu erzielenden Steuerermäßigung oder Steuerersparung ausbedungen wird, ist nichtig.

§ 108.

Wer als Bevollmächtigter oder als Verfügungsberechtigter auftritt, hat die Pflichten eines gesetzlichen Vertreters (§ 103). Für Zwangsgeldstrafen und Sicherungsgelder, die gegen ihn erkannt, und für Kosten von Zwangsmitteln, die gegen ihn festgesetzt werden, haftet neben ihm der Vertretene.

§ 109.

(1) Die Vertreter und die übrigen in den §§ 103 bis 108 bezeichneten Personen haften insoweit persönlich neben dem Steuerpflichtigen, als durch schuldhafte Verletzung der ihnen in den §§ 103 bis 108 auferlegten Pflichten Steueransprüche verkürzt oder Erstattungen oder Vergütungen zu Unrecht gewährt worden sind.

(2) Rechtsanwälte sind wegen Handlungen, die sie in Ausübung ihres Berufs bei der Beratung in Steuersachen vorgenommen haben, dem Reiche gegenüber nur dann schadenersatzpflichtig, wenn diese Handlungen eine Verletzung ihrer Berufspflicht enthalten. Ob eine solche Verletzung der Berufspflicht vorliegt, wird auf Antrag des Landesfinanzamts im ehrengerichtlichen Verfahren entschieden.

§ 188 Abs. 1 Satz 1.

Die Reichs-, Staats- und Gemeindebehörden, die Beamten und Notare sowie die Verbände und Vertretungen von Betriebs- oder Berufszweigen haben den Finanzämtern jede zur Durchführung der Besteuerung und Aufsicht dienliche Hilfe zu leisten, insbesondere Einsicht in ihre Bücher, Verhandlungen, Listen und Urkunden zu gewähren.

§ 416.

(1) Wenn Vertreter, Verwalter oder Bevollmächtigter im Sinne der §§ 102 bis 107 bei Ausübung ihrer Obliegenheiten Steuerzuwiderhandlungen begehen, so haften die Vertretenen für die Geldstrafen, die diese Personen verwirken, und für die Kosten des Strafverfahrens und der Strafvollstreckung, die ihnen auferlegt werden. Die Vorschrift gilt nicht für die Fälle der Vormundschaft und Pflegschaft.

(2) Das gleiche gilt für die Haftung des Geschäftsherrn oder des Haushaltungsvorstandes, wenn Angestellte oder sonst im Dienste oder Lohne stehende Personen sowie Familien- und Haushaltungsangehörige

bei Ausübung von Obliegenheiten, die sie im Interesse des Geschäftsherrn oder Haushaltungsvorstandes wahrnehmen, Steuerzuwiderhandlungen begehen; diese Haftung tritt jedoch nicht ein, wenn festgestellt wird, daß die Zuwiderhandlung ohne Wissen des Geschäftsherrn oder des Haushaltungsvorstandes oder einer zu seiner Vertretung nach außen befugten Person begangen worden ist und die genannten Personen bei der Auswahl oder Beaufsichtigung der Angestellten oder der Beaufsichtigung der Familien- und Haushaltungsmitglieder die erforderliche Sorgfalt aufgewandt haben.

(3) Die im ersten und zweiten Absatz vorgesehene Haftung fällt weg, wenn der Schuldige oder Haftende stirbt, bevor das Straferkenntnis, das gegen sie ergeht, rechtskräftig geworden ist.

§ 417.

(1) Wer neben dem Schuldigen für Geldstrafe und Kosten haftet (§ 416), kann in Anspruch genommen werden, wenn die Geldstrafe und die Kosten aus dem beweglichen Vermögen des Schuldigen nicht beigetrieben werden können.

(2) Die Ersatzfreiheitsstrafen können an dem Schuldigen ganz oder zum Teil vollzogen werden, ohne daß die Person, die für die Geldstrafe haftet, in Anspruch genommen wird.

§ 459.

(1) Die Finanzämter haben die Straf- und Beschwerdeentscheide sowie die Kostenentscheidungen nach den Vorschriften über das Zwangsverfahren zu vollstrecken.

(2) Für Zahlung einer Geldstrafe kann eine Frist oder Abtragung in Teilbeträgen bewilligt werden. Teilzahlungen sind zulässig und werden zunächst auf die Strafe angerechnet. Der Versuch, eine Geldstrafe beizutreiben, kann unterbleiben, wenn sicher vorauszusehen ist, daß er erfolglos sein würde.

(3) Die Einziehung wird dadurch vollstreckt, daß das Finanzamt die Sachen dem Besitzer wegnehmen läßt. § 328 gilt entsprechend, jedoch kann der Dritte nur geltend machen, daß die Sache nicht durch die Einziehung getroffen sei, oder daß er das Recht an ihr nach der Rechtskraft des Strafbescheids erworben habe.

(4) Bei Einziehungen kann das Finanzamt die Ersatzstrafe (§ 401 Abs. 2, § 447 Abs. 3) vollstrecken, wenn die Sachen nicht in Verwahrung genommen sind und vom Verurteilten nicht binnen angemessener Frist abgeliefert werden.

§ 470.

Kann eine durch Strafbescheid festgesetzte Geldstrafe oder die Strafe des Ersatzes des Wertes nicht einziehbarer Sachen nicht beigetrieben werden, so hat das Gericht auf Antrag des Finanzamts die Strafe in Freiheitsstrafe umzuwandeln. Das Finanzamt übersendet die Verhandlungen der Staatsanwaltschaft. Die Entscheidung steht dem Gerichte zu, das für die Eröffnung des Hauptverfahrens zuständig gewesen wäre. Vor der Entscheidung sind die Staatsanwaltschaft und der, gegen den die Strafe festgesetzt ist, sowie das Finanzamt zu hören. Gegen den Beschluß ist sofortige Beschwerde zulässig.

33. Verordnung über die Unterwerfung im Strafverfahren gemäß § 410 (jetzt § 445) der Reichsabgabenordnung[1].

Vom 1. November 1921 (RGBl. I S. 1328).

(Auszug.)

§ 2. Eine Unterwerfung liegt nur dann vor, wenn der Beschuldigte persönlich oder durch einen mit schriftlicher Vollmacht versehenen Beauftragten die Zuwiderhandlung vor einem Beamten des Finanzamts (Hauptzollamts) oder einer Hilfsstelle vorbehaltlos einräumt, sich der festzusetzenden Strafe unterwirft und auf Erlaß eines Strafbescheids verzichtet. Die Vorschriften des § 444 Satz 2 bis 4 der Abgabenordnung finden Anwendung.

Die Unterwerfung wird mit der Genehmigung der Straffestsetzung durch den Vorsteher des Finanzamts (Hauptzollamts), seinen Vertreter oder einen mit der Genehmigung der Straffestsetzungen allgemein beauftragten Beamten wirksam; die Genehmigung kann nur innerhalb dreier Monate erteilt werden. Bis zum Ablauf dieser Frist ist der Beschuldigte an die Unterwerfungserklärung gebunden; die Bindung erlischt, wenn die zur Genehmigung berufene Stelle die Genehmigung vorher versagt.

Die Versagung der Genehmigung soll dem Beschuldigten verkündet oder schriftlich mitgeteilt werden. Die Vorschriften des § 449 Abs. 2, 3 der Abgabenordnung gelten für die Versagung der Genehmigung entsprechend; die Zustellung kann durch schriftliche Mitteilung ersetzt werden.

Der Präsident des Landesfinanzamts kann sich die Genehmigung allgemein oder für besondere Fälle vorbehalten.

§ 3. Über die Unterwerfungsverhandlung ist eine Niederschrift aufzunehmen.

Die Niederschrift muß enthalten:

1. den Tag der Verhandlung,
2. den Namen des Beschuldigten,
3. die ihm zur Last gelegte Zuwiderhandlung,
4. das anzuwendende Strafgesetz,
5. die vorbehaltlose Einräumung der Zuwiderhandlung durch den Beschuldigten,
6. die festzusetzende Strafe und die Unterwerfung unter diese Straffestsetzung durch den Beschuldigten,
7. den Verzicht des Beschuldigten auf Erlaß eines Strafbescheids,
8. einen Ausspruch über die Kosten des Verfahrens.

---

[1]) Die Paragraphenziffern der RAO. von 1919 sind im Text durch die einschlägigen Paragraphenziffern der RAO. von 1931 ersetzt.

Die Niederschrift soll ferner nähere Angaben über die persönlichen Verhältnisse des Beschuldigten enthalten.

Die Niederschrift ist von dem Beschuldigten und von dem aufzunehmenden Beamten zu unterschreiben. Ist der Beschuldigte zur Abgabe der Unterschrift außerstande, so hat er die Niederschrift mit seinem Handzeichen zu versehen; verweigert er die Unterschrift oder die Hinzufügung des Handzeichens, so gilt die Unterwerfung als nicht erfolgt.

§ 4. Ist der Beschuldigte noch nicht achtzehn Jahre alt, so ist zur Wirksamkeit der Unterwerfung, insoweit es sich nicht um Personen handelt, die außerhalb des Deutschen Reichs wohnen, die Zustimmung des gesetzlichen Vertreters erforderlich.

. . . . . .

. . . . . .

§ 7. Im Unterwerfungsverfahren werden Gebühren nach § 454 Nr. 1 der Abgabenordnung nicht erhoben. Für die Auslagen gilt § 454 Nr. 2 dieses Gesetzes.

§ 8. § 470 der Abgabenordnung findet auf die Unterwerfung Anwendung.

§ 9. Die für das Verwaltungsstrafverfahren geltenden Vorschriften der Abgabenordnung finden auf das Unterwerfungsverfahren sinngemäße Anwendung, soweit diese Verordnung nicht ein anderes ergibt.

34. Steueranpassungsgesetz.

Vom 16. Oktober 1934 (RGBl. I S. 925ff.).
(Auszug.)

Abschnitt I: Allgemeines Steuerrecht.

Unterabschnitt 7: Wohnsitz. Gewöhnlicher Aufenthalt.

§ 13.

Einen Wohnsitz im Sinn der Steuergesetze hat jemand dort, wo er eine Wohnung innehat unter Umständen, die darauf schließen lassen, daß er die Wohnung beibehalten und benutzen wird.

§ 14.

(1) Den gewöhnlichen Aufenthalt im Sinn der Steuergesetze hat jemand dort, wo er sich unter Umständen aufhält, die erkennen lassen, daß er an diesem Ort oder in diesem Land nicht nur vorübergehend verweilt. Unbeschränkte Steuerpflicht tritt jedoch stets dann ein, wenn der Aufenthalt im Inland länger als sechs Monate dauert. In diesem Fall erstreckt sich die Steuerpflicht auch auf die ersten sechs Monate.

(2) Auslandsbeamte werden im Sinn des Einkommensteuergesetzes und des Vermögensteuergesetzes wie Personen behandelt, die ihren gewöhnlichen Aufenthalt an dem Ort haben, an dem sich die inländische öffentliche Kasse befindet, die die Dienstbezüge des Auslandsbeamten zu zahlen hat. Das gleiche gilt für die Ehefrau eines Auslandsbeamten, sofern sie nicht von dem Ehemann dauernd getrennt lebt, und für minderjährige Kinder eines Auslandsbeamten, die zu seinem Haushalt gehören. Als Auslandsbeamte im Sinn der Steuergesetze gelten: unmittelbare und mittelbare Beamte des Deutschen Reichs, Angehörige der Deutschen Wehrmacht und Beamte der Deutschen Reichsbahn-Gesellschaft und der Reichsbank, die ihren Dienstort im Ausland haben. Wahlkonsuln gelten nicht als Beamte im Sinn dieser Vorschrift.

(3) Die Inhaber und die leitenden Angestellten (insbesondere Vorstandsmitglieder und Prokuristen) eines inländischen Unternehmens (eines Unternehmens, das seine Geschäftsleitung oder seinen Sitz im Inland hat) werden, auch wenn sie sich nicht im Inland aufhalten, im Sinn der Steuergesetze (mit Ausnahme des Erbschaftsteuergesetzes und des Reichsfluchtsteuergesetzes) wie Personen behandelt, die ihren gewöhnlichen Aufenthalt an dem Ort haben, an dem sich die Geschäftsleitung oder der Sitz des inländischen Unternehmens befindet. Das gleiche gilt für Mitglieder des Aufsichtsrats oder Verwaltungsrats eines inländischen Unter-

nehmens, wenn sie sich an der Geschäftsführung des inländischen Unternehmens wesentlich beteiligen, zum Beispiel dadurch, daß sie Geschäfte eines Vorstandsmitglieds (sei es auch nur vertretungsweise oder vorübergehend oder einmalig) führen. Unbeschränkte Steuerpflicht tritt bei den Steuern von Einkommen jeweils für das Kalenderjahr, bei der Vermögensteuer jeweils für das Rechnungsjahr ein, in welchem die Eigenschaft als Inhaber oder leitender Angestellter (Satz 1) bestanden hat oder die im Satz 2 bezeichnete Tätigkeit (sei es auch nur vertretungsweise oder vorübergehend oder einmalig) ausgeübt worden ist.

35. Vereinszollgesetz.

(Auszug.)

§ 134.

Wer es unternimmt, Gegenstände, deren Ein-, Aus- oder Durchfuhr verboten ist, diesem Verbote zuwider ein-, aus- oder durchzuführen, macht sich eines Bannbruches schuldig und hat die Einziehung der Gegenstände, in bezug auf welche das Vergehen verübt worden ist, und, insofern nicht in besonderen Gesetzen eine höhere Strafe festgesetzt ist, zugleich eine Geldstrafe verwirkt, welche dem doppelten Wert jener Gegenstände gleichkommen soll.

1. In der Fassung der Bekanntmachung der neuen Fassung der §§ 134 bis 164 des Vereinszollgesetzes vom 9. Januar 1931, RGBl. I, S. 5.

B. Runderlasse der RStDB., sonstige Erlasse und Auszüge aus Erlassen und Bekanntmachungen.

I. Allgemeiner Natur.

a) Vorbeugende Maßnahmen gegen Umgehungen der Devisenvorschriften.

RdErl. 171/36 DSt. vom 5. Dezember 1936 (RStBl. S. 1198).

In der Anlage übersende ich Abdruck des Gesetzes zur Änderung des Gesetzes über die Devisenbewirtschaftung vom 1. Dezember 1936 (Reichsgesetzbl. I S. 1000). Das Änderungsgesetz gibt einmal durch die Einfügung der §§ 37a und b (§ 1 Ziff. 1 des Gesetzes) in das Devisengesetz die Möglichkeit einer wirksamen Bekämpfung von Devisenzuwiderhandlungen und Umgehungen des Devisenrechts. Im Zusammenhang damit steht die Neufassung des § 38 Satz 1 und die Einfügung des § 41a in das Devisengesetz (§ 1 Nr. 2 und 3 des Änderungsgesetzes). Die übrigen Vorschriften (§ 1 Nr. 4 bis 8, § 2 des Änderungsgesetzes) beziehen sich auf das Devisenstrafrecht und werden in dem gleichzeitig ergehenden RdErl. 172/36 DSt. — 82/36 ÜSt. (RStBl. 1936 S. 1199) erläutert. Zu den §§ 37a, 37b, 38 und 41a des Devisengesetzes bestimme ich folgendes:

I.

Durch das Devisengesetz und die dazu erlassenen Durchführungsvorschriften ist der gesamte Zahlungsverkehr mit dem Ausland einer lückenlosen Kontrolle durch die Organe der Devisenbewirtschaftung unterworfen worden, so daß die Verbringung von Kapitalbeträgen in das Ausland auf gesetzmäßige Weise nur mit devisenrechtlicher Genehmigung möglich ist. Bisher fehlten jedoch ausreichende Vorschriften, um Versuchen zu einer Umgehung dieser Verbote — insbesondere im Zusammenhang mit der Auswanderung — wirksam begegnen zu können. Das wird nunmehr durch § 37a DevG. ermöglicht, der die DevSt. zum Erlaß vorbeugender Verwaltungsmaßnahmen bei Verdacht der Kapitalflucht ermächtigt.

1. Materielle Voraussetzungen einer Anordnung nach § 37a.

Voraussetzung für eine Anordnung nach § 37a ist, daß aus bestimmten Tatsachen zu schließen ist, daß ein Inländer unter Verletzung oder Umgehung der bestehenden Vorschriften Vermögenswerte der Devisenbewirtschaftung zu entziehen beabsichtigt. Derartige Tatsachen können insbesondere im Zusammenhang mit einer beabsichtigten Auswanderung vorliegen. Doch greifen die Vorschriften des § 37a auch in anderen Fällen einer drohenden Vermögensverschiebung ein. Andererseits rechtfertigen Erwägungen allgemeiner Art, etwa die, daß bei jedem Auswanderer die Gefahr einer Vermögensverschiebung nicht von der Hand zu weisen sei, Maßnahmen nach § 37a nicht. Der Betroffene muß sich vielmehr durch bestimmte Tatsachen der beabsichtigten Vermögensverschiebung verdächtig gemacht haben.

a) Anordnungen nach § 37a werden oft besonders dann gerechtfertigt sein, wenn ein Inländer unter Verheimlichung seiner Auswanderungsabsicht offensichtlich Vorbereitungen für die Auswanderung trifft. In Frage kommt z. B. die Liquidierung festliegender Vermögenswerte, ohne den Erlös wieder im Inland anzulegen, die Abhebung größerer Beträge von Bankguthaben ohne wirtschaftliche Notwendigkeit, der ungewöhnliche Ankauf von Wertgegenständen, das Stehenlassen von Exportforderungen im Ausland über die handelsüblichen Fristen hinaus oder schließlich die Ausfuhr von Kommissionswaren, während dasselbe Unternehmen bisher auf Grund fester Abschlüsse geliefert hat. Andererseits genügt die Tatsache, daß ein Inländer die Absicht, auswandern zu wollen, erklärt hat, allein in keinem Fall, um Maßnahmen nach § 37a zu rechtfertigen. Vielmehr wird gerade die Tatsache, daß Transferanträge bei der DevSt. eingereicht werden, häufig darauf schließen lassen, daß sich der Antragsteller im Einklang mit den gesetzlichen Bestimmungen halten will.

b) Nicht erforderlich ist, daß der Betroffene eine nach dem Wortlaut des Devisengesetzes mit Strafe bedrohte Handlung beabsichtigt. Auch Umgehungen der Devisenvorschriften, die unter Ausnutzung etwa noch bestehender Lücken den Kapitaltransfer nach dem Ausland ermöglichen sollen, rechtfertigen das Einschreiten der Devisenstellen.

c) Die Worte „Vermögenswerte der Devisenbewirtschaftung zu entziehen" bedeuten nicht, daß der Inländer beabsichtigen muß, solche Werte nach dem Ausland zu verbringen, die ihrer Art nach devisenrechtlichen Beschränkungen unterliegen. Es genügt vielmehr, wenn er irgendwelche Vermögenswerte — unter Verletzung oder Umgehung der bestehenden Vorschriften — nach dem Ausland verbringen oder schon im Ausland befindliches Vermögen den devisenrechtlichen Beschränkungen entziehen will.

d) Bei Fällen von größerer wirtschaftlicher, insbesondere exportwirtschaftlicher Bedeutung wird es sich empfehlen, meine Entscheidung vor Erlaß der Maßnahmen einzuholen, wenn nicht Gefahr im Verzug ist.

2. Inhalt der Anordnung nach § 37a.

Die Anordnung kann entweder in einer Verfügungsbeschränkung oder in einer sonstigen sichernden Maßnahme bestehen. Zulässig ist die Anordnung von Verfügungsbeschränkungen neben sonstigen sichernden Maßnahmen.

a) Die Verfügungsbeschränkung entspricht den Verfügungsbeschränkungen des zweiten Abschnitts des Devisengesetzes. Der Unterschied besteht nur darin, daß die Verfügungsbeschränkungen des Devisengesetzes allgemein unmittelbar kraft Gesetzes wirken, während sie auf Grund von § 37a im Einzelfall durch die Entscheidung einer DevSt. besonders angeordnet werden müssen. Die Verfügungsbeschränkung kann das ganze Vermögen oder einzelne Vermögensgegenstände erfassen. Den Regelfall soll die Beschränkung in der Verfügung über einzelne, besonders ins Gewicht fallende Vermögenswerte, wie z. B. Grundstücke, Hypotheken, Darlehnsforderungen, Bankguthaben, Wertpapiere und Beteiligungen, bilden, während der Betroffene in der Abwicklung seiner laufenden normalen Geschäfte nicht behindert werden soll. Für Forderungen des Betroffenen gegen Ausländer, die der Betroffene noch nicht auf die Reichsbank übertragen oder die ihm die Reichsbank vorläufig belassen hat, sollen Verfügungsbeschränkungen grundsätzlich nur vorübergehend ausgesprochen werden, um den Einzug dieser Forderungen nicht zu behindern. Die Reichsbank ist aber unverzüglich zu benachrichtigen, damit sie auch Forderungen, die sie dem Betroffenen bis dahin belassen hat, sich zum Einzug abtreten lassen kann. Die von der Verfügungsbeschränkung erfaßten Werte sollen in der Entscheidung der DevSt. genau bezeichnet werden, z. B. bei Grundstücken und Hypotheken nach Möglichkeit durch genaue Angabe der Fundstelle im Grundbuch, bei Wertpapieren durch Angabe der Art und der Nummer der einzelnen Stücke.

Die Beschränkung in der Verfügung über das gesamte Vermögen des Betroffenen soll nur dann ausgesprochen werden, wenn Gefahr in Verzug ist und die DevSt. nicht in der Lage ist, einzelne Vermögenswerte genau zu bezeichnen. Auch in diesen Fällen sollen jedoch Geldbeträge oder Einnahmen in angemessener Höhe von der Verfügungsbeschränkung ausgenommen werden, um dem Betroffenen die Abwicklung seiner normalen Geschäfte und die Bestreitung des täglichen Lebensunterhalts für ihn und seinen Hausstand ohne die jedesmalige Einholung einer Genehmigung zu ermöglichen. Die DevSt. haben dann mit tunlichster Beschleunigung die einzelnen Vermögensgegenstände des Betroffenen zu ermitteln und ihre Anordnung auf diese Gegenstände zu beschränken.

b) Ist eine Verfügungsbeschränkung angeordnet worden, so ist mit besonderer Sorgfalt zu prüfen, inwieweit auf Einzelantrag die Genehmigung zur Verfügung über den betroffenen Gegenstand erteilt werden kann. Dabei ist stets der Zweck der Anordnung, Vermögensverschiebungen zu verhindern, im Auge zu behalten. Die Genehmigung ist deshalb regelmäßig für Inlandszahlungen, besonders an inländische Gläubiger zu erteilen, wenn nicht etwa auch die Inlandszahlung zur Vorbereitung oder Durchführung einer Vermögensverschiebung dienen soll.

c) Die sonstigen sichernden Maßnahmen können sowohl vermögensrechtlicher als auch persönlicher Natur sein. Als vermögensrechtliche Maßnahme kann etwa die Anordnung, liquide Mittel auf ein gesperrtes Konto bei einer Devisenbank einzuzahlen oder eine Auflage über die Art der Führung eines von dem Betroffenen betriebenen Handelsunternehmens, in Frage kommen. Maßnahmen persönlicher Natur können z. B. in der Entziehung des Passes oder in der Auferlegung von Aufenthaltsbeschränkungen bestehen. Soweit die DevSt. die Maßnahmen nicht selbst durchführen kann, hat sie sich der Behörden und Personen des Polizei- und Sicherheitsdienstes zu bedienen.

Hat der Betroffene auf ein rechtlich selbständiges Erwerbsunternehmen maßgebenden Einfluß, so können auch gegen dieses Unternehmen sichernde Maßnahmen ergriffen werden, wenn zu besorgen ist, daß der Betroffene mit Hilfe des Unternehmens seine Vermögensverschiebungen durchführt.

3. Begründung.

Die Anordnung nach § 37a ist kurz durch Hervorhebung der Tatsachen, die die Anordnung veranlaßt haben, zu begründen. Der Betroffene ist über die Beschwerdemöglichkeiten zu unterrichten. Dabei ist darauf hinzuweisen, daß die Beschwerde bei der DevSt., die die Anordnung erlassen hat, einzulegen ist und daß sie keine aufschiebende Wirkung hat.

4. Mitteilung der Anordnung an den Betroffenen.

Anordnungen nach § 37a sind regelmäßig dem Betroffenen gegen Empfangsbestätigung, erforderlichenfalls durch Einschreibebrief gegen Rückschein mitzuteilen. Wenn die Mitteilung an den Betroffenen nicht möglich ist, etwa weil sein Aufenthalt unbekannt ist, ist die Anordnung im Deutschen Reichsanzeiger und Preußischen Staatsanzeiger bekanntzugeben.

Bei allen Maßnahmen, die sich auf bestimmte Vermögenswerte beziehen, ist der Schuldner des Guthabens, der Eigentümer des mit der Hypothek belasteten Grundstücks, die die Wertpapiere verwahrende Bank, die Gesellschaft, an der die Beteiligung besteht, usw. von der Maßnahme zu benachrichtigen mit der Aufforderung, an den Betroffenen nur mit devisenrechtlicher Genehmigung zu leisten. Auf diese Weise wird verhindert, daß Benachrichtigte (Schuldner, Grundstückseigentümer, Depothalter, Gesellschaft) gutgläubig an den Betroffenen oder für seine Rechnung an einen Dritten leistet. Leistet der Benachrichtigte ohne Genehmigung, obwohl er die Verfügungsbeschränkung kennt, so ist das Erfüllungsgeschäft nichtig, wie sich aus der Neufassung des § 38 Satz 1 DevG. ergibt. Soweit die Verfügungsbeschränkung das Eigentum oder ein sonstiges Recht an einem Grundstück betrifft, ist auch die zuständige Grundbuchbehörde zu benachrichtigen. Dabei ist ausdrücklich darauf hinzuweisen, daß die Verfügungsbeschränkung auf Grund von § 37a DevG. angeordnet worden ist und daß die Mitteilung, da die Eintragung der Verfügungsbeschränkung im Grundbuch nach § 37a Abs. 2 DevG. ausgeschlossen ist, lediglich zur Benachrichtigung der Grundbuchbehörde erfolgt.

Erstreckt sich die Verfügungsbeschränkung auf das gesamte Vermögen, so ist, soweit die Vermögensgegenstände bekannt sind, entsprechend dem vorangehenden Absatz zu verfahren. Soweit tunlich, sind die im einzelnen nicht bekannten Vermögenswerte zu ermitteln.

5. Beschwerde.

Gegen die Anordnungen der DevSt. ist die unbefristete Verwaltungsbeschwerde gegeben. Durch die Beschwerde werden die Auswirkungen der Anordnung und ihre Vollziehung nicht gehemmt. Die Beschwerden sind mir unverzüglich mit eingehender Stellungnahme vorzulegen.

II.

Liegen die Voraussetzungen des § 37a, insbesondere der Verdacht der beabsichtigten Vermögensverschiebung nicht vor, ist jedoch eine Verwaltungsanordnung zur Verhinderung von Schädigungen des Devisenaufkommens oder der vorhandenen Devisenbestände erforderlich, so ersuche ich um beschleunigten eingehenden Bericht. Ich werde dann prüfen, ob Maßnahmen auf Grund von § 37b erforderlich und gerechtfertigt sind.

III.

Für Maßnahmen, welche die DevSt. auf Grund von § 37a oder die Reichsstelle für Devisenbewirtschaftung auf Grund von § 37b treffen, können öffentlich-rechtliche Entschädigungsansprüche gegen das Reich nicht geltend gemacht werden. Dieser Grundsatz gilt auch für alle anderen Entscheidungen und Maßnahmen, die auf Grund des Devisengesetzes und seiner Durchführungsvorschriften erlassen werden. Zur Klarstellung wird dieser Grundsatz deshalb durch § 41a DevG. ausdrücklich ausgesprochen.

IV.

Zuwiderhandlungen gegen Anordnungen, die eine DevSt. oder die Reichsstelle für Devisenbewirtschaftung auf Grund der §§ 37a, 37b erlassen hat, werden nach der neu eingefügten Strafvorschrift des § 42 Abs. 1 Nr. 8 DevG. bestraft. Ich verweise zu dieser Vorschrift im übrigen auf den gleichzeitig ergehenden Rderl. 172/36 DSt. — 82/36 ÜSt. (RStBl. 1936 S. 1199).

b) Verschärfung des Reichsmarknoten- und Scheidemünzeneinfuhrverbotes.

Rderl. 181/36 DSt. vom 23. Dezember 1936 (RStBl. 1936 S. 1260). (Auszug.)

II. Reichsmarknoten- und Scheidemünzenannahmeverbot.

2. Das in § 2 Abs. 1 der Dritten Durchführungsverordnung und in § 1 der Fünften Durchführungsverordnung in Verbindung mit der genannten Vorschrift zunächst für eingesandte Reichsmarknoten und inländische Scheidemünzen aufgestellte Annahmeverbot ist in § 2 Abs. 3 der Dritten Durchführungsverordnung und § 1 der Fünften Durchführungsverordnung in Verbindung mit dieser Vorschrift nur für den Fall auf eingebrachte Reichsmarknoten und inländische Scheidemünzen erstreckt, daß der Empfänger der Noten oder Scheidemünzen weiß oder den Umständen nach annehmen muß, daß die Noten oder Scheidemünzen aus dem Ausland eingebracht worden sind. Hierdurch soll im Interesse eines reibungslosen Zahlungsverkehrs mit Ausländern im Inland, insbesondere im Reiseverkehr, klargestellt werden, daß den Empfänger der Noten oder Scheidemünzen nicht die vielfach praktisch unerfüllbare Verpflichtung trifft, die Herkunft der Noten oder Scheidemünzen nachzuprüfen. Insbesondere darf in der Regel davon ausgegangen werden, daß Ausländer im Inland Ausgaben für Reisezwecke mit Reichsmark aus Registerguthaben, Sperrguthaben oder Sonderkonten bestreiten; nur wenn besondere Anhaltspunkte dafür vorliegen, daß die zur Zahlung verwandten deutschen Geldsorten (über den zur Einbringung im Reiseverkehr zugelassenen Betrag von 30 RM. in Scheidemünzen hinaus) aus dem Ausland eingebracht worden sind, ist die Annahme der Geldsorten abzulehnen. Wenn ein Ausländer im Inland Zahlungen leistet, die nicht mit dem Reiseverkehr im Zusammenhang stehen, wird im allgemeinen ein strengerer Maßstab anzulegen sein. Zumal bei größeren Beträgen wird regelmäßig eine Frage nach der Herkunft der Noten oder Scheidemünzen am Platze sein.

Nach § 2 Abs. 3 der Dritten Durchführungsverordnung und § 1 der Fünften Durchführungsverordnung in Verbindung mit dieser Vorschrift greift das Annahmeverbot auch ein, wenn der erste Empfänger der Noten oder Scheidemünzen im Auftrage des Einbringers im Inland eine Zahlung leistet. Das gilt nicht nur dann, wenn die Geldsorten effektiv weitergegeben werden, sondern auch für den Fall, daß die Zahlung im Wege bargeldloser Überweisung erfolgt. Voraussetzung ist jedoch, daß die zweite Person, an die im Auftrag des Einbringers eine Zahlung geleistet wird, weiß oder den Umständen nach annehmen muß, daß die dem Erstempfänger ausgehändigten Reichsmarknoten oder inländischen Scheidemünzen dem Einfuhrverbot zuwider aus dem Ausland eingebracht worden sind. Als Erstempfänger kommen u. a. auch Postanstalten des deutschen Grenzgebiets in Betracht. Wenn ein Inländer von einem Ausländer eine Postanweisung empfängt, die bei einer Postanstalt des deutschen Grenzgebiets aufgegeben worden ist, liegt regelmäßig die Annahme nahe, daß die zur Einzahlung bei der Postanstalt verwandten deutschen Geldsorten dem Einfuhrverbot zuwider aus dem Ausland eingebracht worden sind, so daß hier regelmäßig eine Zurückweisung der Zahlung am Platze erscheint.

c) Regelung von Kapitalfälligkeiten gegenüber dem Ausland.

Rderl. 79/37 DSt. vom 2. Juni 1937 (RStBl. S. 668).

In der Anlage übersende ich Abdruck des Gesetzes zur Regelung von Kapitalfälligkeiten gegenüber dem Ausland vom 27. Mai 1937 (RGBl. I S. 600). Unter Aufhebung der Rderl. 126/36 DSt., 132/36 DSt. und 11/37 DSt. — 4/37 ÜSt. (RStBl. 1936 S. 894, 928 und 1937 S. 104) bestimme ich folgendes:

I. Allgemeines.

Zahlungsverbindlichkeiten gegenüber dem Ausland, die aus dem Geld- und Kapitalverkehr herrühren und die nicht in regelmäßigen, von vornherein vereinbarten Raten zu tilgen sind und deshalb nicht unter das Gesetz über Zahlungsverbindlichkeiten gegenüber dem Ausland vom 9. Juni 1933 fallen, können, von den Ausnahmen in Ri. IV 42 und 45 abgesehen, bei Fälligkeit nur durch Zahlung auf Kreditsperrkonto oder auf ein Sonderkonto nach Ri. II 55 Abs. 1 erfüllt werden. Die Genehmigung zur Rückzahlung des Kredits auf Kreditsperrkonto oder Sonderkonto ist grundsätzlich, von den unter Abschn. II 2 und 5 dieses Rderl. erläuterten Ausnahmen abgesehen, davon abhängig, daß der Gläubiger diese Zahlung an Erfüllungsstatt annimmt (Ri. II 44).

1. Bisherige Rechtslage.

Aus dieser Regelung haben sich häufig Härten für die Schuldner ergeben, die bereit und in der Lage waren, einen fälligen Kredit auf Sperrkonto zurückzuzahlen, die Einverständniserklärung des Gläubigers aber nicht erlangen konnten. Der Große Zivilsenat des Reichsgerichts hat in seinem Beschluß vom 23. Mai 1936 (RGZ. Bd. 151 S. 116, Reichssteuerbl. 1936 S. 926, JurW. 1936 S. 2449, Devisenarchiv 1936 Sp. 894) entschieden, daß der Schuldner, von Ausnahmefällen abgesehen, den Kredit nicht ohne Zustimmung des Gläubigers auf Sperrkonto zurückzahlen könne. Der Gläubiger einer auf Reichsmark lautenden Forderung, der Ausländer im Sinn der Devisengesetzgebung sei, komme grundsätzlich nicht in Annahmeverzug nach § 293 BGB., wenn er es ablehne, die ihm angebotene Zahlung auf Sperrkonto bei einer Devisenbank an Erfüllungstatt anzunehmen. Das schließe allerdings nicht aus, daß im Einzelfall unter Berücksichtigung der beiderseitigen Belange eine Weigerung des Gläubigers, die Zahlung auf Sperrkonto an Erfüllungstatt anzunehmen, gegen Treu und Glauben verstoße und der Gläubiger verpflichtet sein könne, eine solche Zahlung an Erfüllungstatt anzunehmen; denn der das deutsche Schuldrecht beherrschende Grundsatz von Treu und Glauben (§ 242 BGB.) ergreife auch derartige Schuldverhältnisse. Brauche der Gläubiger die Zahlung auf Sperrkonto nicht an Erfüllungstatt anzunehmen, so könne sich der Schuldner auch nicht durch Hinterlegung nach den §§ 372, 378 BGB. unter Verzicht auf das Recht zur Rücknahme von seiner Verbindlichkeit befreien. Hiernach bleibe bei dem derzeitigen Stand der Gesetzgebung das Schuldverhältnis regelmäßig in der Schwebe, wenn der Gläubiger sich weigere, Zahlung auf Sperrkonto als Leistung an Erfüllungstatt anzunehmen.

Die Gründe dieser Entscheidung, die sich entsprechend der zu beurteilenden Frage nur mit Reichsmarkforderungen beschäftigen, galten in verstärktem Maß für Fremdwährungsverbindlichkeiten deutscher Schuldner, da bei diesen der Gläubiger bei einer Verpflichtung zur Entgegennahme der Zahlung auf Sperrkonto an Erfüllungstatt nicht nur seinen bisherigen Schuldner und die für die Forderung bestehenden Pfandrechte verlieren, sondern auch zu einem Währungswechsel veranlaßt würde. Für die Zinsen hat der 4. Zivilsenat des Reichsgerichts in einem Urteil vom 23. Juli 1936 (Reichssteuerbl. 1936 S. 928, Jur. W. 1936 S. 2858, Devisenarchiv 1936 Sp. 1008) entschieden, daß diese über den Fälligkeitstag hinaus in der vereinbarten Höhe weiter zu entrichten sind. Auf dem Gebiet des Realkredits gab allerdings das Gesetz über Hypothekenzinsen vom 2. Juli 1936 (RGBl. I S. 533) dem Schuldner die Möglichkeit, eine Senkung überhöhter Hypothekenzinsen herbeizuführen. Dieses Gesetz gilt auch für Hypotheken ausländischer Gläubiger auf deutschen Grundstücken mit Ausnahme von solchen Forderungen und Grundschulden, die zur Deckung von im Ausland aufgenommenen Anleihen, also vor allem von Schuldverschreibungen aus deutschen Auslandsemissionen, dienen (§ 3 Abs. 1 Nr. 2 des Gesetzes). Nach diesem Gesetz hat der Schuldner grundsätzlich selbst zu versuchen, im Weg der freiwilligen Vereinbarung mit seinem Gläubiger eine Senkung der Zinsen auf eine angemessene Höhe herbeizuführen. Nur bei Erfolglosigkeit dieses Versuchs leistet auf Antrag das für das Grundstück zuständige Amtsgericht Vertragshilfe. Als angemessenen Zinssatz bezeichnen die in der ersten Durchführungsverordnung vom 2. Juli 1936 (RGBl. I S. 536) niedergelegten Richtlinien nach der allgemeinen Wirtschaftslage einen Zinssatz von 5 v. H. Liegt die Hypothek ganz oder zum überwiegenden Teil über 50 v. H. des Grundstückswerts, so erhöht sich dieser Zinssatz um ½ bis 1 v. H.

2. Rechtslage nach dem Gesetz zur Regelung von Kapitalfälligkeiten gegenüber dem Ausland.

Die bisherige Rechtslage hat in zahlreichen Fällen dazu geführt, daß der inländische Schuldner eines fälligen Auslandskredits diesen weder zurückzahlen noch unter angemessenen Bedingungen auf einen festen Zeitraum prolongiert erhalten konnte, sondern trotz Fortentrichtung der unter heutigen Verhältnissen vielfach überhöhten Zinsen jederzeit mit einem Abruf seitens des Gläubigers auf Sperrkonto rechnen mußte. Demgegenüber ist es der Grundgedanke des Gesetzes zur Regelung von Kapitalfälligkeiten gegenüber dem Ausland, in erster Linie eine Verlängerung des Kredits zu devisenwirtschaftlich tragbaren und für den Schuldner zumutbaren Bedingungen oder eine Rückzahlung auf Sperrkonto im Einvernehmen zwischen Gläubiger und Schuldner zu fördern. Kommt eine Einigung zwischen den Beteiligten auf eine dieser beiden Lösungen nicht zustande, so braucht der Schuldner die kurzfristig gewordene, ungeregelte Schuld nur noch mit höchstens 4 v. H. zu verzinsen, wenn der Gläubiger dies verlangt. Andernfalls kann der Schuldner dem Gläubiger die in § 1 Abs. 4 des Gesetzes vorgesehene Frist setzen.

Die Schuldner werden daher rechtzeitig vor Fälligkeit zu überlegen haben, ob ihnen unter Abwägung aller Gesichtspunkte an einer Verlängerung des Kredits gelegen ist, und in diesem Fall dem Gläubiger entsprechende Vorschläge unter Berücksichtigung der zulässigen Prolongationsbedingungen in Abschn. II 3 dieses Rderl. zu machen haben. Es darf erwartet werden, daß der Schuldner die Frist nach § 1 Abs. 4 des Gesetzes erst dann setzt, wenn er vergeblich versucht hat, seinen Gläubiger zur Annahme der Rückzahlung auf Sperrkonto oder zu einer für den Schuldner erwünschten Verlängerung zu bewegen.

II. Die neue Rechtslage im einzelnen.

Im einzelnen verweise ich auf die eingehende Begründung des Gesetzes vom 27. Mai 1937, die als Anlage II beigefügt ist und demnächst in der „Deutschen Justiz" veröffentlicht werden wird. Für die Behandlung eines fälligen Schuldverhältnisses ergeben sich nach dem neuen Gesetz in Verbindung mit den bestehenden devisenrechtlichen Grundsätzen folgende Möglichkeiten:

1. Der Gläubiger kann wie bisher verlangen, daß der Schuldner einen fälligen Kredit auf Sperrkonto zurückzahlt. Diese auf Verlangen des Gläubigers erfolgende Sperrkontozahlung hat nach § 1 Abs. 2 Satz 2 des Gesetzes ohne weiteres befreiende Wirkung. Auch nach der bisherigen Rechtslage war übrigens davon auszugehen, daß eine Forderung des Gläubigers nach Zahlung auf Sperrkonto nach Treu und Glauben die Bereitschaft zur Annahme an Erfüllungstatt enthielt. Es empfiehlt sich, daß die DevSt. auch künftig bei Gläubigeranträgen auf Sperrkontozahlung den Gläubiger unter Hinweis auf die nach § 1 Abs. 2 des Gesetzes eintretende Rechtsfolge zur Abgabe der in Ri. II 44 vorgesehenen Erklärung auffordern. Bei Schuldneranträgen auf Sperrkontozahlung muß — von dem Ausnahmefall in § 1 Abs. 4 des Gesetzes abgesehen — die Erklärung des Gläubigers nach Ri. II 44 auch weiterhin als Voraussetzung für die befreiende Wirkung der Zahlung verlangt werden.

2. Der Gläubiger ist nach der unter I 1 dargestellten Entscheidung des Großen Zivilsenats des Reichsgerichts ausnahmsweise nach Treu und Glauben verpflichtet, die Rückzahlung eines fälligen Kredits auf Sperrkonto an Erfüllungstatt anzunehmen. Ein Ausnahmefall dieser Art liegt nach meiner Auffassung z. B. dann vor, wenn der Gläubiger den Kredit nicht vor Beginn der Devisenbewirtschaftung unter Aufwendung von Devisen, sondern erst später in Reichsmark zu Lasten eines Sperrgut-

habens gewährt hat. In derartigen und ähnlichen Fällen, in denen der Schuldner den fälligen Kredit zurückzahlen will und besondere Umstände geltend machen zu können glaubt, auf Grund deren der Gläubiger nach § 242 BGB. zur Entgegennahme der Zahlung auf Sperrkonto an Erfüllungstatt verpflichtet ist, ist die Genehmigung zur Rückzahlung des Kredits auf Sperrkonto ohne die vorherige schriftliche Einverständniserklärung des Gläubigers zu erteilen, jedoch mit dem Vorbehalt, daß der Gläubiger die Zahlung an Erfüllungstatt annimmt. Dem Antragsteller ist in diesen Fällen unter Hinweis auf den erwähnten Beschluß des Großen Zivilsenats des Reichsgerichts anheimzugeben, die Einwilligung des Gläubigers zu der beabsichtigten Rückzahlung gegebenenfalls auf gerichtlichem Weg herbeizuführen. In den Genehmigungsbescheid ist in diesem Fall die Bedingung aufzunehmen, daß die Devisenbank auf Grund dieser Genehmigung zur Gutschrift des vom Schuldner zugunsten seines ausländischen Gläubigers eingezahlten Betrags nur berechtigt ist (§ 12 DevG.), wenn der Schuldner gleichzeitig mit dem Genehmigungsbescheid die Annahmeerklärung des Gläubigers oder eine rechtskräftige gerichtliche Entscheidung in Urschrift oder beglaubigter Abschrift vorlegt, durch die die Verpflichtung des Gläubigers zur Entgegennahme der Leistung auf Sperrkonto an Erfüllungstatt ausgesprochen wird. Die DevSt. haben nicht zu prüfen, ob nach den vom Schuldner vorgetragenen Umständen eine derartige Verpflichtung des Gläubigers besteht; denn es ist nach wie vor nicht Aufgabe der DevSt., über zivilrechtliche Fragen, die zwischen den Beteiligten streitig sind, zu entscheiden.

3. Die Parteien können wie bisher eine Vereinbarung über die Stundung des fälligen Kredits treffen. Bei Fremdwährungskrediten ist zur Stundung immer die Genehmigung erforderlich (vgl. § 9 Abs. 2 DevG., Ri. II 9). Voraussetzung für die Genehmigung ist ebenso wie bei Reichsmarkforderungen nach Ri. II 40b, daß die Zins- oder Tilgungsbedingungen nicht zuungunsten des Schuldners geändert werden und der Zinssatz die jeweils von mir festgesetzte Höhe nicht übersteigt. Bei Reichsmarkkrediten ist unter diesen Bedingungen die Stundung nach Ri. II 40b ohne Genehmigung zulässig. Als angemessener Zinssatz im Sinn dieser Bestimmungen gelten weiterhin 4½ v. H., wie dies bereits durch Rderl. 182/36 DSt. Nr. 2 (RStBl. 1937 S. 13) bestimmt worden ist. Unter den genannten Bedingungen ersuche ich Anträge auf Genehmigung von Stundungsvereinbarungen wohlwollend zu behandeln, da die im Einvernehmen zwischen den Parteien getroffene Stundung eines fälligen Kredits zu 4½ v. H. regelmäßig als volkswirtschaftlich erwünscht im Sinn des Rderl. 182/36 DSt. Nr. 2 angesehen werden kann. Von einer bestimmten Mindestdauer der Prolongation ist die Genehmigung nicht abhängig. Devisenwirtschaftlich ist es allerdings erwünscht, daß die Verlängerung für längere Zeit vereinbart wird. Ich habe aber nichts dagegen einzuwenden, wenn regelmäßig der Genehmigung die von den Parteien vereinbarte Prolongationsdauer zugrunde gelegt wird, insbesondere kann die Prolongation in der Weise vereinbart werden, daß der Kredit erst durch Kündigung unter Einhaltung einer angemessenen Frist wieder fällig werden soll. Sind die Parteien zu einer besonders langen Prolongation bereit, macht der Gläubiger seine Zustimmung aber davon abhängig, daß eine höhere als 4½proz. Verzinsung genehmigt wird, so ersuche ich, meine Entscheidung einzuholen. Für regelmäßige Tilgungs-

raten, die unter das Gesetz über Zahlungsverbindlichkeiten gegenüber dem Ausland vom 9. Juni 1933 fallen, gelten dieselben Grundsätze (vgl. auch Ziff. B 2 der Vorschriften über die Verwendung der bei der Konversionskasse für deutsche Auslandschulden eingezahlten Tilgungsbeträge, Einleitung des Rderl. 163/35 DSt. (RStBl. 1935 S. 1117).

Auch die Verlängerung von Krediten, die zu Lasten eines Sperrguthabens gegeben worden sind und bei denen sich die DevSt. entsprechend Ri. II 53 Abs. 2a vorbehalten haben, daß jede Verfügung über die Kreditforderung, also auch die Verlängerung nur mit ihrer Genehmigung zulässig ist, ersuche ich, nach den vorstehenden Richtlinien zu genehmigen.

4. Wird der Kredit nicht auf Sperrkonto zurückgezahlt und kommt auch eine Stundungsvereinbarung nicht zustande, so endet mit dem Eintritt der Fälligkeit des Kredits die Pflicht des Schuldners, die vertraglich vereinbarten Zinsen zu zahlen (§ 1 Abs. 1 des Gesetzes). Die Genehmigung zur Zahlung der Zinsen ist also dem Schuldner von diesem Zeitpunkt ab nicht mehr zu erteilen. Erklärt der Gläubiger dem Schuldner gegenüber, daß er die Forderung bei ihm stehenlassen will, so ist die Forderung vom Eintritt der Fälligkeit an mit 4 v. H. jährlich oder, wenn die Forderung nach Gesetz oder Vertrag bis zur Fälligkeit niedriger verzinslich war, zu diesem niedrigeren Zinssatz zu verzinsen. Neben dem Zins kann der Gläubiger einen Verwaltungskostenbeitrag nicht verlangen (§ 1 Abs. 3). Der Gläubiger, der diese Erklärung abgegeben hat, kann sich jederzeit noch entschließen, den Kredit auf Sperrkonto entgegenzunehmen. Ebenso kann ein Gläubiger, der die Erklärung nicht abgegeben hat, die Zahlung auf Sperrkonto noch jederzeit verlangen. Macht der Gläubiger von dieser Möglichkeit Gebrauch, so hat der Schuldner vom Zeitpunkt der Fälligkeit des Kredits an bis zur tatsächlichen Zahlung die in § 1 Abs. 3 des Gesetzes festgesetzten Zinsen (regelmäßig 4 v. H.) zu zahlen (§ 2). Für die Zinsen ist die Genehmigung zur Zahlung an die Konversionskasse zu erteilen. Die Zinserleichterung tritt für den Schuldner nach § 4 des Gesetzes nicht ein, wenn das Kapital vorzeitig fällig wird, weil der Schuldner seinen Verpflichtungen nicht nachgekommen ist oder wenn der Schuldner die Fälligkeit des Kredits wider Treu und Glauben herbeigeführt hat oder solange der Schuldner mit der Zinszahlung oder der Kapitalrückzahlung in Verzug ist (§ 4). Ein Verstoß gegen Treu und Glauben kann z. B. dann vorliegen, wenn der Schuldner von einem Recht zur vorzeitigen Kündigung, das ihm nach dem Vertrag für besondere Fälle eingeräumt ist, lediglich deshalb Gebrauch machen will, um eine Zinsentlastung auf Grund des Gesetzes zur Regelung von Kapitalfälligkeiten gegenüber dem Ausland zu erhalten.

5. Verlangt der Gläubiger nicht die Zahlung auf Sperrkonto, kommt keine Stundungsvereinbarung zwischen den Parteien zustande und erklärt der Gläubiger auch nicht, daß er die Forderung beim Schuldner stehenlassen will, so kann der Schuldner dem Gläubiger zur Abgabe dieser Erklärung eine Frist setzen, die mindestens einen Monat betragen muß. Gibt der Gläubiger die Erklärung innerhalb der Frist nicht ab, so kann sich der Schuldner von der Schuld dadurch befreien, daß er den Betrag für den Gläubiger auf ein Sperrkonto einzahlt. Auf diese Rechtsfolge hat der Schuldner den Gläubiger bei der Festsetzung hinzuweisen (§ 1 Abs. 4 des Gesetzes). Vom Zeitpunkt der Fälligkeit bis zur tatsächlichen Rückzahlung des Kredits hat der Schuldner nach § 2 Abs. 2 des Gesetzes

die im § 1 Abs. 3 festgesetzten Zinsen (regelmäßig 4 v. H.) nachzuzahlen. In diesem Fall ist also die Genehmigung zur Rückzahlung des Kredits auf Sperrkonto ohne die in Ri. II 44 vorgeschriebene Einverständniserklärung des Gläubigers zu erteilen. Für die Zinsen ist die Zahlung an die Konversionskasse zu genehmigen. Hat der Schuldner den Gläubiger unter Fristsetzung zur Erklärung nach § 1 Abs. 4 des Gesetzes aufgefordert und hat der Gläubiger erklärt, daß er die Forderung bei dem Schuldner stehenlassen wolle, so wird sich dieser regelmäßig nach Treu und Glauben nicht mehr darauf berufen können, daß der Gläubiger nach der unter I 1 mitgeteilten Entscheidung des Reichsgerichts ausnahmsweise zur Annahme der Kreditrückzahlung auf Sperrkonto verpflichtet sei. Bei einem Kredit, den der Gläubiger aus Sperrguthaben gewährt hat, kommt eine Fristsetzung nach § 1 Abs. 4 des Gesetzes m. E. überhaupt nicht in Frage, da der Gläubiger nach meiner Auffassung (vgl. oben II 2) ohnehin verpflichtet ist, die Kreditrückzahlung auf Sperrkonto anzunehmen.

6. Wird eine Anleihe, für die Inhaberschuldverschreibungen ausgegeben sind und die nicht in regelmäßigen Tilgungsraten durch Zahlung an die Konversionskasse zu tilgen ist, fällig, ohne daß eine Stundungsvereinbarung zustande kommt, so gilt das Gesetz zur Regelung von Kapitalfälligkeiten gegenüber dem Ausland ebenfalls. Ich ersuche, mir alle Anträge, die sich auf eine derartige fällige Anleihe beziehen, mit Bericht zur Entscheidung vorzulegen (vgl. auch Ri. IV 44).

III. Rechtslage für Kredite und Anleihen, die bei Inkrafttreten des Gesetzes zur Regelung von Kapitalfälligkeiten gegenüber dem Ausland bereits fällig waren.

Hat der Gläubiger die Rückzahlung eines bisher schon fälligen Kredits nicht auf Sperrkonto entgegengenommen und ist auch keine Stundungsvereinbarung zustande gekommen, so endet nach § 6 des Gesetzes mit seinem Inkrafttreten am 29. Mai 1937 die Verpflichtung des Schuldners zur Zahlung der vertraglich vereinbarten Zinsen. Der Gläubiger kann nunmehr neben der Möglichkeit, mit dem Schuldner die Verlängerung des fälligen Kredits zu vereinbaren oder die Rückzahlung des Kredits auf Sperrkonto zu verlangen, erklären, daß er den Kredit bei dem Schuldner stehenlassen wolle. Der Schuldner kann dem Gläubiger zur Abgabe dieser Erklärung eine Frist von mindestens einem Monat setzen. In all diesen Fällen gilt das zu II. Gesagte entsprechend.

Rückwirkende Kraft hat das Gesetz nicht, daher richtet sich bis zum 29. Mai 1937 die Verpflichtung des Schuldners zur Zahlung der Zinsen nach den bisherigen Vorschriften. Regelmäßig wird er also nach der Rechtsprechung des Reichsgerichts bis zum 29. Mai 1937 die vertraglichen Zinsen zu zahlen haben, wenn nicht ausnahmsweise ein Fall vorliegt, in dem der Gläubiger die Rückzahlung des Kredits auf Sperrkonto nach Treu und Glauben hätte annehmen müssen und durch seine Weigerung in Annahmeverzug geraten ist, so daß der Schuldner nach § 301 BGB. von der Verpflichtung zur Zahlung der Zinsen befreit worden ist.

Ist der Zinssatz nach dem Gesetz über Hypothekenzinsen vom 2. Juli 1936 ermäßigt worden, so gilt folgende Rechtslage: Solange die Hypothek nicht fällig ist, bleibt es bei den Bestimmungen des Gesetzes über Hypothekenzinsen, nach denen der Gläubiger verpflichtet ist, die Zinsen auf den angemessenen Satz im Sinn dieses Gesetzes zu senken, d. h. in der Regel auf 5 v. H. bei erststelligen und 5½ bis 6 v. H. bei zweitstelligen Hypotheken. Wird die Hypothek aber fällig, so endet in diesem Zeitpunkt nach § 1 des Gesetzes zur Regelung von Kapitalfälligkeiten gegenüber dem Ausland die Pflicht des Hypothekenschuldners, den Zins in Höhe von 5 bis 6 v. H. zu zahlen. Dies gilt auch dann, wenn der Richter den Zins nach § 2 Abs. 2 des Gesetzes über Hypothekenzinsen auf diesen Satz festgesetzt haben sollte.

Anlage I.

Gesetz zur Regelung von Kapitalfälligkeiten gegenüber dem Ausland.
Vom 27. Mai 1937[1]).

Anlage II.

Begründung.

Die deutschen Schuldner von Auslandsanleihen und Auslandskrediten können sich, obwohl ihnen die zur Zahlung innerhalb Deutschlands erforderlichen Mittel zur Verfügung stehen, von einer fälligen Schuld häufig deshalb nicht befreien, weil die Überweisung des Schuldbetrags in das Ausland aus devisenwirtschaftlichen Gründen nicht zugelassen werden kann. Soweit es sich um kurzfristige Kredite handelt, die unter die deutschen Kreditabkommen fallen, haben sich die ausländischen Gläubiger in den genannten Abkommen mit Rücksicht auf die deutsche Devisenlage bereit erklärt, mit ihren Forderungen einstweilen stillzuhalten. Auch bei anderen Auslandsschulden, die von den Kreditabkommen nicht erfaßt werden, haben die ausländischen Gläubiger in zahlreichen Fällen für die Zwangslage, in die der deutsche Schuldner ohne sein Zutun geraten ist, Verständnis gezeigt. Vielfach sind sich die Beteiligten dahin einig geworden, daß der Kredit unter angemessenen Bedingungen verlängert wird. In anderen Fällen haben sich die Gläubiger damit einverstanden erklärt, daß der Schuldner den Schuldbetrag bei einer Devisenbank auf ein Sperrkonto einzahlt, das der Gläubiger innerhalb der durch die Devisengesetzgebung gezogenen Grenzen anderweitig verwerten kann.

Dem stehen jedoch Fälle gegenüber, in denen die ausländischen Gläubiger jedes Entgegenkommen ablehnen und sich weder zu einer Prolongation unter angemessenen Bedingungen noch zur Annahme einer Sperrkontozahlung bereitfinden. Dadurch wird für den deutschen Schuldner eine Lage geschaffen, die auf die Dauer unerträglich ist. Weigert sich der Gläubiger, die Zahlung auf Sperrkonto an Erfüllungstatt anzunehmen, so kann sich der Schuldner von einer fälligen Schuld, die er abzudecken wünscht, nicht befreien. Das Schuldverhältnis bleibt auf vorläufig nicht absehbare Zeit in der Schwebe. Schon diese Tatsache allein ist für den Schuldner mißlich. Hinzu kommt, daß die deutschen Auslandsschulden vielfach in einer Höhe zu verzinsen sind, die den heute in Deutschland üblichen Zins bei weitem übersteigt und im übrigen auch wesentlich über dem Satz liegt, den der Gläubiger bei einer Kapitalanlage in seinem

[1]) Anlage 1 ist hier weggelassen, da der in ihr enthaltene Text des Gesetzes zur Regelung von Kapitalfälligkeiten gegenüber dem Ausland vom 27. Mai 1937 in diesem Teile bereits unter A Ziff. 12 a abgedruckt ist.

eigenen Lande jemals erhalten konnte. Da der Vertragszins nach der Rechtsprechung des Reichsgerichts (vgl. RG. in Jur. W. 1936 S. 2858, RStBl. 1936 S. 928) grundsätzlich auch nach Eintritt der Fälligkeit weiterzuzahlen ist, so ist der Schuldner gezwungen, die fällige Schuld weiterhin auf unbestimmte Zeit zu einem erhöhten Satz zu verzinsen, obwohl er zur Rückzahlung im Inland bereit und wirtschaftlich in der Lage ist. Dabei muß der Schuldner jederzeit damit rechnen, daß der Gläubiger die Zahlung auf Sperrkonto nachträglich noch verlangen wird. Der Schuldner muß also den Schuldbetrag dem Gläubiger auch weiterhin auf Abruf zur Verfügung halten. Deshalb ist der Schuldner nicht einmal in der Lage, das Geld anderweitig nutzbringend anzulegen.

Bei dieser Sachlage mußte die Frage aufgeworfen werden, ob der Gläubiger nicht bereits nach Treu und Glauben verpflichtet sei, die dem Schuldner zur Zeit allein mögliche Zahlung auf Sperrkonto an Erfüllungstatt anzunehmen. Die Frage ist vom Reichsgericht in dem Beschluß des Großen Senats für Zivilsachen vom 23. Mai 1936 (RGZ. Band 151 S. 116, RStBl. 1936 S. 926) dahin entschieden worden, daß zwar in einzelnen Fällen die Ablehnung der Sperrmarkzahlung durch den Gläubiger einen Verstoß gegen Treu und Glauben darstellen könne, daß aber nach der gegenwärtigen Gesetzeslage eine allgemeine Rechtspflicht des Gläubigers, die Sperrmarkzahlung als Erfüllung anzunehmen, nicht bestehe.

Es würde naheliegen, im Interesse der deutschen Schuldner eine solche Rechtspflicht des Gläubigers zur Annahme der Sperrmarkzahlung nunmehr zu begründen. Von einer solchen Maßnahme soll jedoch abgesehen werden, um die Interessen der ausländischen Gläubiger so weit als möglich zu schonen. Denn die ausländischen Gläubiger legen vielfach besonderen Wert darauf, ihre Forderung gegen den ursprünglichen Schuldner in derselben Währung, in der sie begründet worden ist, zu behalten. Auf der anderen Seite erscheint es aber unabweislich, durch eine Maßnahme der Gesetzgebung die Schuldner von Auslandsanleihen und Auslandskrediten wenigstens für die Zeit nach Eintritt der Fälligkeit von der überhöhten Zinslast zu befreien.

Durch das Gesetz vom 27. Mai 1937 wird deshalb bestimmt, daß bei einer Zahlungsverbindlichkeit gegenüber dem Ausland, die aus dem Geld- oder Kapitalverkehr herrührt und von dem Schuldner mangels devisenrechtlicher Genehmigung nicht in der vereinbarten Weise erfüllt werden kann, mit dem Eintritt der Fälligkeit die Pflicht des Schuldners zur Zahlung des Vertragszinses wegfällt. Dem Gläubiger einer solchen Forderung stellt das Gesetz mehrere Möglichkeiten zur Wahl. Er kann einmal — wie schon bisher — verlangen, daß der Schuldner den fälligen Betrag in Reichsmark auf ein Sperrkonto einzahlt. Will der Gläubiger das nicht, so kann er erklären, daß er die fällige Forderung bei dem Schuldner stehen lassen wolle. In diesem Falle ist die Forderung vom Eintritt der Fälligkeit an mit höchstens 4 v. H. zu verzinsen. Dieser Zinssatz erschein angemessen, im Hinblick darauf, daß der Schuldner das Geld zur jederzeitigen Rückzahlung bereit halten muß.

Daneben steht es dem Gläubiger frei, mit dem Schuldner eine Stundungsvereinbarung zu treffen. Hierbei wird aber durch die Vorschriften des Devisenrechts dafür Sorge getragen, daß sich der Zinssatz, den die Parteien für die prolongierte Forderung vereinbaren, in angemessenen Grenzen hält.

Kommt eine Stundungsvereinbarung nicht zustande, so kann der Schuldner den Gläubiger durch Fristsetzung zu einer Erklärung darüber anhalten, ob er sich die fällige Forderung gegen den Schuldner bei einer Verzinsung von höchstens 4 v. H. erhalten will. Gibt der Gläubiger innerhalb der Frist keine Erklärung ab, so erhält der Schuldner seinerseits das Recht, den Schuldbetrag mit befreiender Wirkung auf ein Sperrkonto einzuzahlen.

Diese Regelung gilt nur für Kapitalfälligkeiten gegenüber dem Ausland. Die Bestimmungen, die das Gesetz über Zahlungsverbindlichkeiten gegenüber dem Ausland vom 9. Juni 1933 — RGBl. I S. 349 — (Moratoriumsgesetz) über die Zahlung von Zinsen, Tilgungsbeträgen und sonstigen regelmäßig wiederkehrenden Leistungen getroffen hat, werden durch das neue Gesetz nicht berührt. Der Anwendungsbereich beider Gesetze stimmt aber insofern überein, als sie sich beide nur auf den Geld- und Kapitalverkehr mit dem Ausland beziehen. Auf den Waren- und Dienstleistungsverkehr finden die neuen Vorschriften ebensowenig Anwendung, wie dies bei den Vorschriften des Moratoriumsgesetzes der Fall ist.

Im einzelnen ist zu dem Gesetz noch folgendes zu bemerken:

Zu § 1.

§ 1 enthält die allgemeinen Grundsätze für die Regelung der Kapitalfälligkeiten gegenüber dem Ausland. Sie sind im wesentlichen bereits oben erörtert worden.

Hervorzuheben ist noch, daß die kurzfristigen Stillhaltekredite nicht unter den Anwendungsbereich des Gesetzes fallen. Denn die Fälligkeit dieser Kapitalverbindlichkeiten ist für die Dauer der Laufzeit der Kreditabkommen, sofern der ausländische Bankgläubiger den Abkommen beigetreten ist, grundsätzlich aufgeschoben. Es können allerdings auch während der Laufzeit der Kreditabkommen Kapitalfälligkeiten eintreten. In diesen Fällen erteilt die Reichsbank aber im Rahmen der Bestimmungen der Kreditabkommen die notwendigen devisenrechtlichen Genehmigungen, um den Schuldner in die Lage zu versetzen, seine Verpflichtungen aus den Kreditabkommen zu erfüllen.

Zu § 2.

Wenn der Schuldner nach dem Vertrag verpflichtet ist, Zahlung in ausländischer Währung zu leisten, so muß der Schuldbetrag bei der Zahlung auf Sperrkonto in Reichsmark umgerechnet werden. Die Art und Weise der Umrechnung soll bei den Kapitalfälligkeiten die gleiche sein wie bei den regelmäßig wiederkehrenden Leistungen, die unter das Moratoriumsgesetz vom 9. Juni 1933 fallen. Deshalb ist § 1 Abs. 1 Satz 3 bis 5 des Moratoriumsgesetzes für entsprechend anwendbar erklärt. Danach ist der Schuldbetrag grundsätzlich zum amtlichen Mittelkurs der ausländischen Währung an der Berliner Börse an dem der Zahlung vorangehenden Werktage in Reichsmark umzurechnen.

§ 2 Abs. 2 bestimmt, daß der Schuldner, wenn er auf Sperrkonto zahlt, für die Zeit vom Eintritt der Fälligkeit an bis zur Zahlung Zinsen gemäß § 1 Abs. 3, d. h. in der Regel 4 v. H., zu entrichten hat. Der Vertragszins ist nach § 1 Abs. 1 nach Eintritt der Fälligkeit nicht mehr weiterzuzahlen. Gibt der Gläubiger gemäß § 1 Abs. 3 die Erklärung ab, daß er die Forderung bei dem Schuldner stehenlassen wolle, so hat der Schuldner ab Fälligkeit nach § 1 Abs. 3 im Regelfall 4 v. H. Zinsen zu zahlen. Gibt der Gläubiger die Erklärung nicht ab und kommt auch eine Prolongationsvereinbarung nicht zustande, so wird die Forderung zunächst nicht weiterverzinst. Nach § 2 Abs. 2 sind aber dann, wenn der Gläubiger nachträglich die Sperrmarkzahlung verlangt oder wenn der Schuldner wegen Fristversäumung des Gläubigers nach § 1 Abs. 4 seinerseits das Recht zur Sperrmarkzahlung erhalten hat, bei der Zahlung der Hauptschuld grundsätzlich 4 v. H. Zinsen ab Fälligkeit nachzuzahlen. War die Forderung bis zur Fälligkeit niedriger verzinslich, so sind die Zinsen, die der Schuldner nachzuzahlen hat, nach diesem niedrigeren Satz zu berechnen. Die Forderung wird also auch dann, wenn der Gläubiger die Erklärung nach § 1 Abs. 3 nicht abgibt, nicht schlechthin unverzinslich. Nur die Fälligkeit der Zinszahlung wird so lange hinausgeschoben, bis die gesetzlichen Voraussetzungen für eine Rückzahlung der Hauptschuld auf Sperrkonto eingetreten sind.

Zu § 3.

Die Bestimmungen, die die §§ 1 und 2 über die Folgen der Fälligkeit bei einer Auslandsschuld treffen, sind nach § 3 insofern kein zwingendes Recht, als es den Parteien frei steht, jederzeit eine Stundungsvereinbarung zu treffen. Dazu ist aber bei Fremdwährungsverbindlichkeiten immer die devisenrechtliche Genehmigung erforderlich (vgl. § 9 Abs. 2 des DevG. und Richtlinien II 9). Bei Reichsmarkverbindlichkeiten ist sie dann erforderlich, wenn bei der Stundung die Zins- oder Tilgungsbedingungen zuungunsten des Schuldners abgeändert werden und wenn der Zinssatz die jeweils von der Reichsstelle für Devisenbewirtschaftung festgesetzte Höhe — zur Zeit 4½ v. H. — übersteigt (vgl. § 15 DevG., Richtlinien II 40 und Rderl. 11/37 DSt. — 4/37 ÜSt. vom 20. Januar 1937 (RStBl. 1937 S. 104)). Soweit hiernach die Stundung genehmigungspflichtig ist, wird die Genehmigung nur erteilt werden, wenn der vereinbarte Zinssatz nicht unangemessen hoch ist.

Zu § 4.

Böswillige oder zahlungsunfähige Schuldner sollen durch das Gesetz nicht geschützt werden. Deshalb bestimmt § 4, daß die in den §§ 1 und 2 festgelegten gesetzlichen Folgen der Kapitalfälligkeit dann nicht eintreten, wenn das Kapital vorzeitig fällig wird, weil der Schuldner seinen Verpflichtungen nicht nachgekommen ist. Namentlich Hypothekenverträge enthalten häufig Bestimmungen, nach denen das Kapital vorzeitig fällig wird, wenn der Schuldner die Zinsen nicht pünktlich zahlt, wenn er das belastete Grundstück verwahrlosen läßt usw. Tritt ein solcher Fall ein, so sind für die Höhe der Verzinsung der Inhalt des Vertrages und die allgemeinen Vorschriften des bürgerlichen Rechts allein maßgebend. Das gleiche gilt, wenn der Schuldner die Fälligkeit des Kapitals wider Treu und Glauben herbeigeführt hat.

Nach § 4 Abs. 2 kann der Gläubiger für den Fall, daß der Schuldner mit der Zinszahlung oder der Kapitalrückzahlung in Verzug gerät, während der Dauer des Verzugs die ursprünglich vereinbarten Zinsen verlangen. Damit gewährt das Gesetz dem Gläubiger für die Dauer des Verzugs den höheren Vertragszins als eine Art gesetzlichen Strafzins. Das Recht des Gläubigers, daneben einen etwaigen weitergehenden Verzugsschaden vom Schuldner ersetzt zu verlangen, bleibt unberührt.

Zu § 5.

Schuldner von Auslandsverbindlichkeiten haben in vielen Fällen die Mittel, die ihnen aus dem Ausland zugeflossen sind, im Inland — z. B. in der Form einer Hypothek oder eines Bankkredits — an einen Dritten weitergegeben. Für solche Fälle bestimmt § 5, daß der Schuldner der Auslandsverbindlichkeit verpflichtet ist, die Zinsentlastung, die sich für ihn aus den §§ 1 und 2 ergibt, an seinen Schuldner weiterzugeben.

Bei Banken kann die Weitergabe der Zinsermäßigung gewissen praktischen Schwierigkeiten begegnen. So ist es z. B. bei einer Bank unter Umständen nicht einfach festzustellen, an welchen Bankkunden die Mittel aus einer bestimmten Auslandsanleihe oder einem bestimmten Auslandskredit oder Ausländerguthaben weitergeleitet worden sind. Im Hinblick darauf erscheint es zweckmäßig, die Entscheidung über die Weitergabe der Zinsentlastung bei Kreditinstituten dem Reichskommissar für das Kreditwesen zu übertragen. Hierdurch wird gewährleistet, daß die Entscheidung in den einzelnen Fällen gleichmäßig und von einer mit besonderer Sachkunde ausgestatteten Stelle getroffen wird. Aus entsprechenden Gründen ist die Entscheidung bei öffentlichen Körperschaften der Aufsichtsbehörde übertragen.

Durch § 5 Abs. 3 wird eine Sonderregelung vorbehalten für solche Hypotheken und Grundschulden, die der Zinsgesetzgebung für den landwirtschaftlichen Auslandskredit unterliegen. Es sind dies die Deckungswerte einer Reihe von Auslandsanleihen, die von der Deutschen Rentenbank-Kreditanstalt und anderen Kreditanstalten zu landwirtschaftlichen Zwecken aufgenommen worden sind. Für sie gelten die besonderen Bestimmungen des Gesetzes über die Zinserleichterung für den landwirtschaftlichen Auslandskredit vom 20. Juli 1933 (RGBl. I S. 524) und der Verordnungen vom 30. September 1936 (RGBl. I S. 859) und vom 22. März 1937 (RGBl. I S. 425). Danach wird den Schuldnern der Deckungshypotheken — und zwar allen gleichmäßig — bereits jetzt eine Zinserleichterung gewährt. Sollte sich bei einer dieser Anleihen auf Grund des neuen Gesetzes für die Kreditanstalt, die die Anleiheschuldnerin gegenüber dem Ausland ist, eine Zinsentlastung ergeben, so kann diese auf Grund des § 5 Abs. 3 zur Zinserleichterung bei allen Schuldnern der Deckungswerte für die landwirtschaftlichen Auslandsanleihen verwendet werden.

Zu § 6.

§ 6 regelt das Verhältnis des neuen Gesetzes zu den bisherigen gesetzlichen Bestimmungen über Verzinsung und Rückzahlung der von dem Gesetz erfaßten Verbindlichkeiten. Für die Zeit vor Eintritt der Fälligkeit soll sich die Höhe des Zinssatzes weiterhin nach den bisherigen Vorschriften bestimmen, dagegen sollen vom Zeitpunkt der Fälligkeit ab lediglich die Vorschriften des neuen Gesetzes gelten. Danach ergibt sich z. B. für die Hypothek eines ausländischen Gläubigers, auf die das Gesetz über Hypothekenzinsen vom 2. Juli 1936 (RGBl. I S. 533) Anwendung fand, folgende Rechtslage: Nach dem Gesetz vom 2. Juli 1936 war der ausländische Gläubiger verpflichtet, den Hypothekenzins auf den „angemessenen Satz" im Sinne dieses Gesetzes zu senken, d. h. in der Regel auf 5 v. H. bei erststelligen und 5½ bis 6 v. H. bei zweitstelligen Hypotheken. Solange die Hypothek nicht fällig ist, hat es dabei sein Bewenden. Wird die Hypothek aber fällig, so endet in diesem Zeitpunkt nach § 1 des neuen Gesetzes die Pflicht des Hypothekenschuldners, den Zins in Höhe von 5 bis 6 v. H. zu zahlen. Dies gilt auch dann, wenn der Richter den Zins gemäß § 2 Abs. 2 des Gesetzes vom 2. Juli 1936 auf diesen Satz festgesetzt haben sollte.

Nach § 6 Abs. 2 Satz 2 werden vertragliche Vereinbarungen und gesetzliche Vorschriften, nach denen der Gläubiger in weiterem Umfang als nach § 1 zur Annahme einer Sperrkontozahlung verpflichtet ist, von der neuen Fälligkeitsregelung nicht berührt. Dabei ist an die Fälle zu denken, in denen nach der Rechtsprechung des Reichsgerichts (RGZ. Bd. 151 S. 116) der Gläubiger aus besonderen Gründen nach Treu und Glauben verpflichtet ist, die Sperrmarkzahlung an Erfüllungstatt anzunehmen. Die weitergehenden Rechte, die sich für den Schuldner hieraus ergeben, sollen ihm durch das neue Gesetz nicht genommen werden. Ob etwa ein solcher Fall vorliegt, wird der Schuldner zu prüfen haben, bevor er dem Gläubiger eine Frist zur Erklärung nach § 1 Abs. 3 setzt.

Daß die Regelung, die das Moratoriumsgesetz für die Zahlung von regelmäßig wiederkehrenden Leistungen getroffen hat, durch das neue Gesetz nicht berührt wird (Abs. 2 Satz 3), ist bereits oben hervorgehoben worden.

Zu § 7.

§ 7 bestimmt, daß die Zinsentlastung, die sich aus den §§ 1 und 2 ergibt, nicht der Eintragung im Grundbuch bedarf, um gegenüber dem öffentlichen Glauben des Grundbuchs wirksam zu bleiben. Entsprechende Bestimmungen sind auch bei den früheren gesetzlichen Zinsänderungen getroffen worden.

Zu § 8.

§ 8 enthält die Übergangsregelung für solche Forderungen, die bereits vor Inkrafttreten des Gesetzes fällig geworden sind. Hier endet die Pflicht des Schuldners, den Vertragszins zu zahlen, mit dem Inkrafttreten des Gesetzes. Die Frist zur Abgabe einer Erklärung nach § 1 Abs. 3 kann der Schuldner dem Gläubiger von diesem Zeitpunkt an setzen. Die Verzinsung mit 4 v. H. nach § 1 Abs. 3 und § 2 Abs. 2 beginnt frühestens mit dem Inkrafttreten des Gesetzes.

Zu § 9.

§ 9 enthält die Ermächtigung zum Erlaß von Durchführungsvorschriften.

II. Zu den Kapiteln 15—21 von Teil II (Fragen der freiwilligen Gerichtsbarkeit)

a) Runderlasse der RStDV.

1. Verwendung von Sperrguthaben, regelmäßigen Tilgungen und Erträgnissen; Umlegung von Sperrguthaben.

RE. 36/1937 DSt. vom 25. März 1937 (RStBl. S. 464)[1]).

I. Sonderkonten nach Ri. II 55 und IV 48.
- A. Allgemeines.
- B. Erläuterungen zu den einzelnen Verwendungszwecken.
- C. Besonderheiten für Erträgnissonderkonten.
- D. Überweisung nichtverbrauchter Beträge von Sonderkonten an die Konversionskasse.

II. Unmittelbare Freigabe von Sperrguthaben und Erträgnissen.

III. Umlegung von Sperrguthaben, Ri. II 58.

IV. Behandlung der bei der Konversionskasse eingezahlten Zinsguthaben und der von dieser ausgegebenen Schuldverschreibungen.

Die auf Seite 8 dieses Rderl. aufgeführten Erl., die ich hierdurch aufhebe, werden hiermit neu gefaßt und ergänzt.

I. Sonderkonten nach Ri. II 55 und IV 48.

A. Allgemeines.

1. Grundsätze für die Freigabe von Sperrguthaben und Vermögenserträgnissen.

Wie die Fassung des Eingangs von Ri. II 55 deutlich zum Ausdruck bringt, ist eine Freigabe von Sperrguthaben in einer Weise, die zu ihrer endgültigen Auflösung führt, auf solche Sperrguthaben beschränkt, die dem ursprünglichen Kontoinhaber gehören (sogenannte eigene Sperrguthaben); bei Wertpapiersperrguthaben ist weitere Voraussetzung, daß die veräußerten Wertpapiere bereits vor dem 15. April 1932 Eigentum des Inhabers des Sperrguthabens waren (sogenannter Wertpapier-Altbesitz — vgl. auch Rderl. 39/36 DSt., RStBl. 1936 S. 236, und Rderl. 21/37 DSt., RStBl. 1937 S. 344). Eine Freigabe dieser Sperrguthaben kann stets nur zu Leistungen für eigene Rechnung des Kontoinhabers erfolgen. Hierbei sei besonders darauf hingewiesen, daß Sortensperrguthaben in Ri. II 55 nicht erwähnt, also grundsätzlich als erworbene Sperrguthaben behandelt werden und daher von allen Verwendungszwecken ausgeschlossen sind, für die sonst nur eigene Sperrguthaben freigegeben werden.

Diese Beschränkungen sind darauf zurückzuführen, daß die Genehmigung einer auflösenden Verwendung von Sperrguthaben in allen Fällen

[1]) Der hier abgedruckte RE. gibt wesentliche Ergänzungen zu den Ausführungen im Anhang zu Kap. 5 und im Kap. 18.

auf Billigkeitsgesichtspunkten beruht, die darin ihren Grund haben, daß einer Person, die eigene Vermögenswerte in Deutschland festliegen hat, nicht zugemutet werden soll, für gewisse Leistungen im Inland freie Mittel aufzuwenden. Solche Billigkeitsgesichtspunkte scheiden in der Regel aus, wenn eine Person nicht gegen ihren Willen in der Verfügung über ihre deutschen Vermögenswerte beschränkt worden ist, sondern solche Werte rechtsgeschäftlich erworben hat in der Absicht, auf diese Weise aus dem Disagio gesperrter deutscher Werte im Ausland Nutzen zu ziehen. Diese Erwägungen rechtfertigen es andererseits, dem ursprünglichen Kontoinhaber solche Personen gleichzustellen, die nicht durch Kauf oder ähnliches Rechtsgeschäft, sondern durch Gesamtrechtsnachfolge (z. B. Erbschaft) oder Auseinandersetzung eines gesellschafts-rechtlichen Verhältnisses (z. B. Miterbengemeinschaft) ein ursprüngliches Sperrguthaben des Rechtsvorgängers erworben haben. Dagegen gilt eine Person auch dann nicht als ursprünglicher Kontoinhaber, wenn die DevSt. den käuflichen Erwerb des Sperrguthabens genehmigt oder der Erblasser das Sperrkonto vor seinem Tode käuflich erworben hatte.

Der Umstand, daß der Kontoinhaber auf Grund besonderer Abkommen Anspruch auf eine beschränkte Transferierung von Vermögenserträgnissen hat, hindert eine Freigabe nach Ri. II 55 nicht. Muß bei Transferierung eines Teils der Erträgnisse laut besonderem Transferabkommen auf einen anderen Teil der Erträgnisse verzichtet werden oder wird dieser auf die Tilgung angerechnet, so kann dieser Teil nicht zu Inlandszahlungen freigegeben werden. Gleichgültig ist es dagegen, ob der Kontoinhaber ausländisches oder freies inländisches Vermögen besitzt, es sei denn, daß die Zahlungen, die aus dem freizugebenden Sperrguthaben geleistet werden sollen, sich auf ausländisches oder freies Inlandsvermögen beziehen.

Die Freigabe von Sperrguthaben für Personen, die Inländer werden (Einwanderer), ist in Rderl. 53/35 DSt. (RStBl. 1935 S. 575) und 104/36 DSt. (RStBl. 1936 S. 807) geregelt.

2. Einrichtung von Sonderkonten.

Die Errichtung von Sonderkonten verfolgt den Zweck, die Freigabe von Sperrguthaben oder Sperrforderungen für gewisse Leistungen im Inland verfahrensgemäß zu erleichtern. Die Einrichtung eines Sonderkontos nach Ri. II 55 und IV 48 soll grundsätzlich für sämtliche vier dort vorgesehenen regelmäßigen Verwendungszwecke erfolgen. Der Ausschluß einer oder mehrerer Verwendungsmöglichkeiten soll nur in besonderen Ausnahmefällen, z. B. bei Unzuverlässigkeit des Kontoinhabers, vorgenommen werden. In solchen Fällen kann die DevSt. die Errichtung eines Sonderkontos auch versagen. Der Kontoinhaber ist jedoch verpflichtet, vor Errichtung des Sonderkontos oder bei Beantragung weiterer Überweisungen auf dieses anzugeben, welche Zahlungen (Art und Höhe) er voraussichtlich innerhalb des Genehmigungszeitabschnitts aus diesem Konto zu leisten haben wird. Der DevSt. ist dadurch die Möglichkeit gegeben, die Überweisungen auf das Sonderkonto auf den dem Verbrauch angemessenen Rahmen zu beschränken. In Zweifelsfällen hat die Devisenbank, welche das Sonderkonto führt, die Entscheidung der DevSt. über die Zulässigkeit einer Auszahlung aus dem Sonderkonto nachzusuchen.

Die Genehmigung zur Einzahlung auf ein Sonderkonto nach Ri. IV 48 kann mit Rücksicht auf Ri. IV 50 auch als Sammelgenehmigung für näher zu bestimmende Erträgnisfälligkeiten innerhalb eines bestimmten Zeitabschnitts erteilt werden.

B. Erläuterungen zu den einzelnen Verwendungszwecken.

1. Unentgeltliche Zuwendungen, Ri. II 55 Abs. 1 a.

Bei Freigabeanträgen zu unentgeltlichen Zuwendungen im Inland wird in zweifelhaften Fällen glaubhaft zu machen sein, daß der freizugebende Betrag tatsächlich in der angegebenen Weise Verwendung findet und nicht etwa auf Umwegen dem Kontoinhaber zugeführt wird. Von der Abgabe eidesstattlicher Erklärungen ist hierbei möglichst wenig Gebrauch zu machen. Vielmehr haben sich die DevSt. mit ausdrücklichen Versicherungen (Affidavits) zu begnügen und die Abgabe einer eidesstattlichen Erklärung nur dann zu verlangen, wenn begründete Zweifel an der Richtigkeit einer Erklärung bestehen. Das gilt auch für die Erklärungen inländischer Empfänger unentgeltlicher Zuwendungen. Bei Errichtung des Kontos ist der Gläubiger besonders darauf hinzuweisen, daß die Verwendung des Sonderkontos zu unentgeltlichen Zuwendungen für Rechnung eines Dritten ausdrücklich ausgeschlossen ist. Bedürftigkeit des Begünstigten ist keine Voraussetzung für die Erteilung der Genehmigung, ausschlaggebend ist lediglich, ob die Gewähr dafür besteht, daß der Empfänger die Beträge für eigene Zwecke verbraucht.

Ich mache im übrigen darauf aufmerksam, daß die Reichsbank, Abteilung Deutsche Kreditabkommen, seit dem 1. März 1935 Registerguthaben für freiwillige (nicht auf gesetzlicher Grundlage beruhende) Unterstützungszahlungen freigibt, wenn die Hälfte des Unterstützungsbetrags in Devisen bezahlt wird.

2. Verwaltungskosten, Ri. II 55 Abs. 1 b.

Bei der Fassung der Richtlinien bin ich davon ausgegangen, daß das gesamte inländische Vermögen eines Devisenausländers, soweit es in Sperrguthaben festliegt oder im Fall der Flüssigmachung auf Sperrguthaben fließen würde, als eine Einheit zu betrachten ist und daß daher die Verwaltungskosten für dieses gesperrte Vermögen oder einen Teil desselben aus einem beliebigen Sperrguthaben des Gläubigers entnommen werden können. Demgemäß soll dem ausländischen Gläubiger z. B. auch nicht zugemutet werden, die Depotgebühren und die damit im Zusammenhang stehenden Auslagen der Bank für im Inlandsdepot liegende Wertpapiere oder die Miete inländischer Safes, Stückzinsen bei der Lieferung von Mängelstücken und Gebühren für die Beratung und Abfassung von Anträgen in Devisensachen aus freien Mitteln zu begleichen. Ebenso können die beim Umtausch oder bei Einlösung von ausgelosten und fälligen deutschen Auslandsbonds oder von Auslandpfandbriefen (§ 22 DevG.) entstehenden Unkosten, insbesondere Spesen für Kommission, Börsenumsatzsteuer und Porto aus dem Sonderkonto nach Ri. II 55 und IV 48 bzw. aus den gemäß besonderem Transferabkommen mit einem Land (z. B. Holland) eingerichteten Sonderkonten beglichen werden.

Stehen die Verwaltungskosten, z. B. Honorare für die Beratungstätigkeit eines Rechtsanwalts, mit dem Sperrguthaben in keinem Zusammenhang, so können diese Kosten nur mit 25 v. H. aus dem Sonderkonto beglichen werden. Die Freigabe eines höheren Prozentsatzes kann unter dem Gesichtspunkt eines Härtefalls gerechtfertigt sein. Betrifft die Verwaltung sowohl das gesperrte Vermögen des Devisenausländers als auch dessen freies inländisches oder ausländisches Vermögen, so können Beträge aus dem Sonderkonto über den Satz von 25 v. H. hinaus nur in dem Verhältnis freigegeben werden, in dem der Wert des gesperrten Vermögens zu dem Wert des freien Vermögens, soweit beide Gegenstand der Verwaltung waren, steht.

Die Verwaltungskosten freier Reichsmark- oder Währungskonten wie des gesamten nicht unter den vorstehenden Abs. 1 fallenden inländischen sowie des ausländischen Vermögens sind stets in Devisen oder aus dem betreffenden Guthaben selbst zu bestreiten, soweit sie nicht mit 25 v. H. aus einem Sonderkonto des Gläubigers beglichen werden können.

3. Steuern, Ri. II 55 Abs. 1 c.

Für Steuerschulden kann eine Zahlung aus dem Guthaben auch dann genehmigt werden, wenn die Steuern nicht mit dem Guthaben selbst oder anderen gesperrten Vermögenswerten des Kontoinhabers in Verbindung stehen.

Die den Präsidenten der LFA. gemäß Ri. III 10 A erteilte allgemeine Genehmigung erstreckt sich grundsätzlich nur auf eigene Sperrguthaben, da der Steuerschuldner nach Ri. II 55 Abs. 1c auch freiwillig nur mit eigenen Sperrguthaben zahlen darf. In den Genehmigungsbescheiden ist auf diese Einschränkung ausdrücklich hinzuweisen. Genehmigungen zur Vollstreckung in erworbene Sperrguthaben sind grundsätzlich nicht zu erteilen.

4. Reisen, Ri. II 55 Abs. 1 d.

a) Auslegung des Begriffs: Familienmitglieder, Kontoinhaber, Reisekosten.

Die Freigabe von Sonderkonten und eigenen Sperrguthaben ist grundsätzlich nur für nichtgeschäftliche Reisen zulässig. Die Dauer der Reisen ist unerheblich. Der Begriff „Familienmitglieder" ist weit auszulegen. Als solche gelten: der Ehegatte des Kontoinhabers, alle in gerader Linie mit dem Kontoinhaber verwandten Personen (Eltern, Großeltern, Kinder, Enkel sowie deren Ehegatten) und alle nachweislich im Haushalt des Kontoinhabers lebenden Verwandten. Bei Kapitalgesellschaften gelten als Kontoinhaber die Vorstands- und Aufsichtsratsmitglieder der betreffenden Gesellschaft und deren Familienmitglieder. Diese Auslegung gilt auch für die gemäß besonderem Transferabkommen mit einem Lande eingerichteten Sonderkonten.

Sperrguthaben ausländischer kirchlicher Organisationen (z. B. Klöster oder Diakonievereine) können für Reise- und Ausbildungskosten ihrer Angehörigen freigegeben werden.

Als Reisekosten können auch Kosten eines Studienaufenthalts oder Schulbesuchs des Kontoinhabers oder seiner Familienmitglieder gelten. Hierbei mache ich darauf aufmerksam, daß die Reichsbank, Abteilung Deutsche Kreditabkommen, außer für Reisen auch für Studienaufenthalt in gewissem Umfang Registerguthaben freigibt.

b) Flugzeug- und Luftschiffspassagen.

In Übereinstimmung mit den für den Registermarkreiseverkehr durch die Reichsbank erlassenen Anordnungen können im Rahmen von Ri. II 55 und IV 48 Abs. 5 eigene Sperr- oder Sonderkonten zur Bezahlung von Flugzeugpassagen (Flugscheinen) zugunsten des ursprünglichen Kontoinhabers und seiner Familienangehörigen freigegeben werden, wenn es sich um einen Flug zwischen deutschen Flugplätzen oder von einem deutschen nach einem ausländischen Flugplatz (oder umgekehrt) handelt. Dabei ist es gleichgültig, ob die Strecke von einer deutschen Luftverkehrsgesellschaft allein oder in Poolgemeinschaft mit ausländischen Gesellschaften oder von ausländischen Gesellschaften allein beflogen wird. Die der ausländischen Gesellschaft auf einer allein oder in Poolgemeinschaft beflogenen Strecke anfallenden, aus Sperr- oder Sonderkonten stammenden Flugscheineinnahmen werden einem im Bezirk der DevSt. Berlin zu führenden und auf Antrag der ausländischen Luftverkehrsgesellschaft einzurichtenden Kreditsperrkonto gutgeschrieben; wegen der Freigabe derartiger Sperrkonten habe ich die DevSt. Berlin mit besonderen Anweisungen versehen.

Anträge an die DevSt. auf Freigabe von Sperrkonten und an die Devisenbanken auf Auszahlung von Sonderkonten müssen durch die Deutsche Lufthansa A.-G., Berlin SW 68, Lindenstr. 35, eingereicht werden. Diese teilt der DevSt. oder der Devisenbank gleichzeitig mit, ob die betreffende Flugstrecke von einer ausländischen Gesellschaft allein oder in Poolgemeinschaft beflogen wird sowie ob die ausländische Luftverkehrsgesellschaft ein Kreditsperrkonto führt, auf das Reichsmarkbeträge aus eigenen Sperr- und Sonderkonten des Reisenden eingezahlt werden können.

Für Luftschiffspassagen auf den Luftschiffen der Deutschen Zeppelin-Reederei G. m. b. H., Berlin und Friedrichshafen, können zugunsten des ursprünglichen Kontoinhabers und seiner Familienangehörigen eigene Sperr- und Sonderkonten freigegeben werden, wenn jeweils die Hälfte der Flugkosten (einschließlich aller Bordkosten) in Devisen oder freier Reichsmark bezahlt wird.

c) Schiffspassagen, Bordkosten.

Infolge zwingender Vereinbarungen der beteiligten in- und ausländischen Schiffahrtlinien ist eine Freigabe von Sperr- und Sonderkonten für die Belegung von Passagen auf deutschen Schiffen im Verkehr mit der Ost- und Westküste der Verein. Staaten und Kanada nicht möglich. Für alle anderen Linien sind die Schiffahrtsgesellschaften hinsichtlich der Passagegelder aus eigenen Sperrguthaben und Sonderkonten keinen Beschränkungen unterworfen. Für die sog. Bordkosten können Beträge von Sonderkonten und eigenen Sperrguthaben in allen Fällen genehmigt werden. Gleichzeitig weise ich darauf hin, daß Sperr- und Sonderkonten nicht zur Bezahlung von Schiffspassagen an inländische Agenturen ausländischer Reedereien freigegeben werden dürfen.

d) Kongresse und Tagungen.

Reisen zu Kongressen und Tagungen im Inlande, gleichgültig ob diese politischer, wirtschaftlicher, wissenschaftlicher, technischer, künstlerischer oder sportlicher Natur sind, sind als nichtgeschäftliche Reisen anzusehen. Für die Kosten dieser Reisen einschließlich aller Aufenthaltskosten können demgemäß eigene Sperrguthaben und Vermögenserträgnisse im üblichen Rahmen freigegeben werden.

e) Reisebedarf des Kontoinhabers.

Aus praktischen Gesichtspunkten will ich nichts dagegen einwenden, wenn die zu Reisezwecken freigegebenen Beträge auch zur Bezahlung solcher Fertigwaren verwendet werden, die nicht dem augenblicklichen Reisebedarf des Kontoinhabers, aber doch seinem sonstigen persönlichen Bedarf dienen, z. B. Kleidungstücke, Reiseandenken, moderne Kunstgegenstände u. dgl., dagegen nicht international verwertbare Waren ohne oder mit verhältnismäßig geringem Arbeitskostenanteil, z. B. wertvolle Edelsteine, Schmucksachen, Antiquitäten u. ä. Eine Nachprüfung der Höhe des Auslandskostenanteils wird dem Reisenden in derartigen Fällen nicht zuzumuten sein. Über die Höhe des persönlichen Reisebedarfs kann nur im Einzelfall entschieden werden, wobei der Umfang der festliegenden Beträge und die Lebensgewohnheiten des Antragstellers sowie sein sonstiges Vermögen zu berücksichtigen sein werden. Im allgemeinen ist hierbei nicht engherzig zu verfahren.

Hinsichtlich der Verwendungsmöglichkeit der Beträge weise ich auf die jedem Genehmigungsbescheid beizufügende Anl. 1 hin.

f) Ausstellung und Behandlung der Genehmigungsbescheide.

Die Genehmigungsbescheide für die Freigabe von Sperrguthaben und Sonderkonten für den nichtgeschäftlichen Reise-, Erholungs- oder Studienaufenthalt sind nach den bisher verwandten Formblättern auszustellen.

Die DevSt. haben eine Abschrift jedes Genehmigungsbescheids, durch welchen Sperrguthaben für inländische Reise-, Studien- oder Erholungsaufenthalte freigegeben werden, oder die Genehmigung zur Errichtung eines Sonderkontos, von dem Auszahlungen für die vorgenannten Zwecke erfolgen dürfen, oder zur Einzahlung auf ein solches Sonderkonto erteilt wird, der Reichsbank, Abteilung Deutsche Kreditabkommen, Reisestelle, Berlin SW 111, zu übersenden.

Sämtliche Devisenbanken haben täglich Empfänger (einschließlich aller mitreisenden Personen) und Betrag der von einem Sperrkonto oder einem Sonderkonto (jeder Art) für Reise-, Studien- oder Erholungsaufenthalt erfolgten Abhebungen — in der gleichen Weise wie bei Auszahlung von Registerguthaben, aber getrennt von diesen — der Reichsbank, Abteilung Deutsche Kreditabkommen, Reisestelle, mitzuteilen. Die Heimatanschrift sowie die Paßnummer der Reisenden und das Geschäftszeichen des Genehmigungsbescheides der DevSt. sind aufzuführen. In der linken unteren Ecke muß die Art des Sperr- oder Sonderkontos bezeichnet sein. Rückzahlungen nicht verbrauchter Restbeträge auf Sperr- oder Sonderkonto sind gleichfalls der Reichsbank zu melden.

Soll die Abhebung von einem Sperrkonto erfolgen, so ist der Genehmigungsbescheid von der DevSt. so auszustellen, daß an den Reisenden der gesamte benötigte Betrag nicht auf einmal, sondern in angemessenen, etwa wöchentlichen Raten ausgezahlt werden darf. In gleicher Weise dürfen die Devisenbanken Auszahlungen vom Sonderkonto nur in angemessenen Raten vornehmen.

Die Höhe der für Reise-, Studien- oder Erholungszwecke freizugebenden Beträge läßt sich nicht allgemein feststellen, sondern richtet sich nach den persönlichen Lebensverhältnissen des Gläubigers und der mitreisenden Personen und ihrem Aufwand bei ihrem inländischen Aufenthalt. Der

Betrag von 2000 RM. je Person und Monat (bzw. 500 RM. wöchentlich) ist ein Höchstbetrag, der in den meisten Fällen nicht erreicht werden wird und nur in Ausnahmefällen überschritten werden sollte. Bei Abhebungen vom Sonderkonto dürfen die Devisenbanken nur auf Grund einer besonderen Genehmigung der DevSt. über den Höchstbetrag hinausgehen. Nicht verbrauchte Beträge sind auf das Sperr- oder Sonderkonto wieder einzuzahlen, dem sie entnommen wurden.

Bei Sperr- und Sonderkonten, die bei in der Nähe der Grenze gelegenen Devisenbanken geführt werden, ist besondere Vorsicht geboten; die Auszahlung darf hier in der üblichen Höhe und in wöchentlichen Raten nur dann erfolgen, wenn die Gewähr gegeben ist, daß der Gläubiger für die Zeit, für die die Zahlung erfolgt, sich im Inland aufhält. Ergibt sich der Verdacht, daß der Gläubiger die abgehobenen Beträge über die Grenze verbringt oder in anderer Weise mißbräuchlich verwendet, so ist die Auszahlung bzw. die Genehmigung entweder ganz zu verweigern oder auf kleine tägliche Beträge zu beschränken. Hierauf sind die an der Grenze gelegenen Devisenbanken besonders hinzuweisen.

g) Auszahlung, Paßeintragung, Kontrolle.

Jede **Auszahlung** vom Sperr- oder Sonderkonto für Reise-, Erholungs- oder Studienaufenthalt ist von der auszahlenden Stelle in den Reisepaß des Reisenden unter Angabe der Höhe des Betrags, des Datums und der Unterschrift der auszahlenden Stelle einzutragen. Die Devisenbanken erhalten die allgemeine Ermächtigung, bei Auszahlungen für die vorgenannten Zwecke sich ihrer Filialen, Korrespondenten oder sonstigen inländischen Bankverbindungen zu bedienen. Sie haben diese mit den erforderlichen Anweisungen im Einzelfall zu versehen, ihnen insbesondere aufzuerlegen, die Eintragung im Reisepaß vorzunehmen und die vorgesehene Prüfung, soweit diese nicht von der kontoführenden Bank selbst vorgenommen werden kann, durchzuführen.

Von den DevSt. und Devisenbanken ist stets darauf zu achten, daß ein Reisender, der bereits Registerguthaben in ausreichendem Umfang in Anspruch genommen hat, für den gleichen Zeitraum nicht noch Beträge von seinem Sperr- oder Sonderkonto für Reise-, Erholungs- und Studienzwecke abhebt; umgekehrt ist es auch unzulässig, daß ein Gläubiger neben ausreichenden Abhebungen vom Sperr- oder Sonderkonto noch Auszahlungen von einem Registerkonto erhält. Die DevSt. haben daher vor der Freigabe vom Sperrkonto und die Devisenbanken vor der Auszahlung vom Sonderkonto von dem Reisenden die Erklärung zu verlangen, ob und in welchem Umfang er neben diesem Sperr- bzw. Sonderkonto Registerguthaben (Akkreditive, Reiseschecks, Reisekreditbriefe) erworben hat bzw. noch andere Sperr- oder Sonderkonten im laufenden Monat zu verbrauchen beabsichtigt. Es steht dem Reisenden frei, zu bestimmen, ob er durch Abhebung von Registerguthaben oder vom Sperr- oder Sonderkonto die Kosten der Reise decken will; in jedem Fall aber ist darauf zu achten, daß die vom Sperr-, Sonder- und Registerkonto abgehobenen Beträge **insgesamt** nicht einen für den betreffenden Gläubiger angemessenen Betrag bzw. die Höchstgrenze von 2000 RM. je Person und Monat überschreiten.

Im Fall der Verwendung von Registerguthaben gelten dafür die von der Reichsbank jeweils bekanntgegebenen Bestimmungen. Will der

Reisende über den Betrag von 2000 RM. hinaus Registerguthaben in Anspruch nehmen, so hat er sich an die Reichsbank, Abteilung Deutsche Kreditabkommen, zu wenden.

Das vorstehend für Registerguthaben Gesagte gilt in gleicher Weise für Reichsmarktreuhandguthaben (Zinsen der Dawes- und Young-Anleihe).

Die Durchführung dieser Bestimmungen wird überwacht und gegen jeden Mißbrauch wird nachdrücklich vorgegangen werden.

Ich mache es den DevSt. und den Devisenbanken zur Pflicht, sich in allen Zweifelsfällen die Verwendung der Gelder durch Vorlage von Rechnungen usw. nachweisen zu lassen. Dabei liegt es in der Natur der Sache, daß sich nur die wesentlichen Ausgaben (Hotel- und Fahrkosten usw.) durch Belege nachweisen lassen.

5. Besondere Zwecke.

a) Für die Aussteller und Besucher der Leipziger Messe, der Königsberger Ostmesse und der Breslauer Süd-Ost-Ausstellung können eigene Sperrguthaben, Vermögenserträgnisse und Warenforderungen zur Bezahlung der Reise- und Aufenthaltskosten nach den vorstehenden Grundsätzen freigegeben werden. Das gleiche gilt für alle Messespesen (Standmieten, Werbebeiträge usw.).

b) Im Einvernehmen mit dem Herrn Reichsforstmeister bin ich damit einverstanden, daß eigene Sperrguthaben und Sonderkonten eines Jagd- und Fischereipächters zur Bezahlung von inländischen Jagd- und Fischereipachtzinsen sowie der damit verbundenen Unkosten (Gehälter für Jagdhüter usw.) freigegeben werden. Hierbei ist im allgemeinen die Zahlung eines Devisenanteils zu verlangen, der regelmäßig 10 v. H., jedenfalls aber nicht mehr als 25 v. H. betragen soll. Auf den Devisenanteil kann aus Billigkeitsgründen ganz verzichtet werden, wenn z. B. die gesperrten inländischen Vermögenswerte im Verhältnis zum ausländischen Vermögen des Gläubigers groß sind oder wenn es sich um volksdeutsche Devisenausländer handelt.

c) Es sei noch erwähnt, daß Sperr- und Sonderkonten zum Ankauf von Exporttratten (z. B. Russenwechseln) nicht mehr verwendet werden können.

C. Besonderheiten für Erträgnissonderkonten.

Da die Erträgnisse der Auflösung in Deutschland zugeführt, nicht aber zinsbringend langfristig angelegt werden sollen, kann grundsätzlich die langfristige Anlage der Erträgnisse nicht zugelassen werden. Von diesem Grundsatz können folgende Ausnahmen gemacht werden:

1. Versicherungsprämien.

Prämien inländischer Versicherungen können gemäß Rderl. 81/36 DSt. Ziff. II (RStBl. 1936 S. 699), entsprechend Ri. II 53 Abs. 2 c, aus Erträgnissen gemäß Ri. IV 48 beglichen werden.

2. Um- und Neubauten.

Wenn die Erträgnisse eines Grundstücks zu den erforderlichen Verwaltungskosten nicht ausreichen, können ohne weiteres die Erträgnisse eines anderen Grundstücks desselben Eigentümers oder die Erträgnisse aus anderen Vermögensanlagen herangezogen werden. Das gleiche gilt für Umbauten, die an einem Haus vorgenommen werden, und für die Zahlung fälliger Hypothekenzinsen und -amortisationen. Hierbei ist gemäß den im Abschn. I A 1 dargelegten Grundsätzen darauf zu achten, daß nicht Erträgnisse von Häusern, die zum Teil mit erworbenen Sperrguthaben erstellt wurden, zur Abdeckung von Verpflichtungen, die Hausbesitz betreffen, der vor der Devisenbewirtschaftung erworben wurde, verwendet werden.

Ich habe nichts dagegen einzuwenden, daß auch die Erträgnisse von Häusern, die Altbesitz naher Verwandter (Ehegatten, Eltern, Geschwister) sind, gemäß vorstehendem Absatz freigegeben werden.

Falls Auslandsdeutsche ihre in absehbarer Zeit bevorstehende Rückkehr glaubhaft dartun, können die Erträgnisse aus alten Vermögensanlagen in Deutschland auch ausnahmsweise zur Bestreitung der Kosten eines Neubaus, nicht aber zum Grundstückserwerb oder zu Beteiligungen herangezogen werden.

3. Verwaltungssonderkonten, Ri. IV 51.

Abweichend von Ri. I 17 richtet sich die Zuständigkeit für die Errichtung von Sonderkonten nach Ri. IV 51 bzw. für die Freigabe von Erträgnissen eines Hauses in allen Fällen nach dem Wohnsitz des Verwalters, wenn der Wohnsitz des Verwalters und das zu verwaltende Grundstück nicht im Bezirk der gleichen DevSt. liegen. Die hiernach zuständige DevSt. hat der DevSt., in deren Bezirk das verwaltete Grundstück liegt, eine Abschrift der erteilten Genehmigung zu übersenden. Das gleiche gilt für Verwaltungssonderkonten für Hypothekenzinsen. In Fällen, in denen neben einem Hausverwalter noch ein Generalbevollmächtigter des ausländischen Grundstückseigentümers oder Hypothekengläubigers tätig ist, erscheint es mir zweckmäßig, die Genehmigung nach Ri. IV 51 dem Hausverwalter und nicht dem Generalbevollmächtigten zu erteilen, da der Hausverwalter der eigentliche Träger der Verwaltung ist, daher auch die Überwachung bei diesem erfolgen muß und im übrigen auch der Geschäftsverkehr durch örtliche Nähe erleichtert ist. Um die Erteilung doppelter Genehmigungen auszuschließen, ist der DevSt., in deren Bezirk der Generalbevollmächtigte wohnt, eine Abschrift des Genehmigungsbescheids zu geben.

Als Zahlungen an Inländer, die zur Verwaltung der betreffenden Vermögenswerte erforderlich sind, gelten neben den Verwaltungskosten im engeren Sinn (Steuern, Gebühren, Reparaturkosten) auch die zur kapitalmäßigen Verwaltung des Grundstücks erforderlichen Zahlungen, insbesondere fällige Zinsen und die regelmäßig, d. h. von vornherein vereinbarte planmäßige Tilgung von Hypotheken. Dabei ist es gleichgültig, ob es sich um sog. Amortisationshypotheken oder um Abzahlungshypotheken handelt, bei denen die Tilgung in festen, gleichbleibenden Beträgen erfolgt. Dagegen bedarf der Inhaber der allgemeinen Genehmigung zu Hypothekenrückzahlungen, die nicht planmäßig und von vornherein vereinbart sind, einer besonderen Genehmigung. Diese Genehmigung kann in der Regel erteilt werden.

Zu den Verwaltungskosten sind auch angemessene Beträge, die ein ausländischer Grundstückseigentümer aus Anlaß seiner Reise zur Besichtigung seines Grundbesitzes im Inland ausgibt, zu rechnen. In Erweiterung der bisher geltenden Bestimmungen bin ich damit einverstanden, daß die Devisenbanken (Ri. IV 51 Abs. 1) und die Hausverwalter (Ri. IV 51 Abs. 4) Zahlungen an den ausländischen Grundstückseigentümer im Inland für diese Zwecke genehmigungsfrei leisten. Die nach Ri. IV 51 Abs. 2 Satz 4 zweiter Halbsatz zulässige Übertragung auf ein Sonderkonto nach Ri. IV 48 Abs. 5 soll nur genehmigt werden, wenn im Einzelfall feststeht, daß die Hauseinkünfte für die laufenden Ausgaben (Steuern, Reparaturen usw.) ausreichen. Unter diesen Voraussetzungen kann auch genehmigt werden, daß die Kosten einer mit der Besichtigung verbundenen Vergnügungs- oder Erholungsreise aus dem Verwaltungsonderkonto des Hauses unmittelbar bezahlt werden.

4. Zahlung von Konversionskosten durch Ausländer.

Auf Grund des Gesetzes über die Durchführung einer Zinsermäßigung bei Kreditanstalten vom 24. Januar 1935 (RGBl. I S. 45) und der dazu erlassenen Durchführungsverordnungen (RGBl. 1935 I S. 346, 470) sind die Grundstückseigentümer verpflichtet, den Pfandbriefinstituten die Kosten der Konversion zu erstatten. Diese Kosten sind in der 2. Durchführungsverordnung vom 26. März 1935 (RGBl. I S. 470) mit 2½ v. H. vom Nennbetrag des Darlehns, unter Umständen zuzüglich ¼ v. H. Geldbeschaffungskosten, festgesetzt worden. Während ¾ v. H. der Konversionskosten als mit den laufenden Zinsen bis 30. September 1935 gezahlt angesehen werden, entsteht hinsichtlich des Restbetrags der Konversionskosten von 1¾ v. H. bzw. 2 v. H. ein selbständiger Rechtsanspruch des Pfandbriefinstituts, der mangels besonderer Vereinbarungen ab 1. Oktober 1935 ohne Eintragung dinglich im Rang der Hypothek gesichert ist.

Nach den Durchführungsbestimmungen ist es möglich, die Konversionskosten als Hypothekenforderung zum Kapital zuzuschlagen, in gleichmäßigen Raten innerhalb von vier Jahren zu erheben oder eine sonstige Vereinbarung zu treffen, insbesondere auch auf einen Teil der Konversionskosten gegen Zahlung des Restbetrags zu verzichten. Diese Vereinbarungen sind, soweit die Hypothekenschuldner devisenrechtlich Ausländer sind, als Verfügungen über eine Forderung zugunsten eines Ausländers nach § 11 Abs. 2 DevG. oder als Kreditgewährung an einen Ausländer nach § 14 DevG. an sich genehmigungsbedürftig. Ich stelle jedoch alle Vereinbarungen, die von Kreditinstituten mit ausländischen Schuldnern über die Behandlung der Konversionskosten getroffen werden, von dem Genehmigungserfordernis frei, so daß auch etwaige Eintragungen im Grundbuch aus Anlaß derartiger Vereinbarungen ohne Genehmigung zulässig sind. Ich bin auch damit einverstanden, daß die Konversionskosten zu Lasten eines Verwaltungssonderkontos im Sinn von Ri. IV 51 ohne besondere Genehmigung gezahlt werden.

D. Überweisung nicht verbrauchter Beträge von Sonderkonten an die Konversionskasse.

Die Genehmigung zur Einzahlung von Vermögenserträgnissen und regelmäßigen Tilgungsbeträgen auf ein Sonderkonto (bzw. Verwaltungsonderkonto) wird mit der Auflage erteilt, daß ein nicht verbrauchter Restbetrag an die Konversionskasse für deutsche Auslandschulden überwiesen werden soll, falls die DevSt. nicht die erteilte Genehmigung verlängert (vgl. Ri. IV 48 Abs. 5 Satz 4; Ri. IV 51 Abs. 2 Satz 5). Diese Bestimmung will die Entstehung neuer Sperrkonten aus Vermögenserträgnissen und regelmäßigen Tilgungsbeträgen verhindern. Es soll vermieden werden, daß sich auf Sonderkonten größere Beträge ansammeln, es sei denn, daß mit ihrem Verbrauch in absehbarer Zeit zu rechnen ist. Daher ist bei Restbeträgen je nach Umfang der festliegenden Vermögenswerte oder der Verwendungsmöglichkeit etwa zwischen 500 bis 2000 RM. nicht kleinlich zu verfahren und die erteilte Genehmigung zu verlängern, wenn der Verbrauch für die in Ri. IV 48 Abs. 5 bzw. Ri. II 55 genannten Verwendungszwecke glaubhaft erscheint bzw. die Voraussetzungen für die Erteilung einer Genehmigung nach Ri. IV 51 fortbestehen. Sind die Erträgnisse einem Sonderkonto bei einer Sparkasse zugeführt worden, die hierfür ein Sparkassenbuch satzungsgemäß ausstellen mußte, so kann, wenn es sich um Beträge bis etwa 500 RM. im Einzelfall handelt, auf die Übertragung an die Konversionskasse verzichtet werden.

Lehnt die DevSt. die Verlängerung einer Genehmigung nach Ri. IV 48 bzw. Ri. IV 51 ab, so hat die kontoführende Devisenbank den nicht verbrauchten Restbetrag an die Konversionskasse zu überweisen, ohne daß es einer besonderen Genehmigung hierfür bedarf. Die Devisenbank hat der Konversionskasse dabei mitzuteilen, inwieweit der Restbetrag sich aus Vermögenserträgnissen und aus regelmäßigen Tilgungsbeträgen zusammensetzt. Dabei sind Abhebungen vom Sonderkonto zunächst auf die Zinsen und dann auf die regelmäßigen Tilgungsbeträge zu verrechnen.

Im übrigen verzichtet ein Gläubiger aus einem transferbegünstigten Land mit dem Antrag auf Errichtung bzw. Verlängerung eines Sonderkontos nach Ri. IV 48 Abs. 5 für seine Vermögenserträgnisse auf die Vergünstigungen des Transferabkommens mit seinem Land. Die Konversionskasse wird daher, vor allem mit Rücksicht auf technische Schwierigkeiten, derartige Überweisungen von Restbeträgen aus Sonderkonten nur nach den für alle Länder gültigen Transferbestimmungen behandeln, zur Zeit also für Vermögenserträgnisse ihre mit 3 v. H. verzinslichen Schuldverschreibungen geben. Der Gläubiger ist auf diese Regelung vor der Errichtung des Sonderkontos bzw. vor der Verlängerung einer bereits erteilten Genehmigung hinzuweisen. Es liegt daher in seinem Interesse, die auf das Sonderkonto zu überweisenden Beträge so zu bemessen, daß sie auch innerhalb des Genehmigungsabschnitts verbraucht werden.

Hinsichtlich der nach Ri. IV 51 an die Konversionskasse für deutsche Auslandschulden zu überweisenden Überschüsse eines Verwaltungsonderkontos verbleibt es bei der in Ri. IV 51 Abs. 2 letzter Satz getroffenen Regelung, daß derartige Restbeträge gemäß den zur Zeit der Einzahlung bei der Konversionskasse für Vermögenserträgnisse geltenden devisenrechtlichen Bestimmungen behandelt werden.

II. Unmittelbare Freigabe von Sperrguthaben und Erträgnissen.

Wenn für einen ausländischen Gläubiger nur vereinzelte Inlandszahlungen der in Ri. II 55 Abs. 1 bzw. Ri. IV 48 bezeichneten Art in Frage kommen, bin ich damit einverstanden, daß an Stelle der Einrichtung eines Sonderkontos auch die unmittelbare Zahlung des Schuldners für den betreffenden Zweck durch die DevSt. genehmigt wird (vgl. Ri. IV 48 Abs. 6).

1. Verwaltungskosten, Ri. II 55 Abs. 2a.

Für die unmittelbare Zahlung von Verwaltungskosten aus Sperrguthaben gelten die Grundsätze in Abschn. I B 2 dieses Rderl. entsprechend.

Um in den Fällen, in denen die Errichtung eines Sonderkontos sich nicht lohnt, die DevSt. und die Devisenbanken zu entlasten, ersuche ich, den Devisenbanken auf Antrag die allgemeine Genehmigung zu erteilen, in allen Fällen die bankmäßigen Verwaltungskosten mit einem bei der Bank geführten Sperrguthaben eines Kontoinhabers zu verrechnen, soweit die Kosten sich auf die gesperrten Vermögenswerte beziehen. Diese allgemeine Genehmigung erstreckt sich also nicht auf Verwaltungskosten für freie Reichsmark- oder Währungskonten. Sie ist in der Regel auf 6 Monate zu erteilen. Soweit ein Guthaben auf dem Sperrkonto nicht vorhanden ist, kann eine Belastung ohne Genehmigung nach § 14 DevG. erfolgen, wenn eine baldige Abdeckung des Debetsaldos durch Zinsscheinerlöse oder andere Eingänge erwartet werden kann. Steht eine Abdeckung in kurzer Frist nicht in Aussicht oder kann eine Verrechnung mit einem freien Guthaben nicht vorgenommen werden, so hat die Belastung, ohne daß eine besondere Genehmigung nach § 14 DevG. nötig wäre, auf freiem Konto mit der Maßgabe zu erfolgen, daß der Kontoinhaber um die sofortige Begleichung des Schuldbetrages aus seinem freien Vermögen ersucht wird.

2. Pauschalreisen, Ri. II 55 Abs. 2 a.

Kontoinhabern, die sich für ihre Reise nach Deutschland eines Reisebüros bedienen und bei diesem ihre Reise als Pauschalreise, d. h. mit Hotelgutscheinen, Fahrausweisen usw., abgeschlossen haben, können Beträge auch über 2000 RM. hinaus zur unmittelbaren Überweisung an das Reisebüro freigegeben werden. Derartige Anträge sind bei der nach Ri. I 16 zuständigen DevSt. durch das Reisebüro unter Angabe der Bank zu stellen, bei welcher sich das Guthaben befindet. Den Antrag kann auch die kontoführende Bank stellen. Dem Antrage ist eine Erklärung beizufügen, daß bei Nichtantritt der Reise der freigegebene Betrag wieder auf das Sperrguthaben zurückgezahlt wird. Aus dem Antrag müssen die Kosten der Reise im einzelnen hervorgehen. Ihm muß ferner eine Erklärung des Reisebüros beigefügt sein, daß die beabsichtigte Pauschalreise mit dem Reisebüro fest abgeschlossen worden ist und die angegebenen Reisekosten bei Durchführung der Reise tatsächlich entstehen werden. Falls ein ausländisches Reisebüro, durch dessen Vermittlung die Pauschalreise durchgeführt werden soll, ausnahmsweise kein deutsches Korrespondenzbüro hat, kann der Antrag durch die Direktion des Mitteleuropäischen Reisebüros, Berlin W 9, Voßstr. 2, gestellt werden.

3. Härtefälle, Ri. II 55 Abs. 2 b.

Bei Freigaben zu Zahlungen im Inland wird ein Entgegenkommen grundsätzlich dann gerechtfertigt sein, wenn der Kontoinhaber durch die Devisengesetzgebung seines Heimatlands an Devisenüberweisungen für die in Frage kommenden Zwecke gehindert ist. Auch sonst ist die Freigabe zu Zahlungen im Inland nicht vom Nachweis der Unmöglichkeit einer Leistung aus freien Mitteln abhängig. Unter dem Gesichtspunkt des Härtefalls kann in der Regel auch die Freigabe eigener Sperrguthaben in voller

Höhe zur Rückzahlung von Hypotheken auf inländischen Grundstücken des Kontoinhabers genehmigt werden.

Eine unerträgliche Härte, die nach der Fassung der Richtlinien eine Überweisung nach dem Ausland auf Grund einer Devisenerwerbsgenehmigung rechtfertigt, kann grundsätzlich nur anerkannt werden, wenn besondere kulturpolitische oder soziale Gesichtspunkte ein Entgegenkommen notwendig erscheinen lassen. Bei derartigen Anträgen sind die dem Kontoinhaber etwa auf Grund von Transferabkommen oder aus sonstigem Anlaß (z. B. Dividenden aus Reichsbankanteilen) in Devisen zufließenden Vermögenserträgnisse in jedem Fall zu berücksichtigen.

4. Warenzahlungen, Ri. II 55 Abs. 2 c.

Die Verwendung von Sperrguthaben und Erträgnissen für Warenzahlungen unterliegt den in Ri. II 55 Abs. 2 c und Rderl. 73/35 DSt. (RStBl. 1935 S. 717) niedergelegten Grundsätzen und bedarf in jedem Fall der Einzelgenehmigung. Dabei sind die vom Reichs- und Preuß. Wirtschaftsminister Abt. E erlassenen besonderen Anweisungen zu beachten. Die Bezahlung von Waren aus einem Sonderkonto ist nicht möglich.

5. Verkauf von Sperrguthaben an die Deutsche Golddiskontbank, Ri. II 57.

Die Deutsche Golddiskontbank kauft seit längerer Zeit Sperrguthaben, von Ausnahmefällen abgesehen, nicht mehr an. Die Vorschrift in Ri. II 57 ist daher zur Zeit ohne praktische Bedeutung. In Zweifelsfällen ersuche ich die Beteiligten darauf hinzuweisen, daß der Erwerb von Sperrguthaben gegen Devisen in das freie Ermessen der Deutschen Golddiskontbank gestellt ist und es ihr überlassen bleiben muß, ob und gegebenenfalls unter welchen Voraussetzungen sie solche Guthaben erwirbt.

6. Verwendung von Tilgungssperrguthaben.

Guthaben bei der Konversionskasse für deutsche Auslandschulden, die durch Einzahlungen von regelmäßigen Tilgungen von Einzelschuldverhältnissen entstanden sind, werden wie Kreditsperrguthaben behandelt. Diese Guthaben können auch mit Genehmigung auf ein Sonderkonto nach Ri. II 55 übertragen werden. Zuständig für die Erteilung der Genehmigung ist die DevSt., die den für die Einzahlung der Tilgungen an die Konversionskasse erforderlichen Genehmigungsbescheid ausgestellt hat. Gemäß Ri. IV 46 Abs. 2 können die DevSt. auch die unmittelbare Zahlung regelmäßiger Tilgungsbeträge auf ein Sperr- oder Sonderkonto nach Ri. II 55 in Verbindung mit Ri. IV 48 genehmigen.

Die Genehmigung zur Abtretung von Tilgungsguthaben bei der Konversionskasse (§ 23 DevG.) ist zu versagen. Wünscht der Gläubiger ein derartiges Guthaben zu veräußern, so bleibt ihm überlassen, zunächst die Übertragung auf ein Tilgungssperrkonto herbeizuführen.

Im übrigen vgl. die Bekanntmachung der Konversionskasse für deutsche Auslandschulden vom 8. Juli 1935 in der Fassung vom 4. Januar 1937 (Anlage 2).

7. Verwendung von Erlösen von Serienbonds.

Tilgungssperrguthaben, die durch Rückzahlung von Serienbonds entstanden sind, sind hinsichtlich der Freigabe nach Ri. II 55 sowie für Verwendungszwecke, für die regelmäßig eigene Sperrguthaben freigegeben werden, grundsätzlich wie eigene Kreditsperrguthaben des Bondsbesitzers zu behandeln, wenn dieser durch Abgabe eines Affidavits nachweist, daß ihm der Bond vor dem 1. Juli 1935 gehört hat.

Die Abgabe eines Affidavits ist nicht erforderlich, wenn der Fälligkeitstag der Serienbonds vor dem 1. Januar 1936 liegt. Eine Liste dieser Bonds ist in der Anlage 3 beigefügt. Jedoch ist auch bei den vor dem 1. Januar 1936 fälligen Bonds die Freigabe für Reisezwecke von der Beibringung des Affidavits mit dem Stichtag des 1. Juli 1935 abhängig zu machen. Der Stichtag für den Altbesitz von Wertpapieren (15. April 1932) findet also auf Serienbonds keine Anwendung. Anträge auf Freigabe von Tilgungssperrguthaben müssen demgemäß stets die Angabe des Fälligkeitstags des Bonds enthalten.

Die Geltungsdauer dieser Ausnahmeregelung wird von der Konversionskasse jeweils im Deutschen Reichsanzeiger bekanntgegeben. Die letzte Bekanntgabe erfolgte im Deutschen Reichsanzeiger Nr. 1 vom 4. Januar 1937 mit einer Gültigkeitsdauer bis zum 30. Juni 1937.

III. Umlegung von Sperrguthaben, Ri. II 58.

Der Handel in deutschen Sperrguthaben an ausländischen Plätzen vollzieht sich häufig in der Form, daß der ursprüngliche Besitzer des Sperrguthabens (der Besitzer eines sogenannten eigenen Sperrguthabens) der kontoführenden Devisenbank den unwiderruflichen Auftrag erteilt, den Betrag zur Verfügung eines Dritten, des Sperrguthabenkäufers (meist einer ausländischen Bank), zu halten. Dieser Vorgang kann sich mehrfach wiederholen. Bei der Devisenbank sammelt sich auf diese Weise häufig eine ganze Kette derartiger unwiderruflicher Auftragserteilungen. Erst wenn eine genehmigungsbedürftige Auszahlung aus dem Sperrkonto erfolgen soll, wird eine Abtretungsgenehmigung gemäß §§ 15ff. DevG. nachgesucht, und zwar zur Abtretung von dem ersten Kontoinhaber unmittelbar auf den letzten Begünstigten. Gegen dieses Verfahren habe ich keine Bedenken.

Daneben habe ich nichts dagegen einzuwenden, wenn die DevSt. eine Genehmigung zur Abtretung (Ri. II 52) auch dann erteilen, wenn der neue Gläubiger hinsichtlich der beabsichtigten Verwendung des Sperrguthabens noch keine Angaben macht oder Anträge stellt. Zu prüfen ist — neben den besonderen Voraussetzungen von Ri. II 52 Abs. 2 — nach wie vor, ob die Abtretung nicht mittelbar oder unmittelbar zur Abdeckung der Forderung führt. Ferner ist vor allem darauf zu achten, daß die kontoführende Devisenbank das durch Abtretung erworbene Sperrguthaben des neuen Gläubigers eindeutig von etwaigen eigenen Sperrguthaben desselben Gläubigers scheidet, d. h. von solchen Sperrguthaben, die ihm von ihrer Entstehung an zugestanden haben. Jede Verwendung nach den für die Inhaber eigener Sperrguthaben geltenden Grundsätzen ist nach erfolgter Abtretung ausgeschlossen. Um dies sicherzustellen, haben die Devisenbanken das Konto stets ausdrücklich als „erworbenes Kreditsperrguthaben (Auswandererguthaben, Tilgungssperrguthaben usw.)" zu kennzeichnen. Jeder Antrag, der sich auf derartige erworbene Sperrkonten bezieht, hat ferner den Genehmigungsbescheid nach Datum und Geschäftsnummer anzugeben, durch den die Abtretung genehmigt worden ist.

Ich habe auch nichts dagegen einzuwenden, daß in derartigen Fällen die Genehmigung zur Umlegung auf eine andere Devisenbank gemäß Ri. II 58 erteilt wird, ohne daß ein besonderes wirtschaftliches Interesse an der Umlegung dargetan werden muß. Es können demnach zugunsten eines ausländischen Gläubigers bei einer Devisenbank — neben etwaigen eigenen Sperrguthaben — verschiedene Konten, z. B. ein Konto „erworbenes Kreditsperrguthaben" und weitere Konten „erworbenes Auswandererguthaben", „erworbenes Wertpapiersperrguthaben (Neubesitz)" usw. geführt werden, von denen jedes durch Abtretung und Umlegung entsprechender Sperrguthaben entstanden ist. Hierbei sei klargestellt, daß eigene Wertpapiersperrguthaben, die aus der Veräußerung von Neubesitz (Stichtag 15. April 1932) entstanden sind, wie erworbene Wertpapiersperrguthaben behandelt und demgemäß auf demselben Konto verbucht werden können.

Das Bestehen einer Forderung — z. B. eines Nostroguthabens — der kontoführenden deutschen Devisenbank gegen den ausländischen Sperrguthabengläubiger oder -erwerber schließt die Abtretungs- oder Umlegungsgenehmigung nicht aus. Vor Erteilung der Genehmigung muß aber in diesen Fällen — auch wenn es sich nicht um gleichartige Forderungen handelt — die rechtsverbindliche Erklärung des ausländischen Sperrguthabengläubigers beigebracht werden, daß er auf eine Aufrechnung verzichtet. Diese Nichtaufrechnungserklärung kann eine ausländische vertrauenswürdige Bank in allgemeiner Form auch für künftig noch entstehende Sperrguthaben abgeben.

Bei Auswandererguthaben ist auch bei der Umlegung nach Ri. II 58 die Unbedenklichkeitsbescheinigung beizubringen.

Die Umlegung von Altguthaben, die auf eine ausländische Währung lauten, ist unter den Voraussetzungen von Ri. II 58 Abs. 1 nur zu genehmigen, wenn das Guthaben gleichzeitig zum amtlichen Tageskurs auf Reichsmark umgestellt wird. Der etwa anfallende Abwertungsgewinn fällt unter das Gesetz über Abwertungsgewinne vom 23. Dezember 1936.

IV. Behandlung der bei der Konversionskasse eingezahlten Zinsguthaben und der von dieser ausgegebenen Schuldverschreibungen.

Für die Verwendung von Zinsen und sonstigen Erträgnissen zu gewissen eigenen Zahlungen des ausländischen Gläubigers im Inland, für welche Schuldverschreibungen der Konversionskasse ausgegeben sind, ist im Einvernehmen mit dem Reichsbank-Direktorium und der Konversionskasse für deutsche Auslandschulden folgendes bestimmt worden:

A. Ausländische Gläubiger der Konversionskasse.

1. Einzelgläubiger.

a) Einzelgläubiger sind solche Gläubiger, die bei der Konversionskasse für deutsche Auslandschulden ein auf ihren Namen lautendes Zinsguthaben aus Einzelschuldverhältnissen, Wertpapieren oder Beteiligungen besitzen. Soweit zugunsten solcher Gläubiger Zinsguthaben (einschließlich der Guthaben aus der Einzahlung sonstiger Erträgnisse) geführt werden, für die bisher weder Scrips noch verzinsliche Schuldverschreibungen ausgegeben worden sind, können diese Guthaben für Zahlungen im Inland gemäß Ri. IV 48 Abs. 5 zu den in Ri. II 55 Abs. 1 zu a—d aufgeführten Verwendungszwecken freigegeben werden. Für die Bearbeitung derartiger Anträge ist die DevSt. zuständig, die die Einzahlung an die Konversionskasse genehmigt hat oder in deren Bezirk die Devisenbank ihren Sitz hat, die den Erlös von Zinsscheinen oder Gewinnanteilscheinen genehmigungsfrei gemäß Ri. II 47 Abs. 1 an die Konversionskasse überwiesen hat. Die Zinsguthaben können entweder — bei regelmäßigen Zahlungen — zur Überweisung auf ein Sonderkonto gemäß Ri. IV 48 Abs. 5 oder unmittelbar für die obenbezeichneten Zwecke freigegeben werden. Die DevSt. haben dabei vor allem zu prüfen, ob der Betrag, dessen Überweisung auf ein Sonderkonto oder dessen unmittelbare Freigabe beantragt ist, für den angegebenen Zweck nach den jeweiligen Verhältnissen angemessen ist.

b) Hat der Gläubiger eines derartigen Zinsguthabens bereits verzinsliche Schuldverschreibungen der Konversionskasse erhalten, so kann er diese mit Genehmigung der DevSt. (wegen der Zuständigkeit vgl. vorstehend unter a) gegen Reichsmark an die Deutsche Golddiskontbank zu dem in Abschn. C dieses Abschn. angegebenen Kurs veräußern und über den Erlös durch Überweisung auf ein Sonderkonto gemäß Ri. IV 48 Abs. 5 oder unmittelbar für die obenbezeichneten Zwecke verfügen. Die DevSt. wird diese Genehmigung erteilen, wenn die Voraussetzungen von Ri. IV 48 Abs. 5 vorliegen und wenn der Nachweis erbracht ist, daß die verzinslichen Schuldverschreibungen dem Inhaber auf eigene Zins- oder Erträgnisforderungen oder auf Zins und Gewinnanteilscheine eigener inländischer Wertpapiere, die Altbesitz sind, ausgehändigt wurden.

c) Unter den oben dargelegten Voraussetzungen werden auch Scrips von der Deutschen Golddiskontbank zu den in Abschn. C dieses Abschn. angegebenen Kursen angekauft.

2. Gläubiger aus deutschen Auslandsanleihen.

a) Die in Ziff. 1 dieses Abschn. für Einzelgläubiger getroffene Regelung ist nicht anwendbar auf Inhaber deutscher Auslandsanleihen (Auslandsbonds und Auslandpfandbriefe; § 22 Abs. 1 und 2 DevG.), da das Guthaben in diesen Fällen nicht auf den Namen des einzelnen ausländischen Inhabers des Wertpapiers lautet, sondern unpersönlich als Anleihekonto oder auf den Namen des Anleihetreuhänders geführt wird. In diesen Fällen ist der ausländische Gläubiger nach dem von den ausländischen Zahlstellen geübten Verfahren darauf angewiesen, seine Zinsscheine bei der ausländischen Zahlstelle gegen verzinsliche Schuldverschreibungen der Konversionskasse für deutsche Auslandschulden einzutauschen.

Der ausländische Inhaber kann in diesen Fällen die verzinslichen Schuldverschreibungen der Konversionskasse zu dem in Abschn. C dieses Abschn. angegebenen Kurs an die Deutsche Golddiskontbank gegen Reichsmark verkaufen, wenn die DevSt. Berlin die Genehmigung erteilt hat, daß der Erlös der verzinslichen Schuldverschreibungen gemäß Ri. IV 48 Abs. 5 auf ein Sonderkonto überwiesen werden kann oder unmittelbar freigegeben wird.

Die DevSt. Berlin wird derartige Genehmigungen zugunsten ausländischer Besitzer deutscher Auslandbonds und Auslandpfandbriefe nur dann erteilen, wenn ihr einwandfrei nachgewiesen ist, daß die Auslandbonds oder Auslandpfandbriefe, für deren Zinsscheine der Antragsteller die verzinslichen Schuldverschreibungen erhalten hat, bereits bei Beginn des deutschen Transfermoratoriums, also am 1. Juli 1933, im Besitz des Gläubigers waren, der die Schuldverschreibungen gemäß Ri. IV 48 Abs. 5 im Inland zu verwenden wünscht. Die Besitzverhältnisse sind grundsätzlich an Hand von Urkunden, die unmittelbaren Aufschluß über den Erwerb oder die Besitzdauer geben (Ankaufsabrechnungen, Schuldscheine, Depotauszüge usw. in Urschrift oder Photokopie), gemäß den Bestimmungen des Rderl. 39/36 DSt. (RStBl. 1936 S. 236) zu prüfen. Affidavits oder eidesstattliche Versicherungen können als Nachweis des Altbesitzes keinesfalls anerkannt werden. Der Nachweis kann jedoch auch dadurch geführt werden, daß der Gläubiger die Bescheinigung des für seinen Wohnsitz zuständigen deutschen Konsulats oder Generalkonsulats beibringt, daß dieses nach Prüfung der Unterlagen die Überzeugung erlangt hat, daß die verzinslichen Schuldverschreibungen der Konversionskasse auf deutsche Auslandbonds oder Auslandpfandbriefe empfangen worden sind, die dem Gläubiger bereits am 1. Juli 1933 gehörten. Wegen der Ausstellung dieser Bescheinigung habe ich die deutschen konsularischen Vertretungen im Ausland durch das Auswärtige Amt mit entsprechenden Anweisungen versehen lassen. Wird der Nachweis nicht einwandfrei in den vorbezeichneten Formen geführt, so wird die DevSt. Berlin den Antrag ablehnen.

b) Unter den oben angegebenen Voraussetzungen werden von der Deutschen Golddiskontbank auch Scrips zu den in Abschn. C dieses Abschn. genannten Kursen angekauft.

3. Sonderbestimmungen in Abkommen mit einzelnen Ländern über die Behandlung der Vermögenserträgnisse bleiben unberührt.

B. Inländische Gläubiger der Konversionskasse.

1. Einzelgläubiger.

a) Auf den Namen von Inländern werden bei der Konversionskasse Zinsguthaben nicht geführt, da regelmäßig ein Inländer nicht als Einzelgläubiger Ansprüche gegen die Konversionskasse haben kann. Ist der Inländer eingewandert und besitzt er aus der Zeit vor der Einwanderung ein eigenes Zinsguthaben bei der Konversionskasse, für das ihm weder Scrips noch verzinsliche Schuldverschreibungen ausgehändigt worden sind, so bestehen gegen eine Genehmigung zur Freigabe des Guthabens (§ 23 DevG.) zum Nennwert nach Feststellung der Inländereigenschaft grundsätzlich keine Bedenken. Soweit das Guthaben nach dem 31. Dezember 1933 entstanden ist und soweit der Reichsbank anzubieten wäre (Art. I § 2 DV. zum DevG. vom 2. April 1935), hat das Reichsbank-Direktorium auf die Anbietung allgemein verzichtet.

b) Besitzt ein Einwanderer aus der Zeit vor der Wohnsitzverlegung ins Inland Scrips oder verzinsliche Schuldverschreibungen der Konversionskasse, so wird die Deutsche Golddiskontbank diese zu den in Abschn. C dieses Abschn. genannten Kursen ankaufen, wenn der Einwanderer sie der zuständigen Reichsbankanstalt angeboten und die Reichsbank sie freigegeben hat (Art. I § 2 DV. zum DevG. vom 4. Februar 1935).

2. Gläubiger aus deutschen Auslandsanleihen.

Soweit ein Inländer als Inhaber deutscher Auslandsanleihen (Auslandbonds und Auslandpfandbriefe, § 22 Abs. 1 und 2 DevG.) verzinsliche Schuldverschreibungen der Konversionskasse erhalten hat, ist er gemäß Art. I § 1 Abs. 2 Ziff. 3 DV. zum DevG. vom 4. Februar 1935 gegenüber der örtlich zuständigen Reichsbankanstalt anbietungspflichtig. Die Reichsbank sieht jedoch von einer Abforderung dieser Werte ab. Der inländische Besitzer von Scrips oder verzinslichen Schuldverschreibungen kann diese also bis zum Zeitpunkt ihrer Einlösung in seinem Besitz behalten.

Auch der Inländer kann Scrips oder verzinsliche Schuldverschreibungen, die er als Inhaber deutscher Auslandbonds oder Auslandpfandbriefe erhalten hat, an die Deutsche Golddiskontbank zu den in Abschn. C dieses Abschn. festgelegten Bedingungen verkaufen. In diesem Fall bedarf er zum Verkauf der Scrips oder der verzinslichen Schuldverschreibungen an die Deutsche Golddiskontbank keiner Genehmigung (Ri. II 59). Hinsichtlich der einem Inländer aus dem Ausland geschenkweise zugegangenen Scrips bleibt es bei der im RdErl. 232/35 DSt. (RStBl. 1935 S. 1552) getroffenen Regelung; den Ankaufskurs in diesem Fall bestimmt die Deutsche Golddiskontbank.

Mit Ausnahme des obenerwähnten Falls des genehmigungsfreien Verkaufs durch einen Inländer an die Deutsche Golddiskontbank (Ri. II 59) ist jede Verfügung über Scrips und verzinsliche Schuldverschreibungen der Konversionskasse im Inland nach § 23 DevG. genehmigungsbedürftig. Die Genehmigung ist stets zu versagen.

C. Ankaufskurse der Deutschen Golddiskontbank.

Im Rahmen der vorstehenden Abschn. IV A und B ist die Deutsche Golddiskontbank bereit, Scrips und verzinsliche Schuldverschreibungen der Konversionskasse gegen Reichsmark zu folgenden Kursen anzukaufen:

1. Unverzinsliche Schuldscheine der Konversionskasse (Scrips) der Ausgabe 1933 werden zu 50 v. H., der Ausgabe 1934 zu 67 v. H. angekauft. Dieser Kurs entspricht demjenigen, zu dem die Deutsche Golddiskontbank früher zum Rückkauf gegen Devisen bereit war, eine Bereitschaft, die bereits seit dem Sommer 1934 nicht mehr besteht.

2. Verzinsliche Schuldverschreibungen der Konversionskasse kauft die Deutsche Golddiskontbank zu 75 v. H. zurück. Die Festsetzung dieses Kurses rechtfertigt sich aus der Überhöhung des Zinsniveaus der deutschen Auslandsanleihen gegenüber dem inländischen Zinsstand und der Tatsache, daß die verzinslichen Schuldverschreibungen erst im Jahr 1946 bzw. nach zehnjähriger Laufzeit fällig werden.

Aufstellung der durch diesen Runderlaß aufgehobenen Runderlasse und Allgemeinen Erlasse.

Runderlaß Nr.	Allgemeiner Erlaß Nr.
72/35 DSt. (RStBl. 1935 S. 716)	377/35 DSt.
74/35 DSt. Abschn. II 4, III (RStBl. 1935 S. 718)	8/36 DSt.
137/35 DSt. (RStBl. 1935 S. 1004)	11/36 DSt.
142/35 DSt. (RStBl. 1935 S. 1007)	16/36 DSt.
154/35 DSt. (RStBl. 1935 S. 1071)	22/36 DSt.
169/35 DSt. (RStBl. 1935 S. 1120)	40/36 DSt.
185/35 DSt. (RStBl. 1935 S. 1215)	
22/36 DSt. (RStBl. 1936 S. 160)	
37/36 DSt. (RStBl. 1936 S. 224)	
47/36 DSt. (RStBl. 1936 S. 304)	
70/36 DSt. (RStBl. 1936 S. 604)	
111/36 DSt. (RStBl. 1936 S. 824)	
115/36 DSt. (RStBl. 1936 S. 840)	
143/36 DSt. (RStBl. 1936 S. 1007)	

Anlage 1.

Zur dringenden Beachtung.

Verwendung von Reichsmarkbeträgen aus Sperr- und Sonderkonten im Reiseverkehr.

1. Es wird ausdrücklich darauf aufmerksam gemacht, daß zu Lasten von Sperr- oder Sonderkonten für den Reiseverkehr freigegebene Reichsmarkbeträge nur innerhalb Deutschlands verwendet werden dürfen. Die Verwendung von Reichsmarkbeträgen in Deutschland ist auf die Begleichung von Fahrt-, Hotel- und Verpflegungskosten sowie auf die Deckung sonstiger Ausgaben des persönlichen Bedarfs des Reisenden (z. B. Kleidungstücke, übliche Reiseandenken, moderne Kunstgegenstände) beschränkt.

2. Unzulässig ist daher:

a) die Verwendung von Reichsmarkbeträgen aus Sperr- und Sonderkonten zur Bezahlung von Eisenbahnfahrtausweisen für Eisenbahnstrecken, welche außerhalb Deutschlands liegen;

b) die Verwendung von Reichsmarkbeträgen aus Sperr- und Sonderkonten zur Bezahlung von Einkäufen außerhalb des persönlichen Bedarfs oder zur Deckung von Zahlungsverbindlichkeiten, insbesondere von Schulden aus Warenkäufen, gleichgültig, ob der Reisende selbst oder eine dritte Person Schuldner ist, keinesfalls dürfen international verwertbare Waren ohne oder mit geringem Arbeitskostenanteil (z. B. wertvolle Edelsteine, Antiquitäten oder ähnliches) erworben werden;

c) die Verbringung der für den deutschen Reiseverkehr bestimmten Reichsmarkbeträge ins Ausland, in welcher Form und in welcher Höhe auch immer;

d) die Inanspruchnahme von Register- oder Reichsmarktreuhandguthaben neben Abhebungen vom Sperr- oder Sonderkonto während des gleichen Zeitraums über den von der Devisenstelle, Devisenbank oder der Reichsbank ausdrücklich gestatteten Betrag hinaus.

Zuwiderhandlungen werden mit Geld- oder Freiheitstrafen belegt. Es wird auch darauf aufmerksam gemacht, daß die gleichzeitige Inanspruchnahme von Sperr- bzw. Sonderkonten und Register- bzw. Reichsmarktreuhandguthaben überwacht und gegen jeden Mißbrauch vorgegangen wird.

3. Zur Vermeidung von Unannehmlichkeiten bei der Grenzüberschreitung wird im persönlichen Interesse jedes Reisenden dringend empfohlen, die nicht verbrauchten Reichsmarkbeträge vor der Ausreise aus Deutschland auf das Sperrkonto oder Sonderkonto, zu dessen Lasten die Beträge abgehoben wurden, wieder einzuzahlen.

Anlage 2.

Auszug aus der Bekanntmachung der Konversionskasse für deutsche Auslandsschulden über die Verwendung der bei ihr eingezahlten Tilgungsbeträge vom 8. Juli 1935.

In der Fassung der Bekanntmachungen vom 24. Dezember 1935 (D. R.-Anz. Nr. 300 vom 24. Dezember 1935) und vom 4. Januar 1937 (D. R.-Anz. Nr. 1 vom 4. Januar 1937).

B.

Tilgungen von Einzelschulden.

1. Regelmäßige Tilgungsraten, d. h. Zahlungen in Durchführung von vornherein vereinbarter planmäßiger Tilgungen, sind gemäß § 1 des Gesetzes über Zahlungsverbindlichkeiten gegenüber dem Ausland vom 9. Juni 1933 (RGBl. I S. 349) an die Konversionskasse für deutsche Auslandsschulden zu zahlen. Gemäß § 1 Abs. 2 des Gesetzes wird der Schuldner durch die Einzahlung bei der Konversionskasse von seiner Verpflichtung frei, auch wenn der Gläubiger nicht zustimmt.

2. Eine Stundung von Tilgungsraten kann bei Reichsmarkkrediten ohne besondere Genehmigung der Devisenstelle vereinbart werden, wenn der neue Zinsatz den von der Reichsstelle für Devisenbewirtschaftung hierfür festgesetzten Satz nicht übersteigt. Bei Fremdwährungskrediten ist zu einer Stundung der Tilgungsraten stets eine Genehmigung der zuständigen Devisenstelle erforderlich. Findet weder eine Stundung noch eine Rückzahlung statt, so gelten für die Frage der Verzinsung die allgemeinen Rechtsgrundsätze, soweit nicht besondere vertragliche Bestimmungen für diesen Fall getroffen sind.

3. Die bei der Konversionskasse eingezahlten Beträge können jederzeit ohne Genehmigung auf ein Tilgungssperrmarkkonto bei einer Devisenbank überwiesen werden. Über dieses Konto kann nur mit Genehmigung der Devisenstelle verfügt werden.

4. Die durch die Einzahlung von Tilgungsbeträgen bei der Konversionskasse entstandenen Guthaben, ebenso die gemäß Ziff. 3 entstandenen Tilgungssperrmarkkonten bei einer Devisenbank können mit entsprechender Genehmigung der zuständigen Stelle als Kredit an einen neuen inländischen Schuldner ausgegeben werden. Die Kreditgewährung ist nicht an eine bestimmte Frist gebunden, sondern erfolgt für einen Zeitraum, der jeweils nach der Zweck der Kreditgewährung wirtschaftlich angemessen ist.

Der Kredit kann unter dieser Voraussetzung demnach auch kurzfristig gewährt werden.

Es ist ferner zulässig, den Kredit auf Fremdwährungsbasis zu geben. Grundsätzlich soll jedoch als Fremdwährung nur die ursprüngliche Währung der Forderung oder die Währung des Landes, dem der Gläubiger angehört, zulässig sein. Ausnahmen von diesem Grundsatz zuzulassen, wenn sie wirtschaftlich gerechtfertigt erscheinen, bleibt vorbehalten.

Der Höchstzinssatz wird von der Reichsstelle für Devisenbewirtschaftung festgesetzt. Für die Entrichtung der Zinsen gelten die allgemeinen devisenrechtlichen Vorschriften.

Der Gläubiger ist verpflichtet, bei Fälligkeit des Kredites den Gegenwert seiner Forderung in Reichsmark auf Tilgungssperrmarkkonto bei einer Devisenbank oder auf Konto bei der Konversionskasse wieder entgegenzunehmen, sofern die devisenrechtlichen Vorschriften in diesem Zeitpunkt noch in Wirksamkeit sind.

Der Gläubiger ist mit Genehmigung der zuständigen Stelle berechtigt, sich jeden ihm genehmen neuen Schuldner auszuwählen, sofern die Gewähr dafür besteht, daß der neue Schuldner den Kredit zu wirtschaftlich gerechtfertigten Zwecken aufnimmt und nicht in verbotswidriger Weise mit der empfangenen Darlehnsvaluta verfahren wird.

5. Tilgungssperrguthaben können außerdem in derselben Weise langfristig angelegt und unter denselben Voraussetzungen zu Zahlungen im Inlande freigegeben werden wie Kreditsperrguthaben.

6. Unabhängig von den vorstehenden Vorschriften ist jede Verwendung von Tilgungssperrguthaben ausgeschlossen, welche zur Diskriminierung der Registermark führen würde.

Anlage 3.

Vor dem 1. Januar 1936 fällige Serienbonds.

Bezeichnung der Anleihen:	zur Rückzahlung fällig:
7% Anleihe des Anhaltischen Staates von 1926/46	1. März 1934 1. März 1935
6½% Anleihe des Bayer. Staates von 1925/45 (Ser.-Bonds)	1. August 1933 1. August 1934
7% Anleihe Duisburg-Hamborn Stadtgemeinde	1. November 1933 1. November 1934
7% Anleihe der Stadt Düsseldorf von 1925/45	1. September 1933 1. September 1934 1. September 1935
7% Anleihe der Stadt Frankfurt/M. von 1925/45	1. Oktober 1933 1. Oktober 1934
7% Anleihe der Stadt München von 1925/45	1. August 1933 1. August 1934
7% Anleihe der Landeskommunalbank Girozentrale für Hessen, Darmstadt	1. November 1933 1. November 1934

Bezeichnung der Anleihen:	zur Rückzahlung fällig:
7% Anleihe des Oldenburg. Staates und Städtegemeinschaft von 1925/45	1. November 1933 1. November 1934
7% Anleihe der Württemberg. Städte von 1925	1. November 1933 1. November 1934
6½% Anleihe des Bayer. Staates von 1925/45 (Ser.-Anl.)	1. August 1935
7% Anleihe der Stadtgemeinde Duisburg-Hamborn	1. November 1935
7% Anleihe der Stadt Frankfurt/M. von 1925/45	1. Oktober 1935
7% Anleihe der Stadt München von 1925/45	1. August 1935
7% Anleihe der Landeskommunalbank Girozentrale für Hessen, Darmstadt	1. November 1935
7% Anleihe des Oldenburg. Staates von 1925/45	1. November 1935
7% Anleihe der Württemberg. Städte von 1925/45	1. November 1935

2. Die Begründung von Hypotheken für Ausländer aus Anlaß der landwirtschaftlichen Schuldenregelung.

RdErl. 74/37 DSt. vom 24. Mai 1937 (RStBl. S. 632).

RdErl. 18/36 DSt. (RStBl. 1936 S. 144) wird aufgehoben. Nach Art. 8 der VO. über die Ablösung mündelsicherer Rechte im Schuldenregelungs- und Osthilfeverfahren und zur Ergänzung der VO. über die Ablösungsschuldverschreibungen nach dem G. zur Regelung der landwirtschaftlichen Schuldverhältnisse (Ablösungsverordnung) vom 27. Februar 1937 (RGBl. I S. 266) entstehen die im § 15 des G. zur Regelung der landwirtschaftlichen Schuldverhältnisse (Schuldenregelungsgesetz) vom 1. Juni 1933 (RGBl. I S. 331) vorgesehenen Hypotheken mit der Bestätigung des Entschuldungsplans oder Zwangsvergleichs. Ist der Entschuldungsplan oder Zwangsvergleich vor dem Inkrafttreten der Ablösungsverordnung bestätigt worden, so entstehen die Hypotheken spätestens mit dem Inkrafttreten der Ablösungsverordnung. Werden die Hypotheken zugunsten eines Ausländers begründet, so ist eine devisenrechtliche Genehmigung nicht mehr erforderlich, da die Hypothek kraft Gesetzes entsteht. In derartigen Fällen, in denen die Eintragung der Hypothek im Grundbuch nicht Voraussetzung für ihre Entstehung ist, sondern nur die Bedeutung einer Grundbuchberichtigung hat, ist § 14 Abs. 2 DevG. nicht anwendbar.

3. Anlage von Sperrguthaben; Ri. II 53 und 54.

RdErl. 107/37 DSt. vom 15. Juli 1937 (RStBl. S. 855).

I. Allgemeines.

Die Verwendung erworbener Sperrguthaben zu langfristigen Anlagen nach den Bestimmungen des RdErl. 241/35 DSt. (RStBl. 1936 S. 62) hat in der Praxis zu Unzuträglichkeiten geführt. Während Darlehen für Hausbauten mit hypothekarischer Sicherung und Darlehen auf Grund verwandtschaftlicher Beziehungen im angemessenen Rahmen nicht zu beanstanden waren, sind Darlehen unter Verwendung erworbener Sperrguthaben auf einwandfreier kaufmännischer Grundlage nur noch in geringem Umfang zustande gekommen. Derartige Anträge auf Aufnahme gewerblicher Kredite wurden überwiegend von wenig kreditwürdigen Personen und Firmen eingereicht, die nur eine Sanierung unter Inanspruchnahme eines möglichst hohen Teils des Disagios bezweckten, was in der Regel zu einer unerwünschten Verschiebung der Wettbewerbsbedingungen innerhalb des betreffenden Gewerbezweigs geführt haben würde. Die Kreditgewährung mit erworbenen Sperrguthaben wurde ferner immer mehr zu einem Arbeitsgebiet zweitklassiger ausländischer Banken und unzuverlässiger in- und ausländischer Vermittler, die versuchten, die Hergabe von Sperrguthaben-Darlehen mit der Freigabe weiterer Sperrguthaben zur Durchführung angeblich zusätzlicher Ausfuhrgeschäfte zu verknüpfen oder durch Umgehung der Devisenbestimmungen die angeblich langfristig angelegten Sperrguthaben in kurzer Zeit mit Gewinn zu transferieren. Es erscheint daher angezeigt, die langfristige Anlage erworbener Sperrguthaben einzuschränken.

Unter Aufhebung meines Rderl. 241/35 DSt. vom 28. Dezember 1935 ordne ich an:[1])

1. Allgemeine Erläuterungen zu Ri. II 53.

Sperrguthaben, die dem Kontoinhaber von ihrer Entstehung an gehört haben (eigene Sperrguthaben), können für sämtliche in Ri. II 53 genannten Anlagezwecke Verwendung finden. Die Verwendung von Sperrguthaben, die dem Kontoinhaber nicht von ihrer Entstehung an gehört haben, sondern insbesondere durch Abtretung (Kauf) von ihm erworben worden sind (erworbene Sperrguthaben), wird auf die Anlage in Darlehen, die in kleinen Beträgen aus verwandtschaftlichen und freundschaftlichen Beziehungen der Darlehnsgeber und Darlehnsnehmer oder zur Errichtung von Wohnungsbauten gegeben werden, sowie auf den Erwerb inländischen Grundbesitzes beschränkt, während gewerbliche Kredite und Beteiligungen nur noch nach Maßgabe zu Ziff. II 1a dieses Rderl. genehmigt werden. Die Verwendung erworbener Sperrguthaben ist weiter für die in Abschn. IV dieses Rderl. genannten Anlagen ausgeschlossen. Ausgeschlossen von sämtlichen Verwendungszwecken bleiben ferner gemäß Ri. II 53 Abs. 1 d grundsätzlich erworbene Wertpapiersperrguthaben oder Sperrguthaben aus Wertpapierneubesitz (Stichtag: 15. April 1932, Rderl. 39/36 DSt., RStBl. 1936 S. 236). Sortensperrguthaben (Ri. II 53 Abs. 1 e) können mit der Einschränkung langfristig angelegt werden, daß sie stets als erworbene Sperrguthaben zu gelten haben.

2. Zuständigkeit.

Die örtliche Zuständigkeit der DevSt. für die Behandlung der Anträge aus Ri. II 53 Abs. 2 a und b ergibt sich aus Ri. II 53 Abs. 2 am Ende. Ist der Wohnsitz des Kreditnehmers mit dem Sitz des Unternehmens nicht gleich, so ist der Sitz des Unternehmens für die Zuständigkeit der DevSt. maßgebend. Diese Zuständigkeitsregelung gilt für eigene und für erworbene Sperrguthaben auch dann, wenn das freizugebende Sperr-

[1]) Fußnote 18 auf Seite 73 von Teil II ist daher so anzuwenden, daß obiger Rderl. und nicht Rderl. 241/35 Anwendung zu finden hat.

guthaben bei einer Bank geführt wird, die nicht im Bezirk der zuständigen DevSt. liegt.

Steht das freizugebende Sperrguthaben fest, so befragt die nach Ri. II 53 Abs. 2 zuständige DevSt. diejenige DevSt., in deren Bezirk sich die kontoführende Devisenbank befindet, ob Bedenken gegen die Verwendung des betreffenden Guthabens bestehen. Diese hat die Angaben des Antragstellers (z. B. über die Art des Sperrguthabens, den Altbesitz bei Wertpapieren, etwaige bei der Errichtung des Kontos gemachten Auflagen, steuerliche Unbedenklichkeitserscheinungen usw.) zu prüfen und u. U. Bestätigungen von der kontoführenden Bank anzufordern. Die Nachprüfung hat durch die ersuchte DevSt. mit größter Beschleunigung zu erfolgen. Die Überwachung der Verwendung der Sperrguthaben erfolgt jedoch durch für die Genehmigung des Antrags zuständige DevSt.

Die der Entscheidung durch die Reichsstelle für Devisenbewirtschaftung vorbehaltenen Anträge ergeben sich aus Ri. II 53 Abs. 3 und Ziff. II 1a dieses Rderl. Die DevSt. können in diesen Fällen nur unverbindliche Auskunft erteilen, da ich mir die Entscheidung im Einzelfall stets vorbehalten muß.

3. Vorbereitung der Anträge.

Ich ersuche die DevSt., alle für die Bearbeitung eines Antrags erforderlichen Anfragen bei anderen Stellen beschleunigt und gleichzeitig unter Verwendung der mehrfach einzureichenden Antragsausfertigungen vorzunehmen. Ich ersuche die Herren Leiter der DevSt., dafür Sorge zu tragen, daß alles vermieden wird, was einer reibungslosen und zeitsparenden Erledigung der Anträge abträglich ist. Sofern Anträge nach Ri. II 53 Abs. 3 oder nach Ziff. II 1 a dieses Rderl. mir zur Entscheidung vorzulegen sind, ist den Antragstellern zu eröffnen, daß eine Vorsprache bei meinen Sachbearbeitern nur dann erwünscht ist und zu einem Ergebnis führen kann, wenn eine besondere schriftliche oder fernmündliche Aufforderung hierzu an den Antragsteller ergangen ist.

Von den Geldgebern festgesetzte Termine, bis zu denen sie sich an das Angebot gebunden fühlen, können grundsätzlich nicht berücksichtigt werden.

Die Gültigkeitsdauer der Genehmigungsbescheide bei Anlagen nach Ri. II 53 Abs. 2a ist in der Regel auf drei Monate festzusetzen. Sie sind mit der Auflage zu versehen, daß sie bei Nichtausnutzung im Zeitpunkt des Eintritts der Ungültigkeit unaufgefordert zurückzugeben sind. Anträgen auf Verlängerung kann bis zu weiteren drei Monaten stattgegeben werden. Eine weitere Verlängerung ist in der Regel abzulehnen. Anträge auf Verlängerung über sechs Monate hinaus sind in den Fällen, in denen ich mir die Entscheidung vorbehalten habe, mir zur Entscheidung vorzulegen. Bei der Verwendung von Sperrguthaben zu Bauzwecken kann die Gültigkeitsdauer des Genehmigungsbescheids auf sechs Monate festgesetzt und um weitere sechs Monate verlängert werden.

In allen Fällen, in denen den DevSt. bekannt wird, daß für ein und dasselbe Darlehnsgeschäft neben Sperrguthaben auch Registerguthaben verwendet werden sollen oder durch Aufnahme von Darlehen aus Sperrguthaben die Rückzahlung eines Stillhaltekredits auf Registerkonto finanziert werden soll, sind die Anträge vor Erteilung der Genehmigung dem Reichsbank-Direktorium über die zuständige Reichsbankanstalt zur Stellungnahme zuzuleiten; diese Anordnung bezweckt eine einheitliche Behandlung derartiger Kreditgeschäfte.

II. Anlagen von Sperrguthaben nach Ri. II 53 Abs. 2 a.

1. Grundsätze für die Anlage.

a) Gewerbliche Kredite und Beteiligungen.

Die Aufnahme von gewerblichen Krediten sowie die Beteiligung von Devisenausländern an deutschen Firmen unter Verwendung erworbener Sperrguthaben wird in Zukunft in der Regel nicht mehr genehmigt werden.

Ich behalte mir jedoch vor, gewerbliche Kredite unter Verwendung erworbener Sperrguthaben zu bewilligen, die der Finanzierung neuer, mit gewissen Risiken verbundenen Produktionsvorhaben dienen. Dabei werde ich in erster Linie Anträge berücksichtigen, die im Rahmen des Vierjahresplans den Ausbau von Betrieben zum Ziel haben, durch die die inländische Rohstoffversorgung durch Herstellung neuer Werkstoffe erweitert oder in Deutschland belegene Rohstoffvorkommen erschlossen werden sollen, oder durch deren Ausbau die Förderung der Ausfuhr inländischer Erzeugnisse mit geringem Auslandskostenanteil in besonders hohem Umfang erwartet werden kann. Auch wenn die genannten Voraussetzungen vorliegen sollten, werde ich gewerbliche Kredite aus erworbenen Sperrguthaben dann nicht genehmigen, wenn es sich bei den Anträgen nur darum handelt, den Kreditnehmer im Verhältnis zu anderen gleichartigen Unternehmungen wettbewerbsfähiger zu gestalten.

Die Entscheidung derartiger Anträge bleibt ausschließlich der Reichsstelle für Devisenbewirtschaftung vorbehalten, die ihre Entscheidung in enger Verbindung mit den zuständigen Organen des Vierjahresplans treffen wird. Die bei den DevSt. eingehenden Anträge auf Erteilung einer Genehmigung zur Aufnahme eines gewerblichen Kredits unter Verwendung erworbener Sperrguthaben sind mir von den DevSt. nach eingehender Vorbereitung zur Entscheidung vorzulegen.

b) Kredite für Bauzwecke.

Die Aufnahme von Darlehen aus erworbenen Sperrguthaben kann zur Finanzierung von Wohnungsbauten genehmigt werden.

Voraussetzung für die Genehmigung ist, daß der inländische Bauherr etwa 30 v. H. des zum Bau erforderlichen Kapitals selbst besitzt. Auf diesen Prozentsatz können der Wert des Grund und Bodens, auf dem der Neubau errichtet werden soll, sowie zum Zweck der Finanzierung der Neubaukosten aufgenommene Hypotheken auf andere, im Besitz des Bauherrn befindliche Grundstücke, die nicht unter Verwendung von Sperrguthaben erworben oder bebaut sind, angerechnet werden. Die Aufnahme von Darlehen aus erworbenen Sperrguthaben für industrielle Bauten gilt jedoch als gewerblicher Kredit und ist entsprechend Ziff. II 1a zu behandeln.

c) Verwandtschaftsdarlehen.

Darlehen aus erworbenen Sperrguthaben in geringem Umfang, die aus verwandtschaftlichen oder freundschaftlichen Beziehungen in angemessenem Rahmen gegeben werden und die der persönlichen Unterstützung des Darlehnsnehmers zu dienen bestimmt sind, können genehmigt werden. Als Freundschaftsdarlehen gelten nicht Kredite, die von ausländischen Firmen den in Deutschland ansässigen Konzern- oder Tochtergesellschaften oder befreundeten Firmen gewährt werden sollen.

d) Hypotheken.

Als zulässige Anlage erworbener Sperrguthaben gilt auch der Erwerb von bereits zwischen Inländern bestehenden Hypotheken- und Grundschulden. Sofern jedoch für die Anlage ein vor Ablauf der üblichen Sperrfrist liegender Fälligkeitszeitpunkt vorgesehen war, ist die Erteilung der beantragten Genehmigung von der den Bestimmungen von Ri. II 53 Abs. 2 a entsprechenden Hinausschiebung der Fälligkeit abhängig zu machen.

e) Darlehnsgewährung von Auswanderungsinteressenten an Inländer.

In letzter Zeit haben Auswanderungsinteressenten wiederholt versucht, vor ihrer Auswanderung Kredite an Inländer zu geben. Die Darlehnsforderungen werden nach der Auswanderung häufig (gegen eine vorher gesicherte Kursgarantie einer Auslandsbank) an einen Ausländer abgetreten. Wirtschaftlich betrachtet, handelt es sich um eine Kreditgewährung aus Auswanderersperrguthaben. Dadurch, daß die Kreditgewährung an den Inländer noch vor der Auswanderung erfolgt, wird versucht, das Erfordernis der devisenrechtlichen Genehmigung zu vermeiden. Ich sehe darin eine Umgehung der devisenrechtlichen Bestimmungen über die langfristige Anlage von Sperrguthaben und halte es für wahrscheinlich, daß die Gerichte in solchen Fällen zu einer Bestrafung im Weg der Analogie (§ 2 StGB.) kommen werden. Um Schwierigkeiten aus der Abwicklung derartiger Darlehnsgeschäfte zu vermeiden, haben sich mehrfach Interessenten mit der Bitte an mich gewandt, derartige Geschäfte als unbedenklich zu erklären.

Ich bin damit einverstanden, daß die DevSt. derartigen Darlehnshergaben zustimmen, wenn die Kreditbedingungen den Bestimmungen über die Anlage von Sperrguthaben entsprechen. Die Vertragsparteien haben sich bei einer derartigen Genehmigung zu verpflichten, der DevSt. von der erfolgten Auswanderung Mitteilung zu machen. Um den für den Fall der Abtretung die Abführung des Disagiogewinns sicherzustellen, sind die Genehmigungen mit der Auflage zu erteilen, daß vor der Kredithergabe ein Betrag, der 50 v. H. des Disagiogewinns bei der Hergabe eines Darlehns aus erworbenen Sperrguthaben entsprechen würde, an die Deutsche Golddiskontbank abzuführen ist. Für die Berechnung des Disagios ist der letztbekannte Sperrmarkkurs zugrunde zu legen. Wenn in Ausnahmefällen glaubhaft dargetan wird, daß der Auswanderer auf absehbare Zeit eine Abtretung der Darlehnsforderung im Ausland nicht vornehmen wird, behalte ich mir auf Bericht der DevSt. eine abweichende Behandlung vor.

2. Antragstellung.

Die Anträge sind in dreifacher Ausfertigung von den interessierten inländischen Stellen oder ihren Bevollmächtigten einzureichen. Anträge, die keine bestimmten Angaben über Darlehnsnehmer, Darlehnsgeber oder den beabsichtigten Verwendungszweck enthalten, sind ohne weitere Prüfung zurückzuweisen. Ich weise darauf hin, daß Darlehnsanträge, soweit sie nicht von dem Antragsteller selbst eingereicht werden, nur durch Vermittlung der in §§ 1 bis 3 der VO. über die geschäftsmäßige Hilfeleistung in Devisensachen vom 29. Juni 1936 bezeichneten Personen und Stellen, insbesondere also von Devisenbanken, Rechtsanwälten oder zugelassenen

Devisenberatern gestellt werden dürfen. Anträge, die von anderen Stellen eingereicht werden, sind unter Hinweis auf die VO. vom 29. Juni 1936 zurückzuweisen.

Soweit konkrete Anträge vorliegen, bei denen jedoch ein bestimmter Kreditgeber noch nicht feststeht, können nach Anhörung der Industrie- und Handelskammer und der zuständigen Reichsbankanstalt über die Bonität der Darlehnsnehmer und die Notwendigkeit der Kreditaufnahme sowie nach Prüfung, ob die Verwendung des Darlehns volkswirtschaftlich gerechtfertigt erscheint, seitens der DevSt. verbindliche Vorbescheide erteilt werden, aus denen die Bereitwilligkeit der DevSt., die Darlehnshergabe auf Grund der hierin aufzugebenden Bedingungen zu genehmigen, hervorgeht. Die Bescheide sind entsprechend Ziff. I 3 zu befristen.

Anträge von Filmunternehmungen sind zunächst dem Herrn Präsidenten der Reichsfilmkammer, Berlin W 35, Bendlerstr. 32, zur Stellungnahme zuzuleiten. Das Gutachten der Reichsfilmkammer ersetzt die Stellungnahme der Industrie- und Handelskammer.

Die Anträge unterliegen keiner besonderen Formvorschrift. Sie sollen enthalten:

a) eine erschöpfende Darlegung der Verhältnisse des Kreditnehmers sowie seiner Beziehungen zum Geldgeber,
b) eine Angabe der Gründe, die die in Aussicht genommene Investierung als volkswirtschaftlich gerechtfertigt erscheinen lassen,
c) eine genaue Angabe des Verwendungszwecks, dem die freizugebenden Gelder zugeführt werden sollen.

In den mir zu erstattenden Berichten ist zu den im Antrag gemachten Angaben eingehend Stellung zu nehmen. Den zur Entscheidung mir zuzuleitenden Anträgen ist beizufügen:

a) ein ausgefüllter Fragebogen nach anliegendem Muster nebst Unterlagen, soweit solche erforderlich sind, um die in dem Fragebogen gemachten Angaben zu belegen,
b) der Entwurf eines zwischen den Parteien abzuschließenden Darlehns- oder Beteiligungsvertrags bzw. ein Vorvertrag.
c) wenn der Antragsteller eine Firma ist, ein Handelsregisterauszug neuesten Datums sowie die beiden letzten Jahresbilanzen nebst Gewinn- und Verlustrechnungen,
d) bei Ausfuhrfirmen eine mengen- und wertmäßige Aufstellung über die während der letzten drei Jahre getätigte Ausfuhr.

Die Ausfuhr ist nach Ländern aufzugliedern.

In gleicher Weise sind Anträge nach Ziff. II 1 a dieses Rderl. vorzubereiten, die ich den DevSt. zur Vorbereitung abgebe.

3. Bedingungen für die Anlagen.

a) Anlagefrist.

Die Anlage der Sperrguthaben hat auf mindestens 5 Jahre zu erfolgen. Es muß Einigung zwischen den Parteien darüber bestehen, daß im Fall noch bestehender Devisenbewirtschaftung bei Fälligkeit des Darlehns die Rückzahlung nach den dann geltenden devisenrechtlichen Bestimmungen erfolgt, sofern nicht eine Verlängerung in Aussicht genommen ist. Die Bedingung muß in den der DevSt. einzureichenden Darlehnsverträgen enthalten sein.

Bei der langfristigen Anlage von Sperrguthaben ist auf Verschuldung in Reichsmark hinzuwirken. Ausnahmsweise kann das Zugeständnis einer Verpflichtung in fremder Währung gemacht werden, wobei jedoch eine Laufzeit des Darlehns von mindestens 8 Jahren zur Bedingung zu machen ist. Die Festlegung des Darlehns auf Goldvaluta kann bei auf fremder Währung lautenden Krediten nicht zugestanden werden. Wegen der Anlage von Tilgungssperrguthaben verweise ich auf Anl. 2 zu Rderl. 36/37 DSt. (RStBl. 1937 S. 464).

b) Verzinsung.

Die Zinsen für Kredite dürfen, wenn eigene Sperrguthaben des Darlehnsgebers Verwendung finden, 4½ v. H. nicht übersteigen. Bei erworbenen Sperrguthaben beträgt der Höchstzinssatz dagegen 3½ v. H. Bei Beteiligungen ist ein Höchstgewinn bzw. Höchstzinssatz nicht vorgesehen. Dieser muß sich jedoch in dem für die Ausschüttung von Dividenden und Gewinnen üblichen und für das Unternehmen tragbaren Rahmen halten. Die Zinszahlung hat nach den jeweils geltenden devisenrechtlichen Grundsätzen zu erfolgen; zur Zeit sind die Zinsen also auf Grund des Gesetzes über Zahlungsverbindlichkeiten gegenüber dem Ausland an die Konversionskasse für deutsche Auslandschulden zu zahlen, wenn nicht der Gläubiger eine Überweisung auf ein Sonderkonto nach Ri. IV 48 beantragt.

c) Disagiogewinn.

In welchem Umfang bei erworbenen Sperrguthaben der Kredit nur unter der Bedingung zu genehmigen ist, daß der Kreditgeber auf den Disagiogewinn voll oder zum Teil zugunsten der Deutschen Golddiskontbank, Abtlg. Zusatzausfuhr, oder des Kreditnehmers verzichtet, entscheiden die DevSt. bzw. die Reichsstelle für Devisenbewirtschaftung.

d) Auszahlungskurs.

In jedem Fall ist volle Auszahlung des Kredits zur Bedingung zu machen.

e) Sicherstellung.

Die dingliche Sicherstellung darf nicht zu einer unangebrachten Übersicherung des anerkannten Schuldbetrags führen.

Die Verpfändung von Auslandsforderungen wird nicht genehmigt werden.

f) Provisionen.

Die Genehmigung zur langfristigen Anlage ist in der Regel davon abhängig zu machen, daß Provisionen an Vermittler von Sperrguthaben nicht gezahlt werden.

g) Unzulässige Bedingungen.

Wird die Hergabe des Darlehns oder von Beteiligungsbeträgen davon abhängig gemacht, daß gleichzeitig weitere Sperrguthabenbeträge zum unmittelbaren oder mittelbaren Transfer oder für nichtgenannte Anlagezwecke freigegeben werden sollen, so ist der Antrag ohne weitere Prüfung abzulehnen. Einsprüche hiergegen sind in eigener Zuständigkeit zu erledigen und werden von mir ohne weiteres an die DevSt. abgegeben.

III. Erwerb von inländischem Grundbesitz und Bezahlung von Baukosten nach Ri. II 53 Ziff. 2 b.

1. Erwerb von Grundstücken.

Eigene Sperrguthaben können für den Erwerb von Grundstücken gegebenenfalls einschließlich aller Bestandteile und des auf dem Grundstück befindlichen Zubehörs (§§ 97, 98 BGB.), für die Errichtung von Neubauten und die Bestreitung der Kosten von Ausbesserungs- und Umbauarbeiten in vollem Umfang freigegeben werden, soweit der Kauf bzw. die Bau- oder Ausbesserungsarbeiten für eigene Rechnung des Kontoinhabers erfolgen. Die Freigabe erworbener Sperrguthaben für die genannten Zwecke kann zugelassen werden, wenn ein von der DevSt. im Einzelfall festzusetzender Teil des Kaufpreises bzw. der Baukosten in Devisen gezahlt wird. Für den Kauf von Grundstücken sowie für die Bezahlung der mit dem Kauf verbundenen Gerichts- oder Notariatskosten müssen mindestens 50 v. H. der entstandenen Kosten in Devisen gezahlt werden. Die Verwendung erworbener Sperrguthaben für Neubauten sowie für die Ausführung von Um- und Ausbauarbeiten ist von der Begleichung von mindestens 35 v. H. der Baukosten in Devisen abhängig zu machen. Für Ausbesserungsarbeiten können erworbene Sperrguthaben nur in Höhe der Hälfte der erforderlichen Kosten und auch nur insoweit freigegeben werden, als die Erträgnisse des inländischen Grundbesitzes des Eigentümers nicht ausreichen.

Die Verwendung erworbener Sperrguthaben zur Abdeckung von Belastungen auf inländischen Grundstücken von Devisenausländern (Hypotheken- und Grundschulden) ist auch in Härtefällen ausgeschlossen.

Die Grundsätze über die Verwendung erworbener Sperrguthaben für den Erwerb von Grundstücken und Durchführung von Neubauten können auf Einwanderer entsprechend angewendet werden, jedoch mit der Maßgabe, daß der dem Einwanderer auf Grund der Rderl. 53/35 DSt., 104/36 DSt. (RStBl. 1935 S. 575, 1936 S. 807) zugebilligte Härteausgleich durch Erwerb von Grundstücken und Durchführung von Neubauten nicht überschritten werden darf.

2. Auszahlung von Sperrguthaben.

Um sicherzustellen, daß die freigegebenen Sperrguthaben tatsächlich zum Ankauf des Grundstücks und zur Abdeckung der damit verbundenen Nebenkosten verwendet werden, sind in dem Genehmigungsbescheid geeignete Auflagen zu machen. Erfolgt die Abgabe der zur Eigentumsübertragung erforderlichen Erklärungen nicht vor einem Notar, so ist in der Regel die Auflage zu machen, daß eine Zahlung aus dem Sperrguthaben an den Verkäufer des Grundstücks nur geleistet werden darf, wenn nachgewiesen ist, daß die Auflassung in bindender Form (§ 873 Abs. 2 BGB.) erfolgt und die Eintragungsbewilligung des Verkäufers dem Grundbuchamt zugegangen ist. Geschieht die Eigentumsübertragung unter Mitwirkung eines Notars, so kann der Kaufpreis schon vor dem obengenannten Zeitpunkt dem Notar zu treuen Händen ausgehändigt werden. Es ist dann jedoch die Auflage zu machen, daß die Auszahlung an den Verkäufer nur Zug um Zug gegen Übertragung des Eigentums erfolgen darf.

Soweit Sperrguthaben für Bauzwecke freigegeben werden, ist in dem Genehmigungsbescheid vorzubehalten, daß Zahlungen aus dem Sperrguthaben von der kontoführenden Bank nur gegen Vorlage der Bauhandwerkerrechnungen geleistet werden dürfen. Von der Durchführung dieser Anordnung haben sich die DevSt. stichprobenweise zu überzeugen.

IV. Andere Anlagen als die in Abschn. II und III genannten.

1. Versicherungsbeiträge.

Wegen der Verwendung von Sperrguthaben zur Leistung von Versicherungsbeiträgen verweise ich auf Ri. II 53 Abs. 2 c, 54 und Rderl. 35/35 DSt. A III 2 und 81/36 DSt. I 2 (RStBl. 1935 S. 441, 1936 S. 699).

2. Bausparbeiträge.

Eigene Sperrguthaben können für Einzahlungen auf Bausparverträge freigegeben werden. Die Genehmigung ist jedoch mit der Einschränkung zu erteilen, daß die Bausparsumme auf ein gleichartiges Sperrguthaben auszuzahlen ist, das für Bauten im Inland (einschließlich des Baugrundstücks) nach Maßgabe der in Abschn. III Ziff. 1 und 2 dieses Erl. für eigene Sperrguthaben niedergelegten Grundsätze freizugeben ist.

3. Kauf von Losen.

Anträgen auf Freigabe von Sperrguthaben der in Ri. II 53 Abs. 1 bezeichneten Art zum Zweck der Bezahlung von Losen inländischer staatlicher oder staatlich zugelassener Lotterien kann mit der Maßgabe entsprochen werden, daß Gewinne, welche auf solche Lose entfallen, im Inland verbleiben müssen und wieder auf ein entsprechendes Sperrkonto einzuzahlen sind.

Bei dieser Gelegenheit mache ich darauf aufmerksam, daß eine Transferierung von etwaigen Gewinnen (Ri. IV 61) nur in Frage kommt, wenn die Lose mit Devisen oder freier Reichsmark erworben wurden.

4. Andere Anlagen.

Soweit den DevSt. eine andere Anlage als eine in dem vorstehenden Erl. genannten Art nach eingehender Prüfung volkswirtschaftlich gerechtfertigt erscheint, sind mir die Anträge zur Entscheidung zu unterbreiten.

V. Übergangsbestimmungen.

Die nach Maßgabe der bisher geltenden Bestimmungen erteilten Genehmigungen, Vorbescheide oder Zusagen sind bis zum Ablauf ihrer Gültigkeitsdauer aufrechtzuerhalten. Alle in früherer Zeit ohne Befristung oder feste Gültigkeitsdauer erteilten Genehmigungs- oder Vorbescheide werden mit dem 31. August 1937 ungültig, soweit sie bis dahin noch nicht ausgenutzt sind. Soweit in besonderen Fällen eine Verlängerung angezeigt erscheint, ist mir zu berichten. Alle nach dem Erscheinen dieses Rderl. eingehenden Anträge sind nach den neuen Bestimmungen zu behandeln. Soweit dies in Einzelfällen zu unbilligen Härten führt, ist mir zu berichten.

4. Ablösung von landwirtschaftlichen und gewerblichen Hypotheken mit deutschen Auslandsbonds.

RdErl. 68/36 DSt. vom 19. Mai 1936 (RStBl. S. 594).

Unter Aufhebung der in der Anlage aufgeführten Rund- und Allgemeinen Erlasse wird die Ablösung von landwirtschaftlichen und gewerblichen Hypotheken mit deutschen Auslandbonds folgendermaßen geregelt:

A. Allgemeines.

1. Eine Genehmigung zur Verfügung über deutsche Auslandbonds zum Zweck der Ablösung von landwirtschaftlichen und gewerblichen Hypotheken kommt für Hypotheken in Betracht, die aus Mitteln der nachbezeichneten deutschen Auslandsanleihen ausgegeben worden sind:

a) Anleihen der deutschen Rentenbank-Kreditanstalt:
 7%ige Dollaranleihe von 1925, fällig 1950,
 6%ige Dollaranleihe von 1927, fällig am 15. Juli 1960,
 6%ige Dollaranleihe von 1927, fällig am 15. Oktober 1960,
 6%ige Dollaranleihe von 1928, fällig 1938;

b) Anleihen der Deutschen Landesbankenzentrale A.-G.:
 6%ige Dollaranleihe von 1927, fällig 1952, Serie A,
 6%ige Dollaranleihe von 1927, fällig 1951, Serie B,
 6½%ige Dollaranleihe von 1928, fällig 1958;

c) Anleihen der Sächsischen Landespfandbriefanstalt:
 7%ige Dollaranleihe von 1925, fällig 1945,
 6½%ige Dollaranleihe von 1926, fällig 1946,
 6%ige Dollaranleihe von 1927, fällig 1947.

Hypotheken, die aus Mitteln anderer als der vorbezeichneten Auslandsanleihen, insbesondere aus dem Aufkommen der Auslandserien deutscher Pfandbriefanleihen, ausgeliehen worden sind, fallen nicht unter diesen RdErl. Ich behalte mir vor, für solche Hypotheken entsprechende Anordnungen über den Erwerb oder die Verwendung von Bonds oder Auslandpfandbriefen zu Ablösungszwecken zu treffen oder im Einzelfall ausnahmsweise entsprechende Genehmigungen zu erteilen.

Dagegen können Ablösungsgenehmigungen, soweit die unter B bezeichneten Voraussetzungen nachgewiesen werden, erteilt werden für solche Hypotheken, die aus den Rückflüssen der aus Amerikaanleihen gegebenen Hypotheken wieder ausgeliehen worden sind (sogenannte unechte Amerikahypotheken).

2. Anträge auf Erteilung von Genehmigungen zur Ablösung von Meliorationsdarlehen aus der 6½ v.H.-sfrs.-Anleihe der Deutschen Rentenbank-Kreditanstalt von 1930 (fällig 1960, Meliorationsanleihe) behalte ich meiner Entscheidung vor. Die Anträge sind von der Gläubigerin über die Deutsche Rentenbank-Kreditanstalt bei der DevSt. Berlin einzureichen, die sie mir nach Bearbeitung vorlegen wird.

B. Voraussetzungen für die Ablösungsgenehmigung.

Eine Ablösungsgenehmigung soll grundsätzlich nur erteilt werden, wenn die Bereitwilligkeit der Gläubigerbank zur Entgegennahme der Bonds nachgewiesen wird und wenn die aus den nachfolgenden Abschn. I, II ersichtlichen Voraussetzungen vorliegen. Für die 7 v. H.-Dollaranleihe der

Deutschen Rentenbank-Kreditanstalt von 1925 ist daneben die ausdrückliche Zustimmung der Deutschen Rentenbank-Kreditanstalt zur Ablösung der Hypothek in Schuldverschreibungen beizubringen.

I. Bezüglich des umzuschuldenden Betriebs ist zu prüfen:

1. ob die ernstliche unmittelbare Gefahr besteht, daß die Hypothek bei einer etwaigen Zwangsversteigerung des Grundstücks ausfallen wird oder ob der Betrieb des Schuldners zum Erliegen kommt, falls die Ablösung unterbleibt (Umschuldungsbedürftigkeit),
2. ob die Erhaltung des Betriebs durch die Ablösung und die damit verbundene Erleichterung der Kreditverhältnisse voraussichtlich sichergestellt wird (Umschuldungsfähigkeit),
3. ob der Betriebsinhaber seiner Persönlichkeit nach die Gewähr für die erfolgreiche Fortführung des Betriebs bietet (Umschuldungswürdigkeit).

Zum Nachweis dieser Voraussetzungen sind grundsätzlich folgende Unterlagen heranzuziehen:

1. Bei landwirtschaftlichen Betrieben:

a) eine Äußerung des FA. über die amtlichen Werte und Größenverhältnisse des Grundstücks und über die Persönlichkeit des Antragstellers, soweit sie dort bekannt ist,

b) eine Äußerung des Kreisbauernführers über die berufliche Befähigung und persönliche Würdigkeit des Hypothekenschuldners,

c) ein Gutachten der landwirtschaftlichen Betriebsprüfungstelle GmbH., Berlin W 9, Köthener Str. 28/29, über die Umschuldungsbedürftigkeit und Umschuldungsfähigkeit des Betriebs. Soweit die Entschuldung durch die Bank für deutsche Industrieobligationen im Rahmen eines Osthilfeverfahrens vorgenommen wird, tritt an die Stelle der Landwirtschaftlichen Betriebsprüfungstelle die zuständige Landstelle. Eines Gutachtens der Landwirtschaftlichen Betriebsprüfungstelle bzw. der Landstelle bedarf es nicht, wenn die abzulösende Hypothek den Betrag von 2500 RM. oder GM. nicht erreicht.

2. zu a—c:

Bei im Schuldenregelungsverfahren befindlichen Betrieben genügt statt der zu a—c bezeichneten Unterlagen eine Äußerung des Entschuldungsamts und der Entschuldungstelle, bei den im Osthilfeverfahren befindlichen Betrieben eine Äußerung der Landstelle. Bei gewerblichen Betrieben ist eine Äußerung der Bankanstalt, welche Gläubigerin der Hypothek ist, heranzuziehen. Darüber hinaus kann bei größeren Betrieben zur Ergänzung ein Gutachten der Industrie- und Handelskammer angefordert werden.

Will ein Hypothekenschuldner seine Hypothek mit zertifizierten Bonds ablösen, so kann die nach Ri. II 64 Satz 2 erforderliche Ablösungsgenehmigung vorbehaltlich etwaiger im Einzelfall bestehender Bedenken ohne Prüfung der oben aufgeführten Voraussetzungen erteilt werden.

II. Muß der Hypothekenschuldner, was die Regel sein wird, ein Ablösungsdarlehen aufnehmen, um die Entschuldung durchzuführen, so ist die Ablösungsgenehmigung davon abhängig zu machen, daß das Umschuldungsdarlehn folgenden Bedingungen entspricht:

1. Handelt es sich um ein Inlandsdarlehn, so darf bei einer mindestens 98%igen Auszahlung des Darlehns der Zinsfuß (einschl. Verwaltungskosten, Spesen, Provision, aber ausschl. Tilgung) 5½ v. H. nicht über-

steigen. Gelangt das Darlehn mit einem geringeren Prozentsatz zur Auszahlung, so ist lediglich ein Zinssatz zuzulassen, der einer effektiven Verzinsung von 5½ v. H. bei 98%iger Auszahlung gleichkommt.

2. Wird das Darlehn von einem Ausländer aus Sperrguthaben gewährt, so gelten für die Anlage des Sperrguthabens die für die Verfügung über das Sperrguthaben zu Darlehnszwecken allgemein getroffenen Anordnungen (vgl. Ri. II 53 Abs. 2 a und die im Anschluß daran ergangenen Erl.).

3. Werden dem Hypothekenschuldner effektive Bonds von einem Ausländer darlehnsweise zur Verfügung gestellt, so darf eine Rückzahlung des Gegenwerts nicht vor Ablauf von 5 Jahren vorgesehen sein und der Zinssatz nicht mehr als 4½ v. H. betragen. Der ausländische Geldgeber muß damit einverstanden sein, daß die Zinsen an die Konversionskasse für deutsche Auslandschulden gezahlt werden und daß die Rückzahlung des Kapitals nach den jeweils am Fälligkeitstag für Kredite dieser Art geltenden devisenrechtlichen Vorschriften erfolgt. Handelt es sich bei den Bonds um Stücke, die der ausländische Geldgeber nach dem 15. April 1932 erworben hat, so ist zu verlangen, daß der ausländische Geldgeber auf mindestens die Hälfte des Unterschieds zwischen dem Preis der Bonds, den er nachweislich selbst zum Ankauf aufgewendet hat und dem Nennwert der Bonds, zum Dollartageskurs berechnet, zugunsten des inländischen Hypothekenschuldners verzichtet.

C. Erwerb der Bonds.

1. Soweit die Ablösung der Hypothek mit zertifizierten Bonds durchgeführt werden soll (vgl. oben Abschn. B, I letzter Abs.), bedarf es gemäß Ri. II 64 Satz 1 einer Genehmigung zum Erwerb der Bonds nicht. Das gleiche gilt, wenn dem Hypothekenschuldner Bonds von einem Ausländer, z. B. einem ausländischen Verwandten, unentgeltlich zur Verfügung gestellt werden, da nur der entgeltliche Erwerb von Bonds genehmigungsbedürftig ist (§ 22 Abs. 1 Satz 1 DevG.); der Hypothekenschuldner hat jedoch hier vor Erteilung der Ablösungsgenehmigung nachzuweisen, daß er die Bonds der Reichsbank angeboten hat (§ 1 Abs. 2 Ziff. 3 der DVO. zum DevG.) und daß die Reichsbank auf eine Ablieferung der Bonds verzichtet hat.

2. Werden dem Hypothekenschuldner die Bonds von einem Ausländer darlehnsweise zur Verfügung gestellt, so kann die zur Übernahme der Bonds erforderliche Genehmigung erteilt werden, wenn das Darlehen den zu B II 3 aufgeführten Bedingungen entspricht.

3. Ist der Hypothekenschuldner, was die Regel sein wird, darauf angewiesen, sich die zur Umschuldung erforderlichen Bonds selbst zu beschaffen, so ist ihm, sofern die Voraussetzungen für eine Ablösungsgenehmigung nachgewiesen werden, die Genehmigung zu erteilen, die Bonds gegen Reichsmark von dem zentralen Anleiheinstitut (Deutsche Rentenbank-Kreditanstalt, Deutsche Landesbankenzentrale A.-G., Sächsische Landespfandbriefanstalt) zu erwerben; bei den Anleihen der Landesbankenzentrale A.-G. hat der Erwerb von der Landesbankenzentrale durch Vermittlung der in der Schuldurkunde genannten Gläubigerbank zu erfolgen. In dem Genehmigungsbescheid ist darauf hinzuweisen, daß mit der Genehmigung kein Anspruch auf Zuteilung von Bonds gegen das zentrale Anleiheinstitut bzw. die Gläubigerbank entsteht.

Die zentralen Anleiheinstitute werden nach gleichzeitig ergehenden Anordnungen allgemeine Genehmigungen erhalten, wonach sie Bonds zur Ablösung von Hypotheken erwerben und diese an Hypothekenschuldner, die im Besitz einer Erwerbs- und Ablösungsgenehmigung sind, gegen Reichsmark verkaufen dürfen.

Die einem Hypothekenschuldner erteilte Erwerbsgenehmigung und Ablösungsgenehmigung berechtigt gleichzeitig, alle mit dem Erwerb und der Ablösung befaßten Kreditinstitute, die Bonds zu erwerben und der außerplanmäßigen Tilgung zuzuführen. Die Genehmigungen sind auf drei Monate zu befristen und mit der Auflage zu versehen, daß der DevSt. zu gegebener Zeit unter Beifügung der Originalunterlagen nachzuweisen ist, ob das Geschäft durchgeführt ist.

4. Genehmigungen, wonach der Hypothekenschuldner unzertifizierte Bonds im Tausch gegen ausländische Wertpapiere und gegen Reichsmark von anderen Inländern als den Anleiheinstituten oder von einem Ausländer unter Zahlung des Gegenwerts in Devisen oder auf ein gesperrtes Konto erwerben darf, dürfen nicht erteilt werden.

5. Die früher erteilten Genehmigungen zum Erwerb von Bonds gegen Reichsmark aus dem Besitz veräußerungsberechtigter Inländer und die nach dem aufgehobenen Rderl. 93/35 DSt. (RStBl. 1935 S. 752) erteilten Genehmigungen zum Erwerb von Bonds im Tausch gegen ausländische Wertpapiere sind, ohne daß es einer Umschreibung des Genehmigungsbescheids bedarf, im Sinn des Erwerbs von Bonds aus der Hand des zentralen Anleiheinstituts auszunutzen.

D. Sammelgenehmigungen.

Bei kleinen landwirtschaftlichen Betrieben kann zur Vereinfachung des Ablösungsverfahrens von der Bank, welche die Hypotheken ausgeliehen hat, für mehrere geeignete Betriebe ein Sammelantrag an die für die Bank zuständige DevSt. gerichtet werden. Das Sammelverfahren ist nur zulässig, wenn jede der abzulösenden Hypotheken den Betrag von 2500 RM. oder GM. nicht übersteigt. In allen anderen Fällen ist auf den Weg des Einzelverfahrens zu verweisen.

Die Erwerbs- und Ablösungsgenehmigung ist der den Sammelantrag einzureichenden Bank für die Hypothekenschuldner zu erteilen. Die DevSt. hat zum Nachweis der Entschuldungsvoraussetzungen eine gutachtliche Äußerung der betreffenden Gläubigerbank und des Kreisbauernführers einzuholen. Im übrigen gelten die Bestimmungen unter B II.

E. Zuständigkeit, Verfahren.

Zuständig für die Erteilung der Genehmigung ist diejenige DevSt., in deren Bezirk der Hypothekenschuldner seinen Sitz oder Wohnsitz hat. Erfolgt die Ablösung durch die Bank für deutsche Industrie-Obligationen im Rahmen der Osthilfeentschuldungsgesetze oder ist bereits ein Osthilfeverfahren vorangegangen, so ist der Antrag an die in diesen Fällen ausschließlich zuständige DevSt. Brandenburg zu richten.

Anträge, bei denen die abzulösende Hypothek 100000 RM. oder GM. übersteigt, ersuche ich, mir nach erfolgter Prüfung mit Bericht zur Entscheidung vorzulegen.

Dem Hypothekenschuldner, der eine landwirtschaftliche Hypothek mit Bonds ablösen will, ist zur Stellung eines sachgemäßen Antrags erforderlichenfalls ein Fragebogen der Landwirtschaftlichen Betriebsprüfungstelle auszuhändigen. Der ausgefüllte Fragebogen ist mit den übrigen von Amts wegen einzuholenden Äußerungen (vgl. oben B I 1 a, b) an die Landwirtschaftliche Betriebsprüfungstelle zur Erstattung des Gutachtens zu übersenden.

Im Sammelverfahren entscheidet die DevSt. auf Grund der oben unter D genannten Unterlagen selbst.

In Zweifelsfällen ist mir Bericht zu erstatten.

F. Notleidend gewordene Hypotheken.

Ist eine aus einer Amerikaanleihe gegebene Hypothek bereits in der Zwangsversteigerung ausgefallen und will die Gläubigerbank einen der ausgefallenen Hypothek entsprechenden Anleihebetrag in Gestalt von Bonds zur außerplanmäßigen Tilgung bringen, so sind entsprechende Anträge mir zur Entscheidung vorzulegen. Ich behalte mir vor, von Fall zu Fall eine Entscheidung darüber zu treffen, ob der Gläubigerbank eine Genehmigung zur Verfügung über entsprechende Bonds bzw. zum Erwerb der Bonds erteilt werden kann. Ist die Hypothek von der Gläubigerbank ausgeboten worden und hat diese die belasteten Grundstücke erworben, so sind dem Antrag Nachweise darüber beizufügen, daß das Grundstück nicht oder nur mit Verlust veräußert werden kann und daß die Gläubigerbank satzungsgemäß zu einer alsbaldigen Weiterveräußerung des Grundstücks verpflichtet ist.

Anlage.

Mit dem Inkrafttreten des Rderl. 68/36 DSt. treten außer Kraft

1. folgende Rderl. des Reichswirtschaftsministers und der RSt. f. Dev. vom
   22. September 1931 — Dev. I 1333/31 —,
   8. Oktober 1931 — Dev. I 1621/31 —,
   24. Oktober 1931 — Dev. I 2311/31 —,
   20. November 1931 — Dev. I 3232/31 —,
   24. November 1931 — Dev. I 4281/31 —,
   28. Dezember 1931 — Dev. I 4126/31 —,
   Nr. 7/32 — Dev. I 6633/32 —,
   Nr. 21/32 — Dev. I 2166/32 —,
   Nr. 99/32 — Dev. I 12800/32 — Abschn. A in der Fassung des Rderl. 118/32,
   Nr. 102/32 — Dev. I 17927/32 — Abschn. I Nr. 1,
   Nr. 115/32 — Dev. I 26521/32 —,
   Nr. 128/32 — Dev. I 32574/32 —,
   Nr. 149/32 — Dev. I 43727/32 —,
   Nr. 35/33 — Dev. I 17639/33 — zu § 1 Abs. 3,
   Nr. 93/35 — Dev. A 29813/35 (RStBl. 1935 S. 752)
   und
2. folgende Allg. Erl. des Reichswirtschaftsministers und der RSt. f. Dev. vom
   27. Februar 1933 — Dev. I 8372/33 —,
   24. Mai 1933 — Dev. I 16310/33 —,
   26. Februar 1934 — Dev. I 5008/34 —,
   3. April 1934 — Dev. I 11601/34 — (Vertraulich),
   28. Juli 1934 — Dev. A 28436/34 — (Vertraulich),
   20. März 1935 — Dev. A 763/35 —.

5. Auswanderung und Betriebsabwanderung; dritte und vierte DV. z. DevG.

RdErl. 1/36 DSt. vom 2. Januar 1936 (RStBl. S. 73).
(Auszug.)

9. Grundstücke.

Ein Auswanderer kann, ohne daß er einer Genehmigung bedürfte, seinen im Inland belegenen Grundbesitz gegen den im Ausland belegenen Grundbesitz eines künftigen Einwanderers tauschen. Ein echter Tausch liegt aber nur vor, wenn eine Verrechnung von Kapitalforderungen nicht stattfindet. Eine unrichtige oder unvollständige Beurkundung der Kaufverträge bewirkt nach deutschem Recht deren Nichtigkeit. Eine Verrechnung der Kaufpreisforderungen zwischen dem Auswanderer und dem Einwanderer ist genehmigungsbedürftig. Ebenso ist es zulässig, daß ein Auswanderer vor seiner Auswanderung von einem Inländer ausländische Grundstücke gegen Reichsmark erwirbt.

Soweit bei derartigen Geschäften devisenrechtliche Genehmigungen erforderlich sind, z. B. auch wegen der Übernahme von Hypotheken, ersuche ich, die Genehmigung zu erteilen, falls damit kein besonderer devisenwirtschaftlicher Nachteil verbunden ist.

6. Auswanderung; Ergänzung zu RdErl. 1/36

RdErl. 46/36 DSt. vom 2. April 1936 (RStBl. S. 304).
(Auszug.)

Zu II A 9: Grundstücke. Veräußert ein Einwanderer vor seiner Einwanderung seinen ausländischen Grundbesitz an einen Inländer, so bedarf der Inländer zur Zahlung des Gegenwerts auf das Sperrkonto des Verkäufers der Genehmigung der DevSt. Der Einwanderer ist mit diesem Sperrguthaben nach § 2 DV. zum DevG. bei seiner Einwanderung anbietungspflichtig. Anträge auf Freistellung von der Anbietungspflicht sind mir entweder durch die DevSt. Berlin (vgl. RdErl. 53/35 DSt., RStBl. 1935 S. 575) oder durch die DevSt. vorzulegen, die die Einzahlung des Betrags auf Sperrkonto genehmigt hat. Sofern der Einwanderer der Reichsbank bei seiner Einwanderung einen angemessenen Devisenbetrag abliefert, bin ich bereit, solche Anträge wohlwollend zu prüfen. Bei der Bemessung des in Devisen abzuliefernden Betrags werde ich nach den Grundsätzen verfahren, die für Anträge gelten, die mir im Rahmen des RdErl. 53/35 DSt. vorgelegt werden.

7. Gemeindeumschuldungsanleihe, Guthabenbescheinigungen der Finanzämter.

RdErl. 227/35 DSt. vom 13. Dezember 1935 (RStBl. S. 1534).

Nach Veröffentlichung des RdErl. 211/35 DSt. (RStBl. 1935 S. 1454) hat sich, entgegen der ursprünglichen Annahme, herausgestellt, daß seit der Ausgabe der Gemeindeumschuldungsanleihe bereits erhebliche Posten dieser Anleihe in das Ausland versandt worden sind. Es besteht daher bei

Umschuldungsanleihe die Gefahr, daß Ausländer diese im Inland unter Umgehung der Sperrvorschriften des DevG. zu verwerten suchen. Unter diesen Umständen kann ich die in dem Rderl. 211/35 DSt. Ziff. 1 Satz 1 ausgesprochene allgemeine Aufhebung der Anzeigepflicht nur im Umfang der nachstehenden Anordnungen aufrechterhalten. Unter Aufhebung von Rderl. 211/35 DSt. bestimme ich daher folgendes:

1. Wertpapierhändler (§ 6 Abs. 7 DevG.) werden hiermit von der Verpflichtung, bei der Anlieferung von Wertpapieren eine Nummernanzeige zu erstatten und eine Unbedenklichkeitserklärung der Reichsbank einzuholen (§ 27 Abs. 1 und 2 DevG.), für die 4 v. H. Gemeindeumschuldungsanleihe in folgenden Fällen befreit:

a) wenn die Umschuldungsanleihe dem Wertpapierhändler unmittelbar von einem Finanzamt zugeht, gleichviel ob für Rechnung eines ausländischen oder inländischen Kunden,

b) wenn die Umschuldungsanleihe dem Wertpapierhändler im Inland von einem Nicht-Wertpapierhändler angeliefert wird und der Anlieferer durch eine Bescheinigung des Finanzamts nachweist, daß er die Stücke (in Durchführung des Gesetzes zur Förderung des Wohnungsbaus vom 30. März 1935, RGBl. I S. 469, RStBl. S. 577) für sich oder einen anderen inländischen oder ausländischen Berechtigten erhalten hat; ist der Anlieferer als Hauseigentümer oder Hausverwalter bekannt, so genügt an Stelle der Bestätigung des Finanzamts eine entsprechende schriftliche Versicherung des Anlieferers.

Im übrigen, insbesondere also, wenn eine solche Bescheinigung oder Versicherung nicht vorliegt, oder wenn Gemeindeumschuldungsanleihe aus dem Ausland eingeht, ist die Anzeige zu erstatten.

Soweit in den oben unter a, b bezeichneten Fällen die Anlieferung für Rechnung eines Ausländers — in der Regel wird es sich um ausländische Hausbesitzer handeln — erfolgt, entfällt, wenn der Wertpapierhändler die Umschuldungsanleihe in das Depot des Ausländers einlegt, auch die Genehmigung nach § 26 Abs. 1 DevG.

2. Verkauft ein ausländischer Hauseigentümer die ihm zugeteilte Gemeindeumschuldungsanleihe in Deutschland oder läßt er sie durch seinen ausländischen Bevollmächtigten hier verkaufen, so kann auf Antrag gestattet werden, daß der Gegenwert, der grundsätzlich auf ein Wertpapiersperrkonto zu verbringen ist, auf einem Sonderkonto des ausländischen Hauseigentümers gemäß Ri. IV, 51 gutgeschrieben wird. Auch die Zinsen der dem ausländischen Hausbesitzer zugeteilten Umschuldungsanleihe können auf einem solchen Sonderkonto gutgebracht werden.

3. Genehmigungen zur Versendung von Gemeindeumschuldungsanleihe in das Ausland (§ 13 Abs. 1 DevG.) können unter den in II 30 Ri. angegebenen Bedingungen erteilt werden.

4. Für die von den Finanzämtern in Durchführung des Gesetzes zur Förderung des Wohnungsbaus vom 30. März 1935 ausgegebenen Guthabenbescheinigungen hebe ich die Anzeigepflicht hiermit allgemein auf. Etwaige Anträge auf Genehmigung der Versendung von Guthabenbescheinigungen in das Ausland sind abzulehnen.

8. Behandlung von letztwilligen Verfügungen und Nachlässen.

RdErl. 135/36 DSt. vom 28. September 1936 (RStBl. S. 972).

A. Letztwillige Verfügungen.
Annahme und Ausschlagung von Erbschaften und Vermächtnissen.
I. Letztwillige Verfügungen.
II. Annahme der Erbschaft.
III. Ausschlagung der Erbschaft.

B. Anbietung
I. durch Erben,
II. durch Testamentsvollstrecker,
III. durch Vorerben.
IV. Entgegenstehende letztwillige Anordnungen.

C. Verfügung über Nachlaßgegenstände, Leistungen aus dem Nachlaß und an den Nachlaß.
I. Im allgemeinen.
II. Auseinandersetzung.

D. Behandlung früherer Vorgänge.

A. Letztwillige Verfügungen.

Annahme und Ausschlagung von Erbschaften und Vermächtnissen.

I. Letztwillige Verfügungen, durch welche ein Inländer einen anderen Inländer oder einen Ausländer als Erben einsetzt oder mit einem Vermächtnis bedenkt, sind keine Verfügungen im Sinne des Devisenrechts. Sie bedürfen daher keiner devisenrechtlichen Genehmigung, auch wenn die Werte, die Gegenstand der letztwilligen Verfügung sind, devisenrechtlichen Verfügungsbeschränkungen unterliegen. Ein Inländer ist daher devisenrechtlich nicht gehindert, Inländer oder Ausländer als Erben einzusetzen oder Vermächtnisse zugunsten von Inländern oder Ausländern anzuordnen. Dagegen sind zur Ausführung letztwilliger Verfügungen die sich auf devisenrechtlich gebundene Werte beziehen, insbesondere bei der Verteilung des Nachlasses an die Erben oder bei der Leistung vermachter Gegenstände an die Vermächtnisnehmer, devisenrechtliche Genehmigungen notwendig; für die hauptsächlich in Betracht kommenden Fälle sind in dem nachstehenden Abschnitt C II die erforderlichen Anordnungen getroffen.

II. Der Übergang des Nachlasses auf den Alleinerben oder die Erbengemeinschaft tritt sowohl bei gesetzlicher als auch bei testamentarischer Erbfolge mit dem Todesfall kraft Gesetzes ein, ohne daß es hierzu einer Erklärung des Erben bedarf (§ 1922 Abs. 1 BGB.). Die in §§ 1943ff. BGB. vorgesehene Annahmeerklärung des Erben begründet nicht den Erwerb der Nachlaßgegenstände, sondern macht den auf Grund des Erbfalles eingetretenen Erwerb nur endgültig in dem Sinne, daß er nicht mehr durch Ausschlagung hinfällig gemacht werden kann. Die Annahme einer Erbschaft bedarf daher keiner devisenrechtlichen Genehmigung, auch wenn in dem Nachlaß Werte vorhanden sind, welche devisenrechtlichen Erwerbsbeschränkungen unterliegen. Sind mehrere Erben vorhanden, so ist auch zur Entgegennahme einzelner Nachlaßgegenstände im Rahmen der Auseinandersetzung grundsätzlich keine devisenrechtliche Genehmigung erforderlich (vgl. Abschn. C II Ziff. 1 dieses RE.). Dagegen greift gegebenenfalls die Anbietungspflicht gemäß § 1 Durchführungsverordnung zum Devisengesetz Platz (vgl. Abschn. B).

Entsprechendes gilt auch für die Annahme eines Vermächtnisses (§ 2180 BGB.) und für die Entgegennahme vermachter Gegenstände seitens des Vermächtnisnehmers aus der Hand des Erben bzw. eines Testamentsvollstreckers. Dabei ist zivilrechtlich zu beachten, daß durch ein Vermächtnis nur ein schuldrechtlicher Anspruch des Vermächtnisnehmers auf Leistung des betreffenden Gegenstandes gegen den Erben begründet wird (§ 2174 BGB.), während das Eigentum erst durch rechtsgeschäftlichen Erwerb bei der Leistung des Gegenstandes an den Vermächtnisnehmer erworben wird.

III. Die Ausschlagung einer Erbschaft (§§ 1943 ff. BGB.) ist ebenfalls keine Verfügung im Sinne des Devisenrechts und bedarf daher keiner devisenrechtlichen Genehmigung. Diese Auffassung entspricht dem Rechtssatz, daß mit der Ausschlagung der Anfall an den Ausschlagenden als nicht erfolgt gilt (§ 1953 Abs. 1 BGB.). Insbesonders kann eine Erbschaft auch dann ohne Genehmigung ausgeschlagen werden, wenn dabei Werte in Frage stehen, die devisenrechtlichen Verfügungsbeschränkungen unterliegen. Auch eine mit dem Erbfall entstandene Anbietungspflicht hindert eine spätere, fristgerechte Ausschlagung der Erbschaft nicht. Mit der Ausschlagung fällt die Anbietungspflicht nachträglich fort. (vgl. Abschn. B, I Ziff. 1 Abs. 3).

Entsprechendes gilt auch für die Ausschlagung eines Vermächtnisses (§ 2180 BGB.), wobei zu beachten ist, daß hier mit der Ausschlagung lediglich der schuldrechtliche Anspruch des Vermächtnisnehmers auf Leistung des vermachten Gegenstandes gegen den Erben hinfällig wird.

Eine Ausschlagung von Pflichtteilsansprüchen ist im BGB. nicht vorgesehen und daher rechtlich nicht möglich. Ein vertraglicher Erlaß des Pflichtteilsanspruches gegenüber einem ausländischen Erben bedarf der Genehmigung gemäß §§ 9 Abs. 2, 11 Abs. 2 DevG.

B. Anbietungs- und Ablieferungspflicht.

I. Der Übergang eines Nachlasses auf den Erben oder eine Erbengemeinschaft gemäß § 1922 Abs. 1 BGB. ist als Erwerb im Sinne des § 1 Durchführungsverordnung zum Devisengesetz zu beurteilen. Soweit in dem Nachlaß Werte vorhanden sind, die ihrer Art nach unter die Anbietungs- und Ablieferungspflicht fallen, treten diese Verpflichtungen mit dem Erbfall ein.

1. Da der Anbietungs- und Ablieferungspflicht nur Inländer unterworfen sind, entsteht auch im Rahmen eines Erbfalles eine Anbietungs- und Ablieferungspflicht nur, wenn der Alleinerbe oder die mehreren Miterben Inländer sind. Dabei spielt es keine Rolle, ob der Erblasser Ausländer oder Inländer war. Die Anbietung seitens des Erben bzw. der Erben hat auch zu erfolgen, wenn der inländische Erblasser die Anbietung pflichtwidrig unterlassen hatte oder ihm die Werte von der Reichsbank belassen worden waren oder er schließlich Werte, die ihrer Art nach anbietungspflichtig sind, nicht anzubieten brauchte, weil er sie vor einem bestimmten Stichtage erworben hatte; insbesondere trifft dies für ausländische, an einer deutschen Börse weder zum amtlichen Handel zuge-

lassene noch in den geregelten Freiverkehr einbezogene Wertpapiere (§ 21 Abs. 1, 3 DevG.) und für deutsche Auslandsbonds (§ 22 Abs. 1 DevG.) zu, soweit diese dem Erblasser bereits vor dem 13. Juli 1931 gehörten und deshalb von ihm selbst nicht anzubieten waren (vgl. § 1 der Sechsten DurchfVO. zur DevVO. zum 2. Oktober 1931, RGBl. I S. 533, in Verbindung mit § 35 Abs. 2 der DurchfVO. zum DevG. vom 4. Februar 1935, RGBl. I S. 114). Die Anbietungspflicht entsteht in allen diesen Fällen neu in der Person des Erben. Ein vererblicher Anspruch auf Nichtanbietung der obenbezeichneten Altbesitzwerte besteht nicht.

Bei mehreren Miterben sind nicht die Anteile des einzelnen Miterben an den betreffenden Werten anzubieten, sondern die der Anbietung unterliegenden Werte im ganzen; denn über den Anteil an den einzelnen Nachlaßgegenständen kann ein Miterbe allein nicht verfügen (§ 2033 Abs. 2 BGB.). Grundsätzlich haben alle Erben gemeinsam die Anbietung vorzunehmen (vgl. §§ 2038 und 2040 BGB). Jedoch bleibt, wenn ein Miterbe seine Mitwirkung verweigert, die Verpflichtung zur Anbietung für die anderen bestehen; der verweigernde Miterbe macht sich nach § 42 Abs. 1 Nr. 6 DevG. strafbar. Auch darf ein Miterbe nicht etwa die Anbietung deshalb unterlassen, weil weitere, ihm nicht bekannte Miterben vorhanden sein könnten oder bekannte Miterben nicht erreichbar sind.

Die Anbietung hat innerhalb von drei Tagen nach dem Erbfall zu erfolgen (§ 1 Abs. 1 DurchfVO. zum DevG.). Das Reichsbank-Direktorium kann auf Antrag dem Alleinerben oder der Erbengemeinschaft die anbietungspflichtigen Werte belassen, bis die Frist zur Ausschlagung der Erbschaft (§ 1944 BGB.) abgelaufen ist, sofern eine Ausschlagung in Betracht kommt.

2. Sind neben inländischen Miterben ausländische Miterben vorhanden, so tritt eine Anbietungspflicht und Ablieferungspflicht durch den Erbfall nicht ein. Dies folgt daraus, daß die beteiligten ausländischen Miterben als Ausländer nicht zur Anbietung herangezogen werden können. Die inländischen Miterben können aber vor der Auseinandersetzung des Nachlasses über die Nachlaßgegenstände nur gemeinsam mit den ausländischen Erben verfügen (§ 2040 Abs. 1 BGB.). Sie können infolgedessen nicht für sich allein Werte aus dem ungeteilten Nachlaß anbieten und abliefern; auch können sie nicht etwa ihre Anteile an den einzelnen anbietungspflichtigen Werten anbieten, da sie nach § 2033 Abs. 2 BGB. über die Anteile nicht allein verfügen können (vgl. Hartenstein, Devisennotrecht, Bem. 9 zu § 35 DevG.). Für inländische Miterben, die neben Ausländern als Erben berufen sind, tritt deshalb eine Verpflichtung zur Anbietung und Ablieferung erst ein, wenn anbietungspflichtige Werte aus dem Nachlaß ausgeschieden und alleiniges Eigentum der inländischen Miterben geworden sind. Grundsätzlich entsteht also bei Erbengemeinschaften, die aus Ausländern und Inländern zusammengesetzt sind, eine Anbietungspflicht für die inländischen Miterben erst mit der Auseinandersetzung.

3. Ausländische Erben eines Inländers sind grundsätzlich nicht anbietungspflichtig, da die Anbietungspflicht nach § 1 Abs. 1 Durchführungs-VO. zum DevG. auf Inländer beschränkt ist. Etwas anderes gilt nur, wenn der Erblasser seinerseits zur Anbietung bestimmter im Nachlaß vorhandener Werte verpflichtet war, aber er die Anbietung pflichtwidrig unterlassen hatte oder ihm angebotene Werte von der Reichsbank be-

lassen worden waren. In diesen Fällen handelt es sich nicht um eine eigene Anbietungspflicht der Erben, sondern um die Anbietungspflicht des Erblassers, die nach § 35 Abs. 2 Satz 2 DevG. in Verbindung mit § 106 Reichsabgabenordnung von den Erben zu erfüllen ist. Hat die Reichsbank dem Erblasser angebotene Werte belassen, so ist anzunehmen, daß sie dies nicht über seinen Tod hinaus tun wollte. In diesen Fällen bleibt die Reichsbank daher auch ausländischen Erben gegenüber berechtigt, die Anbietung und Übertragung der Werte zu verlangen; macht sie hiervon Gebrauch, so gilt für die Forderung der Erben auf den Erlös grundsätzlich § 17 Abs. 1 DevG.

II. Ist ein Testamentsvollstrecker bestellt, so obliegt die Anbietung diesem, nicht dem Erben bzw. der Erbengemeinschaft (nicht zutreffend insoweit Hartenstein, Devisennotrecht Bem. 10 zu § 35 DevG.). Denn der Erbe bzw. die Erbengemeinschaft kann über die der Verwaltung des Testamentsvollstreckers unterliegenden Nachlaßgegenstände nicht verfügen; das Verfügungsrecht steht vielmehr allein dem Testamentsvollstrecker zu (§ 2211 Abs. 1 BGB.). Der Testamentsvollstrecker ist jedoch zur Anbietung nur soweit verpflichtet, als der Alleinerbe oder die Erbengemeinschaft selbst anbietungspflichtig wäre, wenn ein Testamentsvollstrecker nicht vorhanden wäre. Inhalt und Umfang der Anbietungspflicht des Testamentsvollstreckers bestimmen sich also nach der devisenrechtlichen Stellung des Alleinerben bzw. der Erbengemeinschaft. Denn für das Bestehen der Anbietungspflicht ist maßgebend, wer materieller Eigentümer der Werte ist. Dies ergibt sich aus § 35 Abs. 2 Satz 3 DevG. in Verbindung mit § 104 Reichsabgabenordnung (vgl. Hartenstein, Devisennotrecht Bem. 10 a. E. zu § 35 DevG.). Beispielsweise ist also ein inländischer Testamentsvollstrecker nicht anbietungspflichtig, wenn der Alleinerbe oder sämtliche Miterben Ausländer sind. Umgekehrt hat ein ausländischer Testamentsvollstrecker der Anbietungspflicht zu entsprechen, wenn der Alleinerbe oder sämtliche Miterben Inländer sind. Besteht eine Erbengemeinschaft aus Inländern und Ausländern, so ist der Testamentsvollstrecker keinesfalls zur Anbietung verpflichtet, gleichviel ob er selbst Inländer oder Ausländer ist; die Anbietungspflicht tritt hier für die inländischen Miterben erst ein, wenn sie anbietungspflichtige Werte aus dem Nachlaß erhalten.

III. Sind für den Fall des Todes anbietungspflichtiger Erben Nacherben eingesetzt (§§ 2100ff. BGB.), so beeinflußt dies die Anbietungspflicht des Vorerben grundsätzlich nicht. Die Vorerben sind also anbietungspflichtig, wenn sie devisenrechtlich Inländer sind. Handelt es sich um eine befreite Vorerbschaft (§ 2136 BGB.), so unterliegt der Vorerbe — abgesehen von § 2113 Abs. 2 BGB. — schon zivilrechtlich keinen Verfügungsbeschränkungen; er kann somit die der Anbietungspflicht unterliegenden Werte ungehindert auf die Reichsbank übertragen. Aber auch im Falle einer nicht befreiten Vorerbschaft müssen die dem Vorerben durch letztwillige Verfügung auferlegten Beschränkungen hinter die Verpflichtungen des Devisengesetzes zurücktreten. Die Erfüllung der Anbietungspflicht und gegebenenfalls die Übertragung der Werte auf die Reichsbank durch den Vorerben gehören zur ordnungsmäßigen Verwaltung des Nachlasses. Der Nacherbe ist daher nach § 2120 BGB. dem Vorerben gegenüber verpflichtet, hierzu seine Einwilligung zu erteilen. Ist die Verfügung über die Nachlaßgegenstände dem Vorerben gänzlich entzogen und einer anderen Person, z. B. einem Testamentsvollstrecker übertragen, so hat die Anbietung durch denjenigen zu erfolgen, der an Stelle des Vorerben die zivilrechtliche Verfügungsbefugnis besitzt.

IV. Etwaige letztwillige Anordnungen des Erblassers, wonach bestimmte Verfügungen nicht vorgenommen werden sollen, sind gegenüber der Anbietungspflicht des Devisengesetzes grundsätzlich unbeachtlich. Es steht im Ermessen der Reichsbank, ob sie derartige letztwillige Verfügungen bei der Entscheidung über die Abforderung der anzubietenden Werte berücksichtigen will.

C. Verfügungen über Nachlaßgegenstände. Leistungen aus dem Nachlaß und an den Nachlaß.

I. Verfügungen über Nachlaßgegenstände kommen als Maßnahme zur Verwaltung des Nachlasses, insbesondere bei der Berichtigung von Nachlaßverbindlichkeiten in Frage, Leistungen an den Nachlaß vor allem bei der Einziehung von Nachlaßforderungen. Außerdem vollzieht sich die Verteilung des Nachlasses auf Erben und Vermächtnisnehmer im Wege der Verfügung über Nachlaßgegenstände. Für die hierbei zu berücksichtigenden devisenrechtlichen Beschränkungen gilt grundsätzlich folgendes:

1. Bringt ein Erbfall keine Änderung der devisenrechtlichen Stellung der Träger des Vermögens mit sich, werden also Inländer von Inländern oder Ausländer von Ausländern beerbt, so treten die Erben ohne weiteres in alle Verfügungsbeschränkungen ein, die das Devisengesetz dem Erblasser auferlegte. Bei inländischen Erben gilt dies sowohl für das ausländische als auch für das inländische Nachlaßvermögen. Wird ein Ausländer von einem Ausländer allein oder von mehreren Ausländern gemeinsam beerbt, so bleibt der Erbe bzw. die Erbengemeinschaft hinsichtlich des inländischen Vermögens des Erblassers allen Verfügungsbeschränkungen unterworfen, die für den Erblasser bestanden. Insbesondere bleiben Sperrguthaben des Erblassers weiterhin gesperrt; dagegen sind freie Währungs- oder Reichsmarkguthaben des Erblassers (Ri. II, 1, 12) auch in der Hand ausländischer Erben frei verfügbar. Hat ein ausländischer Erblasser inländische Wertpapiere hinterlassen, so kommt bei deren Verkauf im Inland durch den oder die ausländischen Erben der Erlös auf ein Wertpapiersperrkonto (§ 20 DevG.); eine Gutschrift auf Kreditsperrkonto gemäß § 17 Abs. 1 DevG. ist hier nicht statthaft.

Die Umschreibung von Sperrguthaben oder Sonderkonten und Wertpapierdepots des ausländischen Erblassers auf einen ausländischen Erben bzw. eine ausländische Erbengemeinschaft bedarf keiner Genehmigung; da neben dem Eigentum auch der Besitz auf den Erben bzw. die Erben übergeht (§ 857 BGB.), handelt es sich hier nur um eine Berichtigung der Kontobezeichnung nach den wirklichen Berechtigten. Dagegen bedarf die Umschreibung von Sperrguthaben usw. auf einen ausländischen Testamentsvollstrecker oder ein einzelnes Mitglied der ausländischen Erbengemeinschaft der Genehmigung, da es sich hier nicht um die buchmäßige Verlautbarung einer bereits erfolgten Rechtsänderung, sondern um eine Verfügung oder — bei Wertpapierdepots — um eine Besitzübertragung handelt (vgl. § 2205 Satz 2 BGB.); die in Ri. II 68 a für Wertpapierdepots vorgesehene Ausnahmevorschrift bleibt unberührt.

Besaß ein ausländischer Erblasser im Inland ein Sondervermögen im Sinne von Ri. II 13, so bleibt dieses auch in der Hand ausländischer Erben Sondervermögen.

2. Wird ein inländischer Erblasser von einem oder mehreren Ausländern beerbt, so gestaltet sich die devisenrechtliche Lage für die Erben folgendermaßen:

a) Mit dem Erbfall fallen die Verfügungsbeschränkungen, denen der Erblasser hinsichtlich seines ausländischen Vermögens unterworfen war, für die ausländischen Erben grundsätzlich fort. Denn die devisenrechtlichen Verfügungsbeschränkungen finden auf ausländisches Vermögen von Ausländern grundsätzlich keine Anwendung. Die Vorschrift, daß bei einem Auswanderer die ihm vor der Wohnsitzverlegung auferlegten Beschränkungen hinsichtlich seines ausländischen Vermögens aufrechterhalten bleiben (§ 6 der Dritten DurchfVO. zum DevG. vom 1. Dezember 1935, RStBl. S. 1502), kann hier nicht entsprechend angewandt werden. Über den Fortbestand einer etwa bestehenden Anbietungspflicht des inländischen Erblassers vgl. Abschn. B I Ziff. 3 dieses RE.

b) Dagegen kann ein ausländischer Erbe über inländisches Vermögen eines inländischen Erblassers, falls nicht dieses ein Sondervermögen im Sinne von Ri. II 13 darstellt (vgl. unten c), grundsätzlich nur insoweit frei verfügen, als dieses aus Werten besteht, die keinen devisenrechtlichen Verfügungsbeschränkungen unterworfen sind; insbesondere gilt dies für Grundstücke, Haushaltungsgegenstände, Fahrzeuge usw. Zahlungsmittel, die sich in dem Nachlaß befinden, sind auf Grund der Sonderbestimmung in § 17 Abs. 2 DevG. gesperrt. Im übrigen tritt eine Sperrung mit der Veräußerung derartiger Nachlaßgegenstände hinsichtlich des Erlöses ein (§ 17 Abs. 1 DevG.). Ein ausländischer Erbe darf also grundsätzlich den Erlös von Nachlaßgegenständen nur mit Genehmigung der Devisenstelle einziehen, bzw. der Erwerber der Gegenstände darf Zahlungen zugunsten eines ausländischen Erben grundsätzlich nur mit Genehmigung leisten; diese kann grundsätzlich nur mit der Maßgabe erteilt werden, daß die Zahlung auf ein Sperrkonto bei einer Devisenbank erfolgt, das als Kreditsperrkonto zu führen ist (vgl. die Begriffsbestimmung in Ri. I 1). Gehört zum Nachlaß eines inländischen Erblassers ein Guthaben bei einem inländischen Kreditinstitut, so muß dieses für einen ausländischen Erben als Sperrguthaben weitergeführt werden; in § 17 DevG. ist zwar dieser Fall nicht ausdrücklich erwähnt, er muß aber sinngemäß dem Fall gleichbehandelt werden, daß sich bare Zahlungsmittel im Nachlaß vorfinden.

Inländische, auf Reichsmark oder Goldmark lautende Wertpapiere kann ein ausländischer Erbe genehmigungsfrei durch Vermittlung einer Devisenbank veräußern (§ 25 Abs. 1 DevG.). Dasselbe gilt auch für zertifizierte deutsche Auslandsbonds; die Zertifikate braucht ein ausländischer Erbe nicht abzuliefern, solange die Bonds im Inland bleiben. Der Erlös kann auf einem Kreditsperrkonto gutgebracht werden (vgl. andererseits oben Ziff. 1 Abs. 1)! Die Veräußerung ausländischer, in Deutschland gehandelter Wertpapiere (§ 22 Abs. 2, 3 DevG.) kann mit der Maßgabe gestattet werden, daß der Erlös gemäß § 17 Abs. 1 DevG. auf ein Kreditsperrkonto kommt. Die Verfügung über Zahlungsmittel oder Guthaben des Erblassers sowie über Sperrguthaben, die gemäß § 17 DevG. durch Veräußerung von Nachlaßgegenständen, Wertpapieren usw.

zugunsten eines ausländischen Erben entstanden sind, zur Berichtigung inländischer Nachlaßverbindlichkeiten kann grundsätzlich gestattet werden.

c) Die unter b dargelegten Grundsätze gelten nicht, solange der Nachlaß getrennt von dem übrigen Vermögen des ausländischen Erben oder der mehreren ausländischen Erben unter der Verwaltung einer Person steht, die devisenrechtlich Inländer ist, mag diese vom Erblasser eingesetzt sein und kraft gesetzlicher Bestimmungen diese Verwaltung führen (Testamentsvollstrecker) oder von dem oder den Erben als Bevollmächtigter (Verwalter, Treuhänder) bestellt sein. Unter diesen Voraussetzungen stellt ein inländischer Nachlaß, der einem oder mehreren ausländischen Erben zusteht, bis zur Auseinandersetzung ein inländisches Sondervermögen im Sinne von Ri. II 13 dar.

Zahlungen im Inland an den Nachlaß und Leistungen im Inland aus dem Nachlaß, die für Rechnung des Nachlasses selbst, nicht zugunsten einzelner Erben, erfolgen, insbesondere also die Einziehung von Nachlaßforderungen einerseits, die Bereinigung von Nachlaßverbindlichkeiten andererseits bedürfen nach dieser Vorschrift keiner Genehmigung. Bei Verfügungen eines Testamentsvollstreckers oder Nachlaßverwalters kann ohne weiteres davon ausgegangen werden, daß die Verfügung für Rechnung des Nachlasses erfolgt.

Ist keine inländische Person vorhanden, der die Verwaltung des Nachlasses als einer getrennten Vermögensmasse kraft Amtes obliegt, so wird oft schwer erkennbar sein, ob eine Verfügung des Alleinerben oder der ausländischen Erbengemeinschaft für Rechnung des Nachlasses oder für Rechnung der einzelnen Erben erfolgt; denkbar ist zum Beispiel, daß ausländische Erben eigene Verpflichtungen in Deutschland, die mit dem Nachlaß keinen Zusammenhang haben, mit Mitteln des Nachlasses begleichen wollen. In diesen Fällen können daher die Rechtsvorteile der Vorschrift in Ri. II 13 nach dem Sinn dieser Vorschrift nur dann in Anspruch genommen werden, wenn durch Einsetzung eines inländischen, für den Nachlaß bestellten Verwalters die Gewähr dafür gegeben ist, daß die Trennung des Nachlasses als Sondervermögen von dem übrigen Vermögen der Erben durchgeführt wird. Wenn ein inländischer Testamentsvollstrecker oder Nachlaßverwalter nicht eingesetzt ist und die einzelnen Verwaltungshandlungen von dem Genehmigungszwang der §§ 11 und 17 DevG. befreit sein sollen, empfiehlt es sich daher für ausländische Erben eines inländischen Nachlasses, die Verwaltung des inländischen Nachlasses einem inländischen Treuhänder, etwa einer Devisenbank oder einem Notar oder einer Vermögensverwaltungsgesellschaft zu übertragen.

Sind die obenbezeichneten Voraussetzungen eines Sondervermögens erfüllt, so tritt, wenn aus dem noch ungeteilten Nachlaß Gegenstände für Rechnung des Nachlasses im Inland veräußert werden, die in § 17 Abs. 1 DevG. vorgesehene Sperrung des Erlöses nicht ein; vielmehr kann der bei der Veräußerung angefallene Erlös ohne Genehmigung eingezogen und auf einem Konto des Nachlasses bzw. der Erbengemeinschaft bei einer inländischen Devisenbank gutgebracht werden. Der Erwerber darf auf ein solches Konto ohne Genehmigung zahlen. Dasselbe gilt auch für den Schuldner einer Forderung, die in der Person des inländischen Erblassers entstanden war (Nachlaßforderung). Auch die im Nachlaß vorhandenen Zahlungsmittel und Bankguthaben unterliegen, solange eine Auseinandersetzung noch nicht stattgefunden hat, nicht der in

§ 17 Abs. 2 DevG. vorgesehenen Sperrung. Zahlungen mit derartigen Zahlungsmitteln sowie zu Lasten von Nachlaßguthaben, die für Rechnung des Nachlasses erfolgen, bedürfen somit keiner Genehmigung. Vor allem können also inländische Nachlaßverbindlichkeiten, Vermächtnisse usw. ohne Genehmigung erfüllt werden. Dagegen ist stets eine Genehmigung einzuholen, wenn aus dem Nachlaß Zahlungen zugunsten oder für Rechnung eines einzelnen ausländischen Erben oder eines ausländischen Vermächtnisnehmers oder eines sonstigen Ausländers geleistet werden sollen.

d) Die Umschreibung von Nachlaßkonten und Nachlaßdepots auf den Namen eines ausländischen Alleinerben oder einer ausländischen Erbengemeinschaft bedarf keiner devisenrechtlichen Genehmigung (vgl. Abschn. C I Ziff. 1 dieses RE.). Verlangt ein ausländischer Testamentsvollstrecker die Umschreibung auf sich, so ist dies genehmigungsbedürftig; die Genehmigung kann erteilt werden, wenn sich der Testamentsvollstrecker als solcher ausweist.

3. Wird ein inländischer Erblasser von inländischen und ausländischen Erben gemeinsam beerbt, so unterliegen die inländischen Miterben, wenn sie an Verfügungen über ausländisches Vermögen mitwirken, grundsätzlich allen in Betracht kommenden Verfügungsbeschränkungen, während ausländische Miterben zu ihrer Mitwirkung keiner Genehmigung bedürfen. Umgekehrt sind aber die ausländischen Miterben in der Verfügung über inländisches Nachlaßvermögen grundsätzlich durch § 17 Abs. 1, 2 DevG. beschränkt. Da die inländischen Erben nur mit den ausländischen Erben gemeinsam verfügen können, bedürfen auch gemeinsame Verfügungen der Erben über inländisches Vermögen im Rahmen des § 17 DevG. grundsätzlich der devisenrechtlichen Genehmigung. Doch stellt, wenn ein inländischer Verwalter bestellt ist, auch in diesem Fall der Nachlaß bis zur Auseinandersetzung in der Regel ein gemeinsames Sondervermögen der Erben dar, für das, soweit die ausländischen Erben daran beteiligt sind, die Erleichterungen in Ri. II 13 gelten; wegen der Einzelheiten der Behandlung des Nachlasses als Sondervermögen vgl. oben 2 c.

4. Wird ein ausländischer Erblasser von einem Inländer allein oder von mehreren Inländern gemeinsam beerbt, so fallen die devisenrechtlichen Beschränkungen, denen der ausländische Erblasser hinsichtlich seines inländischen Vermögens unterworfen war, für den inländischen Alleinerben bzw. die inländische Erbengemeinschaft fort. Inländische Guthaben und Wertpapierdepots des ausländischen Erblassers können infolgedessen ohne Genehmigung auf den inländischen Alleinerben oder die inländische Erbengemeinschaft umgeschrieben werden. Inländische Sperrguthaben des ausländischen Erblassers sowie inländische Wertpapierdepots werden in der Hand inländischer Erben unbeschränkt verfügbar.

Umgekehrt hat der inländische Erbe bzw. die inländische Erbengemeinschaft hinsichtlich des ausländischen Nachlaßvermögens alle devisenrechtlichen Beschränkungen zu beachten, denen ausländisches Vermögen unterworfen ist. Soweit die Verfügungen der Berichtigung ausländischer Nachlaßverbindlichkeiten oder der Erfüllung von Vermächtnissen dienen, können die erforderlichen Genehmigungen grundsätzlich erteilt werden.

Ist ein ausländischer Testamentsvollstrecker oder Nachlaßverwalter vorhanden, so ist dieser hinsichtlich des ausländischen Nachlaßvermögens in der Ausübung seiner Befugnisse durch das deutsche Devisenrecht nicht gebunden. Er kann also die Berichtigung von Nachlaßverbindlichkeiten und die Erfüllung von Vermächtnissen zu Lasten des ausländischen Vermögens ohne Genehmigung vornehmen. Soweit er über inländisches Nachlaßvermögen des ausländischen Erblassers verfügt, bestehen für ihn dieselben devisenrechtlichen Beschränkungen, denen der ausländische Erblasser in der Verfügung über sein inländisches Vermögen unterlag; die der Berichtigung inländischer Nachlaßverbindlichkeiten dienenden Verfügungen können mit Rücksicht auf die persönliche Haftung der inländischen Erben (§ 1967 BGB.) erteilt werden, auch wenn dem ausländischen Erblasser selbst derartige Genehmigungen versagt worden wären. Die Umschreibung inländischer Sperrguthaben des ausländischen Erblassers auf einen ausländischen Testamentsvollstrecker kann genehmigt werden, sobald sich der ausländische Testamentsvollstrecker als solcher ausgewiesen hat; die Umlegung inländischer Wertpapierdepots eines ausländischen Erblassers in ein inländisches Depot des ausländischen Testamentsvollstreckers ist gemäß Ri. II 66 a genehmigungsfrei zulässig. Eine Versendung im Inlande liegender Wertpapiere in das Ausland ist grundsätzlich nicht zu genehmigen, wenn die materiell Berechtigten inländische Erben sind.

5. Wird ein ausländischer Erblasser von mehreren Personen beerbt, von denen ein Teil Ausländer, ein Teil Inländer sind, so fallen die Verfügungsbeschränkungen, denen der ausländische Erblasser hinsichtlich seines inländischen Vermögens als Ausländer unterworfen war (Sperrguthaben usw.) für die inländischen Erben fort; für die ausländischen Miterben bleiben sie aufrechterhalten. Da bei ungeteiltem Nachlaß nur alle Erben gemeinsam verfügen können, bedürfen praktisch alle Verfügungen einer aus Ausländern und Inländern zusammengesetzten Erbengemeinschaft über inländisches Vermögen des Erblassers, für welches Verfügungsbeschränkungen des Erblassers bestanden, auch nach dem Erbfall weiterhin der Genehmigung. Inländische Konten und inländische Depots eines ausländischen Erblassers sind somit weiterhin als Ausländerkonten bzw. Ausländerdepots zu führen, wenn an der Erbengemeinschaft außer Inländern auch Ausländer beteiligt sind. Die Genehmigung zur Berichtigung von inländischen Nachlaßverbindlichkeiten zu Lasten des inländischen Nachlaßvermögens des ausländischen Erblassers kann auch hier als grundsätzlich erteilt werden.

Ist ein ausländischer Testamentsvollstrecker oder Nachlaßverwalter vorhanden, so bleibt dieser allen Verfügungsbeschränkungen hinsichtlich des inländischen Nachlaßvermögens unterworfen, die für den ausländischen Erblasser bestanden. Ist ein Inländer als Testamentsvollstrecker bestellt, so bestehen für diesen bezüglich des inländischen Vermögens Verfügungsbeschränkungen nur insoweit, als ganz allgemein Inländer über bestimmte Werte nur mit Genehmigung verfügen dürfen; die Umschreibung von inländischen Nachlaßkonten und Nachlaßdepots auf einen inländischen Testamentsvollstrecker oder Nachlaßverwalter bedarf der Genehmigung; diese kann erteilt werden. Zahlungen, die ein inländischer Testamentsvollstrecker zugunsten ausländischer Miterben aus dem inländischen Nachlaßvermögen leisten will, sind genehmigungsbedürftig; die Genehmigung kann, wenn nicht die Zahlung aus einem freien Guthaben des ausländischen Erblassers erfolgt, grundsätzlich nur zur Zahlung auf ein Kreditsperrkonto erteilt werden. Über ausländisches Nachlaßvermögen darf ein inländischer Testamentsvollstrecker nur mit Genehmigung verfügen; die Genehmigung kann erteilt werden, soweit die Verfügungen zur Erfüllung ausländischer Nachlaßverbindlichkeiten und Vermächtnisse an ausländische Vermächtnisnehmer dienen.

II. Bezüglich der Verteilung des Nachlasses unter Miterben und Vermächtnisnehmer ist folgendes zu beachten:

1. Zivilrechtlich vollzieht sich die Verteilung des Nachlasses in der Form von Verfügungen über Nachlaßgegenstände von seiten der Erbengemeinschaft oder des Testamentsvollstreckers zugunsten des einzelnen Erben oder Vermächtnisnehmers. Soweit die Erben oder der Testamentsvollstrecker in der Verfügung über Nachlaßgegenstände devisenrechtlich beschränkt sind (vgl. oben I), bedarf die Verteilung des Nachlasses der Genehmigung. Der Gesichtspunkt des Sondervermögens greift hier nicht mehr ein, da es sich hier nicht um Verfügungen zugunsten des Nachlasses, sondern zugunsten der einzelnen Erben handelt. Für die Erteilung entsprechender Genehmigungen vgl. die Anordnungen der nachstehenden Ziff. 2.

Für die Annahme eines ihm zugeteilten Nachlaßgegenstandes bedarf ein inländischer Erbe oder Vermächtnisnehmer keiner Genehmigung, auch wenn für den betreffenden Wert nach seiner Art eine devisenrechtliche Erwerbsbeschränkung im Devisengesetz vorgesehen ist, wie z. B. für ausländische Zahlungsmittel, Forderungen in ausländischer Währung, ausländische in Deutschland nicht gehandelte Wertpapiere usw. Dies folgt aus dem Umstand, daß nach den in Betracht kommenden Devisenbestimmungen ein Erwerb genehmigungsfrei ist, wenn er unentgeltlich erfolgt (vgl. §§ 9 Abs. 1, 21 Abs. 1 Satz 1, 21 Abs. 2 Satz 1, 22 Abs. 1 Satz 1, 22 Abs. 2 Satz 1, 23 Satz 1, 24 Satz 1, 25 Abs. 1 Satz 1 DevG.). Der Erwerb von Vermögensgegenständen im Erbgang oder auf Grund eines Vermächtnisses ist seiner Natur nach stets unentgeltlich. Zwar verliert der einzelne Miterbe in dem Umfang, in welchem sein Erbteil an ihn ausgekehrt wird, seinen Anteil an denjenigen Nachlaßgegenständen, die den anderen Erben zufallen. Hierin kann aber bei der dem Devisenrecht eigenen wirtschaftlichen Betrachtungsweise kein entgeltlicher Erwerb erblickt werden; denn seinen ursprünglich zu den Nachlaßgegenständen bestehenden Eigentumsanteil hatte der einzelne Miterbe gleichfalls unentgeltlich erworben. Es handelt sich devisenrechtlich bei der Empfangnahme von Werten im Rahmen einer Nachlaßverteilung, ebenso wie bei dem Erbfall selbst, um einen Anfall von Werten, der keiner Genehmigung bedarf; dafür tritt aber hinsichtlich der hierfür in Betracht kommenden Werte die Verpflichtung zur Anbietung an die Reichsbank ein (vgl. Abschn. B dieses RE.).

2. Soweit die beabsichtigte Verteilung des Nachlasses Verfügungen der Erbengemeinschaft oder des Testamentsvollstreckers erfordert, die einer devisenrechtlichen Genehmigung bedürfen (vgl. oben I), ersuche ich, über entsprechende Anträge nach folgenden Richtlinien zu entscheiden:

a) Sind die Erben sämtlich Ausländer oder sämtlich Inländer, so kann es im allgemeinen devisenwirtschaftlich gleichgültig sein, wie der Nachlaß auf die einzelnen Erben verteilt wird. Grundsätzlich wird daher in diesen Fällen den von dem Erblasser getroffenen testamentarischen Bestimmungen oder den Vereinbarungen der Erben untereinander oder den Anordnungen des Testamentsvollstreckers durch entsprechende Genehmigungen Rechnung getragen werden können. Dies bezieht sich sowohl auf den inländischen als auch auf den ausländischen Nachlaß. Soweit an ausländische Erben Zahlungen aus dem inländischen Nachlaßvermögen geleistet werden sollen, sind diese gemäß § 17 DevG. nur mit der Einschränkung zu genehmigen, daß die Zahlung auf ein Kreditsperrkonto bei einer Devisenbank erfolgt, es sei denn, daß die Zahlung zu Lasten eines freien Reichsmark- oder Währungsguthabens eines ausländischen Erblassers erfolgt.

Die Umlegung im Inland befindlicher Wertpapiere des Erblassers in Depots einzelner ausländischer Miterben kann ebenfalls grundsätzlich genehmigt werden.

Jedoch wird es sich stets, insbesondere wenn der Erblasser Inländer war, empfehlen, vor der Erteilung von Genehmigungen zur Übertragung von Nachlaßwerten an ausländische Miterben oder Vermächtnisnehmer eine Unbedenklichkeitserklärung des zuständigen Finanzamts und die Versicherung der Erben oder des Testamentsvollstreckers zu verlangen, daß die inländischen Nachlaßverbindlichkeiten berichtigt sind. Unter diesen Voraussetzungen kann auch die Genehmigung, zur Versendung von Wertpapieren in das Ausland zugunsten einzelner ausländischer Erben gemäß Ri. II 29, 30 erteilt werden.

b) Sind die Erben teilweise Inländer, teilweise Ausländer, so können auch hier grundsätzlich vom Erblasser getroffene testamentarische Bestimmungen berücksichtigt werden, soweit nicht zwingende devisenrechtliche Bestimmungen, vor allem § 17 DevG., dem entgegenstehen. Insbesondere kann grundsätzlich gestattet werden, daß aus einem ausländischen Nachlaß ausländischen Miterben ausländische Zahlungsmittel oder Wertpapiere zugeteilt werden, wenn der Erblasser dies im Testament angeordnet hat. Wird die Verteilung eines ausländischen Nachlasses, der neben ausländischen auch inländischen Miterben zusteht und insoweit den Beschränkungen des Devisengesetzes unterliegt, durch einen ausländischen Testamentsvollstrecker vorgenommen, so kann auf dessen Entschließungen grundsätzlich kein Einfluß genommen werden, da er als Ausländer hinsichtlich des ausländischen Nachlaßvermögens den Beschränkungen des Devisengesetzes nicht unterliegt. Setzen sich ausländische und inländische Miterben über einen Nachlaß, gleichviel ob inländischer oder ausländischer, im Wege freier Vereinbarung auseinander, oder erfolgt die Verteilung durch einen inländischen Testamentsvollstrecker, so ist bei der Entscheidung über entsprechende Genehmigungsanträge darauf hinzuwirken, daß auch die inländischen Erben Werte erhalten, die devisenwirtschaftlich erwünscht sind, wie ausländische Zahlungsmittel, Forderungen in ausländischer Währung oder ausländische Wertpapiere, soweit die inländischen Miterben nach dem Verhältnis ihrer Erbteile hierauf Anspruch erheben können. Eine Verteilung des Nachlasses in dem Sinne, daß die vorhandenen ausländischen Zahlungsmittel, inl. Forderungen oder inl. Wertpapiere oder inl. Grundbesitz einseitig den inländischen Erben zugeteilt werden, ist devisenwirtschaftlich nicht erwünscht; vielmehr ist hier anzustreben, daß die inländischen Miterben an der Ausschüttung von Valutawerten, die ausländischen Erben an der Ausschüttung von beschränkt verfügbaren Inlandwerten beteiligt werden.

Anträge, wonach inländische Erben einen Verlustausgleich im Wege des Erwerbs von Bonds, Sperrguthaben usw. nachsuchen, mit der Begründung, daß ihnen bei der Verwertung des Nachlasses Verluste erwachsen seien, sind grundsätzlich abzulehnen; führt die Ablehnung nach Ansicht der Devisenstelle zu einer besonders unbilligen Härte für die Beteiligten oder zu einem devisenwirtschaftlich ungünstigen Ergebnis, so ersuche ich mir zu berichten.

D. Behandlung früherer Vorgänge.

Die vorstehend aufgestellten Grundsätze für die Behandlung von letztwilligen Verfügungen und Nachlässen entsprechen im wesentlichen den Auffassungen, die ich im Laufe der letzten Jahre in Einzelerlassen vertreten habe. Immerhin erscheint es nicht ausgeschlossen, daß die Devisenstellen und die betreffenden Kreise die eine oder andere Frage bisher anders beurteilt und insbesondere Vorgänge nicht als genehmigungsbedürftig angesehen haben, die nach diesem Runderlaß einer Genehmigung bedürfen. Um auch für die Vergangenheit klare Verhältnisse und die wünschenswerte Rechtssicherheit zu schaffen, erkläre ich mich damit einverstanden, daß die Devisenstellen auf Antrag Vorgänge, für die die erforderliche Genehmigung nicht eingeholt worden war, nachträglich genehmigen, soweit durch die von den Beteiligten vorgenommene Behandlung der Nachlaßangelegenheiten ein devisenwirtschaftlicher Schaden nicht entstanden ist. Hat die auf Grund unrichtiger Rechtsauffassung erfolgte Behandlung des Nachlasses zu einem devisenwirtschaftlichen Schaden geführt, so wird die nachträgliche Genehmigung gegebenenfalls von einer geeigneten devisenwirtschaftlichen Wiedergutmachung abhängig zu machen sein. In zweifelhaften Fällen ist meine Entscheidung nachzusuchen.

9. Verfügung über den Erlös und die Erträge von Wertpapieraltbesitz.

Rderl. 39/36 DSt. vom 12. März 1936 (RStBl. S. 236).
(Auszug.)

III. Es kann unter Umständen billig erscheinen, einen Wertpapiereigentümer, der die Stücke nach dem Stichtag[1]) erworben hat, so zu behandeln, als ob er bereits vor dem Stichtag Eigentümer der Papiere gewesen wäre. In den nachstehend aufgeführten Fällen bin ich grundsätzlich mit einer entsprechenden Behandlung einverstanden.

1. Ein Ausländer hat die Wertpapiere nach dem Stichtag im Tausch gegen andere gleichartige Wertpapiere erworben, die ihm am Stichtag gehörten; Voraussetzung ist dabei, daß der Erwerb innerhalb eines Monats nach der Veräußerung erfolgt ist. Es können auch mehrere derartige Tauschgeschäfte hintereinander erfolgt sein. Als gleichartig sind die nach Ri. II 62 untereinander tauschbaren Wertpapiere anzusehen; zwischen deutschen Auslandspfandbriefen (§ 22 Abs. 2) und den rein inländischen auf Reichsmark, Goldmark oder einen Sachwert lautenden Wertpapieren braucht jedoch nicht geschieden zu werden.

2. Ein Ausländer hat die Wertpapiere nach dem Stichtag im Erbgang von einem anderen Ausländer erworben, der am Stichtag Eigentümer der Papiere war.

---

[1]) insbesondere dem 15. April 1932 (vgl. Ri. II/53 Abs. 1 lit. d).

3. Ein Ausländer hat die Wertpapiere im Erbgang von einem Inländer erworben. In diesem Fall bedarf es keiner Prüfung, wann der inländische Erblasser die Papiere erworben hat. Zu beachten ist jedoch, daß der Erlös von Wertpapieren stets auf einem Wertpapiersperrkonto gutzuschreiben ist, auch wenn die Wertpapiere zu einem Nachlaß gehören, während im allgemeinen der Erlös von Erbschaftsgegenständen gemäß § 17 DevG. in Verbindung mit Ri. I 1 auf ein Kreditsperrkonto verbracht werden kann. Gegenüber § 17 DevG. ist § 20 DevG. eine dem § 17 DevG. vorgehende Sonderbestimmung.

4. Ein Ausländer hat die Wertpapiere zu Lasten eines Wertpapiersperrkontos erworben, das aus dem Erlös oder den Erträgen von Wertpapieren entstanden war, die dem gleichen Ausländer am Stichtag gehört hatten. Auch wenn die Wertpapiere nach dem Stichtag zu Lasten eines dem Ausländer zustehenden (in seiner Person entstandenen) Altguthaben oder Kreditsperrguthabens oder seiner Erträge erworben wurden, können die Wertpapiere so behandelt werden, als ob sie der Eigentümer bereits vor dem 15. April 1932 erworben hätte; denn in diesen Fällen könnte auf Antrag der Übertragung des Erlöses der Wertpapiere auf ein dem ursprünglichen Sperrkonto entsprechendes Sperrkonto genehmigt werden (Ri. II 56 Abs. 3 Satz 2).

5. Ein Ausländer hat die Wertpapiere bei der Auflösung einer ausländischen oder inländischen Gesellschaft erworben, deren Anteile sich ausschließlich oder ganz überwiegend in seiner Hand befanden, wenn die Gesellschaft am Stichtag Eigentümer war.

10. Verfügung über den Erlös und die Erträge von Wertpapieraltbesitz; Osthilfeentschuldungsbriefe und Gemeindeumschuldungsanleihe.

Rderl. 21/37 DSt. vom 19. Februar 1937 (RStBl. S. 344).

Im Anschluß an Rderl. 39/36 DSt. (RStBl. 1936 S. 236) teile ich folgendes mit:

1. In Abschn. III Ziff. 4 des vorbezeichneten Rderl. ist u. a. gesagt, daß auch solche Wertpapiere als Altbesitz anerkannt werden können, die nach dem 15. April 1932 zu Lasten eines Altguthabens oder Kreditsperrguthabens angeschafft worden sind, wenn das Guthaben in der Person des Wertpapiereigentümers entstanden ist (eigenes Sperrguthaben). Ich bin damit einverstanden, daß auch solche Wertpapiere entsprechend behandelt werden, die einem Ausländer für eine Verbindlichkeit ausgehändigt worden sind oder ausgefolgt werden, die ihm schon vor dem 15. April 1932 zustand. Insbesondere gilt das für Osthilfeentschuldungsbriefe und für Gemeindeumschuldungsanleihe, die auf Grund des Gesetzes zur Förderung des Wohnungsbaus vom 30. März 1935 (RGBl. I S. 469, RStBl. 1935 S. 577) ausgegeben werden; in beiden Fällen werden die Stücke für Forderungen ausgereicht, die lange vor dem Altbesitzstichtag entstanden waren.

2. In Abschn. III Ziff. 2 und 3 des Rderl. 39/36 DSt. ist vorgesehen, daß Wertpapieraltbesitz auch dann vorliegt, wenn ein Ausländer die Wertpapiere im Erbgang von einem Ausländer erworben hat, der am Stichtag Eigentümer der Wertpapiere war; oder wenn die Wertpapiere

im Erbgang von einem Inländer auf einen Ausländer übergegangen sind. In Erweiterung dieser Anordnung erkläre ich mich damit einverstanden, daß Wertpapiere als Altbesitz behandelt werden können, wenn dem Erwerb ein Vermächtnis zugrunde liegt; stammen die Wertpapiere von einem ausländischen Erblasser, so muß dieser am 15. April 1932 Eigentümer der Wertpapiere gewesen sein. Der Vermächtnisfall unterscheidet sich von dem Erbgang dadurch, daß bei diesem regelmäßig eine unmittelbare gesetzliche Rechtsnachfolge eintritt, während es beim Vermächtnis einer besonderen rechtsgeschäftlichen Übertragung der Wertpapiere seitens des Erben bzw. der Erben auf den Vermächtnisnehmer bedarf; es erscheint aber billig, Erbgang und Vermächtnis im vorliegenden Fall gleichzustellen.

b) Auszüge aus der DNotZ., DJ. und dem bayr. StA.

1. Allgemeine Genehmigung der Devisenstellen zur Bewirkung von Leistungen, die im unmittelbaren Zusammenhang mit der Zahlung des Kaufpreises usw. stehen.

(DNotZ. 1934 S. 159.)

Auf die Anregung der Fachgruppe Notare im BNSDJ. hat die Reichsstelle für Devisenbewirtschaftung am 22. Januar 1934 folgende Anordnung erlassen:

Ich bin damit einverstanden, daß den Notaren auf Antrag eine allgemeine Genehmigung dahin erteilt wird, daß sie aus den gelegentlich von Grundstücks- und Firmenverkäufen und ähnlichen Geschäften an sie zugunsten von Ausländern oder Saarländern mit entsprechender Einzelgenehmigung abgeführten Beträgen solche Leistungen vorweg bewirken dürfen, die mit der Zahlung des Kaufpreises usw. selbst in unmittelbarem Zusammenhange bestehen, also insbesondere Gerichts-, Notar- und Anwaltskosten, Steuern und sonstige öffentliche Abgaben, und daß nur der alsdann verbleibende Restbetrag auf Sperrkonto eingezahlt wird. In der allgemeinen Genehmigung wird die Auflage gemacht werden, daß der Devisenstelle in jedem Falle gleichzeitig mit der Einzahlung auf das Sperrkonto eine Aufstellung der vorweg bewirkten Zahlungen vorgelegt wird.

Zur Einbeziehung weiterer Zahlungen in diese allgemeine Genehmigung sehe ich mich im Interesse einer einheitlichen Handhabung der Devisenbestimmungen, die von den Devisenstellen wahrzunehmen ist, nicht in der Lage.

Ich habe die Devisenstellen entsprechend verständigt.

2. Meinungsverschiedenheiten über die Genehmigungsbedürftigkeit einer Handlung nach den Devisenbestimmungen.

(DNotZ. 1935 S. 270.)

Auf Anregung der Fachgruppe Notare ist durch Ziff. 11 Abschn. III der VO. zur Devisenbewirtschaftung vom 4. Februar 1935 (RGBl. I S. 119) eine Regelung bei Meinungsverschiedenheiten der beteiligten

Behörden über die Genehmigungsbedürftigkeit einer Handlung nach den Devisenbestimmungen getroffen.

Hierzu teilt die Reichsstelle für Devisenbewirtschaftung durch Schreiben vom 14. März 1935 an die Fachgruppe Notare mit:

„Im Anschluß an mein Schreiben vom 22. Januar 1935 — Dev. A 59 841/34 — teile ich ergebenst mit, daß Abschnitt III Nr. 11 der Ri. vom 4. Februar 1935 klarstellt, daß die Devisenstellen die Genehmigungsbedürftigkeit einer Handlung nicht mehr verneinen können, wenn eine Behörde der streitigen oder freiwilligen Gerichtsbarkeit entgegen der Auffassung einer Devisenstelle die Handlung für genehmigungsbedürftig hält. Nicht erforderlich ist, daß die Entscheidung des Gerichts in der Form eines rechtskräftigen Urteils vorliegt. Es genügt jeder Beschluß und jede Verfügung auch der untersten Instanz, da es unbillig wäre, die Meinungsverschiedenheit zwischen Devisenstellen und Gericht auf Kosten des Antragstellers auszutragen."

3. Mitteilungen von Grundstücksgeschäften an die Finanzverwaltung.

α) Betr. Grundstücksgeschäfte nichtarischer Eigentümer.

aa) Entschl. d. bayr. Staatsministeriums der Justiz vom 26. Juli 1933, Nr. V 35353 a, über die Mitteilung von Grundstücksgeschäften nichtarischer Eigentümer durch die Notariate (Bayr. StA. 171/33).

An die Notariate.

Es sind Anzeichen dafür vorhanden, daß in Deutschland ansässige Grundstückseigentümer nichtarischer Abstammung ihre inländischen Liegenschaften zu veräußern suchen, um sich unter Mitnahme des Erlöses in das Ausland zu begeben. Um der Gefahr einer der dabei beabsichtigten Verletzung steuer- und devisenrechtlicher Vorschriften für die Zukunft zu begegnen, wird bestimmt:

1. Die Notare haben von allen Grundstücksveräußerungsgeschäften, bei denen Anhaltspunkte dafür vorliegen, daß der Verkäufer nichtarischer Abstammung ist, nach Abschluß der Beurkundung dem zuständigen Landesfinanzamt (Steueraußendienststelle) Mitteilung zu machen. Dies gilt auch dann, wenn die Urkunde wegen Nichtzahlung der Gebühren oder sonstigen Abgaben dem Grundbuchamte noch nicht zum Vollzuge vorgelegt werden kann. Die Mitteilung kann durch Übermittlung einer Abschrift der Urkunde über das Veräußerungsgeschäft erfolgen.

2. Die gleiche Mitteilungspflicht besteht bei der Beurkundung von Rechtsgeschäften der in § 5 Abs. 4 GrErwStG. bezeichneten Art, sowie von Verträgen, die es ohne Übertragung des Eigentums einem anderen ermöglichen, über das Grundstück wie ein Eigentümer zu verfügen.

Sie besteht ferner bei Beurkundung von Hypothek- und Grundschuldbestellungen, wenn nach den Umständen, insbesondere nach der Höhe der Belastung, angenommen werden kann, daß diese Rechtsform nur gewählt worden ist, um dem nichtarischen Grundstückseigentümer die Verbringung des Gegenwertes für das Grundstück in das Ausland zu erleichtern.

3. Diese Bekanntmachung tritt mit ihrer Verkündung in Kraft und findet auf alle seit dem 1. Juli 1933 beurkundeten Rechtsgeschäfte Anwendung.

bb) Entschl. d. bayr. Staatsministeriums der Justiz vom 3. November 1933, Nr. V 59447, über die Mitteilung von Grundstücksgeschäften nichtarischer Eigentümer durch die Notariate. (Bayr. StA. 256/33.)

An die Notariate.

Die in der Entschließung vom 26. Juli 1933, Nr. V 35353 a (StAnz. Nr. 171 vom 27. Juli 1933) den Notariaten auferlegte Mitteilungspflicht an die Landesfinanzämter (Steueraußendienststellen) wird mit sofortiger Wirksamkeit auch auf die Abtretung von Hypotheken und Grundschulden durch nichtarische Gläubiger erstreckt.

β) AV. d. RJM. vom 3. April 1936 (DJ. S. 596 = DNotZ. S. 319).[1])

Zur Verhinderung der Verletzung devisenrechtlicher Vorschriften werden die Amtsgerichte und Notare angewiesen, von allen durch sie beurkundeten Grundstücksveräußerungsgeschäften, bei denen aus dem Inhalt des Geschäftes, der Person des Veräußerers oder sonstigen Umständen sich Anhaltspunkte dafür ergeben, daß ein Verstoß gegen devisenrechtliche Vorschriften beabsichtigt wird, dem zuständigen Landesfinanzamt (Steueraußendienststelle) Mitteilung zu machen.

Dasselbe gilt bei Beurkundung von Rechtsgeschäften der in § 5 Abs. 4 Grunderwerbsteuergesetzes bezeichneten Art, von Verträgen, die es ohne Übertragung des Grundstückseigentums einem anderen ermöglichen, über das Grundstück wie ein Eigentümer zu verfügen, von Bestellungen und Abtretungen von Hypotheken und Grundschulden.

Die Mitteilung hat sofort nach der Beurkundung zu erfolgen. Liegt Fluchtverdacht vor, so ist das zuständige Finanzamt fernmündlich zu unterrichten.

4. Feststellung der devisenrechtlichen In- und Ausländereigenschaft bei Beurkundungen.

(DNotZ. 1936 S. 426.)

Die Reichsstelle für Devisenbewirtschaftung hat am 18. Mai 1936 an den Bund Nationalsozialistischer Deutscher Juristen folgendes Schreiben (Dev. A 3/1850 6/36) gerichtet, das der Beachtung der Notare empfohlen wird:

Nach einem mir vorliegenden Bericht einer Devisenstelle wird häufig beobachtet, daß sich Notare bei der Beurkundung von Verträgen nicht ausreichend vergewissern, ob die vertragschließenden Parteien devisenrechtlich In- oder Ausländer sind. Oft verlassen sich die Notare auf Ausweise, deren Angaben über den Wohnort der Beteiligten nicht mehr zu-

[1]) Am 29. 12. 1933 (DJ. 1934 S. 17) ist mit gleichem Wortlaut, wie die AV., lediglich unter Weglassung des letzten Absatzes, die AV. d. Pr. JM. v. 29. 12. 1933 (I 2082) ergangen. Diese ist durch obige, für das gesamte Reichsgebiet geltende AV. überholt. Dagegen haben die oben auf Seite 256 f. unter Ziffer 3 α abgedruckten Entschließungen des bayr. Staatsministeriums der Justiz wegen ihres spezielleren, auf Nichtarier zugeschnittenen Inhalts sicher noch Geltung.

treffen. Das gilt namentlich bei Grundstücksverkäufen durch Nichtarier. Zuweilen befinden sich beide Vertragschließenden oder einer von ihnen bereits seit längerer Zeit im Ausland, während sie durch inländische Bevollmächtigte Verträge beurkunden lassen. Die Bevollmächtigten geben in diesen Fällen häufig als Wohnort den früheren Wohnsitz des Vertretenen an.

Die genaue Ermittlung des Wohnsitzes der Beteiligten ist devisenwirtschaftlich von besonderer Bedeutung, da Ausländer, d. h. im Auslande ansässige Personen (vgl. § 6 Abs. 6 des Devisengesetzes vom 4. Februar 1935), über Forderungen aus dem Verkauf von deutschen Vermögensanlagen, insbesondere von Grundstücken oder von Gegenständen, die zu einem Nachlaß gehören, nach § 17 des Devisengesetzes nur mit Genehmigung verfügen und Inländer an Ausländer oder zu deren Gunsten an dritte Personen nur mit Genehmigung Zahlungen leisten dürfen. Pflicht des beurkundenden Notars ist es, die Vertragschließenden gegebenenfalls auf das Erfordernis einer devisenrechtlichen Genehmigung hinzuweisen. Daher werden sich die Notare besonders sorgfältig über den Wohnsitz oder Aufenthaltsort der Parteien vergewissern müssen. In zweifelhaften Fällen ist zu empfehlen, daß sich die Notare mit der zuständigen Devisenstelle in Verbindung setzen, um die Feststellung der devisenrechtlichen In- oder Ausländereigenschaft der Parteien zu veranlassen. Die Devisenstelle ist nach § 6 Abs. 6 Satz 3 des Devisengesetzes in der Lage, mit bindender Wirkung, festzustellen, ob eine bestimmte Person Ausländer oder Inländer im Sinne der Devisengesetzgebung ist. Auf diese Weise könnte im staatlichen Interesse mancher devisenwirtschaftlichen Schädigung vorgebeugt werden.

5. Umfang der Auskunftspflicht von Notaren.

(DNotZ. 1936 S. 514.)

Aus dem Kreise der Notare war der Reichsnotarkammer die Frage vorgelegt worden, ob der in „Juristischer Wochenschrift" 1934 S. 3261 veröffentlichte Erlaß (Dev. I 55 708) betr. die Auslegung des § 32 der Devisenordnung vom 23. Mai 1932 auch auf die Notare angewandt werden kann. Da der Reichsnotarkammer nicht erkennbar war, ob nicht besondere Gründe vorhanden waren, diesen Erlaß auf die Rechtsanwälte als die berufsmäßigen Verteidiger in Strafsachen zu beschränken, hat sie bei dem Reichswirtschaftsminister wegen einer sinngemäßen Ausdehnung des Erlasses auf die Notare angefragt. Sie erhielt daraufhin am 26. Mai 1936 von der Reichsstelle für Devisenbewirtschaftung — Dev. A 2/17 119/36 — folgenden Bescheid:

„Nach Runderlaß 75/33 sollen Auskünfte, die gemäß § 34 DevG. an sich von jedermann über Geschäfte und Handlungen verlangt werden können, die durch die Devisenvorschriften verboten oder Beschränkung unterworfen sind, von Rechtsanwälten und Verteidigern nicht über solche Tatsachen erfordert werden, die diesen bei Ausübung ihres Berufs anvertraut worden sind. Diese Regelung bezweckt, die Rechtsanwaltschaft von dem Widerstreit der Pflichten zu befreien, der sich aus der Verletzung des Berufsgeheimnisses einerseits, der Strafbarkeit der Verweigerung der Auskunft andererseits ergeben kann. Da für Notare die gleiche Pflicht zur Wahrung des Berufsgeheimnisses besteht, trifft Ihre Folgerung zu, daß auch bei Auskunftsersuchen an Notare die Regelung des Runderlasses

75/33 Platz zu greifen hat. Es ist mir bisher auch nicht bekanntgeworden, daß entgegen den Grundsätzen des erwähnten Runderlasses Auskunftsersuchen an Notare gestellt worden sind. Ich halte deshalb eine ausdrückliche Ergänzung dieses Runderlasses in der Hinsicht, daß er auch für Notare gilt, nicht für erforderlich. Sollten Ihnen aus den Kreisen Ihrer Mitglieder Vorstellungen wegen unberechtigten Auskunftsersuchens gemacht werden, bitte ich mir davon Kenntnis zu geben."

Ebenso wie von Rechtsanwälten sind demnach von Notaren Auskünfte nur nach vorheriger Entscheidung der Reichsstelle dann zu verlangen, wenn anzunehmen ist, daß die Berufung auf das Berufsgeheimnis zu unlauteren Zwecken mißbraucht wird, insbesondere wenn der Verdacht einer strafbaren Begünstigung besteht.

6. Behandlung von Benachrichtigungen der Devisenstellen im Grundbuchverkehr.

AV. d. RJM. vom 21. April 1936 (7204—IV. b 9526) (Deutsche Justiz S. 634).

Nach Abschnitt II 54 der Richtlinien für die Devisenbewirtschaftung vom 4. Februar 1935 (RGBl. I S. 119) hat die Devisenstelle, wenn sie eine Genehmigung gemäß Abschnitt II 53 dieser Richtlinien erteilt und dadurch ein Sperrguthaben oder Sperrgrundstück im Sinne des § 18 des Gesetzes über die Devisenbewirtschaftung vom 4. Februar 1935 (RGBl. I S. 106) entsteht, dem Grundbuchamt Mitteilung über die Genehmigung und die vorgesehenen Verfügungsbeschränkungen zu machen, sofern die genehmigte Kapitalsanlage zu einer Grundbucheintragung führt.

Diese Mitteilung bezweckt nicht, wie bisweilen angenommen ist, Eintragung der Verfügungsbeschränkungen im Grundbuche. Diese ist nach § 18 Abs. 3 des Devisengesetzes ausgeschlossen. Sie soll vielmehr dem Grundbuchamt von den bestehenden Verfügungsbeschränkungen Kenntnis geben und es dadurch in Stand setzen, Grundbucheintragungen, die im Widerspruch damit beantragt werden, abzulehnen.

Die Mitteilung ist daher zu den Grundakten zu nehmen. Damit sie nicht übersehen wird, empfiehlt es sich, an geeigneter Stelle des Handblattes oder auf dem Grundaktendeckel einen formlosen Hinweis darauf anzubringen.

Soweit Handblatt oder Grundakten noch nicht geführt werden, wird der Hinweis im Grundbuch selbst in geeigneter Form, etwa durch ein Bleistiftzeichen am Rande der betroffenen Eintragung, vorzunehmen sein. Die Mitteilung ist in diesem Falle zu den Grundbuchanlagen zu nehmen.

Dieser Hinweis ermöglicht es auch dem Grundbuchamt, im Falle der Zwangsversteigerung oder Zwangsverwaltung eines Sperrgrundstücks dem Vollstreckungsgericht mit den ihm nach § 19 Abs. 2 ZVG. obliegenden Mitteilungen auch Nachricht von der bestehenden Verfügungsbeschränkung zu geben.

III. Zu den Kapiteln 22—25 (Devisenrecht und streitige Gerichtsbarkeit).

a) Runderlasse der RStDV.

1. Auszahlung von Zeugengebühren im Grenzbezirk.

Rderl. 210/35 DSt. vom 5. November 1935 (RStBl. S. 1424).

Es haben sich verschiedentlich Unzuträglichkeiten dadurch ergeben, daß bei der Zuziehung von im Ausland wohnenden Zeugen die Einholung der zur Auszahlung von Zeugengebühren erforderlichen Genehmigungen innerhalb der zwischen Ladung und Termin liegenden kurzen Zeitspanne nicht mehr möglich war.

Zur Abstellung dieser Schwierigkeiten und zur Vermeidung des im Hinblick auf die Höhe der Gebühren oft unverhältnismäßig großen Arbeitsaufwands zur Einholung der Genehmigung bin ich damit einverstanden, daß den Gerichtskassen in Zukunft auf Antrag jeweils auf Jahresfrist allgemeine Genehmigungen erteilt werden, Zeugengebühren an Personen, die im Ausland wohnen, in inländischen Scheidemünzen im Inland auszuzahlen. Über die Höhe der Inanspruchnahme der Genehmigung ist den DevSt. monatlich zu berichten.

Transferschwierigkeiten für die Ausländer dürften hinsichtlich der auszuzahlenden Beträge nur dann entstehen, wenn neben dem notwendigen Verbrauch im Inland die Freigrenze von 10 RM. überschritten wird und für den Restbetrag auch keine Möglichkeit besteht, die für den Grenzverkehr in Rderl. 32/34 Abschn. II (RStBl. 1934 S. 510) in der Fassung von Abschn. B II 1 des Rderl. 124/34 DSt. (RStBl. 1934 S. 1098) vorgesehenen Sonderregelung in Anspruch zu nehmen.

In diesen Fällen sind besondere Anträge erforderlich, denen durch inhaltlich den Dringlichkeitsbescheinigungen entsprechende Devisengenehmigungen bis zu einem Betrag von 20 RM. ohne Zuteilung entsprochen werden kann.

2. Die Neufassung der Ri., hier Ziffer 14: Ri. III/4.

Rderl. 184/36 DSt. vom 8. Januar 1937 (RStBl. S. 83).

(Auszug.)

14. Zu Ri. III 4:

Der Grundsatz in Ri. III 4 Abs. 1, daß kein Schuldner ohne devisenrechtliche Genehmigung zu einer genehmigungsbedürftigen Leistung verurteilt werden darf, gilt auch für die Verurteilung eines Inländers zur Tragung der Kosten eines gerichtlichen Verfahrens, wenn der Inländer den zu erstattenden Kostenbetrag ganz oder zum Teil an einen Ausländer oder zugunsten eines solchen an einen Inländer zu zahlen hat. Um zu vermeiden, daß die gerichtliche Kostenentscheidung durch die Einholung einer Genehmigung, deren Notwendigkeit sich namentlich bei

Klagen von Inländern gegen Ausländer erst nach Schluß der mündlichen Verhandlung im Falle der Klageabweisung herausstellt, verzögert wird, läßt Ri. III 4 Abs. 6 Kostenentscheidungen und Kostenfestsetzungen stets ohne Genehmigung zu. Dagegen ist die Genehmigung zur Zahlung oder Beitreibung der Kosten an einen Ausländer oder zugunsten eines solchen weiterhin genehmigungsbedürftig, wenn nicht einer der Fälle von Ri. III 9 vorliegt.

b) Zahlung von Prozeßkosten auf Grund ausländischer Kostenentscheidungen.

Allgemeiner Erlaß 275/35 DSt. vom 6. Juni 1935.

Die nachstehenden Grundsätze, die bisher schon von mir in Einzelentscheidungen niedergelegt worden sind, bringe ich den Devisenstellen allgemein zur Kenntnis:

Nach § 110 der Zivilprozeßordnung haben Angehörige fremder Staaten, die vor deutschen Gerichten als Kläger auftreten, dem Beklagten auf dessen Verlangen wegen der Prozeßkosten Sicherheit zu leisten. Entsprechende Bestimmungen sind in den Gesetzen der außerdeutschen Staaten enthalten. Durch diese Bestimmungen soll den Schwierigkeiten vorgebeugt werden, die im Falle der Abweisung der Klage der Einziehung der Prozeßkosten im Lande des Klägers entgegenstehen. Für den Kläger bedeutet jedoch die Notwendigkeit, Sicherheit für Prozeßkosten zu leisten, eine Erschwerung der Rechtsverfolgung im Ausland. Das Haager Abkommen über den Zivilprozeß vom 17. Juli 1905 (RGBl. 1909 S. 410) und einige zwischen dem Deutschen Reich und fremden Staaten geschlossene Rechtshilfeverträge sehen deshalb vor, daß die Angehörigen der Vertragsstaaten von der Sicherheitsleistung für Prozeßkosten befreit werden, anderseits aber die gegen den mit der Klage abgewiesenen Kläger ergehenden Kostenentscheidungen von den Gerichten seines Heimatlandes ohne sachliche Prüfung für vollstreckbar zu erklären sind.

In Deutschland erfolgt die Vollstreckbarerklärung ausländischer Kostenentscheidungen durch Beschluß. Aus der für vollstreckbar erklärten Entscheidung kann die Zwangsvollstreckung nach den Bestimmungen der Zivilprozeßordnung durchgeführt werden. Für die Vollstreckbarerklärung ist eine devisenrechtliche Genehmigung nicht erforderlich, wie sich daraus ergibt, daß § 39 Abs. 2 des Devisengesetzes nur die Klage auf Erlaß eines Vollstreckungsurteiles behandelt. Dagegen ist für die Zahlung der Kosten durch den deutschen Schuldner und dementsprechend nach § 41 des Devisengesetzes auch für die Zwangsvollstreckung die Genehmigung erforderlich. Ich ersuche, in allen Fällen, in denen ausschließliche Kostenentscheidungen auf Grund des Haager Abkommens über den Zivilprozeß oder anderer Rechtshilfeverträge zwischen dem Deutschen Reich und fremden Staaten durch ein deutsches Gericht für vollstreckbar erklärt worden sind, dem inländischen Schuldner die Genehmigung zur Zahlung der Kosten in Devisen oder über Verrechnungskonto, soweit dies nach den betreffenden Verrechnungsabkommen zulässig ist, zu erteilen. Ist die Zahlung über Verrechnungskonto nicht möglich, so ist dem inländischen Schuldner in erster Linie eine Devisenverwendungsgenehmigung, die zur Verfügung über eigene Devisen berechtigt, zu erteilen. Kommt eine derartige Genehmigung nicht in Betracht, so ist der Antrag unter besonderer Hervorhebung des Verwendungszweckes in Abt. B der Devisenanforderungsliste aufzunehmen. Ich werde dafür Sorge tragen, daß die erforderlichen Devisen zugeteilt werden.

Auf Grund der ausländischen Kostenentscheidungen werden in der Regel nur die Kosten beigetrieben werden, die der unterliegende Kläger seinem Gegner zu erstatten hat. Dagegen wird der Kläger die Gerichtskosten und die Kosten für seinen eigenen Prozeßvertreter fast durchwegs schon zu Beginn des Prozesses zahlen müssen. Die Devisenstellen haben es also in der Hand, durch Versagung der für die Einleitung eines Prozesses erforderlichen Devisen zu verhindern, daß aussichtslose Prozesse im Auslande geführt werden, die auf Grund der Bestimmung des Haager Abkommens eine weitere Devisenbelastung Deutschlands zur Folge haben würden.

c) Auszüge aus der JW. und DJ.:

1. Anmeldung und Anbietung von Gebührenforderungen.

JW. 1934 S. 1332 und 1935 S. 495.

α) Abdruck aus JW. 1934 S. 1332.

Nach § 13 der 8. DurchfVO. zur VO. über Devisenbewirtschaftung vom 17. April 1934 (RGBl. S. 313) müssen in Zukunft auch Forderungen in inländischer Währung gegen Ausländer binnen drei Tagen nach ihrer Entstehung der örtlich zuständigen Reichsbankstelle zum Ankauf angeboten werden. Im Hinblick auf die Gebührenforderungen der Anwälte gegen ausländische Auftraggeber sind Zweifel darüber entstanden, zu welchem Zeitpunkt die Anbietung zu erfolgen hat.

Zur Behebung dieser Zweifel haben wir mit der Reichsbank Fühlung genommen. Diese hat der Auffassung zugestimmt, daß die Verpflichtung erst dann eintritt, sobald die Höhe der Forderung in ihrer Gesamtheit endgültig feststeht. Daraus ergibt sich, daß eine Anbietungspflicht nicht schon gegeben ist, wenn im Verlaufe eines Prozesses nacheinander Ansprüche auf einzelne Gebührenarten oder auf Ersatz von Auslagen entstanden sind, vielmehr erst in dem mit der Fälligkeit nach § 85 RAGebO. sich deckenden Zeitpunkt des Erlasses einer Kostenentscheidung, der Beendigung der Instanz oder der Erledigung des Auftrages.

Andere der Höhe nach nicht von vorneherein feststehende Gebührenforderungen (darunter auch eingeforderte Vorschüsse) sind binnen drei Tagen nach ihrer Geltendmachung — etwa durch Absendung einer Kostenrechnung — anzubieten.

β) Abdruck aus JW. 1935 S. 495.

Zu der Bekanntgabe in Nr. 1 der „Mitteilungen" vom 7. Juni 1934 ist folgendes nachzutragen:

a) Nach der neuen Praxis der Reichsbank brauchen Gebührenvorschüsse nicht selbständig angeboten zu werden; vielmehr besteht die Anbietungspflicht erst nach Erlaß einer Kostenentscheidung oder der sonstigen Beendigung der Instanz. Ist ein Gebührenvorschuß aber vorher in Devisen eingegangen, so ist dieser Betrag naturgemäß sofort der Reichsbank anzubieten. Die Abrechnung der Reichsbank oder einer Devisenbank über die

Umwechslung des Betrages ist aufzubewahren und bei Anmeldung der endgültig entstandenen Gebührenforderung eventuell vorzulegen (Bek. der Reichsrechtsanwaltskammer vom 27. November 1934; JW. 1934 S. 3189).

b) Die Anbietung von Gebührenforderungen kann unterbleiben, sofern diese Ansprüche auf Grund von Genehmigungsbescheiden aus Erträgnissen im Inlande getilgt werden (GV. 32, 34; Schr. der Reichsbank vom 15. Dezember 1934 Nr. 836 000 D.-AUK.).

2. Anwaltliche Schweigepflicht in Devisensachen[1]).

JW. 1934 S. 3261.

Die Reichsrechtsanwaltskammer hatte den Herrn Reichswirtschaftsminister um eine authentische Stellungnahme zur Auslegung des § 32 DevVO. vom 23. Mai 1932[2]) im Hinblick auf die Verpflichtung des Anwalts zur Berufsverschwiegenheit gebeten. Der Herr Reichswirtschaftsminister hat darauf in einem uns heute mitgeteilten Runderlaß an die Präs. der LFinA. folgendes angeordnet:

„In letzter Zeit ist mehrfach die Frage aufgeworfen worden, ob Rechtsanwälte und Verteidiger der Verpflichtung zur Auskunftserteilung nach § 32 DevVO. wegen solcher Tatsachen unterliegen, die ihnen bei Ausübung ihres Berufes anvertraut worden sind. Die Frage kann nach dem geltenden Recht zweifelhaft erscheinen, da einerseits § 300 StGB. die unbefugte Offenbarung der dem Rechtsanwalt anvertrauten Berufsgeheimnisse unter Strafe stellt, anderseits § 32 DevVO. keine ausdrückliche Ausnahme von der Auskunftspflicht vorsieht (vgl. demgegenüber § 177 RAO.). Ohne zu der Rechtsfrage endgültig Stellung zu nehmen, neige ich der Auffassung zu, daß es sich hier um eine Pflichtenkollision handelt, für deren Lösung der allgemeine Grundsatz der Pflichtenabwägung zugrunde zu legen ist. Angesichts der Bedeutung, die der Wahrung des Berufsgeheimnisses für die Stellung der Rechtsanwaltschaft als Organ der Rechtspflege und damit für das staatliche Interesse an der Rechtspflege zukommt, möchte ich vermieden wissen, daß dieser Widerstreit der Pflichten praktische Bedeutung gewinnt. Ich ordne daher an, daß die Devisenstellen von der Befugnis, nach § 32 DevVO. Auskunft zu verlangen, keinen Gebrauch machen gegenüber Verteidigern und Rechtsanwälten wegen solcher Tatsachen, die bei Ausübung ihres Berufes anvertraut worden sind. Für die Fälle, in denen anzunehmen ist, daß die Berufung auf das Berufsgeheimnis zu unlauteren Zwecken mißbraucht wird, insbes., wenn der Verdacht einer strafbaren Begünstigung durch einen Rechtsanwalt oder Verteidiger besteht, behalte ich mir die Entscheidung darüber vor, ob von den Befugnissen nach § 32 DevVO. Gebrauch gemacht werden soll.

Ich habe die Reichsbank gebeten, bei der Handhabung ihrer Auskunftsbefugnis nach § 32 DevVO. nach den gleichen Grundsätzen zu verfahren und in den Ausnahmefällen der Ziffern 1 und 2 dieses Erlasses ein Auskunftsverlangen nur nach Fühlungnahme mit mir zu stellen" (Aktenzeichen Dev. I 55 708).

Wir geben den vorstehenden Erlaß nochmals bekannt (GesV. 256/33; erste Bekanntgabe im Dezember 1933).

---

[1]) Wegen der Schweigepflicht d. Notare s. d. Abdruck unter B II b 5 dieses Teiles.

[2]) s. jetzt § 34 DevG.

3. Anwaltliche Anderkonten für devisenrechtliche Ausländer.

(JW. 1935 S. 495.)

Auf Grund einer Mitteilung der Wirtschaftsgruppe Privates Bankgewerbe weisen wir auf folgendes hin:

„Bei Anderkonten, also bei Konten, bei denen der Anwalt nur treuhänderisch Inhaber des Kontos ist, ist seit Einrichtung der Devisenbewirtschaftung darauf zu achten, daß eine besondere Behandlung erforderlich ist, wenn der Mandant Ausländer ist oder wird. Erfährt die Bank, daß der Treugeber die Ausländereigenschaft besitzt, so hat dies zwar nicht zur Wirkung, daß das Anderkonto als Ausländerkonto geführt werden muß; denn Inhaber des Kontos ist der Anwalt und nicht der Mandant. Aber für jede Einzahlung auf das Konto und für jede Auszahlung zu Lasten des Kontos an den Anwalt oder an Dritte müßte der Anwalt sich eine Genehmigung nach § 14 Abs. 1 DevVO. [1]) beschaffen, weil die Zahlung an einen Inländer zugunsten eines Ausländers erfolgt. Der Anwalt sollte deshalb von der Einrichtung eines Anderkontos wegen eines Ausländers absehen; die Anderkonten, welche ein Anwalt wegen eines Ausländers unterhält, sollten gleichfalls nach Möglichkeit — mit Einverständnis des Treugebers — aufgelöst und für den Treugeber mit Genehmigung der Devisenbewirtschaftungsstelle ein eigenes Konto eingerichtet werden. Der bisherige Treugeber, der danach wieder selbst Berechtigter ist, mag dem Anwalt Vollmacht für das Konto erteilen. Der Anwalt muß bei der für den Ausländer zuständigen Devisenstelle eine allgemeine Genehmigung beantragen" (vgl. Mitteilungen 1934 Nr. 1 Ziff. 8 und die Richtlinien über Anderkonten am Schluß des Jahresberichtes 1933; BG. 99, 30).

4. Devisenablieferung.

AV. d. RJM. vom 27. Januar 1936 (VI a 6016).
(Deutsche Justiz S. 167.)

Nach Art. I § 1 der DurchfVO. zum Gesetz über die Devisenbewirtschaftung vom 4. 2. 1935 (RGBl. I S. 114) besteht die Verpflichtung, u. a. „ausländische Zahlungsmittel und Forderungen in ausländischer Währung der örtlich zuständigen Reichsbankanstalt (unmittelbar oder durch Vermittlung einer Devisenbank) anzubieten und auf Verlangen zu verkaufen und zu übertragen". Von der ausdrücklichen Ausdehnung dieser fortlaufenden Anbietungspflicht auf Reich und Länder ist seinerzeit abgesehen worden, weil es selbstverständliche Pflicht der öffentlichen Verwaltung ist, alle im Geschäftsverkehr aufkommenden Devisen ohne Verzug der Devisenbewirtschaftung nutzbar zu machen. Um jeden Zweifel auszuschließen, bestimme ich hiermit auf Wunsch des Herrn Reichsministers der Finanzen, daß die Dienststellen und Kassen der Reichsjustizverwaltung alle bei ihnen aufkommenden, ihrer freien Verfügung unterliegenden Devisen ohne jede Einschränkung unverzüglich der Reichsbank und, falls sich eine Reichsbankstelle nicht am Platze befindet, einer Devisenbank zum Verkauf anbieten.

Die Beitreibung von Forderungen in ausländischer Währung bleibt Aufgabe der forderungsberechtigten Dienststelle. Diese hat die Beitreibung mit allen Mitteln zu fördern und sich, wenn die Beitreibung auf Schwierigkeiten stößt, der Mithilfe der örtlichen Reichsbankstelle oder Devisenbank zu bedienen oder, wenn diese Stellen es wünschen, die Forderungen auf sie zu übertragen. Die Mithilfe dieser Stellen ist jedoch nur eine beratende.

---

[1]) Jetzt § 11 Abs. 1 DevG.

IV. Zu den Kapiteln 26—28 (Devisenstrafrecht und Devisenstrafverfahren).

a) Runderlasse der RStDV.

1. Behandlung von Verstößen gegen Devisenvorschriften.

RE. vom 30. November 1931, Dev. I 4195/31.

In den letzten Wochen mehren sich die Berichte der Devisenbewirtschaftungsstellen, in denen von Verstößen gegen die Devisenvorschriften Mitteilung gemacht und meine Entscheidung über die Einleitung eines Strafverfahrens nachgesucht wird. Der Ernst der Devisenlage und die Bedeutung einer strengen Durchführung der bestehenden Bestimmungen für Wirtschaft und Währung machen es erforderlich, daß gegen derartige Verstöße sofort und unnachsichtlich eingeschritten wird.

Ich ersuche Sie daher, jedesmal wenn sich, sei es bei Anträgen auf Genehmigung oder bei Erstattung der monatlichen Nachweisungen oder aus sonstigem Anlaß, der begründete Verdacht einer nach der Devisenverordnung und den Durchführungsverordnungen strafbaren Handlung ergibt, sofort unter Darlegung des Sachverhalts und Übergabe der gesamten Unterlagen der zuständigen Staatsanwaltschaft Anzeige zu erstatten. Ich weise in diesem Zusammenhang darauf hin, daß durch Art. 1 Nr. 2 und 3 der Verordnung des Reichspräsidenten vom 17. November 1931 (RGBl. I S. 679) die Strafvorschriften erweitert und einige bisher bestehenden Lücken geschlossen worden sind. Zugleich mit der Anzeige wird der Staatsanwaltschaft zweckmäßigerweise nahezulegen sein, sich für die anzustellenden Ermittlungen der Zollfahndungsstelle des Landesfinanzamts zu bedienen, deren Beamte als Hilfsbeamte der Staatsanwaltschaft tätig werden. In geeigneten Fällen gebe ich anheim, sofort unmittelbar an die Zollfahndungsstelle wegen eiliger Ermittlungen, insbesondere wegen der Sicherung von Beweismitteln, heranzutreten. Über jede Strafanzeige ersuche ich mir unter gleichzeitiger Mitteilung an die zuständige Reichsbankanstalt und das Reichsbank-Direktorium in Berlin zu berichten. Auch über den Ausgang der eingeleiteten Verfahren erbitte ich Bericht.

Außerdem wird in jedem Falle eines Verstoßes gegen die Vorschriften zu prüfen sein, ob sonstige Maßnahmen, etwa die Entziehung der allgemeinen Genehmigung und die Verweigerung weiterer Einzelgenehmigungen, zu ergreifen sind. Auf die Befugnis, zur Aufklärung zweifelhafter Tatbestände von den Antragstellern eidesstattliche Versicherungen zu verlangen (Erlaß Dev. I 1405 vom 25. September 1931), weise ich besonders hin.

Der Herr Reichsminister der Justiz hat die Landesjustizverwaltungen gebeten, durch besondere Anweisungen an die Staatsanwaltschaften darauf hinzuwirken, daß Zuwiderhandlungen gegen Devisenvorschriften in allen geeigneten Fällen im Schnellgerichtsverfahren verfolgt werden (vgl. Art. 2 der Verordnung des Reichspräsidenten vom 17. November 1931). Er hat ferner auf die Möglichkeit hingewiesen, mit Rücksicht auf die in tatsächlicher und rechtlicher Hinsicht oft recht schwierigen Tatbestände Mitglieder der Devisenbewirtschaftungsstellen als Sachverständige zur Hauptverhandlung zu stellen. Ich ersuche im Sinne dieser Anregung des Herrn Reichsministers der Justiz, die Staatsanwaltschaften bei der Verfolgung von Devisendelikten nach Möglichkeit in jeder Weise zu unterstützen.

Wenn Firmen den ihnen bei der Erteilung von Genehmigungen gemachten Auflagen, insbesondere der Verpflichtung zur Einreichung der monatlichen Nachweisungen über die Benützung der allgemeinen Genehmigungen nicht oder nicht rechtzeitig nachkommen, oder bei diesen Nachweisungen oder sonstigen Mitteilungen die erforderliche Sorgfalt vermissen lassen, ersuche ich, da besondere Zwangsstrafen nicht vorgesehen sind, nötigenfalls nach vorheriger Androhung durch Entziehung der allgemeinen Genehmigung und Verweigerung weiterer Einzelgenehmigungen einzuschreiten.

2. Devisenstrafsachen.

RE. 35/32 vom 16. Februar 1932, Dev. I 1141/32.

I. In meinem Runderlaß vom 30. November 1931 — Dev. I 4195 — habe ich angeordnet, jedesmal, wenn sich der begründete Verdacht eines strafbaren Verstoßes gegen die Devisenvorschriften ergebe, bei der Staatsanwaltschaft Anzeige zu erstatten. Eine Durchsicht der mir abschriftlich vorgelegten Anzeigen hat ergeben, daß neben den Fällen, in denen ein strafrechtliches Einschreiten unbedingt erwünscht und aussichtsreich ist, sich auch solche finden, bei denen die Zweckmäßigkeit einer Strafverfolgung zweifelhaft sein kann.

Ich erkläre mich daher damit einverstanden, daß in Fällen, in denen mit einer Einstellung des Verfahrens durch die Staatsanwaltschaft gemäß § 153 StPO. gerechnet werden muß, weil die Schuld des Täters gering ist — insbesondere wenn er nicht regelmäßig mit Devisen zu tun hat und in Unkenntnis oder falscher Auslegung der gesetzlichen Bestimmungen handelte —, und weil auch der durch die verbotene Handlung eingetretene oder drohende volkswirtschaftliche Schaden unbedeutend ist, von einer Strafanzeige abgesehen wird. In solchen Fällen wird zunächst mit einer Verwarnung des Betreffenden, in geeigneten Fällen auch mit einer Verweigerung weiterer Genehmigungen vorzugehen sein. In derselben Weise kann verfahren werden, wenn einer Firma nur ein einmaliger Verstoß zur Last fällt und die verbotene Rechtshandlung genehmigt worden wäre, wenn ein dahingehender Antrag rechtzeitig vorgelegen hätte.

Fälle, in denen es in rechtlicher Hinsicht zweifelhaft ist, ob eine bestimmte Handlungsweise überhaupt strafbar ist, ersuche ich künftig mit einer kurzen Stellungnahme mir vorzulegen, ehe die Angelegenheit an die Staatsanwaltschaft gebracht wird. Insoweit behalte ich mir die Entscheidung darüber, ob die Handlung zum Gegenstande eines Strafprozesses gemacht werden soll, selbst vor.

II. Bei der Erstattung der Anzeigen empfiehlt es sich, sogleich sämtliche Beweismittel zur Kenntnis der Strafverfolgungsbehörde zu bringen. Ferner ist bei Verstößen, die von Bevollmächtigten, Vertretern oder Verwaltern oder anderen Personen der in § 416 RAO. genannten Art begangen sind, auf Grund des § 20 der DevVO. gegen den Geschäftsherrn, insbesondere den Firmeninhaber, der Ausspruch der Haftung für eine etwa erkannte Gelstrafe zu beantragen. Die strafrechtlich Verantwortlichen sind tunlichst zu bezeichnen, um eine Verweisung der im Schnellverfahren anhängigen Sache in das ordentliche Verfahren nach Möglichkeit zu vermeiden.

Ist die Vernehmung von Beamten der Devisenbewirtschaftungsstellen als Zeugen oder Sachverständige erforderlich, so sind diese nach den gesetzlichen Bestimmungen gehalten, ihrer vorgesetzten Behörde den Sachverhalt anzugeben und die Gründe darzulegen, die etwa im Dienstinteresse die Vernehmung als bedenklich erscheinen lassen. Soweit die betreffenden Beamten Reichsbankbeamte sind, hat sich der Herr Präsident des Reichsbankdirektoriums bereit erklärt, die Ausübung seines Einspruchsrechts gegen die beabsichtigte Vernehmung von Reichsbankbeamten auf die Herren Präsidenten der betreffenden Landesfinanzämter zu übertragen, soweit es sich um Angelegenheiten handelt, die in den Bereich der Devisenbewirtschaftungsstellen fallen. Soweit sich die Vernehmungen dagegen auf sonstige dienstliche Angelegenheiten der Reichsbank erstrecken, müßte nach wie vor die Genehmigung des Reichsbankdirektoriums eingeholt werden. Ich ersuche entsprechend zu verfahren.

III. Bezüglich der Berichterstattung über die eingeleiteten Verfahren erinnere ich erneut daran, daß mir sowohl über die Einleitung wie über den Ausgang jedes Verfahrens zu berichten ist.

Im Regelfalle wird es genügen, wenn mir unter Bezugnahme auf den über die Anzeige erstatteten Bericht von der ergangenen Urteilsformel Kenntnis gegeben wird. Ist die Entscheidung von grundsätzlicher Bedeutung, hat insbesondere das Gericht zu der Auslegung einzelner Bestimmungen in rechtlichen Ausführungen Stellung genommen, so ersuche ich, mir auch die Entscheidungsgründe mitzuteilen.

Der Bericht über den Ausgang des Verfahrens hat erst zu erfolgen, wenn das Urteil rechtskräftig geworden ist. Erfolgt eine Freisprechung des Angeklagten, so ersuche ich bei der zuständigen Staatsanwaltschaft die Einlegung eines Rechtsmittels zu beantragen, wenn nicht die Freisprechung wegen fehlender Beweise erfolgt ist und neue Beweismittel nicht nachträglich zur Verfügung stehen. In Fällen von grundsätzlicher Bedeutung ersuche ich, mir die Akten zuzuleiten, damit ich zu der Begründung des eingelegten Rechtsmittels Stellung nehmen kann.

3. Berichterstattung über Strafverfahren, Einholung von Auskünften nach § 14 der VO., Verpflichtung zur Anerbietung von Währungskonten, Entziehung allgemeiner Genehmigungen.

RE. 71/32 vom 9. Mai 1932 Dev. I 3789/32.

I. Es liegt Veranlassung vor, darauf hinzuweisen, daß auch über die Einleitung und den Ausgang von Strafverfahren der zuständigen Reichsbankanstalt und dem Reichsbankdirektorium Mitteilung zu machen ist. Dieser Hinweis gilt insbesondere für diejenigen Landesfinanzamtsbezirke, in denen trotz mehr als halbjähriger Devisenbewirtschaftung noch keine oder unverhältnismäßig wenige Strafanzeigen erstattet worden sind.

Buchprüfungsberichte sind mir nur dann zu übersenden, wenn sie Anlaß zu einer Strafanzeige gegeben haben, oder wenn auf Grund von

Feststellungen meine Entscheidung gemäß Runderlasse Nr. 35/1932 eingeholt wird, ob ein Strafverfahren eingeleitet werden soll.

II. Werden auf Ersuchen der Devisenbewirtschaftungsstellen Auskünfte im Sinne des § 14 der Devisenverordnung durch die Zollfahndungsstellen eingezogen und nehmen diese Stellen zu diesem Zwecke Beamte der Kriminalpolizei in Anspruch, so ersuche ich zu veranlassen, daß in diesen Fällen die Beamten mit einem Ausweis der Devisenbewirtschaftungsstelle versehen werden, aus dem sich ihre Befugnis zur Einholung der Auskünfte ergibt.

Bei der Erstattung von Anzeigen, die sich gegen Personen richten, die sich einer Bank bei der Begehung einer Straftat in irgendeiner Weise bedient haben, empfiehlt es sich, um Verzögerungen zu vermeiden, bei der Staatsanwaltschaft anzuregen, bei dem Ermittlungsrichter einen Beschluß über die Vernehmung der in Frage kommenden Bankangestellten und nötigenfalls die Anordnung der Beschlagnahme der Bücher und Korrespondenz sowie das Recht zur Durchsuchung herbeizuführen.

III. In einigen Fällen ist gegen Banken Strafanzeige erstattet worden, weil sie die für ihre Kundschaft geführten Währungskonten der Reichsbank nicht gemeldet hatten. Ich weise darauf hin, daß nicht die Banken zur Anmeldung dieser Guthaben verpflichtet sind, sondern die Kunden selbst. Wenn ich auch nicht verkenne, daß es zweckmäßig ist, bei der Feststellung von Währungsguthaben bei Banken nachzuprüfen, ob diese Forderungen der Reichsbank angemeldet wurden, so kann doch ein festgestelltes Unterlassen einer solchen Anmeldung nicht als eine strafbare Handlung der Banken angesehen werden.

IV. Wie ich bereits in meinen Runderlassen vom 30. November 1931 Dev. I 4195/31 — und vom 16. Februar 1932 35/32 — hervorgehoben habe, billige ich es, wenn solchen Firmen, die die allgemeine Genehmigung schuldhaft mißbräuchlich verwendet haben, diese entzogen wird. Die Erteilung allgemeiner Genehmigungen setzt ein Vertrauen voraus, das in diesen Fällen nicht mehr gerechtfertigt erscheint. Es muß daher der Firma zugemutet werden, künftig Einzelgenehmigungen nachzusuchen, bei deren Erteilung naturgemäß eine eingehende Prüfung des Antrages am Platze sein wird. Je nach Lage des Falles kann es sich empfehlen, die Entziehung der allgemeinen Genehmigung von vornherein auf eine bestimmte Zeit zu beschränken. Auch wird von der Entziehung nicht bei Geringfügigkeiten Gebrauch zu machen sein. Die betroffene Firma ist regelmäßig vorher zu hören.

Schwebt ein Strafverfahren und ist infolgedessen die allgemeine Genehmigung entzogen worden, so ist, wenn nicht besondere Gründe vorliegen, die allgemeine Genehmigung erst nach Beendigung des Strafverfahrens wieder zu erteilen. Vor Wiedererteilung ist derjenigen Stelle (z. B. Reichsbankanstalt) Gelegenheit zur Stellungnahme zu geben, auf deren Veranlassung die Genehmigung entzogen worden ist.

V. Wenn nicht nach Lage des Falles, insbesondere wegen der Gefahr einer Verdunkelung des Tatbestandes, ein besonders rasches Zugreifen notwendig ist, wird grundsätzlich, ehe auf Grund eines Buchprüfungsberichts eine Strafanzeige erstattet wird, der Leiter der betr. Firma über die Beschuldigungen zu hören sein, die sich aus dem Buchprüfungsbericht ergeben.

In Fällen, in denen damit zu rechnen ist, daß schon die Tatsache der Einleitung eines Strafverfahrens zu einer schweren Schädigung des betreffenden Unternehmens und seiner Kundschaft führen wird, was insbesondere bei Banken, Kreditgenossenschaften usw. der Fall sein wird, ersuche ich, vor Einleitung des Strafverfahrens meine Entscheidung einzuholen.

4. Mitteilung über Strafverfahren.

RE. 84/32 vom 25. Mai 1932 Dev. I 11474/32.

Einer Anregung des Deutschen Industrie- und Handelstages folgend ersuche ich, den zuständigen Handelskammern von allen Verurteilungen wegen Verstößen gegen die Devisenvorschriften und von jeder Entziehung einer allgemeinen Genehmigung Mitteilung zu machen, sofern es sich um Firmen handelt, die auf Grund eines Gutachtens der Handelskammer eine allgemeine Genehmigung (nach III 3, III 10, III 11, III 14, III 17, III 21 Abs. 3, III 28 der Richtlinien) erhalten haben. Auch abgesehen von diesen Fällen kann es sich gelegentlich empfehlen, auf Grund der Erfahrungen der Devisenbewirtschaftungsstellen den Handelskammern eine besonders scharfe Nachprüfung der zahlenmäßigen Unterlagen bei den Anträgen bestimmter Firmen auf Erteilung einer allgemeinen Genehmigung nahezulegen.

5. Nebenklägerrecht der Devisenstellen und Unterwerfungsverfahren.

RE. 16/34 vom 19. Februar 1934, RStBl. S. 207.

Das Gesetz zur Änderung der VO. über die Devisenbewirtschaftung vom 16. Februar 1934, das im RGBl. I S. 92[1]) veröffentlicht worden ist, bringt eine Reihe von auch für die Devisenstellen bedeutsamen Neuerungen auf dem Gebiete des materiellen und formellen Devisenstrafrechts. Bezüglich der Bestimmungen in Art. I Ziff. 1 bis 5 des Gesetzes verweise ich auf die im Reichsanzeiger demnächst erscheinende Begründung. Die weiteren Bestimmungen des Gesetzes enthalten die Einführung der Nebenklägereigenschaft der Devisenstellen im gerichtlichen Strafverfahren wegen Devisenzuwiderhandlungen und die Einrichtung eines Unterwerfungsverfahrens.

Zur Ausführung dieser Bestimmungen bemerke ich im Einvernehmen mit dem Herrn Reichsminister der Finanzen folgendes:

I. Nebenklägereigenschaft der Devisenstellen.

Ziff. 6 des Gesetzes. (§ 41a DevVO.)

Die Einführung der Nebenklägereigenschaft, die die Devisenstellen mit der Erhebung der öffentlichen Klage (also mit Einreichung der Anklageschrift, dem Antrag auf Voruntersuchung oder auf Erlaß eines richterlichen Strafbefehls) erlangen, soll ihnen die Möglichkeit geben, bei gerichtlichen Strafverfahren wegen Devisenzuwiderhandlungen die im Einzelfalle maßgebenden devisenrechtlichen und devisenwirtschaftlichen Gesichts-

[1]) Vgl. jetzt §§ 50 ff. DevG. und die dortigen Hinweise auf die früheren Vorschriften.

punkte geltend zu machen und im Sinne einer wirksamen Durchführung der Strafverfahren tätig zu sein. Die mit der Nebenklägereigenschaft verbundene Fähigkeit zur selbständigen Einlegung von Rechtsmitteln (§ 41a Abs. 2 DevVO.) beseitigt den bisherigen Mißstand, daß die Staatsanwaltschaften in zahlreichen Fällen nicht mehr rechtzeitig zur Einlegung eines Rechtsmittels veranlaßt werden konnten.

Im einzelnen gelten folgende Bestimmungen:

1. Wahrnehmung der Rechte des Nebenklägers durch die Devisenstellen.

a) Eine Vertretung der Devisenstellen in der Hauptverhandlung wird regelmäßig bei Strafsachen von größerer Bedeutung sowie dann erforderlich sein, wenn die Möglichkeit besteht, daß in der Verhandlung schwierigere devisenrechtliche oder devisenwirtschaftliche Fragen erörtert werden. Dem Wunsche der Staatsanwaltschaft nach Entsendung eines Vertreters ist in jedem Falle zu entsprechen. Es ist darauf Bedacht zu nehmen, daß der mit der Wahrnehmung des Termins betraute Beamte die erforderliche Kenntnis der ihm nach der StPO. zustehenden Befugnisse besitzt.

b) Die Einlegung und Begründung von Rechtsmitteln bedarf in jedem Falle der Mitzeichnung durch einen Beamten, der die Befähigung zum Richteramt besitzt, sofern nicht an sich schon ein Referent für Strafsachen des Landesfinanzamts hiermit allgemein beauftragt wird.

c) Soweit die Devisenstellen schon bisher an dem Fortgang von Devisenstrafverfahren beteiligt wurden, tritt hierin durch das neue Gesetz keine Änderung ein. Dies gilt insbesondere für die Beteiligung der Devisenstellen am Ermittlungsverfahren vor Erhebung der öffentlichen Klage sowie für die Mitwirkung bei Entscheidungen über die Einstellung des Verfahrens (mangels strafbarer Handlung, mangels Tatverdachts oder nach § 153 Abs. 2 und 3 StPO.) sowie bei Entscheidung über Gnadenerweise. Zu dem letzteren Punkt bemerke ich, daß der Herr Reichsminister der Justiz auf Wunsch des Herrn Reichswirtschaftsministers die Herren Reichsstatthalter und die Landesjustizverwaltungen bereits durch ein Schreiben vom 8. Dezember 1933 darauf hingewiesen hat, daß zu weitgehende Gnadenerweise geeignet sind, das Bewußtsein von der volkswirtschaftlichen Bedeutung der Einhaltung der Devisenvorschriften zu erschüttern. Soweit ausnahmsweise gleichwohl ein Gnadenerweis angezeigt erscheint, hat er gebeten, daß vorher eine Äußerung der zuständigen Devisenstelle eingeholt wird. Nachdem den Devisenstellen nunmehr die Rechte des Nebenklägers zustehen, ist zu erwarten, daß sie bei Gnadenentscheidungen stets beteiligt werden. Sofern ein Einverständnis zwischen der Devisenstelle und den zuständigen Gnadeninstanzen nicht erzielt werden kann, ersuche ich, dafür zu sorgen, daß vor einer endgültigen Entscheidung mit mir in Verbindung getreten wird.

2. Übertragung der Befugnisse des Nebenklägers. (§ 41a Abs. 3 DevVO.)

a) Da Devisenzuwiderhandlungen gegen § 12 DevVO. nach Art. I Ziff. 1 des Gesetzes als Bannbruch anzusehen sind (wegen der anzuwendenden Strafbestimmungen vgl. aber Art. I Ziff. 4 des Gesetzes), ersuche ich im Einvernehmen mit dem Herrn Reichsminister der Finanzen, den Staatsanwaltschaften und Gerichten mitzuteilen, daß die Hauptzollämter in denjenigen Devisenstrafsachen wegen Vergehens nach § 12 der DevVO., in denen sie die Vorgänge unmittelbar an die Staatsanwaltschaft zur Erhebung der öffentlichen Klage abgegeben haben, allgemein mit der Wahrnehmung der Rechte des Nebenklägers beauftragt sind, und daß die Ladung und die Zustellung der gerichtlichen Entscheidung in diesen Fällen ausschließlich an die Hauptzollämter zu erfolgen hat. Die Hauptzollämter werden ihrerseits angewiesen werden, den Devisenstellen über den Ausgang dieser Strafverfahren Mitteilung zu machen. In allen anderen Fällen, also auch bei Vergehen nach § 12, bei denen die Zollfahndungsstellen die Ermittlungen durchgeführt haben, stehen die Rechte des Nebenklägers allein den Devisenstellen zu.

b) Im übrigen wird eine Übertragung der Befugnis des Nebenklägers nur im Einzelfall, insbesondere bei der Wahrnehmung von Terminen bei Gerichten außerhalb des Sitzes der Devisenstelle, in Frage kommen, soweit hierfür kein Beamter der Devisenstelle des Landesfinanzamts zur Verfügung steht. Für eine Betrauung mit der Vertretung der Devisenstelle kommen die Hauptzollämter oder die Zollfahndungsstellen in Frage.

II. Unterwerfungsverfahren.

(§§ 41b ff. DevVO.)

1. Anwendung.

Das Unterwerfungsverfahren eignet sich seiner Natur nach nur für Devisenzuwiderhandlungen geringfügiger Art, bei denen der Täter die Devisenzuwiderhandlungen vorbehaltslos einräumt (§ 41b Abs. 1 DevVO.). Es ist nach § 41c Abs. 1 zulässig, wenn:

a) die Devisenzuwiderhandlung mit Geldstrafe und Einziehung oder einer dieser Strafen bedroht ist. Dies ist bei fahrlässig begangenen Vergehen nach § 36 und bei Vergehen nach § 37 DevVO. der Fall;

b) wenn die Voraussetzungen des § 27b des StGB. gegeben sind. Danach können auch vorsätzlich begangene Vergehen nach § 36 DevVO. im Unterwerfungsverfahren abgeurteilt werden, wenn anzunehmen ist, daß auch ein Gericht von der Befugnis nach § 27b Gebrauch machen würde. In diesem Falle ist — neben der angedrohten Geldstrafe — an Stelle der außerdem verwirkten Gefängnisstrafe eine weitere Geldstrafe festzusetzen. Auf die Bemessung der Höhe der Geldstrafen finden die Vorschriften des § 27c StGB. Anwendung.

Wegen der Einziehung weise ich auf die erweiterte Einziehungsmöglichkeit von Gewinnen nach Art. 1 Ziff. 2 des Gesetzes besonders hin.

Sofern wegen einer Devisenzuwiderhandlung, die sich zur Aburteilung im Unterwerfungsverfahren eignet, bereits ein Ermittlungsverfahren bei der Staatsanwaltschaft eingeleitet ist, besteht die Möglichkeit, daß die Staatsanwaltschaft das Verfahren an die Devisenstelle zur Erledigung im Unterwerfungsverfahren abgibt.

Endlich habe ich das Reichsbank-Direktorium gebeten, die Reichsbankanstalten zu veranlassen, ihnen bekanntgewordene Devisenzuwiderhandlungen in geeigneten Fällen an die Devisenbewirtschaftungsstellen zur Erledigung im Unterwerfungsverfahren abzugeben.

Nach § 41b Abs. 2 ist ein Unterwerfungsverfahren auch gegen Nebenbeteiligte zulässig. Dagegen kommt es nicht in Frage für Ordnungsstrafen im Sinne des § 39 der DevVO. Hierzu bemerke ich, daß nach Art. I

Ziff. 5 des Gesetzes eine Ordnungsstrafe beim Reichswirtschaftsgericht gegen den Inhaber oder Leiter eines Unternehmens nunmehr auch dann beantragt werden kann, wenn in seinem Betriebe eine nach § 37 DevVO. strafbare Handlung begangen worden ist.

2. Verfahren bei Unterwerfungsverhandlungen.

a) Für die Aufnahme von Unterwerfungsverhandlungen ist der bei den Finanzbehörden verwendete Vordruck N 10 für Unterwerfungsverhandlungen (Zölle und Verbrauchssteuern) unter entsprechender Änderung in der Bezeichnung der aufnehmenden und genehmigenden Stellen zu verwenden. Im Eingang ist statt „Verwaltungsstrafsache" zu setzen: „Devisenstrafsache". Auf S. 3 des Vordrucks sind unter Ziff. 1 die Worte „die hinterzogenen Steuern, und zwar —" zu streichen. Dafür ist bei Anwendung des § 27b StGB. (vgl. Ziff. II 1 b dieses Rderl.) zu setzen: „an Stelle einer an sich verwirkten Gefängnisstrafe von ... Tagen, ... Wochen eine Geldstrafe von ....". In Ziff. 2 sind die Worte „im Betrage des ... fachen der hinterzogenen Steuern eine Ordnungsstrafe" zu streichen. Im vorletzten Absatz auf S. 3 sind die Worte „erkenne — erkennt die Steuerfestsetzung als zutreffend an — verzichte, verzichtet auf Einlegung von Rechtsmitteln" zu streichen.

Da § 5 der VO. über die Unterwerfung im Strafverfahren vom 1. November 1921 nicht anwendbar ist, sind endlich auf S. 4 die beiden ersten Absätze zu streichen.

b) Die Genehmigung der Straffestsetzung gemäß § 2 der VO. vom 1. November 1921 wird zweckmäßig dem Leiter der Devisenstelle, seinem Vertreter oder einem Referenten für Strafsachen des Landesfinanzamts zu übertragen sein. Vor der Genehmigung ist ein Strafregisterauszug einzufordern. Nach Abschluß des Unterwerfungsverfahrens ist der Strafregisterbehörde Mitteilung zu machen.

c) Wegen der Vollstreckung der im Unterwerfungsverfahren erkannten Strafen nach § 41d DevVO. in Verbindung mit § 459 AO. wird der Herr Reichsminister der Finanzen die erforderlichen Bestimmungen erlassen. Über die Bewilligung von Stundungen und Teilzahlungen entscheidet die Devisenstelle; sie hat auch den Antrag nach § 470 AO. auf Umwandlung der Geldstrafe in eine Freiheitsstrafe zu stellen. Bei vorsätzlichen Vergehen nach § 36 DevVO. bedarf es einer Umwandlung der an Stelle der verwirkten Gefängnisstrafe ausgesprochenen weiteren Geldstrafe nicht; die Strafvollstreckungsbehörde wird vielmehr in diesem Falle ohne weiteres die verwirkte Gefängnisstrafe vollstrecken können.

d) Über die Buchführung und die kassen- und rechnungsmäßige Behandlung der im Unterwerfungsverfahren festgesetzten Geldstrafen erläßt der Reichsminister der Finanzen die erforderlichen Bestimmungen.

3. Übertragung von Unterwerfungsverhandlungen.

a) Nach § 41c Abs. 4 DevVO. ist bei den dort genannten Devisenvergehen die Durchführung des Unterwerfungsverfahrens Aufgabe der Hauptzollämter, die hierfür vom Herrn Reichsminister der Finanzen mit besonderen Weisungen versehen werden. In diesen Fällen entscheidet das Hauptzollamt auch über die Gewährung von Zahlungsfristen und Teilzahlungen und stellt die Umwandlungsanträge nach § 470 AO. Die Hauptzollämter werden angewiesen werden, bei Beträgen über 200 RM. von der Durchführung des Unterwerfungsverfahrens der Devisenstelle Mitteilung zu machen.

b) Im übrigen können die Devisenstellen nach § 41c Abs. 3 DevVO. Behörden und Beamte der Reichsfinanzverwaltung mit der Aufnahme von Unterwerfungsverhandlungen beauftragen. Dies wird vor allem dann in Frage kommen, wenn der Beschuldigte außerhalb des Sitzes der Devisenstelle seinen Wohnsitz hat. In diesen Fällen sind in erster Linie die Hauptzollämter oder auch die Zollfahndungsstellen mit der Aufnahme der Unterwerfungsverhandlungen zu betrauen. In dem Ersuchungsschreiben ist der beauftragten Behörde mitzuteilen, welchen Sachverhalt der Beschuldigte einräumen, welche gesetzlichen Bestimmungen Anwendung finden und welcher Strafe der Beschuldigte sich unterwerfen soll. Die Genehmigung der Straffestsetzung sowie das weitere Verfahren richtet sich nach den oben zu 2 b bis d getroffenen Bestimmungen.

4. Meldungen über Unterwerfungsverfahren.

Meldungen über Unterwerfungsverfahren sind nur dann zu erstatten, wenn die Voraussetzungen des Allgemeinen Erl. vom 29. September 1933 Dev. I 42 661/33 gegeben sind.

Ich ersuche jedoch, mir über die bei Unterwerfungsverfahren gemachten Erfahrungen nach Ablauf von drei Monaten zu berichten und hierbei die Zahl der Strafsachen, die Art der abgeurteilten Vergehen und die Gesamthöhe der erkannten Geldstrafen mitzuteilen.

III. Meldungen in Devisenstrafsachen nach dem Allgem. Erl. vom 29. September 1933 Dev. I 42 661/33.

a) Es liegt Veranlassung vor, darauf hinzuweisen, daß alle diejenigen Fälle von Vergehen nach dem Volksverratgesetz, bei denen es sich um eine Devisenzuwiderhandlung handelt, als Straftaten von wesentlicher Bedeutung anzusehen und mir deswegen nach dem obengenannten Erlaß zu melden sind.

b) Meldungen über Strafsachen, die vor Bekanntgabe des Allgem. Erl. vom 29. September 1933 gemeldet worden sind, bei denen jedoch die Voraussetzungen für eine Meldung nach den Bestimmungen dieses Erlasses nicht gegeben sind, können künftighin unterbleiben.

6. Die Ausführung des Gesetzes über die Gewährung von Straffreiheit vom 7. August 1934.

RE. 105/34 vom 4. September 1934 (RStBl. S. 1004).

Bei der Anwendung des Amnestiegesetzes haben sich bei den Devisenstellen eine Reihe von Zweifelsfragen ergeben, die nachstehend geklärt werden:

Das Gesetz über die Gewährung von Straffreiheit vom 7. August 1934 (RGBl. I S. 769) findet auch auf Unterwerfungsverfahren Anwendung.

Über den Erlaß der Geldstrafen, die in einem Unterwerfungsverfahren auf Grund einer vor dem 10. August 1934 genehmigten Unterwerfung festgesetzt und noch nicht vollstreckt sind, entscheiden die Stellen für Devisenbewirtschaftung, in den Fällen des § 41c Abs. 4 DevVO. die dort bezeichneten Stellen.

Bei der Entscheidung sind folgende Grundsätze zu beachten:

1. Die für eine Devisenzuwiderhandlung festgesetzte Geldstrafe darf den Betrag von 1000 RM. nicht übersteigen (§ 1 des Gesetzes). Ist bei einer vorsätzlichen Devisenzuwiderhandlung unter Anwendung des § 27b StGB. an Stelle der gemäß § 36 Abs. 1 DevVO. verwirkten Freiheitsstrafe eine Geldstrafe festgesetzt, so tritt ohne Rücksicht auf die Höhe der ersetzten Freiheitsstrafe nur dann Straffreiheit ein, wenn die Zusammenrechnung der an Stelle der Freiheitsstrafe getretenen Geldstrafe und der gleichzeitig gemäß § 36 Abs. 1 DevVO. verhängten Geldstrafe 1000 RM. nicht übersteigt.

2. Sind in demselben Unterwerfungsverfahren für mehrere selbständige Devisenzuwiderhandlungen mehrere Geldstrafen festgesetzt, von denen keine, für sich genommen, den Betrag von 1000 RM. übersteigt, so ist Straffreiheit erlangt; eine Zusammenrechnung der Geldstrafen findet nicht statt (§ 78 StGB.).

3. Ist auf Einziehung von Vermögenswerten erkannt, so behält es dabei sein Bewenden (§ 7 Abs. 2 des Gesetzes).

4. Festgesetzte und noch nicht vollstreckte Geldstrafen bis zu 500 RM. sind ohne Rücksicht auf die Vorstrafen des Täters zu erlassen (§ 1 Abs. 2 des Gesetzes). Bei Geldstrafen von 500 bis 1000 RM. ist festzustellen, ob der Täter bei der Begehung der Tat nicht oder nur mit Geldstrafe oder Freiheitsstrafe von insgesamt höchstens drei Monaten vorbestraft war. Dabei ist zu beachten, daß der vor Genehmigung der Straffestsetzung angeforderte Strafregisterauszug nur beschränkte Auskunft über die Vorstrafen gibt. Da den Devisenstellen nicht das Recht auf unbeschränkte Auskunft aus dem Strafregister zusteht, empfiehlt es sich, bei der Staatsanwaltschaft, der die Verfolgung der Straftat obgelegen hätte, unter Angabe des Zwecks im Wege der Rechtshilfe die Erhebung eines Strafregisterauszuges über alle Vorstrafen zu beantragen.

5. Noch anhängige Unterwerfungsverfahren, die wegen einer vor dem 2. August 1934 begangenen Devisenzuwiderhandlung eingeleitet wurden, sind einzustellen, neue Unterwerfungsverfahren wegen vor dem 2. August 1934 begangener Straftaten sind nicht einzuleiten, wenn für die Devisenzuwiderhandlung keine höhere Strafe als 1000 RM. festgesetzt worden wäre; bei vorsätzlichen Straftaten ist hierbei die an Stelle der verwirkten Freiheitsstrafe tretende Geldstrafe der daneben festzusetzenden Geldstrafe hinzuzurechnen. Maßgebend ist der Tag der Begehung, nicht der Entdeckung der Tat.

Wird das anhängige Unterwerfungsverfahren eingestellt oder ein neues Verfahren nicht eingeleitet, weil Straffreiheit erlangt ist, so findet auch die Einziehung von Vermögenswerten nicht statt. Bereits beschlagnahmte oder vorläufig sichergestellte Vermögenswerte sind daher dem Täter zurückzugeben.

6. Erscheint dagegen bei Devisenzuwiderhandlungen, die sich gemäß Rderl. 16/34, RStBl. 1934 S. 207, zur Aburteilung im Unterwerfungsverfahren eignen, die Festsetzung einer höheren Strafe als 1000 RM. gerechtfertigt, so ist ein noch anhängiges Unterwerfungsverfahren durchzuführen bzw. ein neues Unterwerfungsverfahren einzuleiten. Der Täter kann jedoch gerichtliche Entscheidung über die Einstellung beantragen (§ 10 des Gesetzes). In diesem Falle wird das Unterwerfungsverfahren unterbrochen. Der Straffall ist der zuständigen Staatsanwaltschaft zur Weiter-

gabe an das Gericht zuzuleiten. Dabei ist die Höhe der in Aussicht genommenen Strafe mit dem Hinweis anzugeben, daß die Devisenstelle in dieser Höhe Strafanträge als Nebenkläger in der Hauptverhandlung stellen würde.

Bei Devisenzuwiderhandlungen, die sich nicht für das Unterwerfungsverfahren eignen, sind wie bisher Strafanzeigen zu erstatten. Die Entscheidung, ob Straffreiheit erlangt ist, liegt den Strafgerichtsbehörden ob. Die Devisenstellen können jedoch in ihrer Eigenschaft als Nebenkläger gegebenenfalls über die Einstellung anhängiger Verfahren eine Entscheidung des Gerichts herbeiführen (§ 10 des Gesetzes).

7. Begeht der Täter, der wegen einer vor dem 2. August 1934 begangenen Devisenzuwiderhandlung Straffreiheit erlangt hat, erneut eine Devisenzuwiderhandlung, so wird dies in dem neu einzuleitenden Strafverfahren straferhöhend zu berücksichtigen sein. Es empfiehlt sich daher, über die von der Amnestie erfaßten Fälle Aufzeichnungen zurückzubehalten.

7. Änderung der Devisenordnung und des Volksverratsgesetzes.

RE. 136/34 vom 22. Oktober 1934 (RStBl. S. 1259).

Das Steueranpassungsgesetz vom 16. Oktober 1934, das im RGBl. I S. 925 veröffentlicht worden ist, enthält in Abschn. III Vorschriften zur Änderung der Verordnung über die Devisenbewirtschaftung und des Gesetzes gegen Verrat der deutschen Volkswirtschaft. Der in die Devisenverordnung eingefügte § 36a sieht die Berücksichtigung des Irrtums auf dem Gebiete des Devisenstrafrechts vor. Das Volksverratgesetz ist durch Verlängerung der Anzeigefrist bis zum 31. Dezember 1934, durch Abschwächung der Strafandrohung für Fälle von minderer Bedeutung, durch Berücksichtigung des Irrtums und durch Streichung der Entdeckungsbestimmungen — § 7 Abs. 4 VVG. und § 23 Abs. 4 DV. — umgestaltet worden. Die weiteren Bestimmungen des Abschn. III des Steueranpassungsgesetzes gewähren Straffreiheit in bereits abgeschlossenen oder noch schwebenden Strafverfahren, die ein Vergehen nach dem Volksverratgesetz oder eine Devisenzuwiderhandlung, die mit einem Vergehen nach dem Volksverratgesetz zusammenhängt, zum Gegenstand haben.

Im Einvernehmen mit dem Herrn Reichsminister der Finanzen bestimme ich zur Ausführung des Abschn. III des Steueranpassungsgesetzes folgendes:

I.

Berücksichtigung des Irrtums im Devisenstrafrecht.

1. Gemäß § 36a Abs. 1 DevVO.[1]) bleibt straffrei, wer in unverschuldetem Irrtum über das Bestehen oder die Anwendbarkeit devisenrechtlicher Vorschriften die Tat für erlaubt gehalten hat. Diese Vorschrift haben die Devisenstellen bereits bei der Entscheidung darüber zu berücksichtigen, ob wegen einer Devisenzuwiderhandlung ein Unterwerfungsverfahren einzuleiten oder Strafanzeige zwecks Einleitung eines Verfahrens vor den ordentlichen Gerichten zu erstatten ist.

Ein strafbefreiender Irrtum liegt dann vor,

---

[1]) S. jetzt § 44 DevG.

a) wenn der Täter nicht wußte, daß seine Handlung oder Unterlassung gegen die Vorschriften der Devisenverordnung oder der Durchführungsverordnung zur DevVO. verstößt und

b) wenn diese Unkenntnis nicht auf einem Verschulden (Vorsatz oder Fahrlässigkeit) des Zuwiderhandelnden beruht.

Ob der Täter in Unkenntnis der gesetzlichen Bestimmungen gehandelt hat, wird sich nach der Lage des einzelnen Falles, insbesondere auch nach der Art der verletzten Gesetzesvorschrift richten. Dabei wird jedoch zu berücksichtigen sein, daß die Devisenvorschriften durch laufende Erörterungen in Presse und Fachzeitschriften, die Veröffentlichung von Gerichtsurteilen und durch die allgemein bekannte Entwicklung der Devisenlage weitgehend bekannt sind.

Bei der Prüfung, ob die Unkenntnis der Devisenvorschriften auf einem Verschulden beruht, sind die persönlichen Verhältnisse des Zuwiderhandelnden (Bildungsgrad, Beruf usw.) zu berücksichtigen. So werden beispielsweise bei im Geschäftsleben stehenden Personen, die bei der Abwicklung ihrer Geschäfte die Devisenvorschriften zu beachten haben, höhere Anforderungen an den Nachweis der Entschuldbarkeit einer behaupteten Unkenntnis zu stellen sein als an Personen, die nur gelegentlich mit Devisen zu tun haben.

2. Hat der Täter den Irrtum fahrlässig verschuldet, weil er aus Mangel an der Sorgfalt, zu der er nach den Umständen verpflichtet und nach seinen persönlichen Verhältnissen fähig war, die Tat für erlaubt gehalten ist er wegen einer fahrlässigen Devisenzuwiderhandlung zu bestrafen (§ 36a Abs. 2 DevVO.).

Fahrlässigkeit wird besonders dann gegeben sein, wenn es dem Täter zuzumuten war, sich über die gesetzlichen Vorschriften in ausreichendem Maße zu unterrichten, er dies aber unterlassen hat.

II.

Änderung des Volksverratsgesetzes.

1. Durch § 22 des Steueranpassungsgesetzes ist die Frist zur Anzeige der nach dem Volksverratgesetz anzuzeigenden Werte bis zum 31. Dezember 1934 verlängert worden. Demnach können Personen, die am 1. Juni 1933 anbietungspflichtige Devisen im Werte von über 200 RM. bisher nicht oder nicht vollständig angezeigt haben, die Anzeigepflicht noch bis zum 31. Dezember 1934 erfüllen. Durch die Erstattung der Anzeige tritt Straffreiheit für die bis zum Inkrafttreten des Abschnittes III des Steueranpassungsgesetzes begangenen Devisenzuwiderhandlungen jedoch nur dann ein, wenn die Devisen noch vorhanden oder seit dem 1. Juni 1933 der Reichsbank angeboten worden sind bzw. bis zum Ablauf des 31. Dezember 1934 angeboten werden (§ 7 VVG., § 23 Abs. 1 DV. zum VVG.).

Sind Devisen, die anbietungspflichtig waren, vor dem 14. Juni 1933 zum Erwerb von im Ausland befindlichen anzeigepflichtigen Vermögensstücken verwandt (§ 7 Abs. 3 VVG.), oder ist über solche Devisen vor dem Zeitpunkt des Inkrafttretens des Abschn. III des Steueranpassungsgesetzes verfügt worden und die Anbietung dadurch unmöglich geworden (§ 23 Abs. 2 DV. zum VVG.), so tritt Straffreiheit für die vor diesem Zeitpunkt begangenen Devisenzuwiderhandlungen nur dann ein, wenn die Werte bis zum 31. Dezember 1934 der Reichsbank angezeigt und wenn auf Verlangen der Reichsbank in der von ihr zu bestimmenden Höhe Ersatzdevisen abgeliefert werden.

2. Darüber hinaus sieht die Neufassung des § 23 DB. zum VVG. Straffreiheit auch für Devisenzuwiderhandlungen hinsichtlich solcher anbietungspflichtigen Werte (Devisen oder Reichsmarkforderungen gegen Ausländer) vor, die nach dem 1. Juni 1933 erworben sind. Werden solche Werte der Reichsbank bis zum 31. Dezember 1934 angeboten (§ 23 Abs. 1 DB. zum VVG.) oder werden die Werte, falls darüber verfügt und dadurch die Anbietung unmöglich geworden ist, der Reichsbank bis zu diesem Zeitpunkt angezeigt und auf Verlangen der Reichsbank in der von ihr zu bestimmenden Höhe Ersatzdevisen abgeliefert (§ 23 Abs. 2 DB. zum VVG.), so tritt Straffreiheit ein.

3. Durch die Erstattung der Anzeige bzw. durch die Ablieferung von Ersatzdevisen tritt Straffreiheit auch dann ein, wenn die Devisenzuwiderhandlungen bis zum Inkrafttreten des Abschn. III des Steueranpassungsgesetzes bereits entdeckt oder Gegenstand eines vor oder nach dem Inkrafttreten des VVG. eingeleiteten Strafverfahrens geworden sind.

4. Über die Einstellung der wegen einer Devisenzuwiderhandlung, die mit einer Zuwiderhandlung gegen das VVG. zusammenhängt (§ 31 des Steueranpassungsgesetzes), anhängigen Verfahren sowie über den Erlaß der wegen solcher Devisenzuwiderhandlungen rechtskräftig erkannten Strafen entscheiden grundsätzlich die Gerichte (§ 36 Abs. 1 des Steueranpassungsgesetzes). Soweit die Verfahren bei den Devisenstellen anhängig oder durch Unterwerfung rechtskräftig erledigt sind, sind die Devisenstellen für die Entscheidung zuständig (§ 36 Abs. 2 und 3 des Steueranpassungsgesetzes). Die Entscheidung ist dem Beteiligten bekanntzugeben. Ungünstige Entscheidungen sind förmlich zuzustellen. Gegen die Entscheidung können die Beteiligten innerhalb einer Woche seit Zustellung Antrag auf gerichtliche Entscheidung stellen.

Bei der Bekanntgabe der Entscheidungen ist darauf hinzuweisen, daß das eingestellte Verfahren wieder aufgenommen werden kann bzw. daß der Straferlaß hinfällig wird, wenn der Täter nicht bis zum Ablauf des 31. Dezember 1934 der Anzeigepflicht nach dem VVG. genügt bzw. im Falle des § 23 Abs. 2 DB. bis zum Ablauf der von der Reichsbank bestimmten Frist Ersatzdevisen nicht abliefert.

Das gleiche gilt hinsichtlich der Einstellung und Wiederaufnahme von Verfahren, die wegen solcher Devisenzuwiderhandlungen anhängig sind, die sich auf anbietungspflichtige, der Anzeigepflicht nach dem VVG. nicht unterliegende Werte beziehen, wegen deren aber nach § 23 Abs. 2 Straffreiheit durch Anzeige bei der Reichsbank und durch Ablieferung von Ersatzdevisen erlangt werden kann. — Ein Straferlaß ist in diesen Fällen nicht vorgesehen — (§ 23 Abs. 5 DB. zum VVG.).

5. Haben die nicht rechtzeitig nach dem VVG. angezeigten Werte in ihrer Gesamtheit einen Wert von nicht mehr als 10000 RM., so kann, wenn ein eingestelltes Verfahren wieder aufgenommen oder ein neues Verfahren eingeleitet wird, der Täter wegen der begangenen Zuwiderhandlung gegen das VVG. beim Vorliegen mildernder Umstände durch das Finanzamt so bestraft werden, als habe er eine Steuerhinterziehung begangen (§ 8 Abs. 4 und § 9 Abs. 4 VVG.). Unter den gleichen Voraussetzungen können Devisenzuwiderhandlungen beim Vorliegen mildernder

Umstände so bestraft werden, als habe der Täter eine Steuerhinterziehung begangen (§ 26 des Steueranpassungsgesetzes). Setzt das Finanzamt eine Geldstrafe fest, so wird wegen der Devisenzuwiderhandlung, die mit dem Vergehen gegen das BVG. zusammenhängt, im Unterwerfungsverfahren ebenfalls nur auf Geldstrafe zu erkennen sein.

6. Zur Ausführung der Bestimmungen des Steueranpassungsgesetzes über die Einstellung der Strafverfahren und über den Erlaß der Strafen verweise ich im übrigen auf die Begründung zu dem Steueranpassungsgesetz, die demnächst im Reichssteuerblatt veröffentlicht werden wird.

III.

Erstattung von Meldungen.

Von Meldungen über die Einstellung bereits gemäß Erl. vom 29. September 1933 Dev. I 42 661/33 gemeldeter Fälle von Vergehen nach dem BVG., bei denen es sich um eine Devisenzuwiderhandlung handelt, ist abzusehen. Meldungen über den Ausgang des Verfahrens sind nur dann zu erstatten, wenn das Verfahren wieder aufgenommen worden ist.

Fälle von neuen Vergehen nach dem BVG., bei denen es sich um eine Devisenzuwiderhandlung handelt, sind gemäß obigem Erlaß zu melden.

8. Die Ausführung des Gesetzes über die Gewährung von Straffreiheit.

RE. 72/36 DSt. vom 23. April 1936 (RStBl. S. 605).

Für die Ausführung des Gesetzes über die Gewährung von Straffreiheit vom 23. April 1936 (RGBl. I S. 378, RStBl. S. 405) und der Verordnung zur Durchführung dieses Gesetzes vom gleichen Tage (RGBl. I S. 384, RStBl. 1936 S. 406) bestimme ich im Einvernehmen mit dem Herrn Reichsminister der Finanzen und dem Herrn Reichsminister der Justiz folgendes:

I. Erlaß von im Unterwerfungsverfahren rechtskräftig erkannten Strafen.

1. Über den Erlaß von Geldstrafen, die für eine Devisenzuwiderhandlung durch eine vor dem 25. April 1936 genehmigte Unterwerfungsverhandlung festgesetzt und noch nicht vollstreckt sind, entscheidet die DevSt. oder soweit die Geldstrafe nach gegebener Zuständigkeit von einem Hauptzollamt verhängt worden ist, das Hauptzollamt.

Eine Geldstrafe ist noch nicht vollstreckt, soweit sie bis zum 24. April 1936 einschließlich noch nicht gezahlt ist.

2. Nach § 2 Ziff. I des Gesetzes sind die Geldstrafen erlassen, bei denen die Ersatzfreiheitsstrafe nicht mehr als 1 Monat beträgt. Ein Antrag an das Gericht auf Umwandlung einer verhängten Geldstrafe in eine Ersatzfreiheitsstrafe nach § 53 Abs. 2 DevG. und § 470 AO. ist zur Feststellung der Straffreiheit nicht erforderlich. Wenn eine Ersatzfreiheitsstrafe durch das Gericht noch nicht festgesetzt ist, entscheidet nach § 5 DV. vom 23. April 1936 die Verwaltungsbehörde darüber, ob der Straferlaß Platz greift.

Bei Devisenzuwiderhandlungen hat daher die DevSt. bzw. das Hauptzollamt darüber zu befinden, welche Ersatzfreiheitsstrafen an die

Stelle der durch Unterwerfungsverfahren festgesetzten Geldstrafen treten würden. Entsprechend der Vorschrift des § 29 Abs. 3 des Reichsstrafgesetzbuches erfolgt die Bemessung der Ersatzfreiheitsstrafe nach freiem Ermessen. Sie ist so vorzunehmen, daß Straffreiheit entsprechend dem Sinn des Gesetzes nur für solche Devisenzuwiderhandlungen eintritt, die entweder ihrer Natur nach oder nach der Art ihrer Begehung als geringfügig anzusehen sind. Bei fahrlässigen Devisenzuwiderhandlungen werden die Voraussetzungen der Straffreiheit eher festzustellen sein als bei vorsätzlichen Devisenzuwiderhandlungen. Aus der Höhe der Geldstrafe allein ergibt sich im Regelfall noch nicht, ob eine Straftat als geringfügig anzusehen ist oder nicht, da die Geldstrafe unter Berücksichtigung der wirtschaftlichen Verhältnisse des Täters festgesetzt ist. Dies ist bei Bemessung der Ersatzfreiheitsstrafe in Rechnung zu stellen.

3. Ist bei einer vorsätzlichen, gemäß § 42 DevG. mit Freiheitsstrafe und Geldstrafe bedrohten Devisenzuwiderhandlung unter Anwendung des § 27b des Reichsstrafgesetzbuches an Stelle der verwirkten Freiheitsstrafe eine Geldstrafe festgesetzt, so ist die Freiheitsstrafe die Ersatzstrafe (§ 29 Abs. 4 StGB.). Es ist daher nur bei der daneben festgesetzten Geldstrafe über die Höhe der Ersatzfreiheitsstrafe zu befinden. In einem solchen Fall sind für dieselbe Tat zwei Geldstrafen nebeneinander verhängt worden, so daß Straffreiheit nur dann eingetreten ist, wenn die zusammengerechneten Ersatzfreiheitsstrafen 1 Monat nicht überschreiten. Daß für die Tat bei Nichtanwendung des § 27b StGB. möglicherweise Straffreiheit eingetreten wäre, bleibt unberücksichtigt. Ergeben sich hieraus in besonderes gelagerten Fällen Unbilligkeiten, die durch die in das freie Ermessen gestellte Festsetzung der Ersatzfreiheitsstrafe für die zweite Geldstrafe nicht ausgeglichen werden können, bleibt die Nachprüfung eines Gesuchs um Straferlaß im Gnadenweg vorbehalten.

4. Sind in demselben Unterwerfungsverfahren für mehrere selbständige Devisenzuwiderhandlungen mehrere Geldstrafen festgesetzt, so sind die Voraussetzungen des Straferlasses für jede Devisenzuwiderhandlung gesondert zu prüfen. Straffreiheit ist bei derjenigen Devisenzuwiderhandlung eingetreten, bei der die Ersatzfreiheitsstrafe für die erkannte Geldstrafe 1 Monat nicht übersteigt.

5. Eine im Unterwerfungsverfahren gemäß § 45 DevG. erkannte Einziehung von Tatwerten und Gegenwerten bleibt von dem Straferlaß unberührt (§ 1 Abs. 3 DB.).

6. Eine Löschung der Eintragung im Strafregister erfolgt nicht; die Festsetzung von Geldstrafen ist also auch dann, wenn diese erlassen sind, dem Strafregister mitzuteilen.

II. Niederschlagung anhängiger oder neu eingeleiteter Verfahren.

1. Noch anhängige Unterwerfungsverfahren, die wegen einer vor dem 20. April 1936 begangenen Devisenzuwiderhandlung eingeleitet worden sind, sind einzustellen, neue Unterwerfungsverfahren wegen vor dem 20. April 1936 begangener Straftaten sind nicht einzuleiten, wenn für die Devisenzuwiderhandlung keine höhere Strafe als Freiheitsstrafe von 1 Monat und Geldstrafe, bei der die Ersatzfreiheitsstrafe nicht mehr als 1 Monat beträgt, allein oder nebeneinander zu erwarten ist (§ 2 Ziff. 2 des Gesetzes).

Bei den nur mit Geldstrafe bedrohten Devisenzuwiderhandlungen richtet sich die Niederschlagung des Verfahrens nach der Bemessung der Ersatzfreiheitsstrafe, die nach den unter I 2 aufgestellten Grundsätzen zu erfolgen hat.

Bei vorsätzlichen, mit Freiheitsstrafe und Geldstrafe bedrohten Devisenzuwiderhandlungen gelten für die Niederschlagung des Verfahrens andere Grundsätze als für den Straferlaß (oben I 3). Wie der Wortlaut des § 27b des Reichsstrafgesetzbuches ergibt, ist für eine solche Straftat eine Freiheitsstrafe verwirkt; es wird lediglich an ihrer Stelle, wenn der Strafzweck durch eine Geldstrafe erreicht werden kann, auf Geldstrafe erkannt. Kommt die DevSt. oder das Hauptzollamt zu der Überzeugung, daß eine höhere Freiheitsstrafe als 1 Monat nicht verwirkt und daß daneben eine Geldstrafe mit einer 1 Monat nicht übersteigenden Ersatzfreiheitsstrafe nicht zu verhängen ist, so ist das Verfahren einzustellen. Eine Zusammenrechnung der Ersatzfreiheitsstrafen hat hier nicht zu erfolgen. Das Unterwerfungsverfahren ist mithin wegen einer mit Freiheit- und Geldstrafe bedrohten Devisenzuwiderhandlung nur durchzuführen, wenn entweder eine Freiheitsstrafe von mehr als 1 Monat an sich verwirkt und an ihrer Stelle auf Geldstrafe zu erkennen ist oder bei der Geldstrafe, die außerdem festzusetzen ist, die Ersatzfreiheitsstrafe 1 Monat übersteigen würde. Ist in einem Unterwerfungsverfahren in der bereits aufgenommenen Unterwerfungsverhandlung die an sich verwirkte Gefängnisstrafe auf nicht mehr als 1 Monat festgesetzt, aber noch nicht genehmigt worden, so hat der Täter Straffreiheit erlangt, wenn nicht für die daneben festgesetzte Geldstrafe eine höhere Ersatzfreiheitsstrafe als 1 Monat in Betracht kommt.

2. Durch die Niederschlagung eines Verfahrens wird die Durchführung der Einziehung gemäß § 45 DevG. nicht berührt (§ 1 Abs. 4 DV.). Die Einziehung ist jedoch nur in einem selbständigen Verfahren statthaft. Deshalb kann ein Unterwerfungsverfahren, das sich gegen den Täter oder Teilnehmer einer Devisenzuwiderhandlung richtet, nicht mit dem Ziel einer Einziehung durchgeführt werden. Die Strafsache ist vielmehr an die Staatsanwaltschaft zur Einleitung des objektiven Einziehungsverfahrens gemäß § 45 Abs. 2 DevG. abzugeben bzw. in den Fällen des § 13 DevG. oder des § 1 der 3. DV. zum DevG. durch das Hauptzollamt entsprechend zu erledigen.

III. Beschwerdeverfahren.

1. Verneint die DevSt. bzw. das Hauptzollamt, daß hinsichtlich der für eine Devisenzuwiderhandlung in einem Unterwerfungsverfahren rechtskräftig festgesetzten Geldstrafe der Straferlaß Platz greift, so kann der Beschuldigte Entscheidung des Gerichts beantragen (§ 5 Satz 2 DV.).

2. In gleicher Weise kann der Beschuldigte eine Entscheidung des Gerichts über die Einstellung anhängiger oder neu eingeleiteter Unterwerfungsverfahren herbeiführen (§ 6 DV.). In diesem Fall wird das Unterwerfungsverfahren unterbrochen. Der Straffall ist der zuständigen Staatsanwaltschaft zur Weitergabe an das Gericht zuzuleiten. Dabei ist die Höhe der in Aussicht genommenen Strafe mit dem Hinweis anzugeben, daß die DevSt. bzw. das Hauptzollamt in dieser Höhe Strafanträge als Nebenkläger in der Hauptverhandlung stellen würde.

3. In den Strafverfahren, die wegen Devisenzuwiderhandlungen bei der Staatsanwaltschaft oder bei dem Gericht anhängig sind, liegt die Entscheidung darüber, ob Straffreiheit erlangt ist, den Justizbehörden ob. Die DevSt. bzw. die Hauptzollämter können jedoch in ihrer Eigenschaft als Nebenkläger über die Einstellung dort anhängiger Verfahren eine Entscheidung des Gerichts herbeiführen und auch gegen die Einstellung aussprechende oder versagende Beschlüsse sofortige Beschwerde einlegen (§ 6 DV.).

9. Gesetz zur Änderung des Devisengesetzes vom 1. Dezember 1936; Neufassung und Abänderung devisenstrafrechtlicher Vorschriften.

RE. 172/36 DSt. vom 8. Dezember 1936 (RStBl. S. 1199).

In Ergänzung des Rderl. 171/36 DSt. — 81/36 ÜSt. (RStBl. 1936 S. 1198), in dem § 1 Ziff. 1 bis 3 des Gesetzes zur Änderung des Devisengesetzes erläutert worden sind, bestimme ich zu den übrigen Vorschriften dieses Gesetzes folgendes:

I. Neufassung der §§ 42, 43, 45, 52 DevG.

Die in § 1 Ziff. 4, 5, 6 und 8 des Gesetzes zur Änderung des Gesetzes über die Devisenbewirtschaftung vom 1. Dezember 1936 (RGBl. I S. 1000, RStBl. S. 1184) enthaltene Neufassung der §§ 42, 43, 45, 52 DevG. bedeutet keine sachliche Änderung, sondern dient dazu, im Interesse einer größeren Übersichtlichkeit alle devisenrechtlichen Strafvorschriften, soweit sie sich nur auf Zuwiderhandlungen gegen Verbote und Beschränkungen der Durchführungsverordnungen beziehen, in das Devisengesetz einzuarbeiten. Die Bestimmungen der Zweiten und Sechsten DV., die das Devisenstrafrecht fortentwickelt haben, sind in das DevG. übernommen und dementsprechend in § 2 des Änderungsgesetzes gestrichen worden.

1. Der neue § 42 Abs. 1 Nr. 8 DevG. (§ 1 Ziff. 4 des Änderungsgesetzes) faßt § 5 Abs. 1 Ziff. 2 der Zweiten DV. zum DevG. vom 24. Juli 1935 und § 2 der Sechsten DV. zum DevG. vom 28. Oktober 1936 zusammen. Die Vorschrift gewährt Strafschutz den vom Reichswirtschaftsminister, der Reichsstelle für Devisenbewirtschaftung, den DevSt., der Reichsbank und den Prüfungstellen getroffenen Anordnungen. Unter die Strafvorschrift des § 42 Abs. 1 Nr. 8 fallen insbesondere Zuwiderhandlungen gegen Maßnahmen, die die Reichsstelle für Devisenbewirtschaftung und die DevSt. auf Grund von § 37a und b DevG. (vgl. dazu Rderl. 171/36 DSt. — 81/36 ÜSt.) zur Verhütung von Umgehungen der Devisenbestimmungen anordnen.

Zuwiderhandlungen gegen Anordnungen der ÜberwSt. — auch soweit diese devisenrechtlicher Natur sind — bleiben auch künftighin nur durch die Strafvorschriften der Verordnung über den Warenverkehr vom 4. September 1934 geschützt.

2. Die Neufassung des § 43 Abs. 1 Nr. 6 DevG. (§ 1 Ziff. 5 des Änderungsgesetzes) enthält den durch § 5 Abs. 1 Nr. 1 der Zweiten DV. zum DevG. vom 24. Juli 1935 erweiterten Strafschutz für Auflagen, die von mit devisenwirtschaftlichen Aufgaben betrauten Stellen gemacht werden, und für Verpflichtungen, die solchen Stellen gegenüber übernommen werden.

3. In § 43 Abs. 1 Nr. 7 DevG. kehrt die in § 5 Abs. 1 Nr. 3 der Zweiten DV. zum DevG. vom 24. Juli 1935 enthaltene Strafvorschrift gegen die mißbräuchliche Verwendung von aus Registermarkguthaben abgehobenen Beträgen wieder. Die für solche Zuwiderhandlungen bereits bestehende erweiterte Einziehungsbefugnis ist in der Neufassung des § 45 Abs. 1 Satz 1 DevG. (§ 1 Ziff. 6 des Änderungsgesetzes) zum Ausdruck gebracht worden. Die Neufassung des § 52 Abs. 4 Satz 1 DevG. (§ 1 Ziff. 8 des Änderungsgesetzes) übernimmt die in dem bisherigen § 5 Abs. 2 der Zweiten DV. zum DevG. begründete Befugnis der Hauptzollämter, bei mißbräuchlicher Verwendung von Registermark ein Unterwerfungsverfahren ohne Auftrag der DevSt. in eigener Zuständigkeit durchzuführen.

II. Abänderung des § 46 DevG.

Auf Grund der bisherigen Fassung des § 46 DevG. waren, wenn Vertreter, Verwalter, Bevollmächtigte oder andere Personen der in § 416 AO. genannten Art bei Ausübung ihrer Obliegenheiten Devisenzuwiderhandlungen begangen hatten, das Gericht oder im Unterwerfungsverfahren die DevSt. gesetzlich verpflichtet, die Haftung der durch diese Personen Vertretenen für die verwirkte Geldstrafe, Einziehung und für die Kosten des Verfahrens auszusprechen. So hafteten stets Unternehmen und Firmen, darunter auch Kreditinstitute, für die von ihren Vorständen oder Geschäftsführern begangenen Verstöße. Infolge der Abänderung des § 46 DevG. durch § 1 Ziff. 7 des Änderungsgesetzes ist künftighin der Ausspruch der Haftung nicht mehr zwingend vorgeschrieben, sondern in das Ermessen des Gerichts bzw. im Unterwerfungsverfahren in das Ermessen der DevSt. gestellt worden. In ordentlichen Strafverfahren kann die Haftung durch das Gericht jedoch nur dann verhängt werden, wenn ein entsprechender Antrag seitens der Staatsanwaltschaft gestellt wird. Die Staatsanwaltschaft ist durch den neuen § 46 Abs. 1 Satz 2 gehalten, diesen Antrag nur im Einvernehmen mit der DevSt. als Nebenkläger zu stellen. Es wird sich empfehlen, daß sich die DevSt. möglichst schon bei Erstattung der Strafanzeige darüber schlüssig wird, ob die Schwere der Devisenzuwiderhandlung den Ausspruch der Haftung erfordert. Sind die Strafanzeigen unmittelbar bei der Staatsanwaltschaft erstattet und tritt diese an die DevSt. wegen der Stellung des Antrags über den Ausspruch der Mithaft des durch den Beschuldigten Vertretenen heran, so ist die Anfrage möglichst bald und vor der Hauptverhandlung zu beantworten. Handelt es sich bei dem Mithaftenden um ein Kreditinstitut (eine Bank, Sparkasse, Kreditgenossenschaft usw.), so ist mir die Anfrage von der DevSt. mit einer Stellungnahme unverzüglich zuzuleiten. Zur Vermeidung von möglicherweise mit dem Ausspruch gegen das Kreditinstitut verbundenen Kreditschädigungen werde ich mich mit der Reichsbank und dem Reichskommissar für das Kreditwesen in Verbindung setzen.

In gleicher Weise ist zu verfahren, wenn die DevSt. im Unterwerfungsverfahren gemäß §§ 51 bis 53 DevG. die Haftung eines Kreditinstituts auf Grund von § 46 DevG. aussprechen will. Da die DevSt. im Unterwerfungsverfahren im eigenen Ermessen über die zu ergreifenden Maßnahmen befindet, kommt hier ein Antrag der Staatsanwaltschaft nicht in Betracht.

10. Die Durchführung des Gesetzes über Gewährung von Straffreiheit bei Devisenzuwiderhandlungen vom 15. Dezember 1926.

RE. 185/36 DSt. vom 22. Dezember 1936 (RStBl. S. 1264).

Im Hinblick auf das Gesetz gegen Wirtschaftssabotage vom 1. Dezember 1936 (RGBl. I S. 999, RStBl. 1936 S. 1169) ist das Gesetz über Gewährung von Straffreiheit bei Devisenzuwiderhandlungen vom 15. Dezember 1936 (RGBl. I S. 1015, RStBl. 1936 S. 1201) und die Durchführungsverordnung dazu vom 16. Dezember 1936 (RGBl. I S. 1018, RStBl. 1936 S. 1209) erlassen worden. Zur Durchführung des Straffreiheitgesetzes haben der Herr Reichsminister der Justiz und der Herr Reichswirtschaftsminister die nachstehende in der Deutschen Justiz 1936, S. 1913, veröffentlichte gemeinsame Verfügung vom 21. Dezember 1936 erlassen, die ich in der Anlage zur Kenntnisnahme und Beachtung übersende:

„I. Nach § 1 Abs. 1 des Straffreiheitgesetzes vom 15. Dezember 1936 (RGBl. I S. 1015, RStBl. 1936 S. 1201) erlangt Straffreiheit, wer sein bei Inkrafttreten des Gesetzes im Ausland oder Inland stehendes Vermögen, das er entgegen den devisenrechtlichen Vorschriften (vgl. § 1 der DV. vom 16. Dezember 1936, RGBl. I S. 1018, RStBl. 1936 S. 1209) bisher nicht angeboten hat, bis zum 31. Januar 1937 der Reichsbank anbietet. Dieser Vergünstigung wird auch der teilhaftig, gegen den ein Strafverfahren wegen Verletzung der Anbietungspflicht anhängig ist, falls er bisher eine ordnungsmäßige Anbietung nicht vorgenommen hat. Nach Abs. 3 a. a. O. werden solche anhängigen Verfahren eingestellt; das Verfahren kann wiederaufgenommen werden, wenn sich später herausstellt, daß der Täter seiner Anbietungspflicht nicht bis zum Ablauf des 31. Januar 1937 genügt hat.

Es sind Zweifel entstanden, wie zu verfahren ist, wenn gegen den Täter wegen einer Tat, für die er nach § 1 Abs. 1 Straffreiheit erlangen kann, Untersuchungshaft verhängt ist, oder wenn Beschlagnahmen erfolgt sind. Im Einvernehmen mit dem Reichs- und Preußischen Wirtschaftsminister bemerke ich dazu folgendes:

Straffreiheit wird erst durch die ordnungsmäßige Anbietung erlangt; bis dahin bleibt die Möglichkeit, den Täter zu bestrafen, unberührt. Die im § 1 Abs. 3 angeordnete Einstellung des Verfahrens ist nur vorläufig; sie wird erst endgültig, wenn die Anbietung erfolgt ist. Die Bedeutung der vorläufigen Einstellung erschöpft sich darin, daß dem Verfahren einstweilen kein Fortgang gegeben wird. Damit ist nicht unvereinbar, daß die bisher zur Sicherung der Durchführung des Verfahrens ergriffenen Maßnahmen aufrechterhalten werden, bis die Voraussetzungen für die endgültige Einstellung des Verfahrens gegeben sind. Demgemäß bestehen keine Bedenken, die Untersuchungshaft und etwaige Beschlagnahmen aufrechtzuerhalten, bis der Täter die Anbietung ordnungsmäßig bewirkt hat. Ist dies geschehen, so muß die Untersuchungshaft, soweit sie wegen Verletzung der Anbietungspflicht und damit zusammenhängenden Straftaten angeordnet ist, aufgehoben werden. Die etwa zur Sicherung der Ablieferung der angebotenen Vermögenswerte noch erforderlichen Maßnahmen zu treffen, ist Sache der DevSt. (vgl. § 37a des Gesetzes über die Devisenbewirtschaftung in der Fassung vom 1. Dezember 1936, RGBl. I S. 1000, RStBl. 1936 S. 1184).

II. Es ist weiterhin die Frage nach der Auswirkung des Straffreiheitgesetzes für die Fälle aufgeworfen worden, in denen der Täter über einen Teil seines anbietungspflichtigen Vermögens vor Inkrafttreten des Straffreiheitgesetzes bereits verfügt hat und lediglich den am 16. Dezember 1936 noch stehenden Rest ordnungsmäßig anbietet. Nach § 1 Abs. 1 erstreckt sich die Straffreiheit, die durch Anbietung des am 16. Dezember 1936 stehenden Vermögens erlangt wird, auch auf die Straftaten, die mit der Verletzung der Anbietungspflicht hinsichtlich der angebotenen Werte zusammenhängen. Nach Sinn und Zweck des Gesetzes, das dem Täter Gelegenheit geben will, sich durch tätige Reue Straffreiheit in vollem Umfang zu verdienen, kann ein solcher Zusammenhang mit den Straftaten, die sich auf die angebotenen Werte beziehen, auch in Fällen der bezeichneten Art angenommen werden.

Im Einvernehmen mit dem Reichs- und Preußischen Wirtschaftsminister ersuche ich die Strafverfolgungsbehörden, diesen Gesichtspunkt bei ihren Maßnahmen zu berücksichtigen."

(GV. des RJM. und des RuPrWiM. vom 21. Dezember 1936 — RJM. 4250 II a 28 590; RuPrWiM. VI [Dev.] 925/36.)

b) Auszug aus den Richtlinien für Strafverfahren.

(AV. des Reichsministers der Justiz vom 13. April 1935, amtl. Sonderveröffentl. der DJ. Nr. 7)

. . . .

26. Abschnitt.

Devisenstrafsachen.

422.

Beschleunigung, besondere Sachbearbeiter.

(1) Zuwiderhandlungen gegen das Gesetz über die Devisenbewirtschaftung vom 4. Februar 1935 (RGBl. I S. 106) und die zu seiner Durchführung erlassenen Verordnungen müssen unnachsichtlich und mit größter Beschleunigung verfolgt werden. Die Bearbeitung derartiger Verfehlungen ist in der Hand eines bestimmten Sachbearbeiters zu vereinigen. Alle geeigneten Fälle sind im Schnellverfahren zur Aburteilung zu bringen, das hierfür in erweitertem Umfange für anwendbar erklärt worden ist (§ 49 des Ges.).

(2) Es erscheint ferner angebracht — soweit das Gesetz und die Wahrung der richterlichen Unabhängigkeit es gestatten —, auch bei den Gerichten die Devisenvergehen tunlichst besonderen Abteilungen und Kammern zur Aburteilung zu übertragen, in denen die Richter über besondere Kenntnisse des Bank- und Zahlungsverkehrs verfügen und deshalb den erhöhten Anforderungen, die Devisenstrafsachen stellen, im vollen Umfang gewachsen sind.

423.

Zusammenarbeit mit den Devisenstellen und Hauptzollämtern.

(1) Nach § 50 des Ges. über die Devisenbewirtschaftung hat die Devisenstelle für den Fall der Erhebung der öffentlichen Klage durch die Staatsanwaltschaft die Stellung eines Nebenklägers in Devisenstrafverfahren. Die Devisenstellen können die Befugnisse, die ihnen im gerichtlichen Verfahren zustehen, auf andere Behörden, z. B. Zollfahndungsstellen, oder

bestimmte Beamte übertragen. Bei Devisenzuwiderhandlungen gegen § 13 Abs. 1 des Ges., die als Bannbruch im Sinne des Vereinszollgesetzes gelten, ist das Nebenklagerecht durch die Reichsstelle für Devisenbewirtschaftung im Einvernehmen mit dem Reichsminister der Finanzen allgemein den Hauptzollämtern in den Fällen übertragen worden, in denen diese die Vorgänge unmittelbar an die Staatsanwaltschaft zur Erhebung der öffentlichen Klage abgegeben haben. Werden Fälle von Zuwiderhandlungen gegen § 13 Abs. 1 den Staatsanwaltschaften durch die Devisenstellen oder die Zollfahndungsstellen zugeleitet, so bleibt das Nebenklagerecht bei den Devisenstellen, falls sie nicht im Einzelfalle ihre Befugnisse gemäß § 50 Abs. 3 des Ges. auf andere Behörden besonders übertragen.

(2) Gehen bei den Staatsanwaltschaften Strafanzeigen ein, die nicht von einer Zollfahndungsstelle, einem Hauptzollamt, einer Reichsbankanstalt oder einer Devisenstelle erstattet worden sind, so ist die Strafanzeige der zuständigen Devisenstelle zur Stellungnahme mitzuteilen. Auch in Fällen, in denen die vorgenannten Behörden selbst Strafanzeige erstattet haben, empfiehlt es sich, fortlaufend mit der zuständigen Devisenstelle oder, wenn die Nebenklagerechte einem Hauptzollamt zustehen, mit diesem wegen der Behandlung der Strafsache in Verbindung zu bleiben.

424.

Unterwerfungsverfahren, Einstellung wegen Geringfügigkeit.

(1) Nach §§ 51, 52 des Ges. haben die Devisenstellen und in Fällen von Zuwiderhandlungen gegen § 13 oder gegen die zur Durchführung des § 13 erlassenen Vorschriften die Hauptzollämter einschließlich ihrer Hilfsstellen das Recht, ein Devisenstrafverfahren im Wege der Unterwerfung zu erledigen, falls die Zuwiderhandlung nur mit Geldstrafe und Einziehung oder einer dieser Strafen bedroht ist oder wenn die Voraussetzungen des § 27b StGB. gegeben sind. Durch diese Bestimmung ist die Möglichkeit geschaffen worden, in einfach gelagerten sowie in solchen Fällen von einem gerichtlichen Strafverfahren abzusehen, in denen die Einleitung eines gerichtlichen Strafverfahrens ausnahmsweise eine unbillige Härte für den Beschuldigten bedeutet oder volkswirtschaftliche Gefahren mit sich bringt.

(2) Hiernach sind Strafanzeigen, die nicht von einer Devisenstelle, einem Hauptzollamt, einer Zollfahndungsstelle oder der Reichsbank bei einer Staatsanwaltschaft erstattet werden, auf die Möglichkeit der Anwendung des Unterwerfungsverfahrens zu prüfen und gegebenenfalls zur entsprechenden Erledigung an die zuständige Stelle abzugeben.

(3) In Fällen, die von einer Devisenstelle, einem Hauptzollamt, einer Zollfahndungsstelle oder der Reichsbank zur Anzeige gebracht werden, wird regelmäßig eine Einstellung des Verfahrens wegen Geringfügigkeit nicht in Betracht kommen, da diese Stellen bereits angewiesen sind, bei leichteren Verstößen entweder von einer Strafanzeige abzusehen oder nach Möglichkeit das Verfahren selbst durch Unterwerfung, Verwarnung, oder in geeigneten Fällen durch Verweigerung weiterer Genehmigungen zu erledigen. Falls jedoch der Staatsanwalt — insbesondere auf Grund der Ermittlungsergebnisse im weiteren Verlauf des Verfahrens — zu der Überzeugung gelangt, daß eine Erledigung im Unterwerfungsverfahren oder eine Verwarnung ausreichend sei, hat er sich mit der anzeigenden Stelle ins Benehmen zu setzen.

c) Mitteilung des Reichsministers der Justiz betr. den Rechtshilfeverkehr mit dem Ausland in Devisenstrafsachen.

Vom 19. Februar 1936.

Mit dem Herrn Reichsminister der Finanzen und der Reichsstelle für Devisenbewirtschaftung haben Erörterungen darüber stattgefunden, ob und unter welchen Voraussetzungen ein Rechtshilfeverkehr mit dem Ausland in Devisenstrafsachen stattfinden soll.

Dabei ist Einigkeit darüber erzielt worden, daß für den Rechtshilfeverkehr mit dem Ausland die Devisenstrafsachen allgemein den Zuwiderhandlungen gegen Vorschriften über öffentlichrechtliche Abgaben irgendwelcher Art oder gegen Vorschriften über Ein-, Aus- oder Durchfuhrverbote (Bannbruch) gleichzustellen sind, also auch soweit Devisenzuwiderhandlungen in Frage kommen, die nicht gemäß § 13 Abs. 2 des Gesetzes über die Devisenbewirtschaftung vom 4. Februar 1935 — Reichsgesetzblatt I S. 106 — als Bannbruch gelten.

Demgemäß sind für den Rechtshilfeverkehr mit dem Ausland in Devisenstrafsachen allgemein die Bestimmungen der Richtlinien für den Rechtshilfeverkehr mit dem Ausland in Strafsachen — Amtliche Sonderveröffentlichung der Deutschen Justiz Nr. 3 — und den dazu erlassenen Anordnungen zu beachten, die für Verfahren wegen Zuwiderhandlungen gegen Vorschriften über öffentlichrechtliche Abgaben irgendwelcher Art oder wegen Bannbruchs gelten (vgl. namentlich die Nrn. 113b und 174b der Richtlinien; A 3 d der AV. vom 18. Dezember 1934, III a 25350 — Deutsche Justiz S. 1613 — und 1 a der AV. vom 16. Januar 1935, III a 15071 — Deutsche Justiz S. 93 —).

C. Tabelle der sämtlichen bisher ergangenen Vorschriften mit devisenrechtlichem oder dem Devisenrecht verwandten Inhalte.

1. **Verordnung des Reichspräsidenten über die Devisenbewirtschaftung vom 1. August 1931** (DevVO. von 1931), RGBl. I S. 421.
2. Erste Verordnung zur Durchführung der Verordnung des Reichspräsidenten über die Devisenbewirtschaftung (1. DurchfVO. zur DevVO. von 1931) vom 12. August 1931, RGBl. I S. 437;
3. 2. DurchfVO. zur DevVO. von 1931 vom 20. August 1931, RGBl. I S. 453;
4. 3. DurchfVO. zur DevVO. von 1931 vom 29. August 1931, RGBl. I S. 461, 488;
5. 4. DurchfVO. zur DevVO. von 1931 vom 4. September 1931, RGBl. I S. 477;
6. 5. DurchfVO. zur DevVO. von 1931 vom 24. September 1931, RGBl. I S. 523;
7. 6. DurchfVO. zur DevVO. von 1931 vom 2. Oktober 1931, RGBl. I S. 533;
8. 7. DurchfVO. zur DevVO. von 1931 vom 10. November 1931, RGBl. I S. 673;
9. 8. DurchfVO. zur DevVO. von 1931 vom 17. November 1931, RGBl. I S. 682;
10. 9. DurchfVO. zur DevVO. von 1931 vom 7. Dezember 1931, RGBl. I S. 749;
11. 10. DurchfVO. zur DevVO. von 1931 vom 18. Februar 1932, RGBl. I S. 79;
12. 11. DurchfVO. zur DevVO. von 1931 vom 14. April 1932, RGBl. I S. 178;
13. 12. DurchfVO. zur DevVO. von 1931 vom 20. Mai 1932, RGBl. I S. 230.
14. **Verordnung des Reichspräsidenten zur Abänderung der Verordnung über die Devisenbewirtschaftung vom 1. August 1931,** RGBl. I S. 421, und über die beschleunigte Aburteilung von Zuwiderhandlungen gegen diese Verordnung durch Schnellgerichte. Vom 17. November 1931, RGBl. I S. 679.
15. Verordnung des Reichspräsidenten über die Devisenbewirtschaftung vom 15. April 1932, RGBl. I S. 177 (Abänderung der DevO. von 1931).
16. **Richtlinien für die Devisenbewirtschaftung vom 24. August 1931,** abgedr. im Reichsanzeiger Nr. 197 vom 25. August 1931;
17. 1. Ergänzung der Richtlinien vom 2. Oktober 1931, abgedr. im Reichsanzeiger Nr. 230 vom 2. Oktober 1931;

18. 2. Ergänzung der Richtlinien vom 17. Dezember 1931, nicht abgedr.;
19. Richtlinien für die Devisenbewirtschaftung, Neufassung vom 29. Dezember 1931, abgedr. im Reichsanzeiger Nr. 303 vom 30. Dezember 1931;
20. **Verordnung des Reichspräsidenten über die Anmeldung von Zahlungsverpflichtungen gegenüber dem Ausland vom 27. Juli 1931,** RGBl. I S. 403;
21. Verordnung zur Durchführung (1. DurchfVO.) der unter Ziffer 20 erwähnten VO. Vom 27. Juli 1931, RGBl. I S. 403;
22. 2. DurchfVO. zu der unter Ziffer 20 erwähnten VO. Vom 30. März 1932, RGBl. I S. 172;
23. **Verordnung des Reichspräsidenten gegen Kapital- und Steuerflucht vom 18. Juli 1931,** RGBl. I S. 373;
24. 1. Verordnung zur Durchführung (1. DurchfVO.) der unter Ziffer 23 erwähnten VO. Vom 21. Juli 1931, RGBl. I S. 387;
25. 2. DurchfVO. zu der unter Ziffer 23 erwähnten VO. Vom 25. Juli 1931, RGBl. I S. 396;
26. 3. DurchfVO. zu der unter Ziffer 23 erwähnten VO. Vom 28. Juli 1931, RGBl. I S. 412;
27. **Verordnung über die Devisenbewirtschaftung vom 23. Mai 1932 (DevVO. von 1932),** RGBl. I S. 231;
28. (Erste) Durchführungsverordnung zur Verordnung über die Devisenbewirtschaftung (1. DurchfVO. zur DevVO. von 1932). Vom 23. Mai 1932, RGBl. I S. 238;
29. 2. DurchfVO. zur DevVO. von 1932 vom 17. März 1933, RGBl. I S. 107;
30. 3. DurchfVO. zur DevVO. von 1932 vom 12. April 1933, RGBl. I S. 201;
31. 4. DurchfVO. zur DevVO. von 1932 vom 9. Mai 1933, RGBl. I S. 278;
32. 5. DurchfVO. zur DevVO. von 1932 vom 20. Juli 1933, RGBl. I S. 531;
33. 6. DurchfVO. zur DevVO. von 1932 vom 19. September 1933, RGBl. I S. 678;
34. 7. DurchfVO. zur DevVO. von 1932 vom 22. Dezember 1933, RGBl. I S. 1112;
35. 8. DurchfVO. zur DevVO. von 1932 vom 17. April 1934, RGBl. I S. 313;
36. 9. DurchfVO. zur DevVO. von 1932 vom 15. Juni 1934, RGBl. I S. 510;
37. 10. DurchfVO. zur DevVO. von 1932 vom 22. Dezember 1934, RGBl. I S. 1290;
38. **Gesetz zur Änderung der Verordnung über die Devisenbewirtschaftung vom 16. Februar 1934,** RGBl. I S. 92;
39. Verordnung zur Änderung der Verordnung über die Devisenbewirtschaftung vom 11. September 1934, RGBl. I S. 829;
40. Verordnung zur Änderung der Verordnung über die Devisenbewirtschaftung vom 29. September 1934, RGBl. I S. 864;
41. Änderung der Verordnung über die Devisenbewirtschaftung vom 16. Oktober 1934 (RGBl. I S. 925, 937) — aus Abschnitt III des Steueranpassungsgesetzes;

42. **Gesetz über die Schaffung einer Reichsstelle für Devisenbewirtschaftung vom 18. Dezember 1933,** RGBl. I S. 1079;
43. Verordnung über die Schaffung einer Reichsstelle für Devisenbewirtschaftung vom 19. Dezember 1933, RGBl. I S. 1088;
44. **Verordnung zur Devisenbewirtschaftung (Richtlinien für die Devisenbewirtschaftung) vom 23. Juni 1932,** RGBl. I S. 317; — Neufassung —.
45. 2. Verordnung zur Devisenbewirtschaftung (Änderung der Richtlinien für die Devisenbewirtschaftung) — 2. RiVO. — vom 9. Juni 1933, RGBl. I S. 363;
46. 3. RiVO. vom 7. Dezember 1933, RGBl. I S. 1045;
47. 4. RiVO. vom 17. April 1934, RGBl. I S. 315;
48. 5. RiVO. vom 15. Juni 1934, RGBl. I S. 511;
49. **Gesetz über Zahlungsverpflichtungen gegenüber dem Ausland vom 9. Juni 1933,** RGBl. I S. 349;
50. Gesetz über die Errichtung einer deutschen Verrechnungskasse vom 16. Oktober 1934, RGBl. I S. 997;
51. **Gesetz gegen den Verrat der deutschen Volkswirtschaft vom 12. Juni 1933,** RGBl. I S. 360;
52. Durchführungsverordnung (DurchfVO. zu dem unter Ziffer 51 erwähnten Gesetz). Vom 28. Juni 1933, RGBl. I S. 413;
53. Verordnung über die Verlängerung der Anzeigepflicht nach dem Volksverratsgesetz vom 26. August 1933, RGBl. I S. 596;
54. 2. DurchfVO. zu dem unter Ziffer 51 erwähnten Gesetz. Vom 30. September 1933, RGBl. I S. 697;
55. 3. DurchfVO. zu dem unter Ziffer 51 erwähnten Gesetz. Vom 21. November 1933; RGBl. I S. 984;
56. Änderung des Volksverratsgesetzes und der 2. Steueramnestieverordnung. Vom 16. Oktober 1934, RGBl. I S. 925, 937 (aus dem Abschnitt III des Steueranpassungsgesetzes);
57. **Gesetz über die Devisenbewirtschaftung (DevG.) vom 4. Februar 1935,** RGBl. I S. 106;
58. Gesetz zur Änderung des Gesetzes über die Devisenbewirtschaftung vom 1. Dezember 1936, RGBl. I S. 1000;
59. (Erste) Durchführungsverordnung zum DevG. (1. DurchfVO. zum DevG.) vom 4. Februar 1935, RGBl. I S. 114;
60. 2. DurchfVO. zum DevG. vom 24. Juli 1935, RGBl. I S. 1046;
61. 3. DurchfVO. zum DevG. vom 1. Dezember 1935, RGBl. I S. 1408;
62. 4. DurchfVO. zum DevG. vom 23. Dezember 1935, RGBl. I S. 1543;
63. 5. DurchfVO. zum DevG. vom 25. Mai 1936, RGBl. I S. 467;
64. 6. DurchfVO. zum DevG. vom 28. Oktober 1936, RGBl. I S. 930;
65. 7. DurchfVO. zum DevG. vom 19. November 1936, RGBl. I S. 946;
66. 8. DurchfVO. zum DevG. vom 17. Februar 1937, RGBl. I S. 242;
67. 9. DurchfVO. zum DevG. vom 20. Februar 1937, RGBl. I S. 255;
68. **Verordnung zur Devisenbewirtschaftung (Richtlinien für die Devisenbewirtschaftung) vom 4. Februar 1935,** RGBl. I S. 119 — Neufassung —;
69. Erste Verordnung zur Änderung der Richtlinien für die Devisenbewirtschaftung (1. RiÄndVO.) vom 25. Februar 1935, RGBl. I S. 282, nebst Berichtigungen auf Seite 513 und 552;
70. 2. RiÄndVO. vom 15. Mai 1935, RGBl. I S. 605;

71. Ergänzungsverordnung zur 2. RiÄndVO. Vom 21. Mai 1935, RGBl. I S. 682;
72. 3. RiÄndVO. vom 12. September 1935, RGBl. I S. 1149;
73. 4. RiÄndVO. vom 2. Dezember 1935, RGBl. I S. 1410;
74. 5. RiÄndVO. vom 26. Mai 1936, RGBl. I S. 468;
75. **Verordnung zur Devisenbewirtschaftung (Richtlinien für die Devisenbewirtschaftung) vom 19. Dezember 1936,** RGBl. I S. 1021, nebst Berichtigung in RGBl. 1937 S. 30 — Neufassung —;
76. Verordnung über die Einführung der Gesetzgebung über die Devisenbewirtschaftung dem Zahlungsverkehr mit dem Ausland im Saarland vom 23. Februar 1935, RGBl. I S. 278;
77. Verordnung über die geschäftsmäßige Hilfeleistung in Devisensachen vom 29. Juni 1936, RGBl. I S. 524;
78. Gesetz über Abwertungsgewinne vom 23. Dezember 1936, RGBl. I S. 1126;
79. Erste Verordnung zur Durchführung (1. DurchfVO.) zu dem unter Ziffer 78 erwähnten Gesetz. Vom 28. Dezember 1936, RGBl. I S. 1151;
80. 2. DurchfVO. zu den unter Ziffer 78 erwähnten Gesetz vom 20. März 1937, RGBl. I S. 421;
81. 3. DurchfVO. zu den unter Ziffer 78 erwähnten Gesetz. Vom 23. April 1937, RGBl. I S. 547;
82. 4. DurchfVO. zu den unter Ziffer 78 erwähnten Gesetz. Vom 11. Mai 1937, RGBl. I S. 587;
83. **Gesetz gegen Wirtschaftssabotage vom 1. Dezember 1936, RGBl. I S. 999;**
84. Gesetz über die Gewährung von Straffreiheit bei Devisenzuwiderhandlungen vom 15. Dezember 1936, RGBl. I S. 1015;
85. Verordnung zur Durchführung des unter Ziffer 84 erwähnten Gesetzes. Vom 16. Dezember 1936, RGBl. I S. 1018;
86. 2. DurchfVO. zu den unter Ziffer 84 erwähnten Gesetz. Vom 29. Dezember 1936, RGBl. 1937, I S. 1;
87. 3. DurchfVO. zu den unter Ziffer 84 erwähnten Gesetz. Vom 14. Januar 1937, RGBl. I S. 10;
88. Gesetz über Fremdwährungsschuldverschreibungen vom 26. Juni 1936, RGBl. I S. 515;
89. Verordnung über Fremdwährungsschulden vom 5. Dezember 1936, RGBl. I S. 1010;
90. Verordnung über den Warenverkehr vom 4. September 1934, RGBl. I S. 816.
91. Gesetz zur Regelung von Kapitalfälligkeiten gegenüber dem Ausland. Vom 27. Mai 1937, RGBl. I S. 600.
92. Verordnung zur Ergänzung der Verordnung über den Warenverkehr. Vom 28. Juni 1937, RGBl. I S. 761.

D. Alphabetisches Sachverzeichnis.

Die uneingeklammerten Zahlen bedeuten die Seiten. Die neben den Seitenzahlen stehende Ziffer „I" bezeichnet den Band I (systematischer Teil), die neben den Seitenzahlen stehende Ziffer „II" bezeichnet den Band II (Textteil).

A.

B.

L.

M.

N.

O.

P.

Q.

R.

W.

Y.

Z.

FSC
www.fsc.org
MIX
Papier | Fördert
gute Waldnutzung
FSC® C083411

Kolibri 360 GmbH
Ferdinand-Jühlke-Straße 7
99095 Erfurt, Deutschland
produktsicherheit@kolibri360.de